BLV Bestimmungsbuch

Säugetiere

181 Arten Europas

Text: Detlef Schilling und Detlef Singer
Farbzeichnungen: Helmut Diller

202 Farbzeichnungen,
148 Schwarzweißzeichnungen,
138 Verbreitungskarten

BLV Verlagsgesellschaft
München Wien Zürich

Gewidmet

Dr. Theodor Haltenorth (verstorben am 30. Januar 1981), der die gemeinsam mit Helmut Diller begonnene Arbeit an vorliegendem Buch bedauerlicherweise nicht mehr weiterführen konnte.

CIP-Kurztitelaufnahme der Deutschen Bibliothek

Schilling, Detlef:
Säugetiere: 181 Arten Europas / Text: Detlef Schilling u. Detlef Singer. Farbzeichn.: Helmut Diller. – München; Wien; Zürich: BLV Verlagsgesellschaft, 1983.
(BLV Bestimmungsbuch; 34)
ISBN 3-405-12846-3

NE: Singer, Detlef:; Diller, Helmut:; GT

Alle farbigen Zeichnungen sowie die Schwarzweiß-Zeichnungen auf den Seiten 39 o., 68 und 70 von Helmut Diller;
alle übrigen Schwarzweiß-Zeichnungen von Helmut Geipel.
Karte auf Seite 8 von Hellmut Hoffmann.
Die Verbreitungskarten stammen von den Autoren.

BLV Bestimmungsbuch 34

Satz: Fertigsatz GmbH, München
Druck: Georg Appl, Wemding
Farbreproduktionen: Meyle & Müller, Pforzheim
Bindung: Conzella, Urban Meister, München

Printed in Germany · ISBN 3-405-12846-3

Inhaltsverzeichnis

Hinweise zur Benutzung

Vorliegendes Buch behandelt die 181 Säugetierarten, die in Europa einschließlich seiner Küsten bis zum 30. Längengrad im Osten vorkommen (siehe Kartenausschnitt S. 9). Die Waltiere werden nicht behandelt.
Berücksichtigt sind neben ursprünglich europäischen Arten auch solche, die zuwanderten oder eingebürgert wurden, soweit sie ihren Fortbestand in der freien Wildbahn Europas erfolgreich aufrecht erhalten. Miteinbezogen sind auch Haustierformen, besonders alte, an ihre Lebensräume angepaßte, weitgehend frei oder halbfrei lebende Rassen oder Bestände, sowie Formen, die in Gestalt und Färbung oder im Verhalten der wilden Stammform ähnlich sind.
Im einführenden Teil werden allgemeine Merkmale der Säugetiere, Artbegriff und Tiergeographie behandelt sowie Erläuterungen zur europäischen Säugerfauna gegeben. Im Hauptteil werden die Arten Europas im einzelnen beschrieben, wobei Text, Abbildung und Verbreitungskarte möglichst nahe zusammengestellt wurden.
Familien- und Ordnungstexte beinhalten allgemeine, die entsprechenden Tiergruppen charakterisierende Merkmale. Sammelabbildungen für mehrere Arten sind dann eingeschoben, wenn dies für Vergleich und Bestimmung besonders günstig ist.
In Farbe dargestellt wurden 158 Arten. Auf eine Abbildung wurde dann verzichtet, wenn es sich um noch weitgehend unbekannte Arten handelt, oder wenn 2 oder mehr Arten nach rein äußerlichen Merkmalen nicht oder kaum zu unterscheiden sind. Dagegen wurden mehrere Abbildungen für eine Art eingefügt, wenn sie in deutlich verschiedenen Varianten vorkommt, einen deutlichen Unterschied in Sommer- und Winterkleid oder auch einen deutlichen Geschlechtsdimorphismus (unterschiedliches Aussehen von männlichen und weiblichen Tieren) aufweist.
Die Artentexte umfassen die wichtigsten Angaben, gegliedert nach folgenden Stichpunkten:
Merkmale: Beschreibung von Gestalt- und Färbungsmerkmalen.
Körpermaße: Angabe der Maße von Kopfrumpflänge (KR), Schwanzlänge (S), Körpergewicht (G) und gegebenenfalls von Widerristhöhe (H), Ohrlänge (O), Hinterfußlänge (Hf), Unterarmlänge (Ua) und Spannweite (Sp).
Ähnliche Arten: Nennung der Arten oder Haustierformen, die aufgrund von Aussehen und/oder Verbreitung mit der behandelten Art verwechselt werden können.
Verbreitung: Angaben zur Gesamtverbreitung der Art, in Ergänzung zur Verbreitungskarte.
Lebensraum: Genauere Angaben über das Vorkommen der Art.
Lebensweise: Angaben zu Aktivität, Fortbewegung, Sozialverhalten, Nestbau etc.
Nahrung: Angaben über die Hauptnahrungsquellen.
Fortpflanzung und Lebensdauer: Angaben zu Paarungszeit, Tragzeit, Setzzeit (Wurfzeit), Säugezeit, Alter des Selbständigwerdens und der Geschlechtsreife, Lebensdauer.

Behandeltes Verbreitungsgebiet bis zum 30. Längengrad (gestrichelte Linie)

Lautgebung: Beschreibung der wichtigsten Lautäußerungen.
Feinde: Angaben über natürliche Feinde und Bestandsbedrohung durch den Menschen.
Domestikation: Angaben über Haustierwerdung und wichtige, ursprüngliche Hausrassen.
Die **Verbreitungskarten** können nur grobe Angaben vermitteln; Details wie etwa der Lebensraum sind darin nicht berücksichtigt.
Im Anschluß an den Hauptteil werden folgende Abschnitte behandelt: Beobachtung und Nachweise heimischer Säugerarten mit Spuren- und Kotabbildungen ausgewählter Arten sowie Schädelabbildungen von Vertretern der wichtigsten Familien; Bestandsgefährdungen und deren Ursachen und schließlich Möglichkeiten für Schutz und Erhaltung bedrohter Arten.

Abkürzungen

♂ Männchen, männliches Tier
♂♂ Männchen (mehrere Tiere)
♀ Weibchen, weibliches Tier
♀♀ Weibchen (mehrere Tiere)
∅ Durchmesser

E Englisch
F Französisch
V Verbreitungskarte
A Abbildung

Körpermaße:
G Körpergewicht
H Widerristhöhe
Hf Hinterfußlänge
KR Kopfrumpflänge
O Ohrlänge
S Schwanzlänge
Sp Spannweite
Ua Unterarmlänge

Himmelsrichtungen:
NO Nordosten, Nordost-
NW Nordwesten, Nordwest-
SO Südosten, Südost-
SW Südwesten, Südwest-

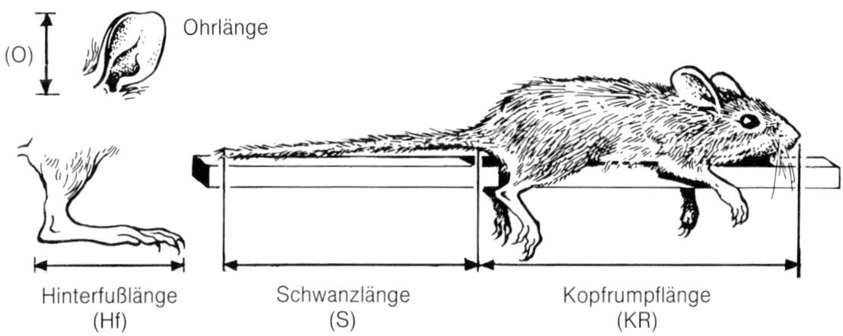

Zahnformeln:
In der abgekürzten Schreibweise sind von links nach rechts die Anzahlen der Schneide-, Eck-, Vorbacken- und Backenzähne jeweils einer Hälfte des Oberkiefers (links) und des Unterkiefers (rechts) angegeben. Beispiel:

0 · 1 · 3 · 3 / 3 · 1 · 3 · 3 = 34

Oberkiefer (links): 0 Schneidezähne, 1 Eckzahn, 3 Vorbackenzähne, 3 Backenzähne

Unterkiefer (rechts): 3 Schneidezähne, 1 Eckzahn, 3 Vorbackenzähne, 3 Backenzähne

Systematik und Artbegriff

Von jeher ist es ein Anliegen des Menschen, die Formenvielfalt der belebten und der unbelebten Welt zu erfassen und zu katalogisieren. Für die Artenvielfalt des Tierreiches wurde ein hierarchisches System entwickelt, das weitgehend auf Ähnlichkeit und Verwandtschaft basiert:

Reich, regnum	Tiere, Animalia
Abteilung, divisio	Vielzellige Tiere, Eumetazoa
Stamm, phylum	Chordatiere, Chordata
U-Stamm, subphylum	Wirbeltiere, Vertebrata
Klasse, classis	Säugetiere, Mammalia
U-Klasse, subclassis	Eigentl. Säugetiere, Eutheria
Ordnung, ordo	Nagetiere, Rodentia
Familie, familia	Hörnchen, Sciuridae
Gattung, genus	*Sciurus*
Art, species	Eichhörnchen, *Sciurus vulgaris*
Unterart, subspecies	*Sciurus vulgaris vulgaris*

Der wissenschaftliche Name jeder Tier- und Pflanzenart setzt sich aus dem Gattungsnamen und dem Artnamen zusammen, z. B. Eichhörnchen: Gattungsname *Sciurus,* Artname *vulgaris.* Diese sog. binäre Nomenklatur geht auf den schwedischen Naturforscher Carl von Linné (1707–1778) zurück, der als erster eine, dem damaligen Stand der Wissenschaft entsprechende, umfassende Einteilung des Tier- und Pflanzenreichs vorgenommen hat, die in seinem bekannten Werk »Systema naturae« veröffentlicht wurde.
Die weitaus größte Zahl aller Pflanzen- und Tierarten wird nach morphologischen, eventuell geographischen oder auch ökologischen Kriterien beschrieben und bestimmt. Danach wird eine Art definiert als »eine Gruppe von Individuen mit der größtmöglichen Zahl systematisch wichtiger morphologischer Übereinstimmungen« = Morphospecies.
Der sog. biologische Artbegriff dagegen definiert die Art als Reproduktions-(Vermehrungs-)Gemeinschaft. Diese Definition kennzeichnet die Art als evolutionstheoretisch begründete, objektiv vorhandene Einheit. In der Praxis ist der biologische Artbegriff für die Abgrenzung von Arten aber kaum tauglich, da sich einerseits viele verwandte, aber als Arten anzusprechende Tierformen kreuzen, andererseits auch der Nachweis der Fortpflanzungsgemeinschaft bei der Bestimmung einer Art kaum möglich ist.
Auch bei der Beschreibung von Arten als Morphospecies ergeben sich Schwierigkeiten in der Abgrenzung. So obliegt es weitgehend dem Spezialisten, nach Gewichtung der objektiv vorhandenen Kriterien zu entscheiden, ob nah verwandte Formen als Arten oder als Unterarten einer Art zu beurteilen sind. Beispiele in diesem Buch: Murmeltier / Bobak (S. 132, 134), Luchs / Pardelluchs (S. 166), Baummarder / Zobel (S. 168, 169), Iltis / Frettchen/Steppeniltis (S. 175, 176), Rothirsch / Wapiti (S. 210), Wisent / Bison (S. 221), Mufflon und übrige Wildschafe (S. 228 ff.), Steinböcke / Bezoarziege (S. 236, 237, 240).

Merkmale der Säugetiere

Säugetiere sind eigenwarme, wenigstens embryonal behaarte Wirbeltiere, die ihre Jungen mit Milch ernähren (»säugen«). Das Haarkleid charakterisiert die Klasse der Säugetiere am besten, obwohl einige Gruppen wie Flußpferde, Seekühe und Wale auch als erwachsene Tiere ganz oder weitgehend nackt sind. Die Behaarung erfüllt in ihren verschiedenen Formen wichtige Funktionen wie Orientierung (Sinneshaar), Strahlen- und Temperaturschutz (Wollhaar), Tarnung, Art- und Geschlechtszugehörigkeit sowie als Stimmungsanzeiger. Bei einigen Gruppen (z. B. Igel, Stachelschweine, Stachelmäuse) ist das Haarkleid teilweise zu einem Stachelkleid umgebildet. Auch Nägel, Krallen, Klauen oder Hufe an den Endgliedern von Fingern und Zehen sowie die Umhüllungen von Stirnbeinzapfen, die Hörner von Rindern und Schafen, sind wie Haare Bildungen der Haut. Die Geweihe der Hirsche dagegen, die alljährlich aus Stirnbeinzapfen unter einer Schutzhaut (Bast) hervorwachsen und nach Fertigstellung blankgefegt werden, sind Knochenbildungen.

Die Haut der Säugetiere zeichnet sich ferner durch den Reichtum an Drüsen (Schweiß- und Talgdrüsen) aus, die hauptsächlich in Form von Drüsenpaketen oder -organen über den Körper verteilt sind. Besondere Hautdrüsen, die Milchdrüsen (Mammae), haben der Klasse der Säugetiere ihren wissenschaftlichen Namen »Mammalia« eingebracht. Das Sekret dieser Drüse, die Muttermilch, enthält alle für die erste Entwicklungsphase des neugeborenen Säugetieres notwendigen Nährstoffe und ist für das Jungtier leicht aufnehmbar und verdaulich. Die Milch wird von dem »Saugjungen« gesaugt; den Saugvorgang (Unterdruck!) ermöglichen Lippen, die die milchspendenden Zitzen luftdicht umschließen sowie Wangen, die einen notwendigen Hohlraum bilden. Die besondere Art der Jungenaufzucht und die entsprechenden anatomischen Bildungen haben das Säugetiergesicht entscheidend mitgeprägt. Eine Ausnahme stellen die Waltiere mit der ihnen eigentümlichen Lebensweise dar: Die Jungen dieser Gruppe sind durch die sekundäre Anpassung ihres Körpers an das Wasserleben nicht mehr zum Saugen fähig, sie bekommen die hochkonzentrierte Milch aus der Zitze direkt in den Mund gespritzt.

Wie andere Wirbeltiere auch besitzen Säugetiere ein knöchernes Innenskelett, das von einem gegliederten Knochenstab, der Wirbelsäule, mit elastischen Zwischenwirbelscheiben gestützt wird. Das Innenohr weist 3 Gehörknöchelchen (Steigbügel, Hammer, Amboß) auf, wobei der Hammer im Laufe der Stammesgeschichte aus dem Gelenkbein (Articulare), der Amboß aus dem Quadratbein (Quadratum) gebildet wurde. Der Unterkiefer besteht nur aus einem Knochen (Dentale). Die Zähne, die in den Zahnfächern (Alveolen) fest sitzen, sind ihrer Entstehung nach Hautgebilde; sie bestehen aus dem Zahnbein (Dentin) als Grundstoff, dem sehr harten Schmelz (Email) und dem Zahnkitt als Wurzelbedeckung. Stark beanspruchte Zähne wie die von Nagetieren und Hasentieren sind meist wurzellos und wachsen von unten her ständig um soviel nach, wie sie oben abgenutzt werden.

Das Säugetiergebiß enthält in der Regel 4 verschiedene Zahnarten:

Schneide- (Incisivi), Eck- (Canini), Vorbacken- (Praemolaren) und Backenzähne (Molaren). Bei den Säugetieren gibt es nur einen natürlichen Zahnwechsel, den vom Milchgebiß zum Dauergebiß.
Säugetiere besitzen normalerweise 4 Gliedmaßen. Bei Waltieren und Seekühen sind die hinteren bis auf kleine, im Körper liegende Reste zurückgebildet. Reduktionen der vorderen Gliedmaßen weisen Pferdespringer und Springmäuse auf. Bei den Fledermäusen sind die vorderen Extremitäten zu Flügeln, bei den Maulwürfen zu Grabschaufeln, bei Walen, Seekühen und Robben zu Flossen umgebildet.
Die Körpertemperatur von Säugetieren ist ähnlich der von Vögeln weitgehend gleichbleibend (Homöothermie). Ausnahmen hiervon machen die sog. Winterschläfer wie Hamster, Schläfer, Fledermäuse und Igel, die durch Absenken der Körpertemperatur und dadurch reduzierten Energiestoffwechsel für sie ungünstige Jahreszeiten überdauern können. Während des Tagesschlafs (Glattnasen unter den Fledermäusen) oder bei Nahrungsmangel (Etruskerspitzmaus) können einige Säugetiere ihre Körpertemperatur kurzfristig absenken (reversible Hypothermie). Die Homöothermie, die eine für Stoffwechselvorgänge günstige Temperatur gewährleistet, wird einerseits durch die Isolationswirkung des Haarkleides oder einer Fettschicht und andererseits durch die enorme Leistungsfähigkeit des wärmeverteilenden Systems erreicht: des Blutkreislaufs der Säugetiere. Er ist in 2 völlig voneinander getrennte Bereiche, den des sauerstoffreichen (arteriellen) und den des sauerstoffarmen (venösen) Blutes getrennt. Entsprechend ist das Herz durch eine Scheidewand in 2 Hälften mit je einer Vor- und einer Hauptkammer unterteilt. Dieser, auch bei den Vögeln verwirklichte, doppelte Kreislauf und die große Sauerstoffkapazität der roten Blutkörperchen haben dazu beigetragen, daß die Säugetiere relativ unabhängig von den Umweltbedingungen wurden und extreme Lebensräume wie die Arktis (Polarfuchs), die Tiefsee (Wale) und den Luftraum (Fledertiere) erobern konnten. Im Vergleich zu anderen Tiergruppen umfaßt die Klasse der Säugetiere Formen mit besonders großen Unterschieden in Körpergröße und Gewicht: die kleinsten von ihnen (Etruskerspitzmäuse) wiegen nur 1,5 bis 2 g und stellen so die untere Grenze des energetisch möglichen Gewichts eines Warmblütlers dar, die größten (Blauwale) sind mit 130 Tonnen die größten und schwersten aller heute lebenden Tiere.

Tiergeographie, Verbreitungs- und Lebensräume

Bei Betrachtung der in verschiedenen Gegenden oder gar auf den verschiedenen Kontinenten vorkommenden Säugetiere und der anderen Tier- und Pflanzenformen zeigen sich mehr oder weniger große Gemeinsamkeiten bzw. Unterschiede hinsichtlich der Ähnlichkeit der Faunen und Floren. Als Fauna bezeichnet man die in einem Gebiet vorkommende Tierwelt in all ihren Formen, als Flora entsprechend die in einem Gebiet vorhandene Pflanzenwelt. Weltweit lassen sich folgende tiergeographische Regionen unterscheiden (Karte S. 14):

Paläarktische Region (Europa und die nicht tropischen, nördlichen Gebiete Asiens und Afrikas); Nearktische Region (Nordamerika und das mexikanische Hochland); Äthiopische Region (Afrika südlich der Sahara und Madagaskar); Orientalische Region (südliches und südöstliches Asien einschließlich der südostasiatischen Inselwelt); Australische Region (Australien, Neuseeland, Neuguinea); Ozeanische Region (Ozeanien); Neotropische Region (Süd- und Mittelamerika).

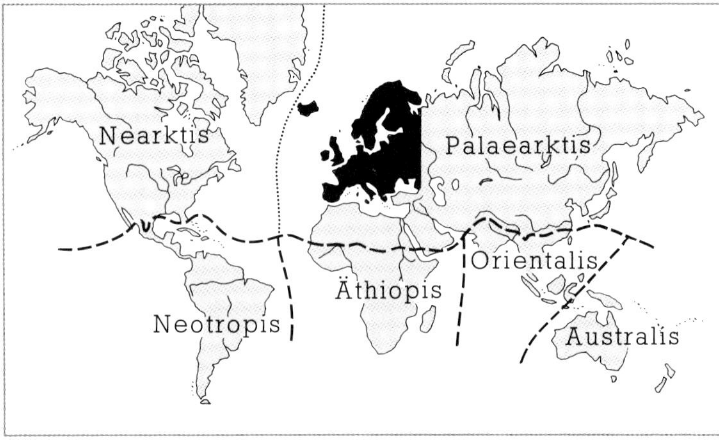

Die tiergeographischen Regionen der Erde

Die Paläarktische Region, zu der der gesamte europäische Bereich zählt, ist im Vergleich zu allen anderen Tierregionen die weitaus größte. Paläarktische und Nearktische Region sind in ihrer Formenvielfalt so ähnlich, daß sie häufig zu einer einzigen tiergeographischen Region, der Holarktis zusammengefaßt werden. In beiden Regionen vorkommende Arten sind z. B. Wolf, Eisfuchs, Rotfuchs, Luchs, Vielfraß, Hermelin, Braunbär, Eisbär, Elch und Rentier sowie äußerst nah verwandte Formen wie Nerz und Mink, Wisent und Bison und verschiedene Murmeltierarten. Weit weniger der paläarktischen Tierwelt ähnlich sind die Faunen der äthiopischen und der orientalischen Region. In Afrika südlich der Sahara sind die Hirschartigen ökologisch gesehen gänzlich durch die Hornträger (Antilopen- und Gazellenarten), die marderartigen Kleinraubtiere größtenteils durch die Schleichkatzen vertreten. Noch weit weniger Gemeinsamkeiten bestehen zwischen den Säugetierfaunen der Paläarktis und den tiergeographischen Regionen Australiens, Ozeaniens und Südamerikas. Die Übergangsgebiete zwischen Paläarktis und Äthiopischer Region einerseits sowie Orientalischer Region andererseits stellen faunistische Mischzonen dar, in denen sowohl typische Vertreter der einen als auch der anderen Region vorkommen.
Faktoren, die die Verbreitung einer Tierform bedingen, sind u. a. Klima, Vegetation, Nahrungsangebot, geographische Barrieren wie Meeresarme,

Wüsten, Sumpfgebiete, Flußsysteme, Gebirge, desweiteren in Lebensweise und Lebensbedürfnissen ähnliche und damit konkurrierende Arten sowie letztlich die Anpassungen und Anpassungsmöglichkeiten der Art selbst. Alle diese Faktoren können sich ändern und damit für Fortbestand und Verbreitung einer Art positive wie negative Folgen haben. Im eiszeitlichen Europa waren Rentier, Eisfuchs und Schneehase in Anpassung an die Lebensverhältnisse weit verbreitet. Viele andere, an gemäßigte Breiten angepaßte Säugerformen starben während der Vereisungszeiten aus, da ein Ausweichen nach Süden wegen des nahen Mittelmeers und wegen der sich in Westostrichtung ziehenden Gebirgsketten (Alpen, Pyrenäen) nur eingeschränkt möglich war.

Anpassungsfähige, in vielen Lebensräumen vorkommende, und damit wenig spezialisierte Arten bezeichnet man als euryök. Beispiele sind Hermelin und Rotfuchs. Letzterer lebt sowohl im Hochgebirge wie auch in Küstengebieten, in nordischen wie in mediterranen Landschaften, in Parklandschaften, landwirtschaftlich genutzten Gebieten wie auch in der Nähe von und in menschlichen Siedlungen.

Ökologisch stark spezialisierte und damit von den spezifischen Umweltbedingungen besonders abhängige Arten bezeichnet man als stenöke Formen. Sie finden sich vorwiegend in tropischen Urwäldern, die im Vergleich zu allen anderen Landlebensräumen wohl die stabilsten Ökosysteme darstellen. In Europa sind bis auf Wüsten fast alle Klima- und Vegetationstypen subtropischer, gemäßigter und subpolarer Breiten vertreten (siehe Karte S. 18). Dies sind die immergrüne mediterrane Laubwaldzone, die sommergrüne Laubwaldzone, die Nadelwaldzone, Steppengebiete und Halbwüsten sowie Tundren und alpine Zonen. Vom Menschen besonders verändert bzw. beeinträchtigt wurden die mediterranen Landschaften und die Laubwaldbereiche, vor allem aufgrund von Abholzung und Ausbreitung der landwirtschaftlichen Nutzung. Dies und die direkte Verfolgung durch den Menschen hatten zur Folge, daß Arten ganz verschwanden oder weitgehend zurückgedrängt wurden (Beispiele: Ur, Wisent, Vielfraß, Wolf, Luchs, Braunbär). Andere Arten wiederum fanden in den vom Menschen umgestalteten Landschaften neue Lebensräume oder auch Möglichkeiten der Ausbreitung. So gilt der Steinmarder als ein Kulturfolger, der sich erst nach Entwaldung und menschlicher Besiedlung in Mitteleuropa erfolgreich ausgebreitet hat. Auch der Feldhase besiedelte als Bewohner offener Landschaften weite Teile Europas und Asiens erst nach Zurückdrängung der Waldgebiete.

Beim Vergleich nördlicher und südlicher Formen einer Art ist im allgemeinen zu beobachten, daß nördliche größer sind als südliche (Bergmannsche Regel). Körperanhänge dagegen (z. B. Ohren) sind bei nördlichen Formen relativ kleiner als bei südlichen (Allensche Regel). Pigmentierung (Färbung) und Kontrastierung sind im allgemeinen bei südlichen Formen stärker ausgeprägt als bei nördlichen. Als letzte »Nord-Süd-Regel« sei hier noch angemerkt, daß die Vielfalt der Lebensräume in der Regel von Süden nach Norden abnimmt. Dafür treten nordische Formen im Vergleich zu verwandten Arten südlicherer Breiten oft in relativ höherer Individuendichte auf (Beispiele: Lemming, Rentier).

Einführende Bemerkungen zur Säugetierefauna Europas

Die Fauna Europas und der umgebenden Meeresteile umfaßt insgesamt ca. 240 Säugerarten. Abzüglich der ca. 30 Walarten sowie der ca. 30 landlebenden Säugerarten, die nur östlich des 30. Längengrades (entspricht etwa der Linie Leningrad – Kiew – Schwarzes Meer) vorkommen, bleiben ca. 180 Arten (siehe Tab. S. 17), die in diesem Buch behandelt werden.
Als einheimische Arten gelten solche, die in dem Bezugsgebiet permanent oder zumindest regelmäßig und über Generationen vorkommen. Arten, die seit langer Zeit typische Vertreter der einheimischen Fauna sind, bezeichnet man als autochthone Arten. Hierzu zählt der weit überwiegende Teil der in Europa vorkommenden Säugerarten. Als allochthon bezeichnet man dagegen Arten, die selbständig eingewandert sind oder durch den Menschen beabsichtigt oder unbeabsichtigt eingebürgert wurden. Im Einzelfall ist die Abgrenzung autochthon – allochthon nicht immer einfach. So sind beispielsweise die beiden südwesteuropäischen Schleichkatzenarten Ginsterkatze und Ichneumon (Manguste) tiergeographisch gesehen Faunenelemente der äthiopischen (afrikanischen) Region; sie besiedelten einst von NW-Afrika aus SW-Europa. Aufgrund des schon lange zurückliegenden Zeitraums ihrer Zuwanderung gelten die beiden Arten dennoch als autochthon zur südwesteuropäischen Fauna gehörig. Als allochthon werden in der Regel nur solche Arten aufgefaßt, die in jüngerer, geschichtlicher Zeit zuwanderten oder vom Menschen eingebürgert wurden. Als Beispiel hierfür sei der Marderhund genannt, der im vorigen Jahrhundert vom Menschen aus Ostasien nach Osteuropa importiert wurde; dort ausgesetzt bzw. aus Pelzfarmen entwichen, breitete er sich in der Folge weit aus, u. a. bis nach Mitteleuropa.
Arten, die nicht permanent oder regelmäßig wiederkehrend und nicht über Generationen hinweg, sondern nur hier und da als Einzelexemplare nachgewiesen werden, zählen nicht zur einheimischen Fauna. Sie werden als Gastarten bezeichnet. Vorwiegend handelt es sich hierbei um Fledertier- und Walarten. Als Beispiel einer Gastart, die der Vollständigkeit der abgehandelten Gruppe halber auch in diesem Buch vertreten ist, sei die Silberfledermaus genannt.
Die in Europa vorkommenden 240 Säugetierarten machen nur ca. 6% der insgesamt ca. 4000 bekannten Säugerarten aus, wobei noch zu bemerken ist, daß ein Großteil der europäischen Arten auch in anderen Kontinenten, vor allem im benachbarten Asien, beheimatet ist.

Zu Tabelle rechts

Die zahlenmäßige Verteilung der 181 behandelten Säugerarten auf die Familien und Ordnungen: Anzahl der autochthonen und allochthonen Arten sowie der Gastarten und der Arten, die die Stammformen klassischer Haustierformen sind. Nicht eingeschlossen sind Angaben über innerhalb Europas durch den Menschen »verpflanzte« Arten und über vom Menschen in Europa eingebürgerte, außereuropäische Formen (Unterarten), von denen es in Europa autochthone, zur selben Art gehörende Formen gibt (z. B. Burunduk).

	Arten-zahl	davon autochthon	davon allochthon	davon Stamm-formen klassischer Haustiere
Ordnung Insektenfresser	**24**	**24**		
Fam. Spitzmäuse	17	17		
Maulwürfe	4	4		
Igel	3	3		
Ordnung Fledermäuse	**32**	**31**	**(1 Gastart)**	
Glattnasen	26	25	(1 Gastart)	
Bulldoggfledermäuse	1	1		
Hufeisennasen	5	5		
Ordnung Nagetiere	**63**	**57**	**6**	
Wühlmäuse	27	26	1	
Hamster	3	3		
Blindmäuse	3	3		
Hüpfmäuse	2	2		
Echte Mäuse	11	11		
Schläfer	5	5		
Hörnchen	8	6	2	
Stachelschweine	1		1	
Biber	2	1	1	
Ferkelratten	1		1	
Ordnung Hasentiere	**3**	**3**		
Hasenartige	3	3		
Ordnung Beuteltiere	**1**		**1**	
Springbeutler	1		1	
Ordnung Herrentiere	**1**		**1**	
Hundsaffen	1		1	
Ordnung Raubtiere	**34**	**30**	**4**	**3**
Schleichkatzen	3	2	1	
Hundeartige	5	4	1	1
Katzenartige	2	2		1
Marderartige	13	12	1	1
Kleinbären	1		1	
Großbären	2	2		
Walrosse	1	1		
Hundsrobben	7	7		
Ordnung Paarhufer	**21**	**14**	**7**	**6**
Schweine	1	1		1
Hirschartige	10	5	5	1
Hornträger	10	8	2	4
Ordnung Unpaarhufer	**2**	**1**	**1**	**2**
Einhufer	2	1	1	2
Artenzahl insgesamt	**181**	**160**	**20 (+1)**	**11**

Die Klima- und Vegetationszonen Europas

(weiß)	Polare Tundren und hochalpine Zonen
(grün)	überwiegend Nadelwaldgebiete
(hellgelb)	überwiegend sommergrüne Laubwaldgebiete
(orange)	überwiegend subtropische, immergrüne Laubwaldgebiete und mediterrane Strauchlandschaften
(gelb)	überwiegend Steppengebiete

Ordnung **Insektenfresser** Insectivora

Sehr kleine (darunter die kleinsten Säugetiere überhaupt) bis katzengroße Säugetiere mit wenig spezialisiertem Gebiß und hoher Zahnzahl; in der Regel rüsselförmig verlängerte Schnauze. Füße mit 5 Zehen. Geruchs- und Tastsinn sehr gut entwickelt, zahlreiche Tasthaare (Vibrissen) in der Schnauzen- und Augengegend; Augen sehr klein (Ausnahme Igel); Fell meist kurzhaarig und samtig weich. Vorwiegend Einzelgänger, kleine Reviere mit festgelegten Wechseln; Nahrung fast ausschließlich tierisch, auch Aas. Junge werden nackt (bzw. mit weichen Stacheln auf der Oberseite) und blind geboren und sind Nesthocker. Anzahl der Zähne variiert innerhalb der Ordnung stark. Im behandelten Gebiet 3 Familien mit 24 Arten.

Familie **Spitzmäuse** Soricidae

Mit über 250 Arten weitaus die größte Insektenfresserfamilie; mit Ausnahme Australiens und Ozeaniens, der polnahen Gebiete und des größten Teils von Südamerika über die ganze Erde verbreitet. Sehr klein (KR 4 cm) bis rattengroß. Lange und spitze, rüsselförmige Schnauze. Augen und Ohren meist klein. Schwanz in der Regel kürzer als KR. Tag- und nachtaktiv, mit regelmäßigen Ruheperioden (polyphasische Aktivität). Unterschiedlichste Lebensräume, so auch Wüsten, Polargebiete und sogar Fließgewässer. Einzelgängerisch; leben vorwiegend in schützender Deckung der Bodenvegetation, im Laub und in selbstgegrabenen, dicht unter der Erdoberfläche verlaufenden Gängen; klettern kaum. Die Nahrung besteht aus Wirbellosen, kleinen Wirbeltieren und Aas; sie fressen pro Tag oft mehr als ihr eigenes Körpergewicht und sterben bei Nahrungsentzug schon nach wenigen Stunden. Beutetiere vieler Greifvogel- und Eulenarten, werden von Säugetieren zwar gefangen, dann aber wegen ihres Moschusgeruchs meistens liegengelassen. 2 Unterfamilien: Rotzähnige Spitzmäuse (Soricinae), Weißzähnige Spitzmäuse (Crocidurinae). Im behandelten Gebiet 4 Gattungen mit 17 Arten. Zahnformel: 1·3–5·1·3 / 1·1·1·3 = 28–32.

Feldspitzmaus *Crocidura leucodon* Hermann 1780

E Bicoloured white-toothed shrew F Crocidure leucode A S. 22, V S. 21

Merkmale: Knapp hausmausgroß. Relativ große, deutlich sichtbare Ohren; Rüssel relativ kurz, an der Basis angeschwollen, zum Ende sich plötzlich zuspitzend. Augen näher den Ohröffnungen als der Rüsselspitze. Oberseite dunkel graubraun, Unterseite scharf abgesetzt, gelblichweiß. Schwanz ebenfalls zweifarbig, mit langen, einzelnstehenden Wimperhaaren; Füße weiß. 3 Paar Zitzen.

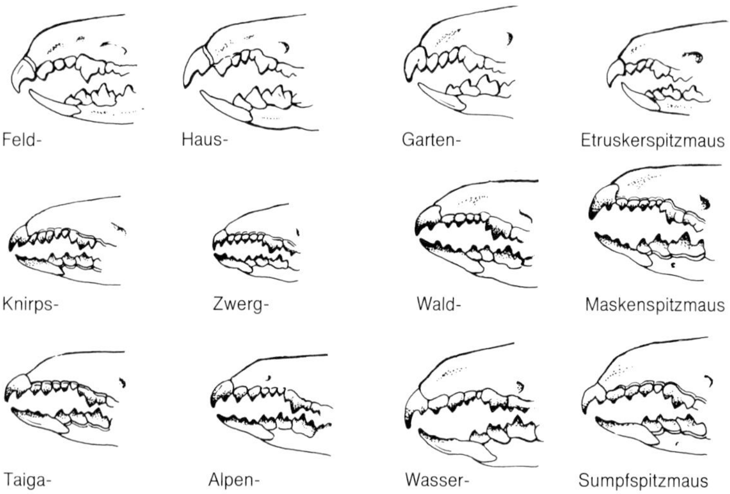

Gebisse der wichtigen europäischen Spitzmausarten

Körpermaße: KR 6,5–8,6 cm; S 2,9–4 cm; Hf 12–13 mm; G 7–14 g.
Ähnliche Arten: Hausspitzmaus, Gartenspitzmaus.
Verbreitung: Von Nordwestfrankreich durch Zentral- und SO-Europa sowie Südrußland bis zur Wolga und zum Kaukasus; möglicherweise auch in Teilen Vorderasiens.
Lebensraum: Meist an trockenen Standorten; gebüschreiche Waldränder, Anbauflächen mit Hecken, in Gärtnereien, aber auch in Komposthaufen in direkter Nähe zu Häusern; im Gebirge bis 1200 m Höhe; bewohnt im Osten auch Steppengebiete; im Winter häufig in Strohhaufen, Ställen oder Kellern.
Lebensweise: Mehr nacht- als tagaktiv; weniger scheu und nicht so flink wie die Waldspitzmaus; bewohnt häufig Bauten anderer Kleinsäuger, aber auch Mauerritzen, Felsspalten, Steinhaufen oder angehäuftes Reisig unter dichtem Gebüsch; Nest geschlossen mit obenliegendem Schlupfloch, aus trockenem Gras. Auf dem Nest wird häufig Kot abgesetzt. »Karawanenbildung« bei der Umquartierung in ein anderes Nest: 1 oder 2 Jungtiere packen die Mutter mit den Zähnen an der Schwanzwurzel, mehrere Junge bilden so eine Kette indem sie das Hinterende des Vordertieres festhalten und als »Karawane« mit der Mutter an der Spitze flüchten können, ohne daß ein Junges verlorengeht.
Nahrung: Insekten und deren Entwicklungsstadien, Würmer, Schnecken, kleine Wirbeltiere, Aas, manchmal reifes Obst.
Fortpflanzung und Lebensdauer: Paarungszeit März–Ende September; 2–5 Würfe mit jeweils 3–9 Jungen nach einer Tragzeit von 31 Tagen. Junge öffnen die Augen mit 13 Tagen, werden 3 Wochen lang gesäugt und sind dann ausgewachsen und selbständig; pflanzen sich häufig noch im Geburtsjahr fort. Sie erreichen ein Alter von 1½ bis 2 Jahren.

Lautgebung: Kurze, schrill zwitschernde, manchmal zart summende Laute.
Feinde: Vorwiegend Schleiereule, Hermelin, Mauswiesel.

Hausspitzmaus *Crocidura russula* Hermann 1780

E Greater white-toothed shrew F Crocidure musette A S. 22

Merkmale: Größer und langschwänziger als Feldspitzmaus, aber nicht zweifarbig; Oberseite mehr rötlich und heller, Unterseite nur wenig heller als Oberseite, keine scharfe Farbgrenze; Schwanz ebenfalls ohne scharfe Ober- und Unterseitentrennung, mit langen weißen Wimperhaaren. 3 Paar Zitzen.
Körpermaße: KR 6,4–9,2 cm; S 3,5–4,8 cm; Hf 12–13 mm; G 6–15 g.
Ähnliche Arten: Feldspitzmaus, Gartenspitzmaus.
Verbreitung: In Europa von der Iberischen Halbinsel ostwärts bis Rumänien, Bulgarien, Griechenland, nordwärts bis Norddeutschland; in NW-Afrika von Marokko bis Algerien und Tunesien.
Lebensraum: Ähnlich wie Feldspitzmaus vorwiegend auf trockenem Untergrund; Wiesen, Gebüsch, Hecken, Gärten; in den Alpen bis 1000 m, stellenweise bis 2000 m Höhe. Lebt häufig ganzjährig in alten Häusern.
Lebensweise: Weitgehend wie bei der Feldspitzmaus; Nest aus trockenen Blättern und Gras, häufig auch in Gärten unter Laubhaufen, Kompost oder Abfall. Manchmal »Karawanenbildung« (siehe Feldspitzmaus).
Nahrung, Fortpflanzung und Lebensdauer: Wie Feldspitzmaus.
Feinde: Vorwiegend Schleiereule.

Güldenstädt's Spitzmaus *Crocidura gueldenstaedti* Pallas 1811

E Güldenstädt's white-toothed shrew F Crocidure de Güldenstädt

Die auf Kreta und in Kleinasien beheimatete Art wurde, wie die Kretaspitzmaus, früher als Unterart der Hausspitzmaus angesehen. Lebensraum und Lebensweise wahrscheinlich ähnlich wie bei der Hausspitzmaus.

Feldspitzmaus

1 Hausspitzmaus
2 Güldenstädt's Spitzmaus

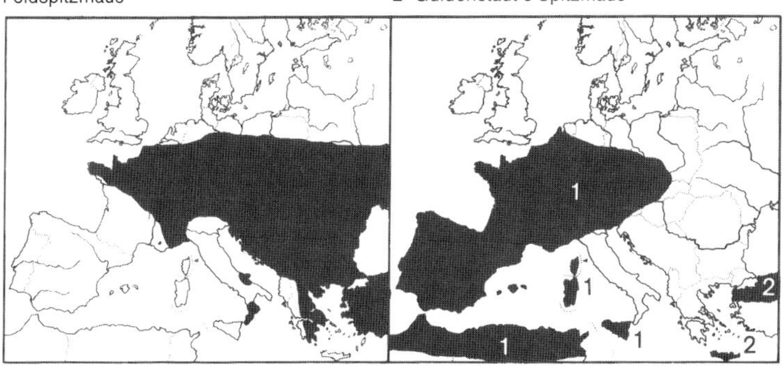

Kretaspitzmaus *Crocidura zimmermanni* Wettstein 1953
E Zimmermann's white-toothed shrew F Crocidure de Zimmermann

Die nur auf Kreta verbreitete Art wurde früher als Unterart der Hausspitzmaus angesehen. Ihre Biologie entspricht weitgehend der der Hausspitzmaus.

Gartenspitzmaus *Crocidura suaveolens* Pallas 1811
E Lesser white-toothed shrew F Crocidure des jardins

Merkmale: Ähnlich wie Hausspitzmaus, aber kleiner, Hinterfuß kürzer; Ohren deutlich aus dem Fell ragend; Oberseite rötlich- oder bräunlichgrau, Unterseite graugelblich, keine scharfe Farbgrenze; Schwanz undeutlich zweifarbig, mit abstehenden weißen Wimperhaaren.
Körpermaße: KR 5,2–7,5 cm; S 2,9–4,4 cm; Hf 11–12 mm; G 3–6 g.
Ähnliche Arten: Feldspitzmaus, Hausspitzmaus, Etruskerspitzmaus.
Verbreitung: Von Zentralfrankreich im NW, Spanien, Marokko und Algerien im SW und Ägypten im Süden, bis Sinkiang, Mandschurei und Korea im Osten.

Lebensraum: Ähnlich wie bei der Hausspitzmaus, jedoch wärmere Standorte; häufig bei und in Gebäuden, in altem Gemäuer von Ruinen; im Gebirge bis 900 m Höhe.
Lebensweise, Nahrung und Fortpflanzung: Wenig bekannt, aber vermutlich wie bei der Hausspitzmaus; »Karawanenbildung« (siehe Feldspitzmaus) kommt ebenfalls vor. Jährlich 2–3 Würfe mit 3–10 Jungen.

Etruskerspitzmaus *Suncus etruscus* Savi 1822

E Pygmy white-toothed shrew F Pachyure étrusque A S. 24

Merkmale: Besonders klein (kleinstes europäisches Säugetier); sehr kurzer Hinterfuß; Ohren relativ groß; Schwanz relativ lang mit einzelnen abstehenden Wimperhaaren; Zähne völlig weiß. Felloberseite graubraun mit rötlichem Anflug, -unterseite grau; aus dem kurzhaarigen Fell ragen einzelne verlängerte Wimperhaare. 3 Paar Zitzen.
Körpermaße: KR 3,5–4,5 cm; S 2,4–2,8 cm; Hf 7–8 mm; G 1,5–2,2 g.
Ähnliche Arten: Jungtiere von Arten der Gattung *Crocidura.*
Verbreitung: In Eurasien von der Atlantikküste Frankreichs und den Mittelmeerländern über Klein- und Vorderasien bis Usbekistan und Afghanistan; große Teile Afrikas.
Lebensraum: Warme, steinige und hochgrasige Flächen, häufig mit Korkeichen; Gebüsche, Hecken, Legmauern, Macchienränder, Gärten, Felder; häufig unter Mauerwerk zerfallener Häuser, aber auch feuchte Biotope wie Flußufer und Sumpfränder.
Lebensweise: Hauptsächlich nachtaktiv; Nest unterirdisch in Felsspalten oder Höhlungen zwischen Baumwurzeln; in Gefangenschaft viel scheuer als andere Spitzmausarten.

1 Gartenspitzmaus
2 Kretaspitzmaus

1 Knirpsspitzmaus
2 Etruskerspitzmaus

Nahrung: Insekten (bis Heuschreckengröße) und deren Larven und Puppen; wahrscheinlich kein Wirbeltierfleisch.
Fortpflanzung und Lebensdauer: Wohl 4–5 Würfe mit je 2–5 (6) Jungen nach einer Tragzeit von 27–28 Tagen; Augenöffnen mit 16 Tagen, Säugezeit 20 Tage, danach selbständig. Lebenserwartung: 1½ Jahre.
Lautgebung: Bei Beunruhigung Serien von hohen Zwitscherlauten.
Feinde: Hauptsächlich Mauswiesel, Wiesel, Schleiereule, Zwergohreule.

Knirpsspitzmaus *Sorex minutissimus* Zimmermann 1780

E Least shrew F Musaraigne naine V S. 23

Merkmale: Noch kleiner als Zwergspitzmaus, Schwanz relativ kürzer; Felloberseite braun bis dunkelgraubraun, Flanken heller, scharf von der Oberseite abgesetzt; Unterseite hell bräunlich bis hellgrau. Schwanz oberseits braun, unterseits scharf abgesetzt hellgrau; relativ langes, braunes Schwanzendbüschel; Füße hellgrau. 3 Paar Zitzen.
Körpermaße: KR 3,4–5 cm; S 2,1–2,9 cm; Hf 7,5–8,7 mm; G 1,3– 3,5 g.
Ähnliche Arten: Zwergspitzmaus, Waldspitzmaus, Maskenspitzmaus, Taigaspitzmaus.
Verbreitung: Nördliches Eurasien. Von Nord- und Osteuropa im Westen bis Ostsibirien, Sachalin und Japan im Osten.
Lebensraum: Taigazone, gebietsweise sogar in der Tundrenzone. Nadelwälder mit dickem Moosteppich und Heidelbeervorkommen; sumpfige, mit Fichten bestandene Senken, Moorränder, aber auch trockene Hochflächen und Kahlschläge. Im Winter gelegentlich in Speisekammern.
Lebensweise: Kaum bekannt; schwimmt und klettert sehr gut; häufiger aufeinanderfolgende Aktivitätsperioden als bei anderen Spitzmäusen.
Nahrung: Hauptsächlich kleine Insekten; tote Nagetiere.
Fortpflanzung und Lebensdauer: 1–2 Würfe im Jahr mit jeweils 3–6 Jungen, sonst ähnlich wie bei Waldspitzmaus.
Lautgebung: Fast ausschließlich im Ultraschallbereich, nur zarte Zirplaute hörbar.

Zwergspitzmaus *Sorex minutus* Linné 1766

E Pigmy shrew F Musaraigne pygmée A S. 26

Merkmale: Ähnlich Waldspitzmaus, aber kleiner, Schwanz verhältnismäßig länger und behaarter, Spitze mit Haarbüschel; Fell zweifarbig, Oberseite hellbraun mit grauem Anflug, Unterseite gelblichgrau, im Sommer nicht so scharf abgesetzt wie im Winter. Füße hellgrau, oft gelblich getönt. Kaum Färbungsunterschiede zwischen Jungen und Alttieren. 3 Paar Zitzen.
Körpermaße: KR 4,3–6,2 cm; S 3,2–4,6 cm; Hf 10–12 mm; G 2,5–7 g.
Ähnliche Arten: Waldspitzmaus, Maskenspitzmaus, Knirpsspitzmaus.
Verbreitung: Europa ohne den größten Teil der Iberischen Halbinsel; nördliches Asien bis zum Jenissei, Baikalsee und Himalaja.
Lebensraum: Ähnlich wie bei Waldspitzmaus, aber weniger in reinem Wald; häufiger auf hochgrasigen, feuchten und buschreichen Flächen; in Skandinavien hauptsächlich in unterwuchsreichem, nicht zu trockenem Fichtenwald, in Südeuropa vorwiegend in alpinen Lagen. Im Winter auch in Gebäuden.
Lebensweise: Mehr tagaktiv als Waldspitzmaus, Aktivitäts- und Ruhepausen viel kürzer; überaus agil, klettert besser und schwimmt häufiger; Lebensweise mehr oberirdisch. Nest aus Moos und Pflanzenteilen, außen mit frischen Blättern, dünnen Zweigen und Nadeln, oft in vermoderten Baumstümpfen. Bewohnt häufig Gänge und Bauten anderer Kleinsäuger, gräbt nicht selbst. Bestandsdichte viel geringer als bei Waldspitzmaus.
Nahrung: Nicht näher bekannt; vorwiegend Käfer und Spinnen.
Fortpflanzung und Lebensdauer: Paarungszeit April–August (September); vermutlich 2 Würfe mit jeweils 4–8 Jungen; sonst wie bei der Waldspitzmaus. Wird 1–1½ Jahre alt.
Lautgebung: Zwitscherndes und schrilles Piepen.
Feinde: Vorwiegend Eulen, Hermelin, Mauswiesel.

Zwergspitzmaus

1 Waldspitzmaus
2 Spanische Spitzmaus

Waldspitzmaus *Sorex araneus* Linné 1758

E Common shrew F Musaraigne carrelet V S. 25

Merkmale: Etwas kleiner als Hausmaus, kurzhaariger, dichter und seidiger Pelz; Oberseite graubraun (Jungtiere) bis schwarzbraun, Flanken hellbraun, Unterseite gelblich- bis bräunlichgrau, meist scharf abgesetzt; Ohrmuschel (manchmal mit weißen Haarbüscheln) ragt kaum aus dem Pelz; Schwanz kurz behaart, oberseits dunkelbraun, unterseits orangegrau, bei Jungtieren mit angedeuteter Endquaste, bei erwachsenen Tieren oft nackt. Füße außen dunkelbraun, innen braungrau. 3 Paar Zitzen.
Körpermaße: KR 5,6–8,5 cm; S 3,2–5,6 cm; Hf 12–14 mm; G 4–15 g.
Ähnliche Arten: Zwerg-, Masken-, Wasser- und Sumpfspitzmaus.
Verbreitung: Eurasien; im Westen bis Holland, Südwestdeutschland, Schweiz; nördliches Asien ostwärts bis zum Jenissei und Baikalsee.
Lebensraum: Wälder, Wiesen, Moore, Hecken, teilweise auch schmale Feldraine; in den Alpen bis über die Baumgrenze (2100 m); Gärten, Parks, auch in Großstädten. Im Winter öfters in Gebäuden.
Lebensweise: Tag- und nachtaktiv, ständiger Wechsel von 1–1½stündigen Aktivitätsperioden und rund einstündigen Ruhepausen. Einzelgänger; lebt im Sommer oft in alten Wühlmausgängen, aber auch in selbstgegrabenen Gängen; Nahrungssuche meist in dichtem Bodenbewuchs. Kugeliges Nest aus Moos, Blättern und Gras, häufig unter Baumwurzeln oder in Grasbüscheln, oft auch unter Holzstapeln, bei trockenem Boden auch unterirdisch. Klettert gelegentlich bis zu 2 m hoch auf schräg stehende Baumstämme; schwimmt sehr gut.

Nahrung: Täglich fast das eigene Körpergewicht an Regenwürmern, Schnekken, Bodeninsekten (vor allem Käfer), Spinnen, Fleisch von toten Wirbeltieren einschließlich anderer Spitzmäuse.
Fortpflanzung und Lebensdauer: Paarungszeit April–Dezember; 3–4 Würfe mit je 4–10 Jungen nach einer Tragzeit von 13–20 Tagen; Junge öffnen nach 18–21 Tagen die Augen, werden 23 Tage lang gesäugt und sind dann selbständig. Erreichen ein Alter von bis zu 1½ Jahren.
Feinde: Vorwiegend Schleiereule und Rauhfußkauz; Rotfuchs, Wiesel, Mauswiesel.

Spanische Spitzmaus *Sorex granarius* Miller 1910

E Spanish shrew F Musaraigne d'Espagne V S. 25

Sehr ähnlich wie Waldspitzmaus, aber etwas kleiner, Schnauze kürzer und breiter. Vorkommen in den Gebirgen Zentralspaniens.
Körpermaße: KR 5–6,5 cm; S 3,5–4,4 cm; Hf 11–12 mm.

Schabrackenspitzmaus *Sorex coronatus* Millet 1828

E Millet's shrew F Musaraigne jumelle V S. 28

Sehr ähnlich der Waldspitzmaus, aber etwas kleiner. Vorkommen von Nordspanien im SW bis zur Schweiz, bis SW-Deutschland und bis zu den Niederlanden im Norden. Scheint sich nach Osten auszubreiten und die Waldspitzmaus an ihrer westlichen Verbreitungsgrenze zurückzudrängen. Beide Arten kommen gebietsweise gemeinsam vor.
Körpermaße: KR 5,7–7,3 cm; S 4–4,7 cm; Hf 12–14 mm.

Apenninspitzmaus *Sorex samniticus* Altobello 1926

E Apennine shrew F Musaraigne italienne V S. 28

Auch sehr ähnlich der Waldspitzmaus, aber kürzerer Schwanz (unter 4 cm). Vorkommen in Italien (nordwärts bis zur Toskana), bis in 1200 m Höhe. In höheren Lagen oft gemeinsam mit der Waldspitzmaus auftretend.
Körpermaße: KR 5,6–7,7 cm; S 3–4,5 cm; Hf 11–12,5 mm.

Maskenspitzmaus *Sorex caecutiens* Laxmann 1788

E Masked shrew F Musaraigne masquée V S. 28

Merkmale: Ähnlich Waldspitzmaus, aber kleiner und ohne die hellbraune Flankenfärbung; Felloberseite braun (Jungtiere) bis dunkelbraun; Bauch und Flanken gelblichgrau, scharfe Farbgrenzen; Schwanz relativ dick, oberseits dunkel gelblichbraun, unterseits scharf abgesetzt gelblich, buschig ausgezogenes Ende; Füße weißlich bis gelblich. 3 Paar Zitzen.

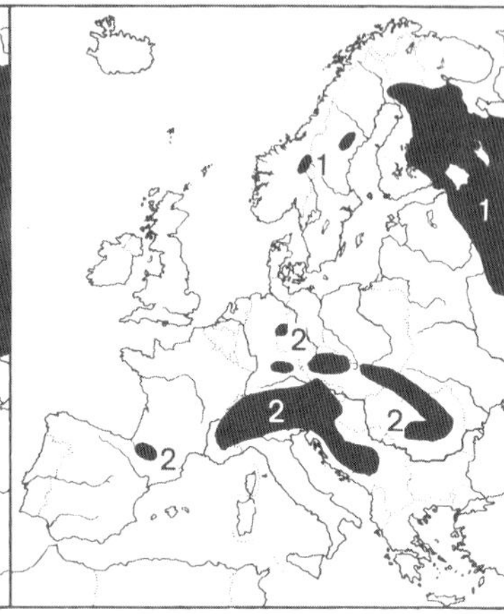

1 Maskenspitzmaus 2 Schabrackenspitzmaus 3 Apenninspitzmaus

1 Taigaspitzmaus
2 Alpenspitzmaus

Körpermaße: KR 4,8–7 cm; S 3,2–4,7 cm; Hf 10,8–12 mm; G 3,5–8 g.
Ähnliche Arten: Waldspitzmaus, Zwergspitzmaus, Taigaspitzmaus.
Verbreitung: Nördliches Eurasien. Von Nordnorwegen und Ostpolen im Westen bis Ostsibirien, Sachalin, Mongolei, Korea und Japan im Osten.
Lebensraum: Nadelwald mit dicker Schicht vermodernder Krautpflanzen in und am Rande von Sumpfgebieten, an Ufern von Seen; gebietsweise auch in feuchtem Mischwald, in der Fjällbirkenzone, in der montanen Stufe und in der Tundrenzone. Im Winter auch in Gebäuden.
Lebensweise: Nachtaktiv, aber auch am Tage tätig; gräbt keine eigenen Gänge; lebt in dichter Bodenvegetation.
Nahrung: Kleine Wirbellose, vor allem Insekten (Käfer); tote Kleinsäuger.
Fortpflanzung: 1–2 Würfe im Jahr mit jeweils 3–10, meist 7–8 Jungen, sonst wie bei der Waldspitzmaus.

Taigaspitzmaus *Sorex sinalis* Thomas 1912

E Dusky shrew F Musaraigne foncée

Merkmale: Hinterfuß etwas länger als bei Waldspitzmaus; Felloberseite im Sommer dunkelbraun, im Winter schwarzbraun; Unterseite nur wenig heller, im Sommer graubraun, im Winter mit gelblicher Tönung; Farbgrenze immer unscharf. Schwanzoberseite wie Rücken, Schwanzunterseite gelblichgrau. Füße dunkelbraun. 3 Paar Zitzen.
Körpermaße: KR 5,7–8,3 cm; S 4,1–5,5 cm; Hf 13–15 mm; G 6,5–15 g.
Ähnliche Arten: Waldspitzmaus, Maskenspitzmaus.
Verbreitung: Von Nord- und Osteuropa ostwärts bis Ostsibirien, Nordchina und Sachalin.

Lebensraum: Dichter Nadelwald mit feuchtem Untergrund, Laubmischwald mit eingestreuten Fichten.
Lebensweise: Lebt zerstreut in kleinen, voneinander getrennten Vorkommen; hält sich meist im dichten Unterwuchs auf; sonst wie Waldspitzmaus.
Nahrung: Insekten, Spinnen, Schnecken, Würmer, tote Kleinwirbeltiere.
Fortpflanzung: 1–2 Würfe im Jahr mit jeweils 5–7 Jungen, sonst wie bei der Waldspitzmaus.
Feinde: Vorwiegend Rauhfußkauz, Habichtskauz, Wiesel.

Alpenspitzmaus *Sorex alpinus* Schinz 1837

E Alpine shrew F Musaraigne alpine

Merkmale: Groß, dunkel, mit körperlangem, gleichmäßig kurzbehaartem Schwanz; Hinterfuß relativ lang, Ohrmuschel fast vollständig im Pelz verborgen. Felloberseite dunkel schiefergrau, ohne scharfe Farbgrenze zur nur wenig helleren, graubraunen Unterseite. Schwanzoberseite wie Rücken, -unterseite scharf abgesetzt weiß. Füße weißlich, Vorderfuß mit 5 Sohlenschwielen. 3 Paar Zitzen.
Körpermaße: KR 6,3–7,7 cm; S 6,2–7,5 cm; Hf 13–16 mm; G 6–9,5 g.
Ähnliche Arten: Kaum mit anderen Spitzmausarten zu verwechseln.
Verbreitung: Pyrenäen, Alpen, Schweizer Jura, Harz, Sudeten, Tatra, Karpaten, Balkanländer.
Lebensraum: In den Alpen in Randbereichen von feuchtem Nadelwald, auf Feuchtwiesen, an Bächen und Wasserfällen sowie in der Latschenzone; von 500–2500 m (gebietsweise bis 3300 m) vorwiegend aber bei 700–900 m Höhe, nicht in der eigentlichen montanen Zone; in Schlesien bei 180 m Höhe; auch in menschlichen Behausungen anzutreffen; nirgends häufig.
Lebensweise: Weitgehend unbekannt, wahrscheinlich wie Waldspitzmaus.

Nahrung: Insekten, Spinnen, Schnecken, Würmer, tote Kleinwirbeltiere; auch andere Spitzmäuse.
Fortpflanzung: Paarungszeit April–August, sonst ähnlich wie bei der Waldspitzmaus.
Lautgebung: Stimme hoch zwitschernd.
Feinde: Vorwiegend Mauswiesel, Wiesel, Rauhfußkauz.

Wasserspitzmaus

Sumpfspitzmaus

Wasserspitzmaus *Neomys fodiens* Pennant 1771

E Water shrew F Musaraigne aquatique

Merkmale: Groß, kräftig und langschwänzig; Ohrmuscheln im Fell kaum sichtbar; Fell samtartig glänzend, oberseits grauschwarz bis schwarz, hinter den Augen oft grauweißer Fleck. Unterseite meist scharf abgesetzt silbergrau, manchmal braungrau oder sogar fast schwarz. Schwanzoberseite grauschwarz, -unterseite mit einem kielartigen Saum aus abstehenden silbergrauen Borstenhaaren (Steuerruder); Hinterfüße groß, an der Außenseite ebenfalls mit Haarborstensaum. Jungtiere mit nur schwach entwickeltem Schwimmborstensaum. Zahnspitzen rotbraun; 5 Paar Zitzen.
Körpermaße: KR 7–9,3 cm; S 4,9–7 cm; Hf 16–20 mm; G 8–23 g.
Ähnliche Arten: Sumpfspitzmaus, Alpenspitzmaus.
Verbreitung: Europa ostwärts bis zum Jenissei und Baikalsee, südwärts bis Kleinasien und Tien Shan; isoliertes Vorkommen in Ostsibirien (Sichote Alin und Sachalin).
Lebensraum: Üppig bewachsene Fluß-, Bach- und Seeufer; in Sümpfen, Mooren, gelegentlich auch im Wald fernab von Wasser; im Norden auch in Tundra; hält sich häufig an Mühlen auf; in den Alpen bis 2500 m Höhe.

Lebensweise: Hauptsächlich dämmerungs- und nacht-, aber auch tagaktiv; ziemlich gesellig; überaus beweglich, schwimmt und taucht sehr gut, läuft auf dem Grunde von Gewässern, klettert nur mäßig. Gräbt in Steilufern Gänge mit einem Fluchtweg zum Wasser; benützt auch Gänge von Maulwürfen, Wühlmäusen oder die Burgen von Bisamratten; läuft an Land in Gängen unter dichtem Bewuchs. Nest dickwandig, aus Moos, Wurzeln, Blättern und Gras, meist in Höhlungen am Steilufer. Trägt Beutetiere zum Verzehr in Verstecke; Beute wird durch giftigen Speichel aufgelöst. Vorratshaltung.
Nahrung: Vorwiegend Wasserinsekten und deren Larven (Köcherfliegen, Steinfliegen, Libellen); kleine Krebstiere, Würmer, Schnecken, kleine Fische, Kleinsäuger und Landinsekten. Hinterläßt häufig am Ufer Haufen von ausgefressenen Schneckenhäusern, Fischgräten u. ä.
Fortpflanzung und Lebensdauer: Paarungszeit April–September; 1–3 Würfe mit jeweils 4–11 Jungen nach einer Tragzeit von 24 Tagen; Junge öffnen mit 22 Tagen die Augen, werden 4 Wochen lang gesäugt und sind mit 5–6 Wochen selbständig. Lebenserwartung ca. 2½ Jahre.
Lautgebung: Lautfreudig; Serien von Pfeiftönen, trillernde Rufe.
Feinde: Eulen, Wiesel.

Sumpfspitzmaus *Neomys anomalus* Cabrera 1907

E Miller's water shrew F Musaraigne de Miller

Merkmale: Sehr ähnlich wie Wasserspitzmaus, meist etwas kleiner; Schwanz kürzer, Schwimmborstensaum fehlend oder nur angedeutet und auf das hintere Schwanzdrittel beschränkt; Hinterfüße kleiner mit wenig ausgeprägtem Borstensaum. Felloberseite etwas heller, -unterseite fast immer weiß. Trägt den Schwanz beim Laufen waagerecht.

Wasserspitzmaus

Sumpfspitzmaus

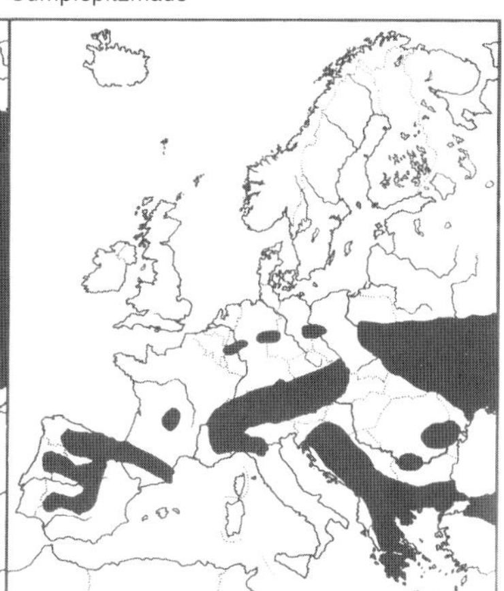

Körpermaße: KR 6,4–8,8 cm; S 4,2–6,4 cm; Hf 1,4–1,8 mm; G 7,5–16 g.
Ähnliche Arten: Wasserspitzmaus, Alpenspitzmaus.
Verbreitung: Vereinzelt in Europa; im Westen nur im Gebirge, im Osten in der Waldzone und der Steppenzone bis zum Don; möglicherweise Türkei.
Lebensraum: Ähnlich wie bei Wasserspitzmaus, aber auch weitab von offenem Wasser in feuchtem Wald, in Mooren und Feuchtwiesen. In den Alpen bis 2000 m Höhe. Gebietsweise beide Arten nebeneinander, aber dann ist die Sumpfspitzmaus deutlich kleiner.
Lebensweise: Wie Wasserspitzmaus; schwimmt und taucht ebenfalls gut.
Nahrung: Insekten, Würmer, Schnecken, Kleinkrebse, kleine Fische, Frösche, Kleinsäuger; bei Nahrungsmangel auch landlebende Beutetiere.
Fortpflanzung und Lebensdauer: Wie Wasserspitzmaus.
Lautgebung: Stimme laut zwitschernd und trillernd.
Feinde: Wiesel, Eulen, Mauswiesel.

Familie **Maulwürfe** Talpidae

Zwergmaus- bis hausrattengroße, kurzbeinige, walzenförmige Insektenfresser mit rüsselartig verlängerter Schnauze; Augen winzig, bei vielen Arten von Haut überdeckt; Ohrmuscheln fehlend oder sehr klein; Fell kurzhaarig und samtig glänzend. Eckzähne deutlich vergrößert. Bei den eigentlichen Maulwürfen (Unterfamilie Talpinae) Vorderfüße vergrößert und zu Grabschaufeln ausgebildet. Unterirdische Lebensweise, in Eurasien und Nordamerika weit verbreitet. Bei den Desmanen (Unterfamilie Desmaninae) Hinterfüße größer als Vorderfüße, wasserlebend, nur auf kleine Gebiete Europas beschränkt. Im behandelten Gebiet 2 Gattungen mit 4 Arten. Zahnformel: 3·1·4·3 / 3·1·4·3 = 44.

Pyrenäen-Desman

Pyrenäen-Desman *Galemys pyrenaicus* Geoffroy 1811
E Pyrenean desman F Desman des Pyrénées

Merkmale: Relativ groß; wenig mehr als körperlanger, im Endteil seitlich abgeplatteter und mit einem kielartigen Borstensaum besetzter Schwanz. Langer, flacher, nach allen Seiten beweglicher Rüssel mit nach oben weisen-

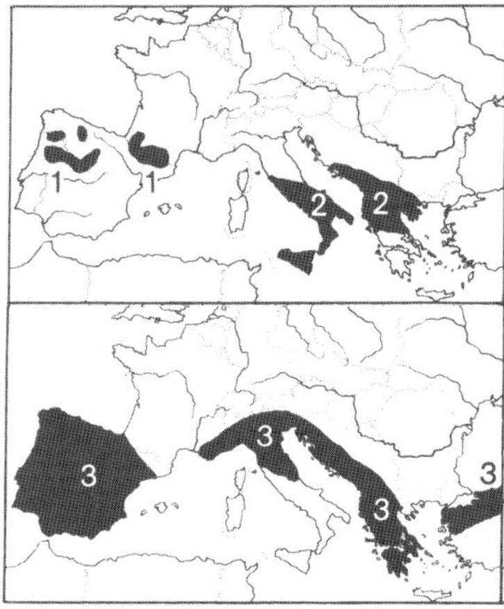

1 Pyrenäen-Desman 2 Römischer Maulwurf 3 Blindmaulwurf

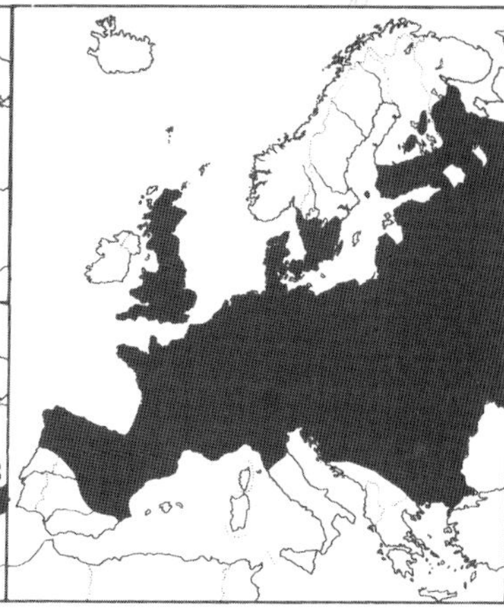
Maulwurf

den, verschließbaren Nasenlöchern; Augen sehr klein; keine Ohrmuscheln sichtbar. Hinterfüße breit und flach, mit Schwimmhäuten und Schwimmborstensaum; Vorderfüße viel kleiner, nur angedeutete Schwimmhäute und Borstensaum. Felloberseite dunkelbraun glänzend, -unterseite silberweiß, an der Brust gelblicher Fleck. 3 Paar Zitzen.
Körpermaße: KR 11–13,5 cm; S 13–15,5 cm; Hf 31–38 mm; G 50–80 g.
Ähnliche Arten: Wasser- und Sumpfspitzmaus, Schermaus.
Verbreitung: Pyrenäen, Nordspanien, Nordportugal.
Lebensraum: Bergbäche, klare, saubere Flüsse, Kanäle und Seen mit steilen, üppig bewachsenen und gut strukturierten Ufern; häufig an Mühlbächen; in tieferen Lagen überschwemmte Wiesen, Sümpfe; von 100–1200 m Höhe.
Lebensweise: Vorwiegend nachtaktiv; wenig gesellig. Schwimmt und taucht sehr gut mit Hilfe der Hinterbeine; die Vorderfüße werden angelegt; Rüssel ständig in Bewegung, beim Schwimmen oft nur Spitze sichtbar. Bewohnt Gangsysteme am Steilufer mit Nestkammern und Fluchtweg ins Wasser, gräbt wohl nicht selber. Sucht Nahrung hauptsächlich im Wasser und auf dem Gewässergrund, gelegentlich auch auf trockenem Boden.
Nahrung: Wasserinsekten, Schnecken, Würmer, auch Land-Wirbellose.
Fortpflanzung: Paarungszeit März–Juli; 1 Wurf mit 3–4 Jungen, Säugezeit ca. 4 Wochen; Geschlechtsreife mit 6 Wochen.
Lautgebung: Hohe schwirrende Laute.

Maulwurf *Talpa europaea* Linné 1758

E Northern mole F Taupe d'Europe A S. 34

Merkmale: Walzenförmiger, »halsloser« Körper; sehr große, seitwärts gestellte Vorderfüße mit langen, flachen Krallen (Grabschaufeln). Rüsselar-

tig verlängerte Schnauze, kaum sichtbare winzige Augen, Ohrmuscheln fehlen; sehr kurzer Schwanz. Fell samtig weich und glänzend, oberseits dunkelgrau bis schwarz, unterseits etwas heller; 4 Paar Zitzen.
Körpermaße: KR 12–16 cm; S 2–4,2 cm; Hf 16–19 mm; G 60–125 g. ♀ etwas kleiner und leichter als ♂.
Verbreitung: Eurasien. Von Zentralspanien, Großbritannien und Oberitalien ostwärts bis zum Ob, Irtysch und zum Altai-Gebirge.
Lebensraum: Vorwiegend auf reichbewachsenen Wiesen mit lockerer, gut grabbarer Erde bis 2000 m Höhe; auch in lichtem Laubwald, in Gärten und Parks; nicht in Sandböden, auf sandigem oder felsigem Untergrund oder nassen Mooren und reinem Nadelwald.
Lebensweise: Unterirdisch, kommt selten an die Erdoberfläche; ungeselliger Einzelgänger; schwimmt gut; gräbt mit den kräftigen Vorderfüßen weitverzweigte Gangsysteme dicht unter der Erde bis in ca. 50 cm Tiefe; wirft große Haufen (Maulwurfshügel) auf. Unter einem besonders großen befindet sich Nestkammer mit Nest aus trockenen Blättern, Moos, Kräutern; bei nasser Erde »Sumpfburgen«, bis über ½ m hohe Maulwurfshaufen, in deren Innerem die Nestkammer liegt. Jagt in langen, dicht unter der Oberfläche verlaufenden, durch »Haufenketten« gekennzeichneten Gängen. Nahrungsvorräte an durch gezielten Biß gelähmten Regenwürmern. Kein Winterschlaf.
Nahrung: Regenwürmer, Tausendfüßler, Schnecken, Frösche, Kleinsäuger, Eier und Junge von bodenbrütenden Vögeln.
Fortpflanzung und Lebensdauer: Paarungszeit April–Juni; 1 (2) Würfe mit 2–6 Jungen (meist 3–4) nach einer Tragzeit von 4 Wochen; Junge öffnen die Augen mit 22 Tagen, werden 5 Wochen lang gesäugt, sind dann selbständig, im folgenden Jahr geschlechtsreif. Lebenserwartung 3–4 Jahre.
Lautgebung: Piepend, vogelartig zwitschernd oder schrill zeternd und zischend.
Feinde: Baummarder, Dachs, Wildschwein; Weißstorch, Mäusebussard, Waldkauz, Schleiereule.

Maulwurf

Römischer Maulwurf *Talpa romana* Thomas 1902

E Roman mole F Taupe romaine V S. 33

Merkmale: Sehr ähnlich wie Maulwurf, aber etwas größer; nackter Schnauzenteil größer; Augen durch Häutchen verschlossen.

Körpermaße: KR 13–16,5 cm; S 2,4–3,2 cm; Hf 16,5–21 mm.
Ähnliche Arten: Maulwurf, Blindmaulwurf.
Verbreitung: Italien, Sizilien, Griechenland (auch Korfu); möglicherweise Kaukasus. Kommt neben Blindmaulwurf vor.
Lebensweise, Fortpflanzung und Lebensdauer: Wie beim Maulwurf.

Blindmaulwurf *Talpa caeca* Savi 1822

E Blind mole F Taupe aveugle V S. 33

Merkmale: Sehr ähnlich wie Maulwurf, aber kurzschwänziger; nackter Schnauzenteil länger und schmaler; Augen winzig, von Häutchen verschlossen; weißliche Behaarung auf der Schnauzenspitze und den Vorderfüßen.
Körpermaße: KR 10–13,5 cm; S 2,1–3 cm; Hf 15,5–17,5 mm; 30–65 g.
Ähnliche Arten: Maulwurf, Römischer Maulwurf.
Verbreitung: Iberische Halbinsel, Südfrankreich, nördliches Italien, Jugoslawien, Albanien, Griechenland; Kleinasien, Kaukasus.
Lebensraum: Wie Maulwurf, jedoch nicht so häufig in den Niederungen; im Gebirge nicht so hoch.
Lebensweise: Ähnlich Maulwurf; wirft aber weniger und kleinere Haufen auf, da er nicht so tief gräbt.
Fortpflanzung und Lebensdauer: Wie beim Maulwurf.

Familie **Igel** Erinaceidae

Relativ große Insektenfresser mit stachelbesetzter Oberseite als Schutz gegen Feinde; daher unabhängig von der unterirdischen Lebensweise; kappenförmiger Muskelpanzer unter dem Stachelkleid, der bei Gefahr zusammengezogen wird und so fast den ganzen Körper umschließt; gleichzeitig richten sich die Stacheln durch Kontraktion auf. Dämmerungs- und nachtaktiv, suchen in Wäldern und offenem Gelände Nahrung (größere Wirbellose und kleine Wirbeltiere). Dem Menschen gegenüber nicht sehr scheu. »Selbstbespucken«: Durchkauen von stark riechenden Stoffen, z. B. Aas; der dadurch entstandene schaumig gewordene Speichel wird dann rückwärts auf das Stachelkleid gespuckt. Die Bedeutung dieses »Selbstbespuckens« ist bis heute noch nicht geklärt. Zahnformel: 3·1·3·3 / 2·1·2·3 = 36. Im behandelten Gebiet 1 Gattung mit 3 Arten.

Igel, Westlicher Igel *Erinaceus europaeus* Linné 1758

E Hedgehog F Hérisson A S. 37, V S. 36

Merkmale: Groß, plump und »halslos«. Kopf vom Körper abgesetzt, Schnauze spitz; Ohren deutlich erkennbar, kurz und rundlich; Augen relativ klein. Gesamte Oberfläche von Stachelkleid bedeckt, Stacheln (über 1500) an der Basis und Spitze gelblich, sonst dunkelbraun; Kopf und Bauch bräunlich oder gelblich, schütter behaart. Zehen mit Krallen. Jungtiere mit hellen Stacheln auf durchscheinender, rosiger Haut. 5 Paar Zitzen.

Körpermaße: KR 22–28 cm; S 2–3,5 cm; Hf 38–48 mm; O 20–31 mm; G 450–1200 g.

Ähnliche Arten: Ostigel, Wanderigel.

Verbreitung: Von Süd-, West- und Mitteleuropa bis Westpolen, Böhmen, Istrien; Teile Nordeuropas; am östlichen Verbreitungsrand mit dem Ostigel überlappend.

Lebensraum: Trockene, unterholzreiche Wälder, vor allem lichte Laubwälder, gebüschreiche Waldränder, Feldhecken, Gärten, Parks, aber auch hochgrasige Wiesen und Brombeerschläge; in den Alpen bis 2000 m Höhe; häufig in Scheunen.

Lebensweise: Dämmerungs- und nachtaktiv, im Herbst auch tagaktiv; wenig gesellig, kleines Revier (ca. 5 ha). Bodenaktiv, läuft schnell, klettert recht geschickt und schwimmt gut; rollt sich bei Gefahr zu einer »Stachelkugel« zusammen und wird daher häufig auf Straßen totgefahren. Relativ großes, flaches Nest in einer Erdhöhlung oder im Unterschlupf eines anderen Tieres, oberseits mit trockenen Zweigen getarnt; meist unter dichtem, dornigem Gestrüpp, häufig auch bei Komposthaufen; Nistmaterial (Gras, Laub, Moos, Reisig) wird im Maul transportiert. Winterschlaf von Oktober –April, in besonders großem und warm ausgepolstertem Nest, bei warmer Witterung kurzzeitig durch Nahrungssuche unterbrochen: im Wachzustand ca. 180 Herzschläge pro min., bei herabgesetzter Körpertemperatur von 5–7°C während des Winterschlafs nur 20 Schläge pro min.

Nahrung: Regenwürmer, Schnecken, Insekten, Asseln, Tausendfüßler, Vogeleier; kleine Wirbeltiere wie junge Mäuse, Jungvögel, Eidechsen, Schlangen, Frösche; zusätzlich Beeren, süßes Obst.

Fortpflanzung und Lebensdauer: Paarungszeit April–August; 1–2 Würfe

Westigel   1 Ostigel 2 Wanderigel

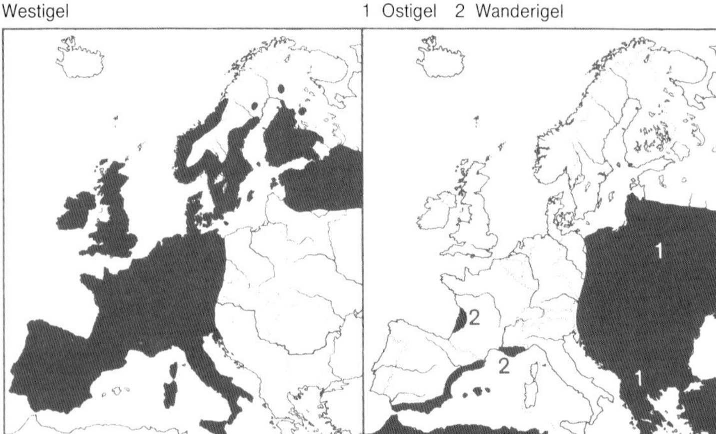

mit jeweils 2–10 blinden, weichstacheligen Jungen nach einer Tragzeit von ca. 35–40 Tagen; Junge öffnen die Augen mit 14–18 Tagen, werden 18–20 Tage lang gesäugt, sind mit 40–45 Tagen selbständig, und häufig noch im Geburtsjahr geschlechtsreif; Lebenserwartung 8–10 Jahre.
Lautgebung: Schnarchende, schmatzende, zirpende und kreischende Laute.
Feinde: Uhu, Fuchs, Dachs, Iltis, Wolf, Bär.

Ostigel *Erinaceus concolor* Martin 1838

E Eastern hedgehog F Hérisson d'Europe orientale

Merkmale und Körpermaße: Sehr ähnlich wie Igel, aber mit weißer Kehle und Brust, die zum dunklen Bauch kontrastieren.
Verbreitung: In Europa nach Westen bis ins östliche Mitteleuropa und bis zur Adria; auch auf den Griechischen Inseln; Teile Vorderasiens; Ostgrenze nicht geklärt, möglicherweise bis Ostasien. Verbreitungsareal überlappt an der Westgrenze in einem bis zu 200 km breiten Streifen mit dem des Igels.
Lebensraum, Lebensweise, Fortpflanzung und Lebensdauer: Ähnlich Igel.

Wanderigel, Algerischer Igel *Erinaceus algirus* Lereboullet 1842
E Algerian hedgehog F Hérisson d'Afrique du Nord A S. 37, V S. 36

Merkmale: Sehr ähnlich wie Igel, aber etwas kleiner. Ohren größer und länger; nicht ganz so rundlicher Körperbau; Kopf deutlicher vom Rumpf abgesetzt. Hinterfuß etwas kleiner; Stachelkleid heller, im Kopfbereich weniger weit nach vorne reichend, am Scheitel mit kleiner Einbuchtung; Unterseite ebenfalls heller als beim Igel; an den Seiten dunkelbraun.
Körpermaße: KR 20–25 cm; S 2,5–4 cm; Hf 30–42 mm; G 700–800 g.
Verbreitung: Südrand der Iberischen Halbinsel, Südfrankreich, Balearen, Malta, NW-Afrika, Kanarische Inseln; in Europa möglicherweise vom Menschen eingeführt.
Lebensraum, Lebensweise, Fortpflanzung und Nahrung: Ähnlich wie beim Igel; hält aber keinen Winterschlaf, baut sein Nest auch in Erdlöcher.
Feinde: Wie beim Igel.

Ordnung **Fledertiere** Chiroptera

Mit rund 1000 Arten nach den Nagetieren artenreichste Säugerordnung. Weltweit, hauptsächlich in den warmen Klimazonen verbreitet. In Europa 3 Familien mit 32 Arten. Einzige, zum aktiven Flug befähigte Säugetiere. Die Vordergliedmaßen – lange Unterarm- und Mittelhandknochen sowie stark verlängerte Finger – spannen zusammen mit den Hinterbeinen und der Schwanzwirbelsäule die Flughaut auf. Sie ist elastisch und bildet die Tragfläche beim Fliegen. Ein knöcherner Sporn, der an der Hinterfußferse ansetzt, stützt den Rand der Schwanzflughaut; an seiner Außenseite bei vielen Arten ein kleines Häutchen (Epiblema, Abb. S. 39). Der Daumen ist kurz und trägt im Gegensatz zu den übrigen Fingern eine Kralle. Alle europäischen Arten sind Insektenfresser und haben ein kräftiges Gebiß mit langen spitzen Eckzähnen zum Festhalten und spitzhöckrigen Backenzähnen zum Zerkleinern ihrer Beutetiere. Anzahl, Anordnung und Form der Zähne sind häufig (z. B. bei *Pipistrellus,* Abb. S. 51) gute Bestimmungsmerkmale.
KR 3–16 cm, Sp 17–70 cm. Vorwiegend nachtaktiv; tagsüber in Ruhehaltung kopfunter an den kräftigen und scharfen Fußkrallen ihrer Hinterfüße an Decken und Wänden ihres Unterschlupfes hängend. Während des Tagesschlafs zur Energieeinsparung Absenken der Körpertemperatur (Tageslethargie). Die Tragzeit hängt von der Umgebungstemperatur ab und beträgt bei den meisten Arten zwischen 6 und 9 Wochen. 1 Junges pro Jahr, bei manchen Arten auch regelmäßig Zwillinge. ♀♀ sammeln sich an traditionellen Plätzen, sog. »Wochenstuben«, in der Regel getrennt von den ♂♂, um die nackten und blinden Jungen zur Welt zu bringen. ♂♂ im Sommer meist einzelgängerisch, bei einigen Arten auch ♂♂-Gesellschaften.
Orientierung beim Nachtflug durch ein kompliziertes Ultraschall-Echoortungssystem; es arbeitet mit artspezifisch festgelegten Frequenzbereichen und vermittelt den Tieren ein detailliertes »Schallbild« der Umgebung und

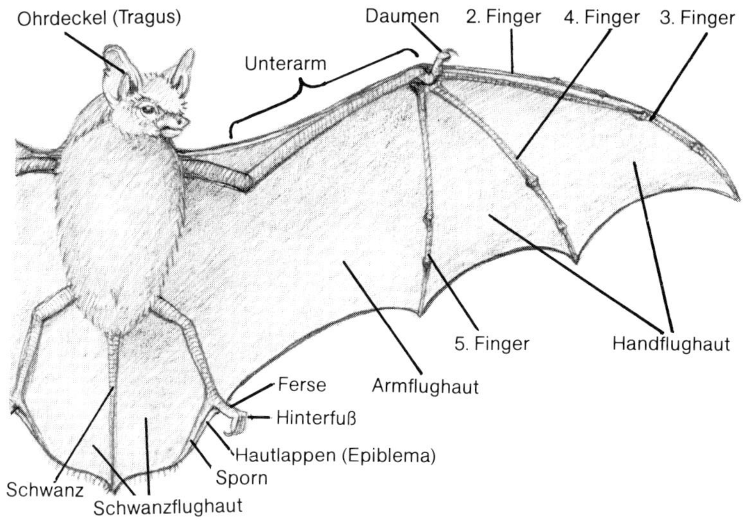

ihrer Beutetiere, indem im Kehlkopf erzeugte, kurze, hochfrequente und sehr schnell aufeinanderfolgende Peillaute von Gegenständen und bewegten Objekten reflektiert und mit den meist großen Ohren empfangen werden. Aussenden der Orientierungslaute bei den Glattnasen **Vespertilionidae** und den Bulldoggfledermäusen **Molossidae** durch den Mund, bei den Hufeisennasen **Rhinolophidae** durch die Nase. Winterschlaf meist in größeren Gesellschaften, ♂♂ und ♀♀ zusammen, bei den sog. Fels- oder Hausfledermäusen in Felshöhlen, Stollen oder Kellern, bei den sog. Baumfledermäusen in Baumhöhlen. Oft weite Wanderungen zu den traditionellen Überwinterungsplätzen.

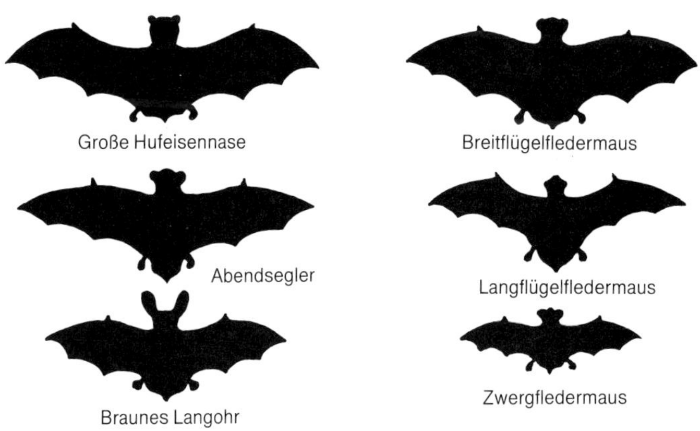

Flugsilhouetten einiger Fledermausarten Europas

Familie **Glattnasen** Vespertilionidae

In 40 Gattungen mit rund 300 Arten fast weltweit verbreitet, teilweise bis nördlich des Polarkreises. In Europa die weitaus artenreichste Fledermausfamilie mit 26 Arten aus 8 Gattungen. Einige Arten zählen zu den kleinsten Säugetieren überhaupt; KR von 3 cm bis 10 cm. »Normale« Säugetierschnauze ohne Nasenbildungen. Breiter Spalt zwischen den kleinen Schneidezähnen im Oberkiefer. Alle Arten mit einem Ohrdeckel (Tragus), der der Richtcharakteristik des Ohres dient und dessen Länge und Form ein wichtiges Art-Bestimmungsmerkmal darstellt. Schwanz bis auf höchstens den letzten und vorletzten Wirbel in die Flughaut einbezogen. Oft hohes Lebensalter, nachweislich bis 21 Jahre. Zahnformel: 2·1·1–3·3 / 3·1·2–3·3 = 32–38.

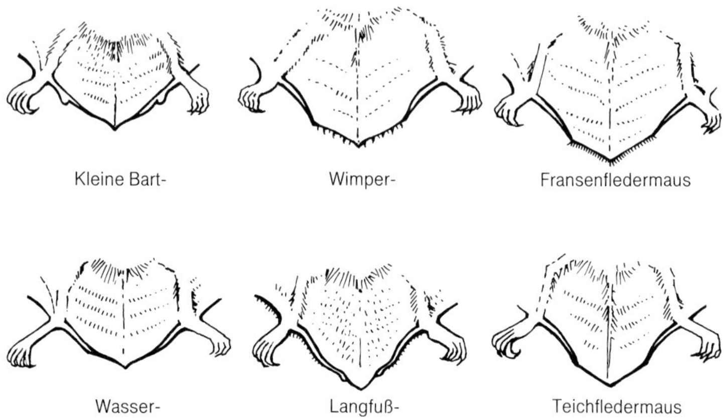

Schwanzflughäute einiger Glattnasen

Kleine Bartfledermaus *Myotis mystacinus* Kuhl 1819

E Whiskered bat F Vespertilion à moustaches V S. 42

Merkmale: Sehr klein. Ohren mittelgroß, schmal, mit 4–6 Querfalten; Tragus lang (etwas länger als die Hälfte der Ohrlänge) und spitz. Schnauze stark behaart; beiderseits an den Mundwinkeln braunschwarze Haarbüschel. Sporn so lang wie die Hälfte des hinteren Flughautrandes; kleine Füße, schmale Flügel. Fell dicht und etwas rauh, oberseits graubraun; Haarspitzen heller, unterseits grau, bei Jungtieren dunkler. Flughaut, Ohren und Gesicht dunkelbraun.

Körpermaße: KR 3,6–4,5 cm; S 3–4 cm; Hf 7–8 mm; Ua 31–35 mm; O 11–13 mm; Sp 20–22,5 cm; G 4,5–7 g.

Ähnliche Arten: Große Bartfledermaus, Zwergfledermaus.

Verbreitung: Alte Welt. Von NW-Afrika, Nordportugal und Irland im

Westen mit Verbreitungslücken bis zum Himalaja und Japan im Osten. In Europa nordwärts bis zum Polarkreis.
Lebensraum: Waldgebiete mit Seen und Flüssen, aber auch Wiesengelände, Gärten, Dörfer; jagt besonders in der zweiten Jahreshälfte häufig über Gewässern.
Lebensweise: Jagdflugbeginn bereits in der Dämmerung; im Frühjahr und Herbst zuweilen auch tags aktiv. Flug niedrig (1–3 m) und schnell mit häufigen plötzlichen Wendungen. Sommerquartier in Baumhöhlen, Nistkästen, Mauerlöchern, Spalten in Gebäuden und Felsen, hinter Fensterläden. Winterschlaf von Ende Oktober–Ende April in Felshöhlen, Stollen oder feuchten Kellerräumen, meist einzeln.
Nahrung: Kleine Nachtschmetterlinge, Mücken, Fliegen; Beutetiere werden auch von Zweigspitzen oder Mauern erhascht.
Fortpflanzung und Lebensdauer: Paarungszeit von Herbst bis Frühjahr; Wochenstuben mit bis zu 70 ♀♀; nur 1 Junges pro Jahr; Tragzeit 50–60 Tage; Wurfzeit im Juni oder Juli. Lebenserwartung 12–18 Jahre.
Lautgebung: Bei Beunruhigung während des Tagesschlafs hoch zwitschernd.

Große Bartfledermaus (Kopf)

Kleine Bartfledermaus

Große Bartfledermaus, Brandtfledermaus

Myotis brandti Eversmann 1845
E Brandt's bat F Vespertilion de Brandt V S. 42

Merkmale: Sehr ähnlich wie Kleine Bartfeldermaus, aber auffallend dunkles Gesicht. Pelz oberseits rötlichbraun bis goldbraun, unterseits beige; Flughaut und Ohren hellbraun, etwas durchscheinend. Jungtiere insgesamt mehr grau und damit kaum von jungen Kleinen Bartfledermäusen zu unterscheiden. Füße sehr klein.
Körpermaße: KR 4,2–5,0 cm; Ua 32–38 mm; G 4,5–8,5 g.
Ähnliche Arten: Kleine Bartfedermaus, Zwergfledermaus.
Verbreitung: Gesamtverbreitung noch nicht genau bekannt; vermutlich in großen Teilen Europas im Norden bis England und Südskandinavien.
Lebensraum, Lebensweise und Fortpflanzung: Soweit bekannt wie bei Kleiner Bartfledermaus; beide Arten kommen oft nebeneinander vor.

Kleine Bartfledermaus

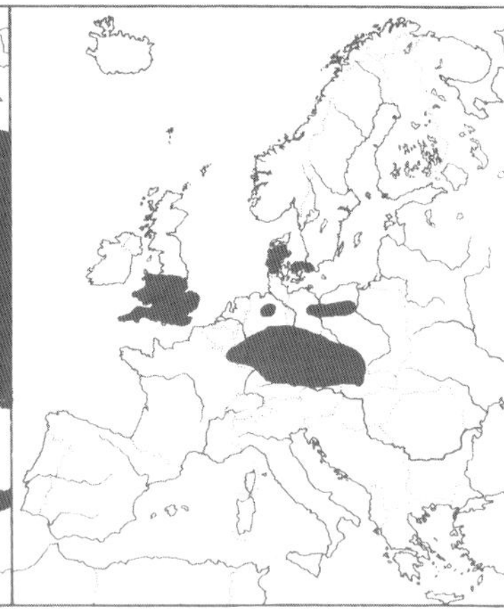

Große Bartfledermaus

Wimperfledermaus *Myotis emarginatus* Geoffroy 1806

E Geoffroy's bat F Vespertilion à oreilles échancrées A S. 44

Merkmale: Mittelgroß. Rechtwinkelige Einkerbung am äußeren Ohrrand, die vom Tragus fast erreicht wird. Flügel breit, Füße klein. Rand der Schwanzflughaut mit langen Wimperhaaren besetzt, sonst schwach behaart. Fell wollig, oberseits rötlichbraun, unterseits hellbraun. Ohren und Flughaut dunkel graubraun.

Körpermaße: KR 4,5–5 cm; S 3,9–4,5 cm; Hf 8,5–9 mm; Ua 36–42 mm; O 14–17 mm; Sp 22–24 cm; G 7–10 g.

Ähnliche Arten: Fransenfledermaus, Kleine und Große Bartfledermaus, Bechsteinfledermaus.

Verbreitung: Noch ungenügend bekannt. Süd- und Mitteleuropa bis Holland und Südpolen im Norden; isoliert in Portugal und Marokko, auf der Krim, und im Kaukasus; in Vorderasien bis Ostiran und Usbekistan. In Mitteleuropa selten, in Deutschland nur an wenigen Stellen.

Lebensraum: Bewaldete Landschaft und offenes Gelände mit Büschen in klimatisch günstigen Gegenden; gern in Gewässernähe.

Lebensweise: Jagdflugbeginn bereits in der frühen Dämmerung; Flughöhe meist 1,5–5 m; schneller Flug. Sommerquartier in Dachstühlen von Gebäuden und in nicht zu kalten Felshöhlen; gesellig, oft über 100 ♀♀ in Wochenstuben; häufig mit Hufeisennasen vergesellschaftet. Winterquartier tief in Felshöhlen, Stollen oder Kellern; meist frei an der Wand oder Decke hängend. Wandert kaum.

Fortpflanzung und Lebensdauer: Weitgehend wie bei der Kleinen Bartfledermaus.

Nahrung: Kleine Nachtschmetterlinge, Mücken, Fliegen; Beutetiere werden auch von Zweigspitzen erhascht.

Fransenfledermaus *Myotis nattereri* Kuhl 1818

E Natterer's bat F Vespertilion de Natterer A S. 44

Merkmale: Mittelgroß. Relativ große, helle Ohren mit 5–6 Querfalten; am Außenrand deutlich eingebuchtet. Tragus schmal und spitz, ca. ⅔ der Ohrlänge; Sporn S-förmig gebogen. Hinterrand der Schwanzflughaut mit dichtem Besatz aus gekrümmten, borstenartigen Haaren. Schwanz bis auf die äußerste Spitze in der Flughaut. Füße klein. Fell oberseits graubraun, unterseits grauweiß, im Schulterbereich ziemlich scharf abgesetzt. Ohren und Flughaut durchscheinend graubraun. Im Gegensatz zu den verwandten Arten wird der Schwanz im Flug gerade ausgestreckt.

Körpermaße: KR 4,2–5 cm; S 3,2–4,5 cm; Hf 7–9 mm; Ua 35–42 mm; O 16–18 mm; Sp 22–27 cm; G 6–12 g.

Ähnliche Arten: Zwergfledermaus, Bechsteinfledermaus, Wimperfledermaus.

Verbreitung: Alte Welt; von Westeuropa und Nordafrika mit großen Verbreitungslücken über Eurasien bis China und Japan im Osten. In Mitteleuropa selten. Nördliche Verbreitungsgrenze in Europa auf der Höhe Irlands, Schottlands und Südschwedens. Nicht in SO-Europa.

Lebensraum: Waldreiche Gegenden und Kulturflächen; häufig in Parks und Obstgärten; jagt gerne zwischen Bäumen und Sträuchern, über Wegen sowie über dem Wasser; im Gebirge bis 1900 m Höhe.

Lebensweise: Jagdflugbeginn in der späten Dämmerung, gelegentlich auch am Tage fliegend; Flug recht ruhig, schwirrend und langsam; Flughöhe meist 1,5–5 m. Sommerquartier in kleinen Kolonien in Baumhöhlen, Vogel- und Fledermaus-Nistkästen; gelegentlich unter Brücken, in Mauerspalten und Dachstühlen. Wechselt häufig das Quartier. Winterquartier in feuchten Höhlen, Stollen und Kellern, meist in Spalten versteckt; einzeln oder in kleinen Gruppen; gelegentlich mit anderen Arten vergesellschaftet.

Nahrung: Fliegen, Mücken, kleine Nachtschmetterlinge; liest Beutetiere auch von Zweigspitzen ab.

Fortpflanzung und Lebensdauer: Ähnlich wie bei Kleiner Bartfledermaus;

Wimperfledermaus

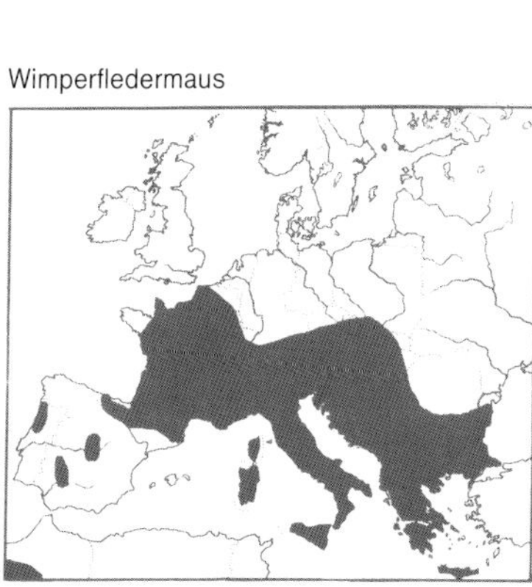

Fransenfledermaus

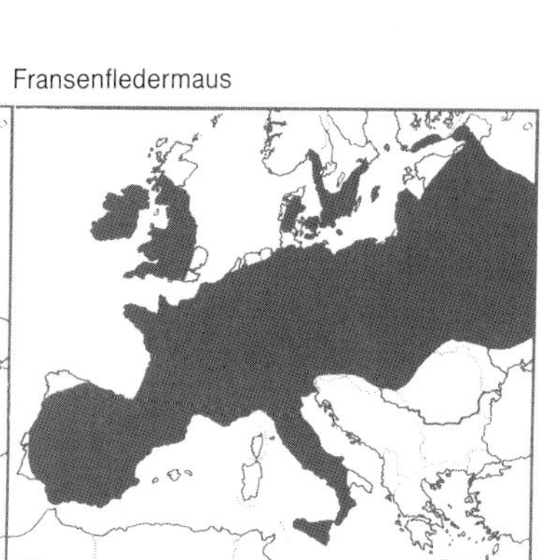

Wochenstubengesellschaften kleiner, hauptsächlich in Baumhöhlen und Nistkästen.
Lautgebung: Während des Fluges fast ununterbrochen hohe schrille Schreie.
Feinde: Als Beute von Eulen festgestellt.

Bechsteinfledermaus (Kopf)

Fransenfledermaus

Wimperfledermaus (Kopf)

Bechsteinfledermaus *Myotis bechsteini* Kuhl 1818

E Bechstein's bat F Vespertilion de Bechstein

Merkmale: Mittelgroß. Lange und ziemlich breite Ohren, die sich am Grunde aber nicht berühren; Außenrand mit 8–10 Querfalten; Tragus lang und schmal, erreicht fast die Hälfte der Ohrlänge. Füße klein. Sporn außen mit kleinem Hautlappen (Epiblema), Länge wie die Hälfte des Schwanzflughautrandes. Äußerster Schwanzwirbel außerhalb der Flughaut. Fell oberseits grau- bis rötlichbraun, unterseits weißlichgrau; Gesicht und Flughaut dunkel graubraun.
Körpermaße: KR 4,3–5,5 cm; S 3,4–4,4 cm; Hf 8,5–11 mm; Ua 39–45 mm; O 22–26 mm; Sp 25–28 cm; G 8–12 g.
Ähnliche Arten: Langohren, Wimperfledermaus, Fransenfledermaus.
Verbreitung: Nur in Europa. Von Nordspanien, Frankreich und Südengland im Westen über Mitteleuropa, Südschweden und Osteuropa bis zum Kaukasus im Osten.
Lebensraum: Lichter Wald, vorwiegend Mischwald; mit Baumgruppen bestandene Landschaft, Parks, Obstgärten; im Gebirge bis 1000 m Höhe.
Lebensweise: Jagdflugbeginn in der späten Dämmerung; Flug recht schwer-

fällig und langsam, Flughöhe meist 1,5–5 m. Sommerquartier hauptsächlich in Baumhöhlen und Nistkästen in kleinen Gruppen bis 20 Tiere. Wechselt oft den Schlafplatz. Winterquartier in Felshöhlen und Stollen, auch in Baumhöhlen; hängt meist einzeln an Wänden oder an der Decke.
Nahrung: Wie Fransenfledermaus.
Fortpflanzung und Lebensdauer: Ähnlich wie bei Kleiner Bartfledermaus; Lebenserwartung 8–10 Jahre.
Lautgebung: Während des Fluges stumm; sonst recht tiefe, knurrende Schreie; gelegentlich piepende Laute.

Großmausohr *Myotis myotis* Borkhausen 1797

E Greater mouse-eared bat F Grand Murin A S. 46

Merkmale: Sehr groß. Große elliptische Ohren (7–8 Querfalten); Tragus spitz, an der Basis breit. Schnauze relativ kurz. Äußerste Schwanzspitze ragt 3 mm aus der Flughaut. Fell kurzhaarig, oberseits graubraun, unterseits grauweiß; Jungtiere grau. Flughaut und Ohren rauchgrau. Im Flug wirken die Flügel recht breit.
Körpermaße: KR 6,5–8,5 cm; S 4,5–6 cm; Hf 12–15 mm; Ua 54–68 mm; O 27–28 mm; Sp 35–45 cm; G 20–42 g.
Ähnliche Arten: Kleinmausohr.
Verbreitung: Südliches Europa. Im Norden bis Südengland, Norddeutschland, Polen, Baltikum und bis zur Ukraine; außerdem in Kleinasien und Palästina.
Lebensraum: Lichte Wälder, Parks, buschreiches offenes Gelände. Häufig in der strukturreichen bäuerlichen Kulturlandschaft. Hauptsächlich im Flachland, im Gebirge gelegentlich bis 1700 m Höhe.
Lebensweise: Jagdflugbeginn erst nach Einbruch der Dunkelheit; fliegt nur bei gutem Wetter; kälteempfindlich. Flug langsam und relativ schwerfällig mit weitausholenden Flügelschlägen. Flughöhe meist 5–8 m. Sommerquartier in warmen, dunklen und zugluftfreien Dachstühlen großer Gebäude wie

Bechsteinfledermaus

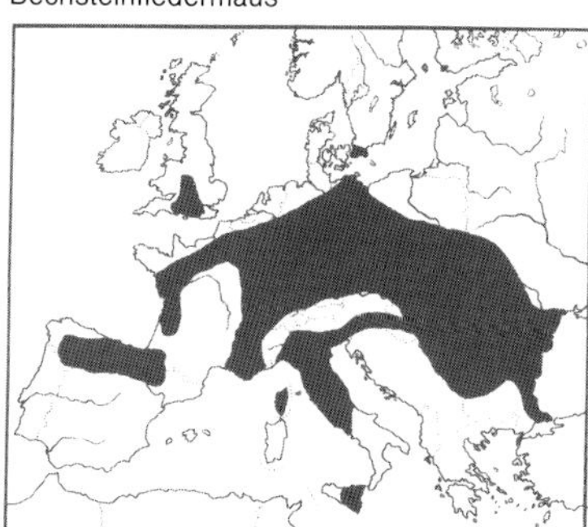

Großmausohr

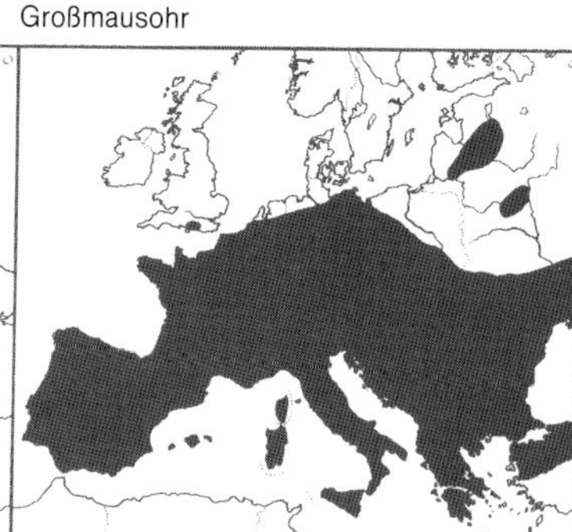

Kirchen und Schlösser, selten in Felshöhlen; ♂♂ auch in Baumhöhlen und Nistkästen. Winterquartier in großen warmen Felshöhlen, Stollen und Kellern; einzeln oder in kleinen Gruppen, meist an Decken und Wänden freihängend. Wanderungen bis 250 km nachgewiesen.

Nahrung: Vorwiegend Laufkäfer, die am Boden gefangen werden, je nach Jahreszeit können jedoch Maikäfer, Maulwurfsgrillen, Heuschrecken, Nachtschmetterlinge und andere Großinsekten entsprechend ihrem Auftreten zur Hauptbeute werden.

Fortpflanzung und Lebensdauer: Paarungszeit im Herbst und im Frühjahr. Tragzeit 60–70 Tage; 1 Junges, Geburtsgewicht ca. 6 g, wird meist im Juni geboren. Flugfähigkeit mit 40–50 Tagen, mit rund 2 Monaten selbständig. Die ♀♀ bilden große Wochenstuben von oft mehreren 100 Tieren; die ♂♂ leben zu dieser Zeit einzelgängerisch. Verluste unter den Jungen durch Schlechtwetterperioden oder Störungen oft sehr groß.

Lautgebung: Zirpen, Zetern und Kreischen in den Wochenstubenkolonien; ♂♂ äußern bei Störung tiefe, an das Brummen großer Insekten erinnernde Laute.

Kleinmausohr (Kopf)

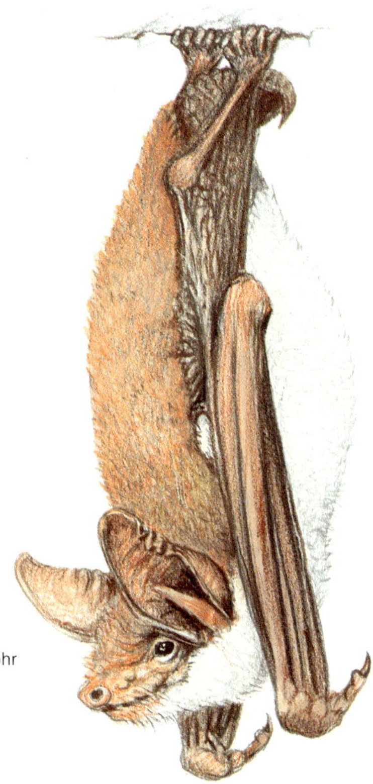

Großmausohr

Kleinmausohr *Myotis blythi* Tomes 1857

E Lesser mouse-eared bat F Petit Murin

Merkmale: Sehr ähnlich wie Großmausohr, aber etwas kleiner. Tragus an der Basis deutlich schmaler; Schnauze schmaler und spitzer; Schwanz etwas länger.
Körpermaße: KR 6–8,3 cm; S 4,5–6 cm; Hf 12–14 mm; Ua 53–62 mm.
Ähnliche Arten: Großmausohr.
Verbreitung: Alte Welt. Von NW-Afrika und SW-Spanien im Westen über Südfrankreich, Italien, die meisten Mittelmeerinseln, Südosteuropa, die Krim, den Kaukasus und über das nördliche Vorderasien bis zum Himalaja-Gebiet und der inneren Mongolei im Osten.
Lebensraum und Lebensweise: Wohl weitgehend wie beim Großmausohr; beide Arten bilden gelegentlich gemischte Gesellschaften.

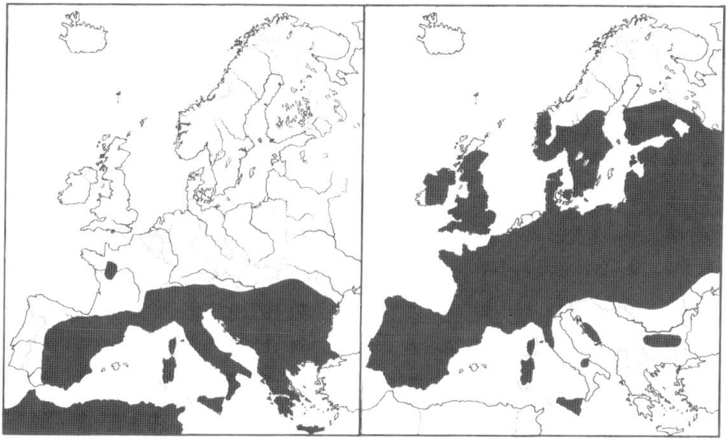

Kleinmausohr Wasserfledermaus

Wasserfledermaus *Myotis daubentoni* Kuhl 1819

E Daubenton's bat F Vespertilion de Daubenton A S. 49

Merkmale: Recht klein. Relativ große Füße. Ohren mittelgroß mit 4 Querfalten; Tragus spitz, etwa halb so lang wie das Ohr. Hinterbeine und angrenzende Flughautbereiche nur spärlich behaart. Außerster Schwanzwirbel ragt ca. 3 mm aus der Flughaut. Sporn rund ¾ der Länge des Schwanzflughautrandes, ohne Hautlappen (Epiblema). Fell oberseits dunkel bräunlichgrau, unterseits hellgrau; Schnauze und Ohren rötlichbraun.
Körpermaße: KR 4,1–5,3 cm; S 3–4,1 cm; Hf 8–11 mm; Ua 33–41 mm; O 11–13 mm; Sp 21–25 cm; G 5,5–12 g.
Ähnliche Arten: Langfußfledermaus, Zwergfledermaus, Bartfledermäuse.

Verbreitung: Eurasien von Portugal im SW und Schottland im NW bis zur Mandschurei, Korea, Sachalin, Hokkaido und zu den Kurilen im Osten.
Lebensraum: Waldreiche Landschaft mit offenen Gewässern; Uferbereiche von Seen, großen Flüssen, Altwässern; auch in trockenen Wäldern, Gärten. Im Gebirge bis 1300 m Höhe.
Lebensweise: Jagdflugbeginn bereits in der frühen Dämmerung; fliegt schnell mit sehr schnellem Flügelschlag, häufig in Kurven niedrig über dem Wasser (Flughöhe meist um 2 m). Kann schwimmen, von der Wasseroberfläche starten und im Flug trinken. Fliegt mit Unterbrechungen bis in die Morgendämmerung; während der kurzen Ruhephasen hängen die Tiere an Ästen. Sommerquartier in Baumhöhlen, Nistkästen, Mauerritzen alter Häuser oder in Dachspalten. Schlafplätze von ♂♂-Gesellschaften auch unter Brücken, in Höhlen von Uferschwalben u. ä.; Winterschlaf von Ende Oktober–Ende März in Felshöhlen und Kellern, aber auch am Boden zwischen Steinen versteckt. Wanderungen meist unter 10 km, selten bis zu 200 km.
Nahrung: Über dem Wasser fliegende Insekten, Nachtschmetterlinge.
Fortpflanzung und Lebensdauer: Ähnlich wie bei der Kleinen Bartfledermaus; Wochenstuben bestehen aus bis zu 50, manchmal auch 100 ♀♀.

Kleine Wasserfledermaus *Myotis nathalinae* Tupinier 1977

E Nathalina bat F Vespertilion de Nathalina

Merkmale: Sehr ähnlich wie Wasserfledermaus, aber etwas kleiner und nicht so bräunlich, mehr grau gefärbt; nur durch anatomische Merkmale sicher zu unterscheiden (vor allem Form eines Vorbackenzahns).
Ähnliche Arten: Wasserfledermaus, Zwergfledermaus, Bartfledermäuse.
Verbreitung: Weitgehend unbekannt; bisher nur in Frankreich, Spanien, der Schweiz und Polen nachgewiesen.
Lebensraum, Lebensweise und Fortpflanzung: Unzulänglich bekannt.

Langfußfledermaus *Myotis capaccinii* Bonaparte 1837

E Long-fingered bat F Vespertilion de Capaccini V S. 50

Merkmale: Ähnlich wie Wasserfledermaus, aber etwas größer; Füße sehr groß mit langen borstenartigen Haaren; Schienbeine und anschließende Flughautbereiche auf der Oberseite dicht flaumig behaart. Armflughaut reicht bis zur Ferse. Färbung heller und mehr grau als bei der Wasserfledermaus; Ohren und Flughaut graubraun.
Körpermaße: KR 4,7–5,3 cm; S 3,5–3,8 cm; Hf 10–11 mm; Ua 38–43 mm; G 8–15 g.
Ähnliche Arten: Wasserfledermaus, Teichfledermaus.
Verbreitung: Alte Welt. Von NW-Afrika und SO-Spanien im Westen über die europäischen Mittelmeerländer und -inseln, das südliche Kleinasien und Palästina bis Irak, Iran und Usbekistan im Osten.
Lebensraum: Gewässerreiche Landschaft.

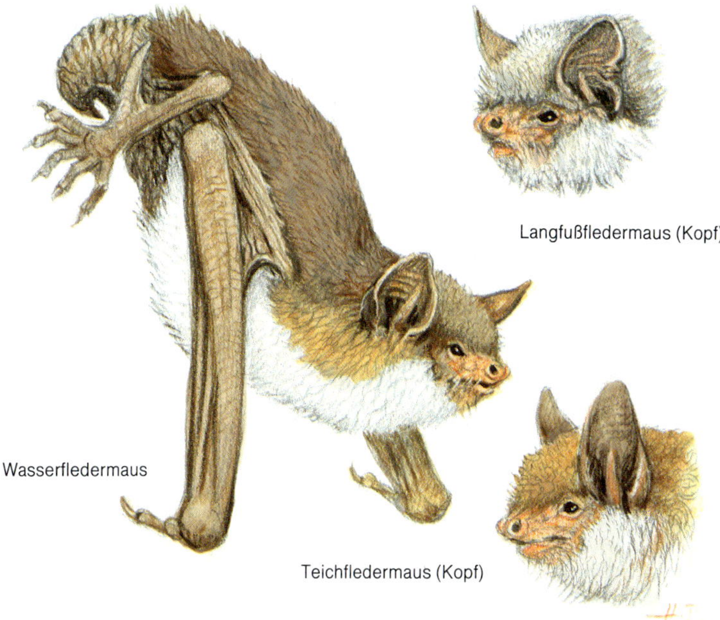

Lebensweise: Sommer- und Winterquartier in Felshöhlungen, Stollen oder feuchten Kellern. Versteckt sich zum Winterschlaf meist einzeln in engen Spalten. Im Sommer gesellig, oft gemeinsam mit anderen Arten (z. B. Mausohr) in größeren Kolonien.
Nahrung und Fortpflanzung: Ähnlich wie bei der Kleinen Bartfledermaus.

Teichfledermaus *Myotis dasycneme* Boie 1825

E Pond bat F Vespertilion des marais V S. 50

Merkmale: Sehr ähnlich wie Wasserfledermaus, aber deutlich größer; Ohren mit 4–6 Querfalten; Tragus kürzer als die halbe Ohrlänge, nicht so spitz zulaufend. Oberseite der Schwanzflughaut nackt. Armflughaut reicht bis zur Ferse. Sporn und ⅔ so lang wie der Rand der Schwanzflughaut. Oberseitenfärbung im Gegensatz zur Wasserfeldermaus leicht gelblich überhaucht; Ohren und Flughaut dunkelbraun.
Körpermaße: KR 5,5–6,8 cm; S 4,5–5,1 cm; Hf 11–13 mm; Ua 43–48 mm; O 14–17 mm; Sp 20–30 cm; G 15–22 g.
Ähnliche Arten: Wasserfledermaus, Langfußfledermaus.
Verbreitung: Gemäßigtes Eurasien von NO-Frankreich im Westen über Mitteleuropa nördlich der Alpen und die Sowjetunion bis zum Jenissei; inselartig in der Mandschurei.
Lebensraum: Bewaldete Landschaft mit Gewässern, meist im Flachland.
Lebensweise: Jagdflugbeginn in der späten Dämmerung; fliegt häufig niedrig

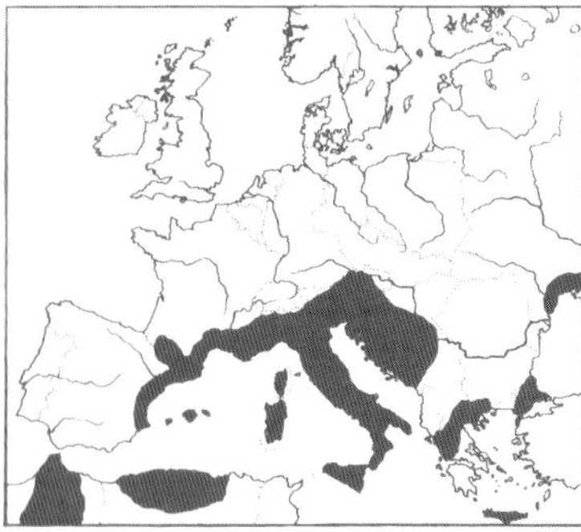
Langfußfledermaus

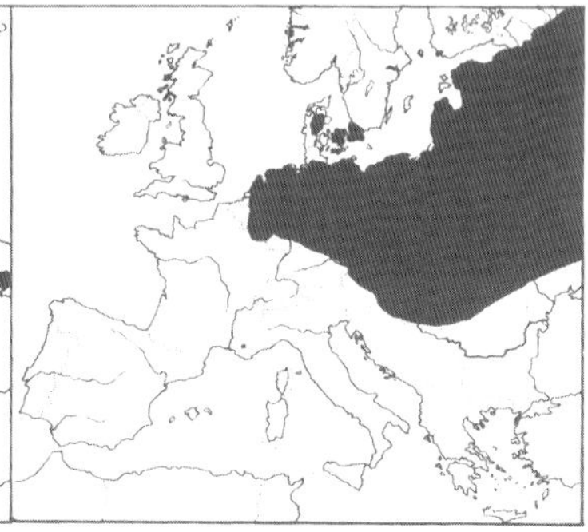
Teichfledermaus

über Wasserflächen, nimmt auch ins Wasser gefallene Insekten auf. Sommerquartier vorwiegend in Dachböden von Gebäuden, aber auch in hohlen Bäumen. Winterquartier in Höhlen und Grotten. Unternimmt gelegentlich Wanderungen bis 200 km.
Nahrung: Ähnlich wie bei Wasserfledermaus.
Fortpflanzung und Lebensdauer: Ähnlich wie bei Kleiner Bartfledermaus.

Zwergfledermaus *Pipistrellus pipistrellus* Schreber 1774

E Common pipistrelle F Pipistrelle commune A S. 52

Merkmale: Sehr klein; gedrungener Körper; kurzschwänzig und schmalflügelig. Ohren kurz und breit; Tragus kurz, abgerundet. Daumen kürzer als die Handgelenkbreite. Armflughaut reicht bis zur Zehenbasis; Schwanzflughaut an der Innenseite schwach behaart, am Rand nackt; letzter Schwanzwirbel teilweise außerhalb der Flughaut. Spornbein mit Hautlappen (Epiblema). Pelz kurzhaarig; oberseits von rostfarben bis dunkelbraun variierend, unterseits graubraun. Ohren, Schnauze und Flughaut grauschwarz.
Körpermaße: KR 3,3–5,2 cm; S 2,6–3,5 cm; Hf 4,5–7 mm; Ua 27–32 mm; O 10–12 mm; Sp 18–23 cm; G 3–8 g.
Ähnliche Arten: Die anderen *Pipistrellus*-Arten; Bartfledermäuse.
Verbreitung: Alte Welt. Von Nordafrika und Westeuropa über Vorderasien nach Osten bis zum Balchaschsee, Turkestan und Afghanistan, möglicherweise bis Korea. In Europa nordwärts bis ins südliche Skandinavien und zum Baltikum, ostwärts bis zur Wolga.
Lebensraum: Lichter Wald, offenes Gelände mit einzelnen Bäumen, gern in Gewässernähe; häufigste Fledermaus in Kulturlandschaften: Gärten mit altem Baumbestand, Obstgärten, Parks, Gehöfte und Ruinen. Im Gebirge bis 2000 m Höhe (Baumgrenze).
Lebensweise: Jagdflugbeginn meist eine halbe Stunde nach Sonnenuntergang; fliegt auch bei naßkaltem Wetter aus. Flug schnell mit häufigen scharfen Wendungen, meist in 2–6 m Höhe. Umfliegt bei der Nahrungssuche

häufig Straßenlaternen; trinkt im Fluge von der Wasseroberfläche. Sommerquartier in Spalten und Ritzen alter Gebäude oder hinter Fensterläden, aber auch in Eingängen von Felshöhlen, in Baumhöhlen und hinter Baumrinde; selten in Nistkästen. Gesellig, ♀♀-Kolonien oft mehrere hundert Tiere; häufig in Dachräumen. ♂♂ in kleinen Gruppen oder auch einzeln. Wanderungen oft invasionsweise; bis 1600 km nachgewiesen, meistens jedoch um 20 km. Winterschlaf von Ende Oktober–März, in der Regel unterirdisch oder in Spalten von Felshöhlen und in Mauerritzen; manchmal mehrere Tausend gemeinsam. Vor und nach dem Winterschlaf häufig tagsüber aktiv.
Nahrung: Kleine Fluginsekten wie Nachtschmetterlinge, Fliegen, Mücken.
Fortpflanzung und Lebensdauer: Paarungszeit April–Mai. 1–2 Junge pro Jahr (1 g schwer), die nach 3 Wochen flugfähig und mit 2 Monaten selbständig sind. Sie bleiben bis zur Flugfähigkeit im Quartier; das ♀ nimmt sie zu den Nahrungsflügen nicht mit. Lebenserwartung 8–10 Jahre.
Lautgebung: Während des Fluges in Abständen »zrick«; tickende Laute.
Feinde: Gelegentlich Baumfalke, Sperber, Marder.

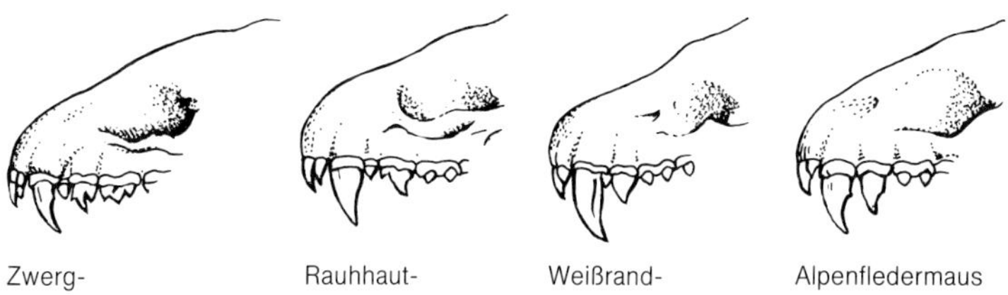

Oberkiefer der europäischen Pipistrellusarten

Rauhhautfledermaus *Pipistrellus nathusii* Keyserling & Blasius 1839

E Nathusius's pipistrelle F Pipistrelle de Nathusius A S. 52

Merkmale: Ähnlich wie Zwergfledermaus, aber etwas größer; Flügel länger und breiter; 5. Finger über 44 mm; Daumen länger als die Handgelenk-

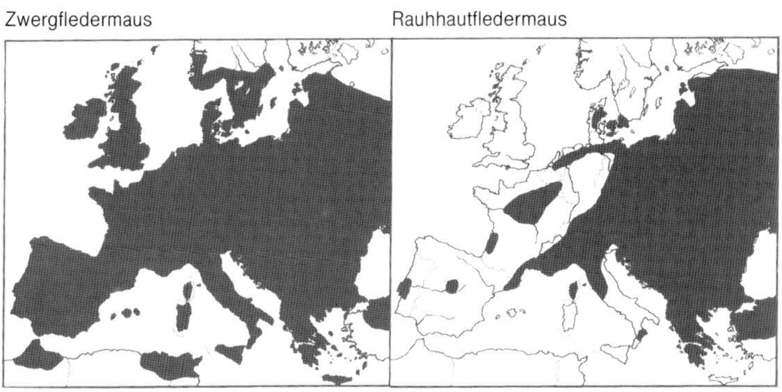

breite; Hinterfuß recht klein. Innerer Teil der Schwanzflughaut oberseits dicht behaart. Fell auf der Oberseite braun bis dunkelbraun, auf der Unterseite gelblich bis rötlich graubraun; zwischen Ohr und Schultern häufig dunkler Fleck; Flughaut und Ohren braun.
Körpermaße: KR 4,6–5,4 cm; S 3,3–4 cm; Hf 6,5–8 mm; Ua 32–36 mm; O 11–14 mm; Sp 23–24 cm; G 6–12 g.

Zwergfledermaus

Rauhhautfledermaus

Alpenfledermaus (Kopf)

Weißrandfledermaus

Ähnliche Arten: Zwergfledermaus, Weißrandfledermaus.
Verbreitung: Von der Iberischen Halbinsel (zerstreut) über Mittel-, Ost- und SO-Europa bis zum Ural, Kaukasus und Kleinasien; in Europa nordwärts bis Südschweden und zum Finnischen Meerbusen.
Lebensraum: Hauptsächlich Wälder; aber auch in der Nähe von Gebäuden, in Gärten, Parks, Dörfern; im Gebirge bis 900 m Höhe.
Lebensweise: Jagdflugbeginn gleich nach Sonnenuntergang; Flughöhe 5–15 m; fliegt schnell; häufig an Waldrändern, aber auch zwischen Gebäuden. Sommerquartier meist in Baumhöhlen und Nistkästen, aber auch in Mauer- und Felsspalten. Winterschlaf in kleinen Kolonien in Baumhöhlen, Kellern oder Felsspalten. Wanderungen bis über 500 km. Viel seltener als Zwergfledermaus.
Nahrung und Fortpflanzung: Ähnlich wie bei Zwergfledermaus.

Weißrandfledermaus *Pipistrellus kuhli* Kuhl 1819

E Kuhl's pipistrelle F Pipistrelle de Kuhl

Merkmale: Sehr ähnlich wie Zwergfledermaus, aber etwas größer. Ohren größer und breiter. Fellfarbe heller und mehr gelblich, ebenso bei den Jungtieren. Hinterrand der Armflughaut (zwischen 5. Finger und Hinterfuß) mit deutlich abgesetztem, weißlichem Rand (schwach ausgebildeter, heller Rand auch bei Zwerg- und Rauhhautfledermaus). Daumen kurz. Ohren und Flughaut schwarzbraun.
Körpermaße: KR 4–4,7 cm; S 3,4–4 cm; Hf 6,5–8 mm; Ua 30–36 mm; Sp 22–23 cm; G 5–9 g.
Ähnliche Arten: Zwergfledermaus, Rauhhautfledermaus.
Verbreitung: Eurasien. Von der Iberischen Halbinsel über Westfrankreich, die Schweiz, Italien, Jugoslawien, Griechenland, Krim, Kaukasus, Vorder- und Westasien bis Pakistan; NW-Afrika, Afrika südlich der Sahara.
Lebensraum: Ähnlich wie bei der Zwergfledermaus; lebt ebenfalls häufig in Dörfern.

Weißrandfledermaus

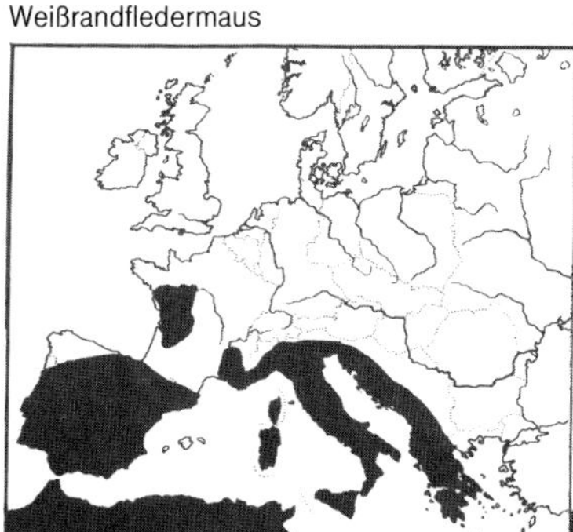

Alpenfledermaus

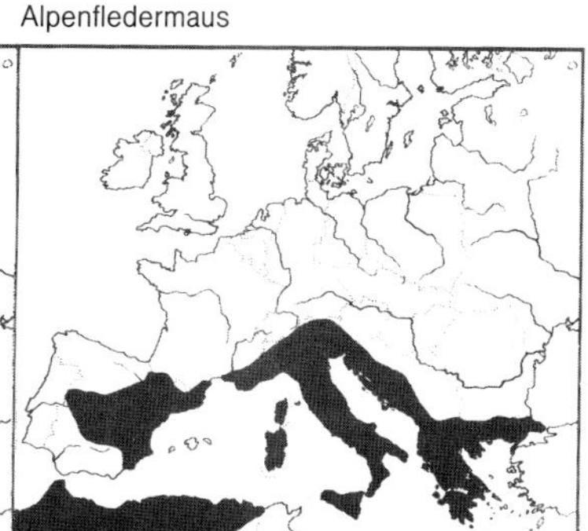

Lebensweise und Fortpflanzung: Siehe Zwergfledermaus; Jagdflugbeginn oft schon vor Sonnenuntergang; kann abends zusammen mit Schwalben beobachtet werden; fliegt recht schnell in mittlerer Höhe, orientiert sich gerne an Hecken oder Mauern. Pflanzt sich vermutlich in Mitteleuropa nicht fort.

Alpenfledermaus *Pipistrellus savii* Bonaparte 1837

E Savi's pipistrelle F Pipistrelle de Savi A S. 52, V S. 53

Merkmale: Ähnlich wie Zwergfledermaus, aber wenig größer. Ohren abgerundet, Tragus in der Mitte breit, kürzer als die halbe Ohrlänge. Daumen kurz. Fell relativ langhaarig, Oberseite dunkelbraun mit gelblichen Haarspitzen, Unterseite grauweiß; Gesicht, Ohren und Flughaut schwarz.
Körpermaße: KR 4,5–4,8 cm; S 3,4–3,9 cm; Hf 6–7 mm; Ua 31–37 mm; Sp 22–23 cm; G 6–10 g.
Ähnliche Arten: Andere Arten der Gattung *Pipistrellus*.
Verbreitung: Alte Welt. Von NW-Afrika, den Kanarischen und Kapverdischen Inseln und Zentralspanien über die Pyrenäen, Südfrankreich, die Alpenländer, Italien, SO-Europa, Kleinasien, Krim, Kaukasus und Iran bis zur Mongolei, Korea und Japan.
Lebensraum: Waldreiche Landschaft, häufig an Waldrändern; im Gebirge bis 2500 m Höhe (oberhalb der Baumgrenze).
Lebensweise: Jagdflugbeginn in der frühen Dämmerung; Flug nicht so schnell und abrupt wie bei der Zwergfledermaus; Flughöhe meist niedriger. Sommerquartier in Baumhöhlen, Felsspalten, Ritzen und Spalten von Berghütten, in Dachstühlen und sogar unter Steinen. Im Sommer gesellig, oft 30 Tiere in einer Kolonie. Winterschlaf meist einzeln in Felsspalten und Baumhöhlen, gelegentlich auch an und in Gebäuden; immer in engen Spalten versteckt.
Nahrung und Fortpflanzung: Wie bei der Zwergfledermaus.

Abendsegler *Nyctalus noctula* Schreber 1774

E Noctule F Noctule V S. 56

Merkmale: Groß und gedrungen. Schnauze relativ kurz. Ohren kurz, breit und abgerundet, stehen weit auseinander; Tragus kurz und pilzförmig. Flughaut im Bereich der Hinterbeine und um den Körper herum dicht behaart; Sporn mit breitem Hautlappen. Fell kurzhaarig, glatt und glänzend, oberseits rotbraun bis goldbraun, unterseits gelbbraun; Jungtiere im ersten Lebensjahr graubraun. Flugsilhouette größer als die der Rauchschwalbe; lange schmale, etwas gewinkelt gehaltene Flügel. Flügelschlag abwechselnd weit ausholend und flach. Intensiver Moschusgeruch.
Körpermaße: KR 7–8,2 cm; S 4,1–5,8 cm; Hf 10–12 mm; Ua 45–58 mm; O 15–20 mm; Sp 33–46 cm; G 15–42 g.
Ähnliche Arten: Kleinabendsegler, Großabendsegler.
Verbreitung: Alte Welt. Von der Iberischen Halbinsel und Marokko im

Kleinabendsegler (Kopf)

Großabendsegler (Kopf)

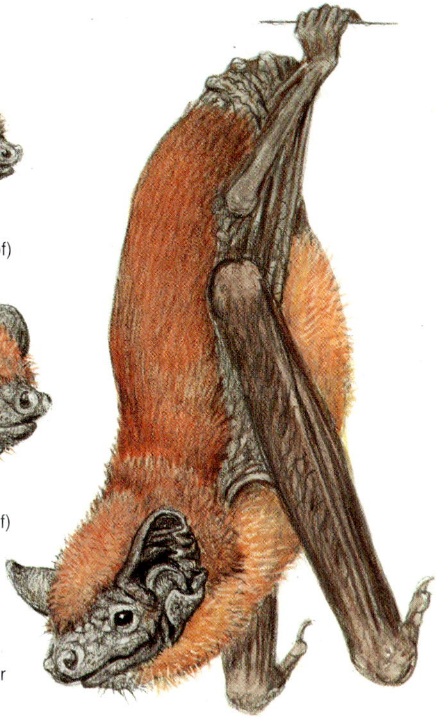

Abendsegler

Westen bis zum Ural und Kaukasus, über Kleinasien, Palästina, Nordiran, Turkestan und China bis Japan im Osten. In Europa nordwärts bis Nordengland und Südschweden.

Lebensraum: Laub- und Mischwälder, Feldgehölze, Parklandschaften mit altem Baumbestand, Dörfer und Städte; vorwiegend im Flachland; im Gebirge bis 1300 m Höhe.

Lebensweise: Jagdflugbeginn häufig vor Sonnenuntergang; jagt dann zusammen mit Mauerseglern und Schwalben. Flug schnell und geradlinig, oft sehr hoch (bis 80 m) und mit plötzlichen »Abstürzen«. Sommerquartier meist in ausgefaulten Baumhöhlen, Nistkästen, Mauerspalten, Dachstühlen; in den Wochenstuben manchmal viele hundert ♀♀. Winterschlaf von Ende Oktober–Anfang April in Baumhöhlen, geschützten Dachstühlen von großen Gebäuden, selten auch in Felsspalten; auch im Winterquartier gesellig (manchmal bis 1000 Tiere in dichten Trauben hängend). Wanderungen zu den traditionellen Überwinterungsplätzen bis 1500 km nachgewiesen.

Nahrung: Fluginsekten, auch große Käfer wie Mai- und Junikäfer.

Fortpflanzung und Lebensdauer: Paarungszeit Herbst und Frühjahr. Wurfzeit Ende Mai–Ende Juni. Wurfgröße meist 2; Junge nackt und blind; Geburtsgewicht 5 g; Augenöffnen mit 9 Tagen; vom 12. Tag ab vollständige

Behaarung; mit 4–6 Wochen flugfähig und mit 9 Wochen selbständig. Lebenserwartung 8–10 Jahre.
Lautgebung: Sehr stimmfreudig; zetern im Quartier schrill und hoch, besonders an heißen Tagen; im Flug oft schrille »gig gig«-Rufe.
Feinde: Gelegentlich Baumfalke, Sperber, Marder.

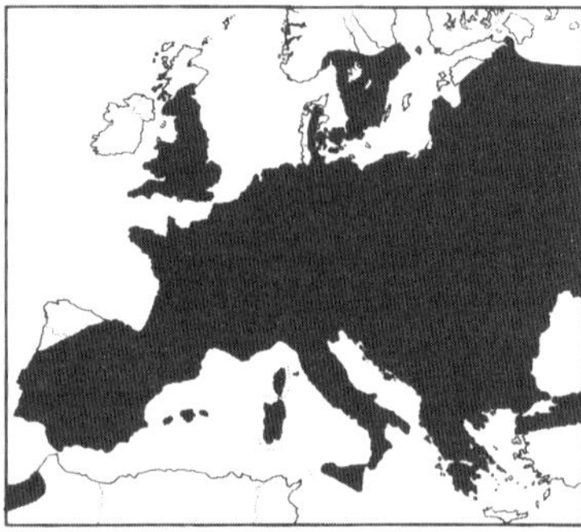

Abendsegler

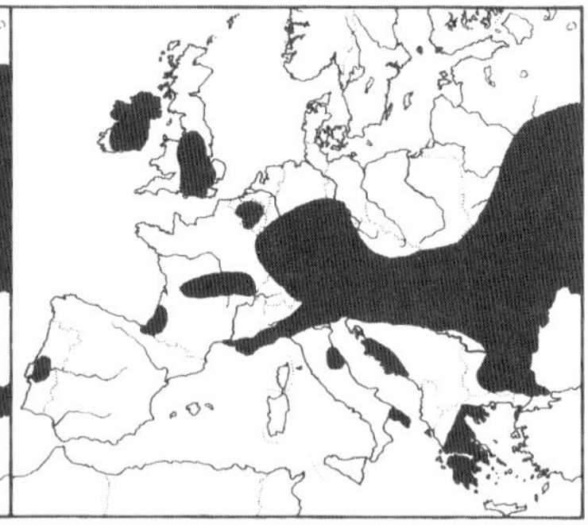

Kleinabendsegler

Kleinabendsegler *Nyctalus leisleri* Kuhl 1818

E Leisler's bat F Noctule de Leisler A S. 55

Merkmale: Sehr ähnlich wie Abendsegler, aber kleiner; Schnauze spitzer; Farbkontrast zwischen Ober- und Unterseite größer; Fell oberseits braun mit rötlichem Anflug, unterseits gelblich; Haare zweifarbig, an der Basis dunkelbraun, an der Spitze mittelbraun.
Körpermaße: KR 5,4–6,4 cm; S 3,9–4,4 cm; Hf 7–10 mm; Ua 38–46 mm; Sp 26–32 cm; G 14–20 g.
Ähnliche Arten: Abendsegler.
Verbreitung: Eurasien. Von der Iberischen Halbinsel, Madeira, den Azoren und den Britischen Inseln im Westen über Mitteleuropa bis zum Kaukasus, Ural, Westhimalaja und Afghanistan im Osten; im westlichen Verbreitungsgebiet nur wenige und kleine Vorkommen.
Lebensraum: Große Waldgebiete, ausgedehnte Parks mit Vorkommen alter Bäume; im Gegensatz zum Abendsegler nur selten direkt in Siedlungsbereichen; im Gebirge bis 2000 m Höhe.
Lebensweise: Großenteils wie beim Abendsegler; fliegt besonders im Herbst auch bei Tage (auf den Azoren sogar vorwiegend tagaktiv). Quartiere ganzjährig in Baumhöhlen, bezieht aber auch Fledermauskästen. Winterschlaf von Ende September–Mai, gelegentlich auch in Felshöhlen. Ebenfalls weite saisonale Wanderungen.
Fortpflanzung und Lebensdauer: Weitgehend wie beim Abendsegler. In den Wochenstuben oft mehrere hundert Tiere; einzelne ♀♀ gelegentlich in Abendsegler-Wochenstuben. 1–2 Junge pro Jahr.
Nahrung, Lautgebung und Feinde: Ähnlich wie beim Abendsegler.

Großabendsegler *Nyctalus lasiopterus* Schreber 1780

E Greater noctule F Noctule grande A S. 55

Merkmale: Sehr ähnlich wie Abendsegler, nur an der bedeutenderen Größe zu unterscheiden; größte Fledermaus Europas.
Körpermaße: KR 7,8–10,2 cm; S 5,9–6,6 cm; Hf 12–14 mm; Ua 63–69 mm.
Ähnliche Arten: Abendsegler.
Verbreitung: Eurasien. Nur vereinzelte und isolierte Vorkommen; von der Iberischen Halbinsel und Frankreich im Westen über Italien, die Alpen- und Balkanländer, Osteuropa und Kleinasien bis zum Ural, dem Kaspischen Meer und dem westlichen Iran im Osten.
Lebensraum, Lebensweise und Fortpflanzung: Wenig bekannt; vermutlich ähnlich wie beim Abendsegler, aber nur selten in Siedlungen.

Breitflügelfledermaus, Spätfliegende Fledermaus

Eptesicus serotinus Schreber 1774

E Serotine F Sérotine commune A S. 58

Merkmale: Groß und kräftig; kurze Extremitäten; letzter und die Hälfte des vorletzten Schwanzwirbels ragen frei aus der Schwanzflughaut (ca. 8 mm lang); Ohren recht kurz, an der Basis breit; Tragus kurz, sichelförmig nach innen gebogen. Sporn mit Hautlappen (Epiblema). Fell dicht und weich, auf der Oberseite langhaariger als auf der Unterseite; oben dunkelbraun mit helleren Haarspitzen, unten gelblichbraun; Jungtiere fast schwarz. Gesicht, Ohren und Flughaut schwarzbraun. Breite Flügel; im Flug weit gespreizte Schwanzflughaut.
Körpermaße: KR 6,2–8 cm; S 4,6–5,9 cm; Hf 9–12 mm; Ua 48–56 mm; O 16–23 mm; Sp 34–36 cm; G 17–35 g.
Ähnliche Arten: Nordfledermaus, Abendsegler.
Verbreitung: Alte Welt. Von NW-Afrika, dem südlichen und gemäßigten

Großabendsegler

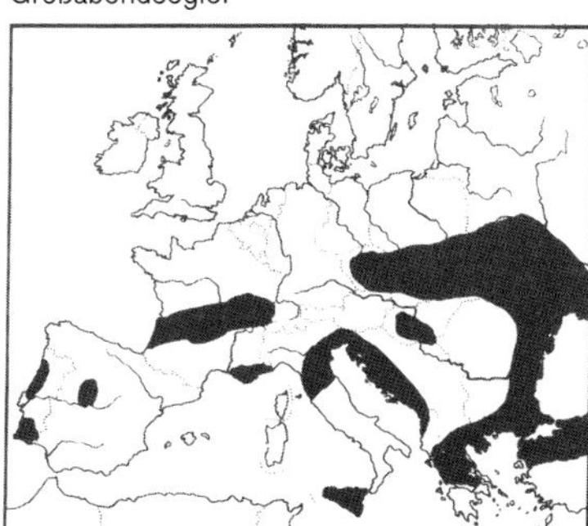

Breitflügelfledermaus

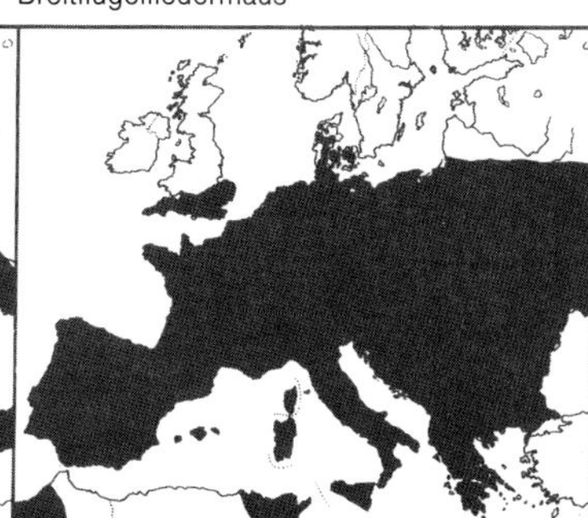

Europa im Westen über Vorderasien bis zum Himalaja, China und Korea im Osten. In Europa nordwärts bis Südengland, Dänemark und Baltikum.
Lebensraum: Waldränder, Feldgehölze, Parks, oft in Siedlungen.
Lebensweise: Jagdflugbeginn in der späten Dämmerung, jedoch nur bei warmem Wetter aktiv; Flug langsam und niedrig, meist 6–10 m hoch, mit gleichmäßigen Flügelschlägen; häufig plötzliche »Abstürze«, hörbare Flügelklatschgeräusche. Sommerquartier in Dachböden, Mauerspalten, hinter Fensterläden, Felsspalten, aber auch in Baumhöhlen. ♂♂ im Sommer meist einzeln. Winterschlaf von September–Mai meist an ähnlichen Stellen wie im Sommer, nur selten in Felshöhlen; auch an trockenen Stellen; in der Regel einzeln, freihängend. Wanderungen bis 300 km nachgewiesen.
Nahrung: Hauptsächlich große Insekten wie Käfer und Nachtschmetterlinge. Beutetiere werden auch von Zweigspitzen erhascht.
Fortpflanzung und Lebensdauer: Vorwiegend 1 Junges pro Jahr, das nach 6–7 Wochen selbständig ist; in den Wochenstuben bis zu 50 ♀♀. Erreichen ein Alter von 8–10 Jahren.
Lautgebung: Stimme hoch zirpend.

Nordfledermaus *Eptesicus nilssoni* Keyserling und Blasius 1839

E Northern bat F Sérotine boréale

Merkmale: Ähnlich wie Breitflügelfledermaus, aber kleiner. Ohren nur wenig länger als breit, hinterer Ohrrand erreicht fast den Mundwinkel, Tragus kurz und breit. Nur undeutlicher Hautlappen am Hinterfußsporn; letzter

Schwanzwirbel ragt zur Hälfte (ca. 3 mm lang) aus der Flughaut. Fell oberseits dunkelbraun, auf der Rückenmitte mit goldgelbem Glanz, unterseits gelblichbraun, im Kopf- und Schulterbereich scharfe Farbgrenze. Gesicht, Ohren und Flughaut schwärzlich.

Körpermaße: KR 4,8–5,5 cm; S 3,8–4,9 cm; Hf 9–11 mm; Ua 36–43 mm; O 11–14 mm; Sp 24–27 cm; G 8–14 g.

Verbreitung: Eurasien. Von Zentraleuropa (hier nur im Gebirge und Mittelgebirge), Skandinavien und Osteuropa über das mittlere und nördliche Asien bis Ostsibirien, Japan, Korea, Mandschurei und Nordchina im Osten.

Lebensraum: Wälder, häufig in Fluß- und Seenähe, Kulturlandschaft, auch in Siedlungen; im Gebirge bis 2000 m Höhe.

Lebensweise: Jagdflugbeginn in der frühen Dämmerung; im Frühjahr und Herbst auch tagsüber aktiv. Fliegt in hellen Nächten meist im Wald zwischen Baumkronen; in dunklen Nächten häufiger über offenem Gelände und über Wasserflächen; Flughöhe 5–18 m, fliegt recht schnell. Sommerquartier in Mauerspalten, hinter Fensterläden, in Dachräumen oder auch in hohlen Bäumen; gesellig, manchmal 50 Tiere zusammen. Winterschlaf von Ende Oktober –März in Spalten von Felshöhlen, in Verstecken auf steinigem Boden, in Mauerspalten und in Baumhöhlen; wenig kälteempfindlich. Nordische Populationen unternehmen im Herbst oft weite Wanderungen.

Nahrung: Hauptsächlich Nachtschmetterlinge, Fliegen.

Fortpflanzung und Lebensdauer: Siehe vorige Art; meist 2 Junge pro Jahr.

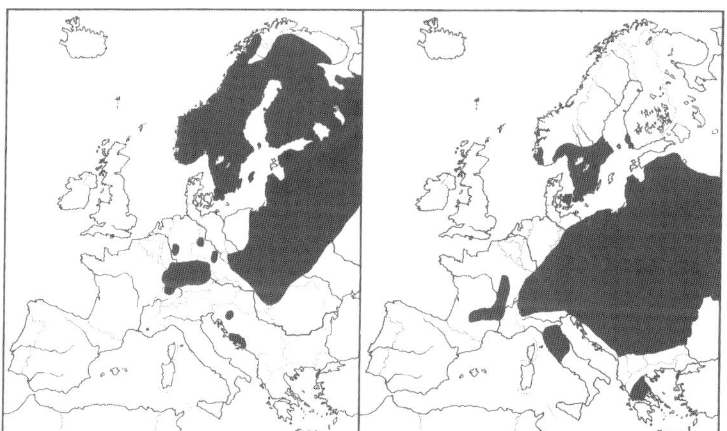

Nordfledermaus Zweifarbfledermaus

Zweifarbfledermaus *Vespertilio murinus* Linné 1758

E Parti-coloured bat F Sérotine bicolore

Merkmale: Ähnlich wie Nordfledermaus, aber etwas größer. Ohren kurz und rundlich – mehr breit als lang. Sporn mehr als halb so lang wie der Rand der Schwanzflughaut; deutlicher Hautlappen (Epiblema). Letzter Schwanzwirbel ragt frei aus der Flughaut. Große Füße, schmale Flügel. Fell oberseits schwarzbraun mit silbrigweißen Haarspitzen, unterseits weißlich, an der Kehle und den Schultern scharf abgesetzt. Gesicht, Ohren und Flughaut braunschwarz.

Körpermaße: KR 5–6,5 cm S 3,9–4,5 cm; Hf 8–10 mm; Ua 40–47 mm; O 12–15 mm; Sp 26–30 cm; G 12–18 g.

Ähnliche Arten: Nordfledermaus, Breitflügelfledermaus.

Verbreitung: Eurasien. Von Zentraleuropa (selten) und Südskandinavien über Südrußland (Verbreitungsschwerpunkt) ostwärts bis ins Ussurigebiet; südwärts bis Mittelitalien, Iran und Afghanistan. Gelegentlich als Irrgast auf den Britischen Inseln.

Lebensraum: Hauptsächlich Kulturlandschaft; Dörfer und große Städte, aber auch Wälder; im Gebirge bis 2000 m Höhe.

Lebensweise: Jagdflugbeginn erst nach Einbruch der Dunkelheit; auch bei schlechtem Wetter aktiv; Flug gewandt, schnell und bis 20 m hoch über Häusern oder Baumkronen. Sommerquartier vorwiegend in Spalten und an hohen Gebäuden, hinter Fensterläden, aber auch in Felsspalten und in Baumhöhlen; ♀♀ zur Jungenaufzucht in kleineren Kolonien oder einzeln; ♂♂ gesellig, oft über 100 Tiere zusammen. Winterschlaf in Felsspalten, Mauerritzen, Kellern und großen Höhlen; meist zu mehreren in Spalten versteckt. Weite saisonale Wanderungen (bis über 800 km).

Nahrung, Fortpflanzung und Lebensdauer: Ähnlich wie bei der Breitflügelfledermaus; meist 1–2 Junge pro Jahr.

Lautgebung: Schrill zwitschernde Rufe, die in regelmäßigen Abständen geäußert werden und weit hörbar sind; besonders im Herbst ruffreudig.

Silberfledermaus

Silberfledermaus *Lasiurus cinereus* Palisot de Beauvois 1796

E Hoary bat F Chauve-souris cendrée

Merkmale: Sehr groß; Oberseite hellbraun mit auffälligem Wellenmuster aus weißen Haarspitzen, überfroren aussehend; Kehle beige; Ohren kurz

und rund; Schwanzflughaut mit dichter Behaarung und wie der Rücken gezeichnet.
Körpermaße: KR 10–14 cm; S 4,5–6 cm Hf 5–13 mm; Ua 45–58 mm.
Verbreitung: Größter Teil Nord- und Südamerikas, im Norden bis zur Hudson Bay, im Süden bis Uruguay; auch auf Hawaii; wenige Male auf Island und in Schottland nachgewiesen.
Lebensraum: Flechtenbehangene Wälder.
Lebensweise und Nahrung: Jagdflugbeginn in der späten Dämmerung; Tagesschlaf einzeln, gut getarnt an Zweigen zwischen Flechten hängend. Flug hoch; im Herbst gewöhnlich Südwanderung. Winterschlaf nur in nördlichen Breiten. Nahrung vorwiegend Nachtschmetterlinge.

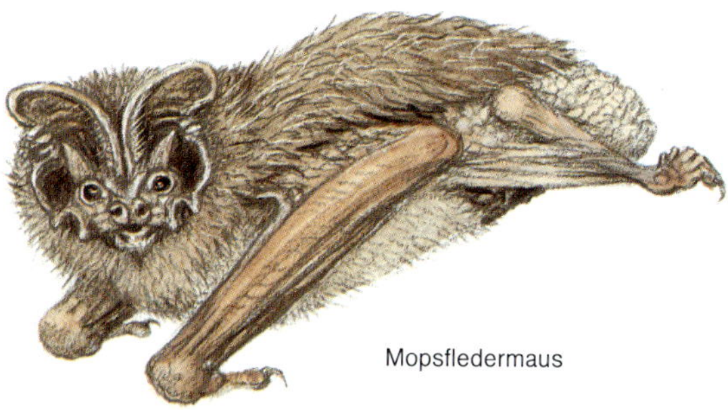
Mopsfledermaus

Mopsfledermaus *Barbastella barbastellus* Schreber 1774
E Barbastelle F Barbastelle V S. 62

Merkmale: Mittelgroß. Sehr kurze breite Schnauze. Große, breite, nach vorne gerichtete Ohren, deren Innenseiten sich in Augenhöhe berühren; Tragus breit, oben zugespitzt, so lang wie halbe Ohrlänge. Die Hälfte des äußersten Schwanzwirbels ragt frei aus der Flughaut. Flügel recht schmal. Fell langhaarig, glänzend, braunschwarz, bei älteren Tieren mit hellen Haarspitzen; Unterseite wenig heller; Gesicht, Ohren und Flughaut schwärzlich.
Körpermaße: KR 4,4–5,9 cm; S 4,1–5,4 cm; Hf 6–7,5 mm; Ua 36–42 mm; O 13–16,5 mm; Sp 24–27 cm; G 6–9 g.
Ähnliche Arten: Kaum zu verwechseln, höchstens mit den Langohren.
Verbreitung: Europa und Nordafrika. Von Marokko und Zentralspanien im SW, Mittelengland im NW bis Südskandinavien und zum Baltikum im Norden, Sizilien im Süden sowie bis zum Kaukasus im SO.
Lebensraum: Waldgebiete, besonders bergige Landschaft, aber auch Ostgärten, Parks, Dörfer, Städte; im Gebirge bis 1500 m Höhe.
Lebensweise: Jagdflugbeginn in der frühen Dämmerung; Flug schnell und gewandt, meist in 1,5–5 m Höhe; wenig kälteempfindlich; fliegt auch in naßkalten und windigen Nächten. Sommerquartier in Gebäuden, hinter Fensterläden, in Ställen, Felsspalten, aber auch in Baumhöhlen und Vogel-

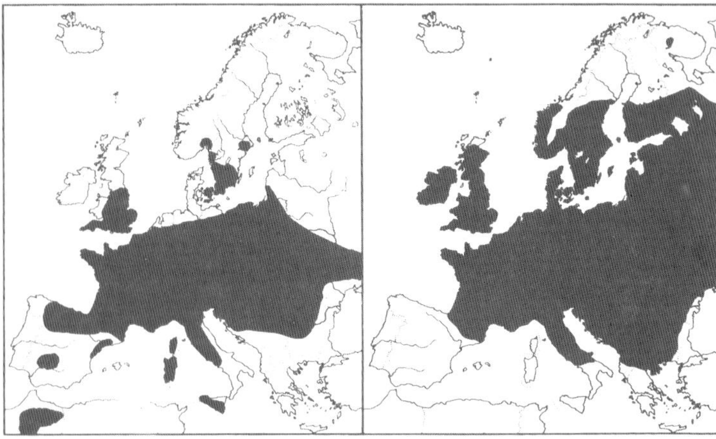

Mopsfledermaus Braunes Langohr

nistkästen; manchmal bis zu 50♀♀ zusammen. Winterschlaf von Ende Oktober–Ende März in Eingängen von Felshöhlen, in Stollen und in Kellern, sowohl in Spalten verkrochen als auch auf Absätzen liegend; manchmal große Winterschlafgesellschaften aus dachziegelartig übereinanderhängenden Tieren.

Nahrung: Aufgrund der sehr engen Mundöffnung nur kleine Nachtinsekten, Fliegen und Mücken.

Fortpflanzung und Lebensdauer: Ähnlich wie bei der Kleinen Bartfledermaus; meist 1–2 Junge pro Jahr; Lebenserwartung bis zu 16 Jahre.

Lautgebung: Im Quartier manchmal tiefe brummende Laute, im Flug jedoch stumm.

Braunes Langohr *Plecotus auritus* Linné 1758

E Common long-eared bat F Oreillard

Merkmale: Klein mit sehr langen Ohren (20–24 Querfalten), die aufgerichtet über der Stirn zusammenstoßen; Tragus lang, spitz und durchscheinend. Daumen lang (ca. 7 mm); Füße groß. Augen verhältnismäßig groß. Sporn mit schmalem Hautlappen. Fell oberseits braun bis graubraun (Haarbasen immer braun), Unterseite hellgrau; Ohren und Flughaut braungrau; Jungtiere mehr grau. Breite Flügel; Ohren werden im Flug nach vorne gehalten. In der Ruhehaltung sind die langen Ohren unter den eingefalteten Flügeln verborgen, so daß der senkrecht nach unten zeigende Tragus wie ein kleines Ohr aussieht.

Körpermaße: KR 4,1–5,2 cm; S 3,8–5 cm; Hf 8,5–11 mm; Ua 35–42 mm; O 33–38 mm; Sp 22–26 cm; G 5–11 g.

Ähnliche Arten: Graues Langohr, Bechsteinfledermaus, Mopsfledermaus.

Verbreitung: Eurasien von Westfrankreich und den Britischen Inseln im Westen, dem mittleren Skandinavien im Norden und Mittelitalien im Süden über die Balkanhalbinsel bis zum Ural, Kaukasus und Himalaja, bis NO-China, Korea, Japan und Sachalin im Osten.
Lebensraum: Waldlandschaften, Feldgehölze mit alten Bäumen, aber auch in Siedlungen, Gärten und Parks; im Gebirge bis 1600 m Höhe.
Lebensweise: Jagdflugbeginn erst nach Einbruch der Dunkelheit; fliegt die ganze Nacht hindurch; Flug langsam, meist in 1–6 m Höhe; umfliegt häufig Baumkronen und rüttelt vor Zweigen. Größere Beutetiere werden an »Fraßplätzen« verzehrt; dort lassen die Tiere Flügel und Beine der Beuteinsekten fallen. Sommerquartier in kleinen, bis 25 Tiere zählenden Kolonien vorwiegend in Baumhöhlen, Nistkästen, Dachstühlen von hohen Gebäuden und in Mauerritzen. In den 10–20 ♀♀ umfassenden Wochenstuben leben häufig auch ♂♂. Winterschlaf von Oktober–Anfang April in Höhlen, Stollen, feuchten Kellern oder Ställen, gelegentlich auch in Gebäuden; hängen meist einzeln, frei oder in Spalten verkrochen. Wanderungen bis 20 km nachgewiesen.
Nahrung: Nachtschmetterlinge, Käfer (auch Maikäfer), Schnaken, Fliegen.
Fortpflanzung und Lebensdauer: Paarungszeit Herbst und Frühjahr; Wurfzeit Juni–Juli; nur 1 Junges pro Jahr; dieses nach 6–7 Wochen selbständig, mit 2–3 Jahren geschlechtsreif. Lebenserwartung 10–14 Jahre.
Lautgebung: Stimme schrill und hoch, aber auch melodisch trillernd.

Braunes Langohr

Graues Langohr (Kopf)

Graues Langohr *Plecotus austriacus* Fischer 1829

E Grey long-eared bat F Oreillard gris A S. 63

Merkmale: Sehr ähnlich wie Braunes Langohr, aber etwas größer. Füße und Daumen kleiner; Tragus breiter und nicht durchscheinend. Fellfärbung meist mehr grau bis bräunlichgrau mit schwarzgrauen Haarbasen.
Körpermaße: KR 4,7–5,9 cm; S 4,3–5,3 cm; Hf 7–9 mm; Ua 37–43 mm; Daumen kürzer als 6 mm.
Ähnliche Arten: Braunes Langohr, Bechsteinfledermaus, Mopsfledermaus.
Verbreitung: Alte Welt. Von Nordafrika, den Kanarischen und Kapverdischen Inseln, der Iberischen Halbinsel und Südengland im Westen über Mittel-, Süd- und SO-Europa, Palästina und den Kaukasus bis zum Himalaja, Westchina und zur Mongolei im Osten.
Lebensraum: Im Vergleich zu Braunem Langohr in offeneren und wärmeren Gegenden; im Gebirge bis fast 1400 m Höhe.
Lebensweise und Fortpflanzung: Weitgehend wie bei Braunem Langohr. Sommerquartier vorwiegend in Gebäuden; im Winter tief in Höhlen an warmen Plätzen; Winterschlaf oft auch in Gebäuden.

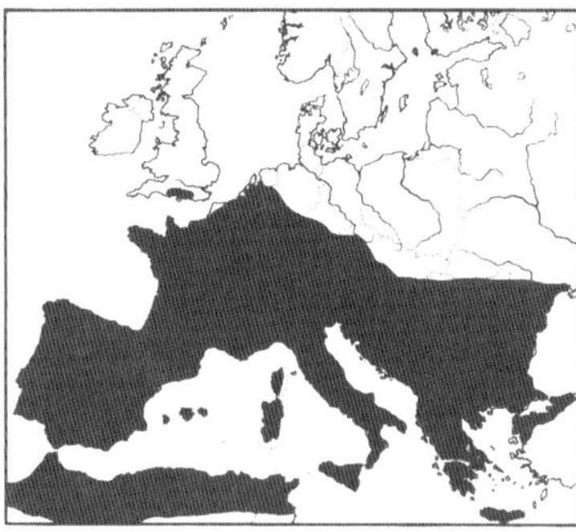

Graues Langohr

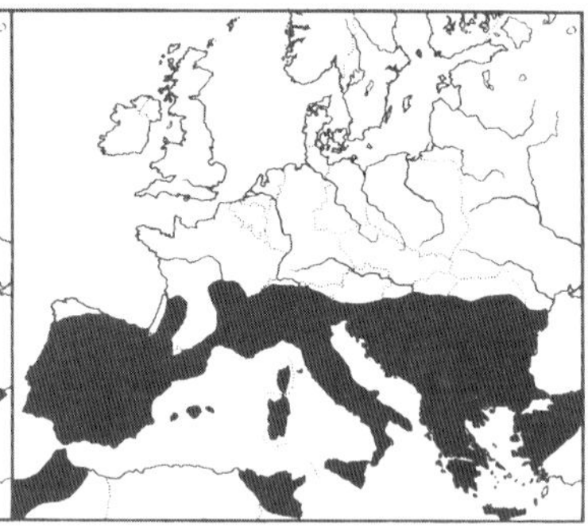

Langflügelfledermaus

Langflügelfledermaus *Miniopterus schreibersi* Kuhl 1819

E Schreiber's bat F Minioptère

Merkmale: Mittelgroß. Lange Extremitäten, Füße jedoch klein. Ohren kurz und breit, ragen nur wenig aus dem Fell. Schnauze kurz und stumpf. Schwanzspitze völlig in die Flughaut einbezogen. Fell am Kopf rauh, am Rücken glatt, oberseits graubraun, unterseits etwas heller. Flügel sehr lang, spitz zulaufend; Flug schnell, an Schwalben erinnernd.
Körpermaße: KR 5–6,5 cm; S 5–6 cm; Hf 9,5–11 mm; Ua 42–48 mm; Sp 28–30 cm; G 8–15 g.
Ähnliche Arten: Abendsegler (im Flug).
Verbreitung: Alte Welt. Von Marokko und der Iberischen Halbinsel im Westen über Süd- und Zentralfrankreich, die Schweiz, Italien, Tunesien, die

Balkanhalbinsel und SO-Europa, Kleinasien, Palästina, den Kaukasus und Iran bis nach China, Japan, Neuguinea und Australien; in großen Teilen Afrikas südlich der Sahara.

Lebensraum: Offene Landschaft der Ebene und der unteren Gebirgslagen bis 1000 m Höhe; nicht in Siedlungen.

Lebensweise: Jagdflugbeginn in der frühen Dämmerung; fliegt schnell und hoch zu den oft weit entfernten Jagdgebieten. Sommerquartier in großen warmen Felshöhlen oder Stollen, gelegentlich auch in Kellern und im Gebälk von großen, einsam stehenden Gebäuden. Sehr gesellig; Kolonien umfassen oft mehrere hundert, manchmal über tausend Tiere; häufig mit anderen Fledermausarten vergesellschaftet. Winterschlaf in Felshöhlen und Stollen, gesellig oder auch einzeln, meist freihängend. Zu den traditionellen Überwinterungsplätzen Wanderungen von manchmal über 250 km.

Nahrung: Kleine fliegende Insekten.

Fortpflanzung und Lebensdauer: Paarungszeit im Herbst. Im Gegensatz zu den anderen heimischen Fledermäusen erfolgt nach der Begattung eine Keimruhe, die den Winter über bis zum nächsten Frühjahr andauert; erst dann Keimreife und Geburt der 1–2 Jungen. Die Jungtiere hängen für sich in dichten Trauben und werden von den Müttern der Kolonie wahllos gesäugt. Lebenserwartung 8–10 Jahre.

Lautgebung: Schrille Rufe während des Fluges.

Langflügelfledermaus

Familie **Bulldoggfledermäuse** Molossidae

Insgesamt 10 Gattungen mit rund 80 Arten; in der Alten und Neuen Welt verbreitet; Vorkommen vorwiegend in den warmen Klimazonen; in Europa nur eine Art. Kennzeichnende Merkmale der Familie sind der lange, weit aus der Flughaut ragende Schwanz und der kurze, eckige Tragus. Die im südlichen Nordamerika beheimateten Bulldoggfledermäuse haben als Lieferanten des »Fledermausguanos«, der als Dünger Verwendung findet, große wirtschaftliche Bedeutung. Zahnformel: 1·1·2·3 / 3·1·2·3 = 32.

Bulldoggfledermaus *Tadarida teniotis* Rafinesque 1814

E Free-tailed bat F Molosse de Cestoni

Merkmale: Sehr groß und gedrungen. Ohren groß, berühren sich an der Innenseite; werden meist nach vorne gehalten; Tragus kurz und eckig. Schwanz rattenartig dick, ragt zu mindestens ⅓ frei aus der Flughaut. Fell kurzhaarig und dicht, oberseits dunkelgrau bis bräunlich, unterseits etwas heller; Ohren und Flughaut schwärzlich. Lange schmale Flügel. Riecht stark nach Maggikraut!

Körpermaße: KR 8,2–8,7 cm; S 4,6–5,7 cm; Hf 10–12 mm; Ua 57–64 mm; Sp ca. 40 cm; G 25–50 g.

Ähnliche Arten: Aufgrund des aus der Flughaut ragenden Schwanzes mit keiner anderen europäischen Art zu verwechseln.

Verbreitung: Von NW-Afrika und der Iberischen Halbinsel über die Apenninhalbinsel, die meisten Mittelmeerinseln, Ägypten, Palästina, Kleinasien und den Kaukasus sowie über Vorder- und das südliche Zentralasien bis Ostchina, Korea und Japan.

Lebensraum: Felsige Landschaft, Meeresklippen, Steinbrüche, aber auch große Gebäude und Brücken in Städten.

Lebensweise: Jagdflugbeginn oft in der frühen Dämmerung, fliegt oft zusammen mit Schwalben und Seglern. Flug hoch, schnell und geradlinig ohne

Bulldoggfledermaus

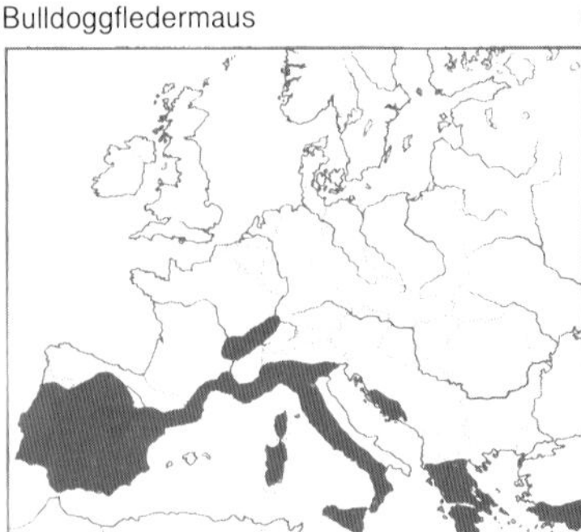

Große Hufeisennase

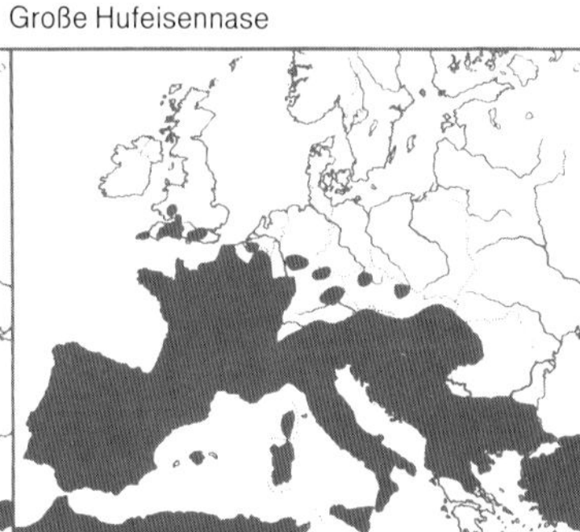

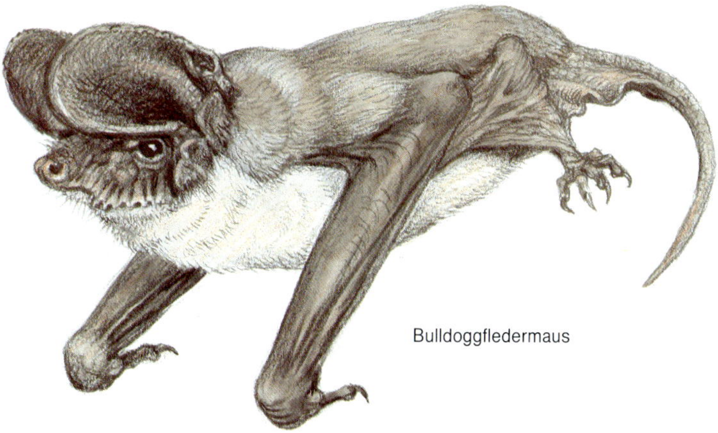

Bulldoggfledermaus

abrupte Wendungen. Sommerquartier in kleinen ♀♀-Kolonien in Felswänden und an Kirchen und Ruinen, meist in Spalten verkrochen; sonst wenig gesellig. Können gut laufen und klettern. Winterschlaf nur kurz, meist in Felsspalten oder in Mauerritzen; bei warmem Wetter auch im Winter aktiv.
Nahrung: Große fliegende Insekten.
Fortpflanzung und Lebensdauer: 1 Junges pro Jahr. Tragzeit 75–85 Tage. Flugfähigkeit mit 3–4 Wochen; mit 7 Wochen selbständig und mit einem Jahr geschlechtsreif. Lebenserwartung 10–12 Jahre.
Lautgebung: Weit hörbare schrille Rufe wie »tsick« während des Fluges; im Quartier kurz vor dem Abflug oft ratternde Laute.

Familie **Hufeisennasen** Rhinolophidae

In den tropischen und gemäßigten Zonen der Alten Welt weit verbreitet, in Europa 1 Gattung mit 5 Arten. Wichtigstes Merkmal ein 3teiliger, beweglicher Nasenaufsatz bestehend aus dem häutigen »Hufeisen«, dem vorstehenden »Mittelkiel« sowie der oben spitz auslaufenden »Lanzette« (Abb. S. 70). Diese Nasenbildungen dienen der Bündelung bzw. Streuung der durch die Nase ausgestoßenen Peillaute bei der Echo-Orientierung. Unterscheidung der einzelnen Arten hauptsächlich anhand der unterschiedlichen Ausprägung des Nasenaufsatzes. Ohren an der Basis breit, nach außen spitz zulaufend; besitzen keinen Ohrdeckel (Tragus), sind sehr beweglich. Schwanz kurz, völlig in die Flughaut einbezogen. Flügel breit, blaßbraun gefärbt und durchscheinend. Flug niedrig und schmetterlingsartig flatternd. Ruhehaltung: Mit etwas Abstand voneinander freihängend, fast völlig in die Flughaut eingehüllt und mit auf den Rücken geklapptem Schwanz. ♀ 1 Paar Zitzen und 1 Paar Haftzitzen in Afternähe als Halteorgan für die 1–2 Jungtiere. Geringe Wanderneigung, meistens bis 20 km. Hohe Lebenserwartung von manchmal über 20 Jahren. Zahnformel: 1·1·2·3 / 2·1·3·3 = 32.

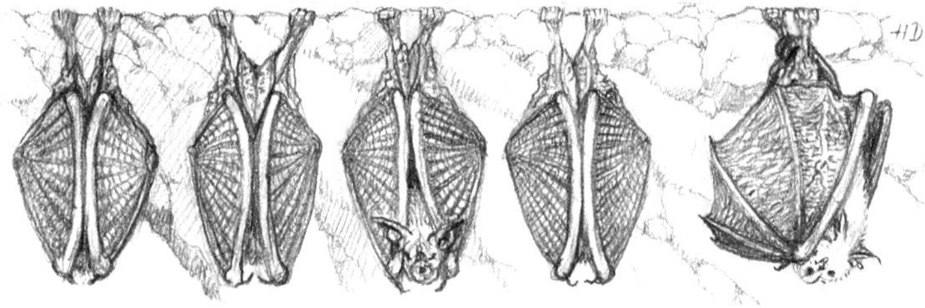

Typische Schlafhaltung der Hufeisennasen

Große Hufeisennase *Rhinolophus ferrumequinum* Schreber 1774

E Greater horseshoe bat F Grand Rhinolophe V S. 66

Merkmale: Groß; breite, oben stark zugespitzte, große Ohren; breite Flügel; hufeisenförmiger Nasenaufsatz, dessen Mittelkiel mit kurzem, abgerundetem Ober- und kurzem, zugespitztem Unterfortsatz. Fell dicht und weich, oberseits rötlich graubraun bis schiefergrau, unterseits grauweiß oder gelblich.
Körpermaße: KR 5,5–7 cm, S 3,1–4,2 cm; Hf 11–13 mm; Ua 50–61 mm; Sp 35–40 cm; G 16–28 g. ♀ meist schwerer als ♂.
Ähnliche Arten: Andere Hufeisennasen.
Verbreitung: Westliches und südliches Europa nordwärts bis Südengland, bis zu den deutschen Mittelgebirgen und den nördlichen Karpaten; bis Klein- und Vorderasien und bis Kaschmir; Mittelasien vom Kaukasus bis Japan, Korea, Nord- und Westchina; Nordafrika. In Mitteleuropa nur sporadisch.
Lebensraum: Vorwiegend lichte Wälder und Buschlandschaften in warmen Gegenden; jagt auch häufig über offenem Gelände sowie an Gebäuden oder Felswänden entlang. Im Gebirge bis 2000 m Höhe.
Lebensweise: Schläft fast völlig in die Flughäute eingehüllt und mit auf den Rücken geklapptem Schwanz; Tagesschlaf nicht sehr tief, fliegt bei Störung schnell auf. Jagdflugbeginn erst in der späten Dämmerung. Flug langsam und niedrig (meist ½ bis 3 m Höhe), schmetterlingsähnlich flatternd mit eingeschobenen Gleitphasen. Rüttelt zum Trinken über Stillgewässern. Sommerquartiere meist in hellen Dachstühlen von großen Häusern oder Kirchtürmen, aber auch in Eingängen zu großen Höhlen, in Gewölben oder Ruinen. Winterschlaf von Ende September – Ende April in frostsicheren Felshöhlen, Stollen oder feuchten Kellern. Gesellig, aber mit Abstand hängend. Zum Winterquartier Wanderungen von meist weniger als 20 km.
Nahrung: Große Fluginsekten wie Nachtschmetterlinge und Käfer; Fraßplätze, die zum Verzehren größerer Beutetiere aufgesucht werden, sind an den heruntergefallenen Flügel- und Chitinteilen zu erkennen.
Fortpflanzung und Lebensdauer: Paarungszeit Herbst und zeitiges Frühjahr. 1, selten 2 nackte, blinde Junge im Jahr, nach einer Tragzeit von 10–11 Wochen; Junges krallt sich sofort nach der Geburt im Fell der Mutter ein und saugt sich an den »Afterzitzen« fest. Bis zu 80 ♀♀ in einer Wochenstube. Junge werden zu den Jagdflügen nicht mitgenommen; in der ersten

Lebenswoche können sie bei Gefahr in ein anderes Quartier transportiert werden; die Augen öffnen sie mit 1 Woche, Flugfähigkeit mit 3–4 Wochen; mit rund 2 Monaten selbständig, Geschlechtsreife im folgenden Jahr.
Lautgebung: Besonders in den Wochenstuben laute, verhältnismäßig tiefe Schreie.
Feinde: Nur wenige Feinde wie Schleiereule, Waldkauz, Marder, Katzen.

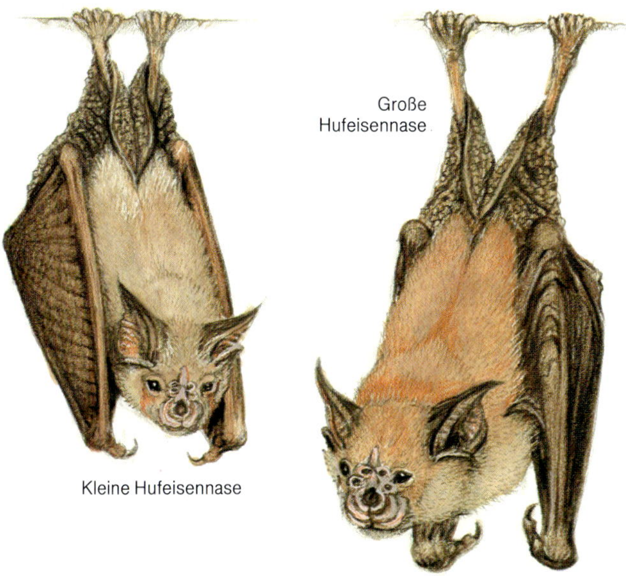

Kleine Hufeisennase *Rhinolophus hipposideros* Bechstein 1800

E Lesser horseshoe bat F Petit Rhinolophe V S. 70

Merkmale: Ähnlich wie Große Hufeisennase, aber viel kleiner; Ohren relativ klein. Mittelkiel des Nasenaufsatzes mit niedrigem, abgerundetem Ober- und verlängertem, spitzem Unterfortsatz. Fell recht langhaarig, seidig glänzend, oberseits graubraun ohne rötliche Tönung, unterseits weißlichgrau.
Körpermaße: KR 3,8–4,5 cm; S 2,4–3 cm; Hf 7,5–10 mm; Ua 35–42 mm; Sp 20–22 cm; G 4–10 g.
Ähnliche Arten: Andere Hufeisennasen.
Verbreitung: Europa nordwärts bis Mittelengland, Norddeutschland, Zentralpolen; vom Sudan und Nordäthiopien über Arabien und Kleinasien bis Turkestan und Kaschmir im Osten. Dringt von den Hufeisennasen am weitesten nach Norden vor.
Lebensraum: Bewaldete, hügelige Landschaften, Parks; jagt gerne über offenem Gelände und in lichtem Wald.
Lebensweise: Ähnlich wie bei Großer Hufeisennase; Flug etwas schneller mit

schnelleren Flügelschlägen, Flughöhe 2–5 m. Sommerquartier meist in Dachstühlen großer Gebäude, ♀♀ in lockeren Kolonien, ♂♂ meist solitär. Winterschlaf von Ende September–Anfang Mai; Winterquartiere in eingangsfernen Teilen von Felshöhlen.
Nahrung: Kleine Fluginsekten.
Fortpflanzung und Lebensdauer: Wie bei Großer Hufeisennase.

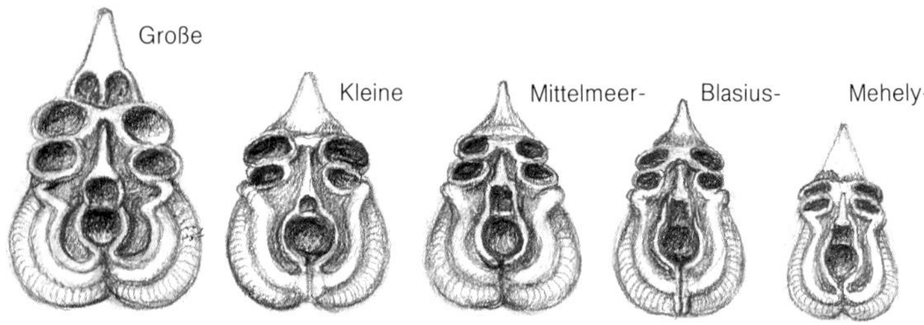

Nasenaufsätze der europäischen Hufeisennasen

Mittelmeer-Hufeisennase *Rhinolophus euryale* Blasius 1853

E Mediterranean horseshoe bat F Rhinolophe euryale

Merkmale: Größe zwischen Großer und Kleiner Hufeisennase, Ohren ziemlich klein; Mittelkiel des Nasenaufsatzes weist in Seitenansicht einen langen, spitzen Ober- und einen kurzen, spitzen Unterfortsatz auf. Fell oberseits graubraun mit schwachem lila Anflug, unterseits cremefarben.
Körpermaße: KR 4,5–5,8 cm; S 2,2–3 cm; Hf 9–11 mm; Ua 45–50 mm.
Ähnliche Arten: Andere Hufeisennasen, besonders Blasius-Hufeisennase.
Verbreitung: Mittelmeerländer Europas und Nordafrikas; Klein- und Vorderasien ostwärts bis Turkestan.
Lebensraum: Wie Kleine Hufeisennase.
Lebensweise, Nahrung und Fortpflanzung: Ähnlich wie Kleine Hufeisennase; Jagdflugbeginn bereits in der Dämmerung. Noch geselliger, Kolonien

Kleine Hufeisennase Mittelmeer-Hufeisennase

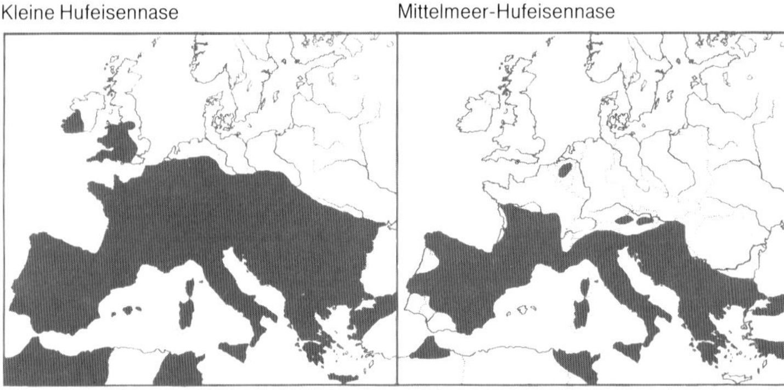

oft in dichten Trauben hängend. In der Ruhehaltung nicht in die Flughäute gehüllt wie die anderen Hufeisennasen.

Blasius-Hufeisennase *Rhinolophus blasii* Peters 1866

E Blasius's horseshoe bat F Rhinolophe de Blasius

Merkmale: Sehr ähnlich wie Mittelmeer-Hufeisennase, aber »Hufeisen« breiter, Mittelkiel des Nasenaufsatzes im Profil mit auffallend spitzem oberen Fortsatz, in der Aufsicht nach oben stumpf auslaufend, keilförmig.
Körpermaße: KR 4,4–5 cm; S 2,5–3 cm; Hf 9–10 mm; Ua 45–47 mm; G 10–15 g.
Ähnliche Arten: Übrige Hufeisennasen, vor allem Mittelmeer-Hufeisennase.
Verbreitung: Italien, Balkanhalbinsel; Vorderasien bis ins östliche Afghanistan, nordwärts bis zum Kaukasus; große Teile Afrikas.
Lebensraum, Lebensweise und Fortpflanzung: Ähnlich wie bei der Großen Hufeisennase. Schläft das ganze Jahr über vorwiegend in Höhlen.

Mehely-Hufeisennase *Rhinolophus mehelyi* Matschie 1901

E Mehely's horseshoe bat F Rhinolophe de Mehely

Merkmale: Ähnlich wie Blasius-Hufeisennase, aber Ohren größer; Mittelkiel des Nasenaufsatzes in Seitenansicht mit relativ kurzem und dickem oberen Fortsatz; Lanzette verjüngt sich plötzlich zu einer schmalen Spitze. Fell insbesondere auf der Oberseite deutlich heller.
Körpermaße: KR 4,9–6,4 cm; S 2,3–2,8 cm; Hf 9–12 mm; Ua 45–48 mm; G 12–16 g.
Ähnliche Arten: Andere Hufeisennasen.
Verbreitung: Spärlich in den Mittelmeerländern einschließlich der Inseln; Kleinasien, Kaukasus bis Iran; NW-Afrika.
Lebensraum, Lebensweise und Fortpflanzung: Ähnlich wie bei der Großen Hufeisennase; hauptsächlich Höhlenbewohner.

Blasius-Hufeisennase

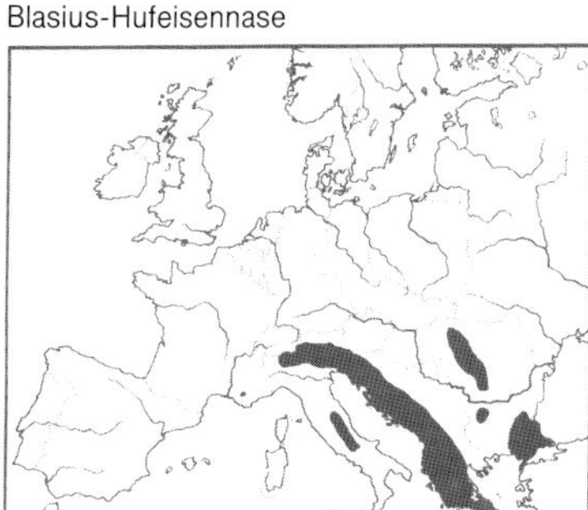

Mehely-Hufeisennase

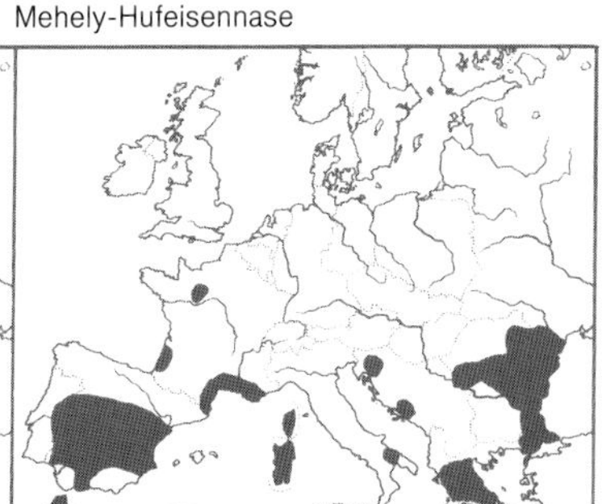

Ordnung **Nagetiere** Rodentia

Arten- und individuenreichste Säugetierordnung; kleine bis mittelgroße Tiere mit einem Körpergewicht von 4 g (Zwergmaus) bis 30 kg (Biber); je ein Paar wurzellose Nageschneidezähne im Oberkiefer und im Unterkiefer von meist gelblicher oder rötlicher Farbe; zwischen den Schneide- und den Backenzähnen stets eine Zahnlücke (Diastema) vorhanden. Nagetiere zeichnen sich durch eine rasche Generationenfolge aus – sogar säugende Weibchen können bereits wieder trächtig werden. Nahrung meistens pflanzlich. In Europa vorkommende Unterordnungen: Stachelschweinartige (Hystricomorpha), Schläferartige (Gliromorpha), Hörnchenartige (Sciuromorpha), Mäuseartige (Myomorpha).

Familie **Wühlmäuse** Arvicolidae

Kleine gedrungene und stumpfschnäuzige Nagetiere. KR von 8 cm (Kleinwühlmäuse) bis 35 cm (Bisamratte); relativ kleine Augen; kurze, oft im Pelz versteckte Ohren; kurzer, schwachbehaarter Schwanz (meist kürzer als 50% der KR, höchstens 80% der KR) und kurze Hinterfüße. Bewohnen meist weitläufige, selbstgegrabene Gangsysteme. Nahrung rein pflanzlich. Backenzähne wurzellos mit charakteristischen, querverlaufenden Schmelzschlingen (Abb. S. 73); Zahnformel: 1·0·0·3 / 1·0·0·3 = 16. Geringe Lebenserwartung (meist nur 1½ Jahre), aber enorme Verehrungsmöglichkeit durch schnelle Wurffolge (kurze Tragzeit) und hohe Wurfgröße; Feldmaus-♀♀ können bereits mit 11 Tagen geschlechtsreif sein. Im behandelten Gebiet 7 Gattungen mit insgesamt 27 Arten.

Feldmaus *Microtus arvalis* Pallas 1779

E Common vole F Campagnol des champs A S. 76, V S. 74

Merkmale: Mittelgroß; kurzer Schwanz; kleine dunkelbraune Augen; kurze Ohren, innen fein und dicht behaart; Fell kurzhaarig und glatt, oberseits bräunlich- bis gelblichgrau, unterseits gelblichgrau, keine scharfe Farbgrenze. Hinterfuß mit 6 Sohlenschwielen; 4 Paar Zitzen.
Körpermaße: KR 9–12,5 cm; S 3–4,5 cm; Hf 14–16 mm; O 9–12 mm; G 18–40 g.
Ähnliche Arten: Erdmaus, Levante-Wühlmaus, Nordische Wühlmaus.
Verbreitung: Südliches und gemäßigtes Europa, auch Orkney-Inseln, Klein- und Mittelasien bis zum Sibirischen Tiefland, südwärts bis zum Kaukasus und zum Balchasch-See.
Lebensraum: Offenes Wiesengelände mit nicht zu hohem Grasbestand, Äcker, Felder, Weiden (auch ganz kurzgrasige), Kleefelder, Straßenböschungen, Deiche, offene Parks; in den Alpen bis 2400 m Höhe.

Zahnschlingen einiger europäischer Wühlmäuse

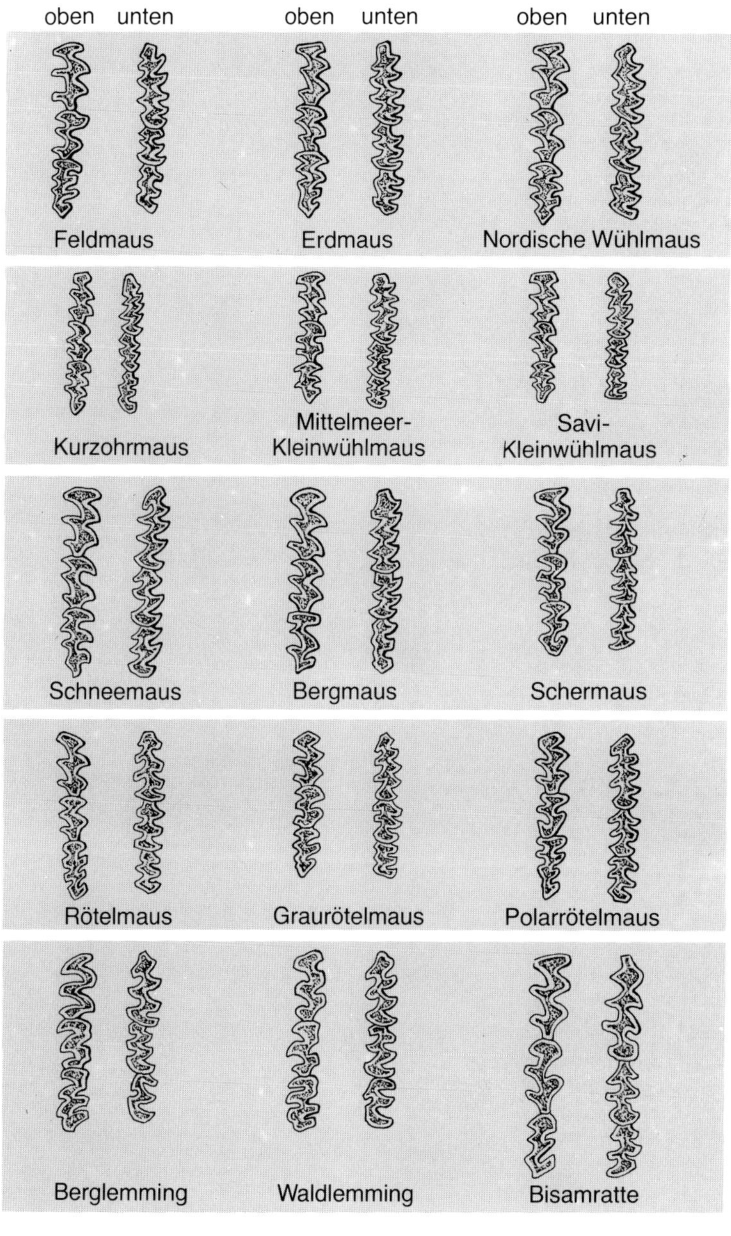

Lebensweise: Tag- und nachtaktiv, im Sommer mehr tagaktiv; recht gesellig; klettert und springt kaum, schwimmt aber gut; lebt mehr unterirdisch als Erdmaus; gräbt weitverzweigte Gangsysteme (∅ ca. 3,5 cm) mit vielen Öffnungen, die oberirdisch durch Wechsel verbunden werden. Kugeliges Nest aus trockenem, fein zerschlissenem Gras; meist unterirdisch, im Winter auch auf dem Gras unter Schnee; im Sommer ca. 12 cm ∅, im Winter ca. 18 cm ∅; legt häufig am Eingang und in den Röhren Futter ab. Meist alle 4 Jahre zyklische Massenvermehrung mit anschließendem Zusammenbruch.
Nahrung: Gräser, Kräuter (gern Löwenzahn), Klee, Getreide, Feldfrüchte, Sämereien, gelegentlich Baumrinde, Insekten.
Fortpflanzung und Lebensdauer: Paarungszeit März–Oktober; 3–6 Würfe mit je 2–10 nackten und blinden Jungen nach einer Tragzeit von 16–24 Tagen; Junge öffnen die Augen mit 9–10 Tagen, werden 12 Tage gesäugt und sind mit 3 Wochen selbständig; bereits mit 12 Tagen (♀♀) bzw. mit 28 Tagen (♂♂) geschlechtsreif. Erreichen ein Alter von 1½–3 Jahren.
Lautgebung: Schrill und hoch quiekend (»jip jip«), bei Gefahr zischende und fauchende Laute.
Feinde: Hauptbeutetier vieler Greifvögel, Eulen und Raubtiere; vorwiegend Mäusebussard, Turmfalke, Waldohreule, Schleiereule, Weißstorch; Katzen, Füchse, Wiesel, aber auch Spitzmäuse.

Ondrias-Feldmaus *Microtus epiroticus* Ondrias 1966

E Sibling vole F Campagnol d'Ondrias

Merkmale: Sehr ähnlich wie Feldmaus, aber etwas größer; größere und breitere Ohren; Fell dunkler als bei im selben Gebiet lebenden Feldmäusen.
Körpermaße: KR 10,5–12,8 cm; S 3,5–5,3 cm; Hf 16–19 mm; O 9,5–12,5 mm; G 25–48 g.

Feldmaus

Ondrias-Feldmaus

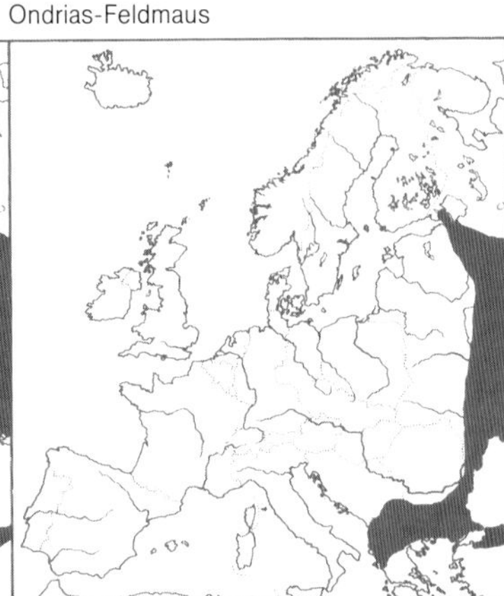

Verbreitung: Nicht genau geklärt; Südjugoslawien, Albanien, Nordgriechenland, Bulgarien; Osteuropa von SO-Finnland und der Moldauischen SSR ostwärts; wahrscheinlich auch in Kleinasien und Nordiran.
Lebensraum: Hochgrasbestände, Felder (Luzerne, Gerste, Weizen, Klee), Weg- und Straßenböschungen, Dämme, Flußufer, Pappelalleen.
Lebensweise: Häufig abends aktiv; gräbt weitverzweigte unterirdische Baue (bis 40 cm Tiefe), nur wenige oberirdische Wechsel; alle 4–6 Jahre Massenvermehrungen.
Nahrung: Verschiedene Kräuter, Feld- und Gartenfrüchte, gerne Luzerne, Getreide; Mais; im Winter Rinde von Bäumen (Obstbäume).
Fortpflanzung: Wenig bekannt; Paarungszeit März–Oktober; 2–4 Würfe mit jeweils 2–9 Jungen.

Levante-Wühlmaus *Microtus guentheri* Danford & Alston 1880

E Günther's vole F Campagnol lévantin A S. 76, V S. 78

Merkmale: Ähnlich wie Feldmaus, aber etwas größer; Schwanz und Ohren kürzer, Ohrmuschel weniger behaart; Felloberseite gelblichgrau, an den Seiten in gelblichbraun übergehend, Unterseite hellgrau; Schwanz und Hinterfüße heller als bei der Feldmaus. Hinterfüße mit 5 Sohlenschwielen.
Körpermaße: KR 9,7–12,7 cm; S 2,3–3,6 cm; Hf 18–21 mm; O 11–12 mm; G 30–76 g.
Ähnliche Arten: Feldmaus, Ondrias-Feldmaus.
Verbreitung: Mazedonien, Bulgarien, Türkei, Syrien, Libanon, Israel, Nordlybien.
Lebensraum: Offenes, trockenes Gelände der Ebenen; Wiesen, Felder (Roggen, Weizen), Kartoffeläcker.
Lebensweise: Ähnlich wie bei der Feldmaus, gräbt aber weitläufigere Gangsysteme; die Eingänge werden nur selten durch Erde verschüttet.
Nahrung und Fortpflanzung: Ähnlich der Feldmaus.

Cabreramaus *Microtus cabrerae* Thomas 1906

E Cabrera's vole F Campagnol méditerranéen V S. 78

Merkmale: Ähnlich wie Feldmaus, aber größer; Fell auf dem Hinterrücken deutlich langhaariger; Oberseite dunkel graubraun, Unterseite grau mit gelblichem Anflug; Schwanz oberseits grau bis schwärzlich. Hinterfüße mit 6 Sohlenschwielen.
Körpermaße: KR 11–13 cm; S 3,5–4,5 cm; Hf 20–23 mm; O 13– 16 mm; G 40–65 g.
Ähnliche Arten: Feldmaus, Erdmaus.
Verbreitung: Iberische Halbinsel.
Lebensraum: Hochgrasige Wiesenränder, dorniges Gebüsch, häufig in der Nähe von Bächen; Binsenbestände; von Meereshöhe bis 1500 m Höhe.
Lebensweise, Nahrung und Fortpflanzung: Wenig bekannt; ernährt sich rein pflanzlich von Kräutern und Gräsern.

Feldmaus
Levante-Wühlmaus
Erdmaus
Kurzohrmaus
Helmut Diller
Nordische Wühlmaus

Mittelmeer-
Kleinwühlmaus
Savi-
Kleinwühlmaus
Schneemaus
Bergmaus

1 Nordische Wühlmaus 2 Cabrera-maus 3 Levante-Wühlmaus

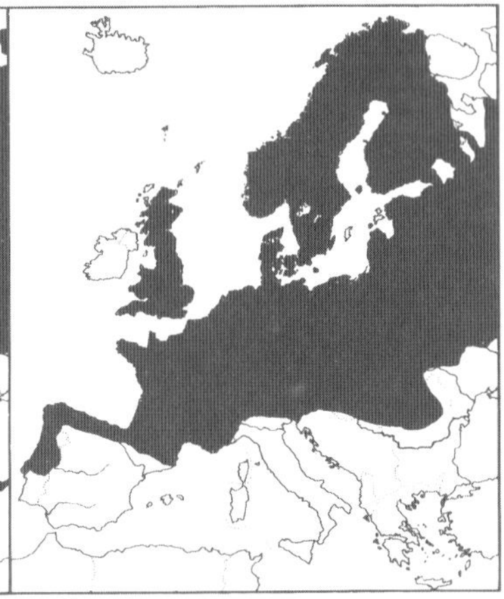

Erdmaus

Erdmaus *Microtus agrestis* Linné 1761

E Field vole F Campagnol agreste A S. 76

Merkmale: Gedrungen mit relativ stumpfer Schnauze; sehr ähnlich wie Feldmaus, aber Fell etwas länger, zottiger und dunkler; Ohrmuscheln durch lange Haare von der Ohrbasis her verdeckt, Ohrmuschelrand dicht behaart; Felloberseite dunkel graubraun oder rötlich-braun, Seiten etwas heller, Fellunterseite und Füße weißgrau; Schwanzoberseite wie Rücken, -unterseite deutlich heller. Fell im Winter etwas heller. Schwielen der Hinterfußsohlen größer und dadurch näher zusammen als bei Feldmaus. 4 Paar Zitzen.
Körpermaße: KR 8,5–13,5 cm; S 2,5–4,5 cm; Hf 16–20 mm; O 8–13,5 mm; G 18–60 g.
Ähnliche Arten: Feldmaus, Kurzohrmaus, Nordische Wühlmaus.
Verbreitung: Von Portugal, über Eurasien bis zur Lena und zur Mongolei, südwärts bis zum südlichen Ural-Gebirge, Baikalsee, Nordchina.
Lebensraum: Deckungsreiches und nicht zu trockenes Gelände wie hochgrasige Wiesen, Brachäcker, Waldlichtungen, Jungwald mit hohem Grasbestand, Waldränder, Hecken, Moore, Sümpfe, Flußufer; in den Alpen bis über der Baumgrenze, stellenweise bis ca. 2000 m hoch.
Lebensweise: Tag- und nachtaktiv, im Sommer mehr nachtaktiv; recht gesellig; läuft und schwimmt gut, springt und klettert aber kaum; legt zwischen hohem Gras und knapp unter der Erdoberfläche Gänge an; an bestimmten Stellen Kotplätze und Häufchen von abgebissenen Grasstückchen; kugelförmiges Nest aus fein zerschlissenem Gras meist oberirdisch in Deckung von dichter, feuchter Bodenvegetation, unter Grasbülten oder unter Steinen, aber auch bis 20 cm unter der Erde.
Nahrung: Gräser, Moose, Binsen, Kräuter, Wurzeln, Grassamen, Klee; im Winter häufig Rinde von Sträuchern und Bäumen; geht gelegentlich an Aas.

Fortpflanzung und Lebensdauer: Paarungszeit März–Oktober, 3–5 Würfe mit jeweils 3–7 Jungen nach einer Tragzeit von 21 Tagen; Junge öffnen die Augen mit 9–10 Tagen, werden 12–14 Tage gesäugt, sind dann selbständig und bereits mit 6–7 Wochen geschlechtsreif; Lebenserwartung 1½–2 Jahre. Massenvermehrung in meist 2–3jährigem Turnus.
Lautgebung: Tiefer als bei der Feldmaus; bei Gefahr gereihtes »tuk-tuk . . .«; häufig quiekende und knurrende Laute.
Feinde: Wichtiges Beutetier vieler Greifvögel, Eulen und kleinerer Raubtiere; vorwiegend Turmfalke, Mäusebussard, Waldkauz, Waldohreule, Schleiereule, Rotfuchs, Marderartige.

Nordische Wühlmaus *Microtus oeconomus* Pallas 1776

E Root vole F Campagnol nordique A S. 76

Merkmale: Ähnlich wie Erdmaus, aber etwas größer, langschwänziger und dunkler; Ohren fast völlig im Pelz verborgen, Ohrspitzen mit langen Haaren; Oberseite rot- bis dunkelbraun, Seiten heller und mit gelblichem Anflug, Unterseite und Füße grau; Schwanz oberseits schwärzlich, unterseits wie Bauchfärbung, besonders im Winter scharf abgesetzt; im Winter insgesamt etwas heller. Hinterfuß mit 6 Sohlenschwielen; 4 Paar Zitzen.
Körpermaße: KR 8,5–16 cm; S 2,5–6,2 cm; Hf 17–22 mm; O 8–16 mm; G 15–90 g.
Ähnliche Arten: Schermaus, Erdmaus.
Verbreitung: Nördliches Eurasien. Von Mittel- und Nordeuropa bis NO-Sibirien, südwärts bis östliches Mitteleuropa, Rumänien, Balchaschsee, Nordchina und Sichote Alin; Nordkanada und Alaska.
Lebensraum: Sumpfiges, dicht bewachsenes Gelände wie Feuchtwiesen, Bruchwald, Waldmoore, feuchte Äcker und eiszeitliche Sölle in Anbaugebieten, Fluß- und Seeufer, Schilf- und Binsenflächen; in Nordeuropa bis über die Baumgrenze, dort auch in Häusern; gelegentlich in Dünengelände; im Winter an hochwassergeschützten und trockeneren Standorten.
Lebensweise: Dämmerungs- und nachtaktiv, im Winter auch tagaktiv; schwimmt und taucht gut, springt und klettert aber wenig; legt Gangsysteme je nach Standortfeuchte in der Vegetation oder unterirdisch an. Erdbauten haben mehrere Nest- und Vorratskammern; Eingänge liegen zuweilen unter Wasser; Nest aus Halmen, Moos und Blättern, innen mit fein zerschlissenem Gras ausgepolstert, meist 2 Eingänge; häufig unter Schilfhaufen oder in einer Grasbülte. Wirft kleine Haufen auf. Große Bestandsschwankungen.
Nahrung: Rein pflanzlich; Gräser (gern Wollgras), Seggen, Schilf, Schachtelhalm, Beeren; im Winter Wurzeln, Rinde von Sträuchern und Bäumen unter dem Schnee.
Fortpflanzung und Lebensdauer: Paarungszeit April–September; 3–5 Würfe mit jeweils 2–12 (meist 5–9) Jungen nach einer Tragzeit von 20–23 Tagen; Junge öffnen die Augen mit 9–10 Tagen, werden 20–22 Tage lang gesäugt und sind bereits mit ca. 2 Wochen geschlechtsreif; erreichen ein Alter von 1–1½ Jahren.

Lautgebung: Bei Gefahr scharfes »tschätt«, in der Stimmlage wie Erdmaus, aber nicht so häufig gereiht.
Feinde: Waldkauz, Habichtskauz, Wald- und Sumpfohreule, Rauhfußbussard, Rotfuchs.

Kurzohrmaus *Microtus subterraneus* De Sélys-Longchamps 1836

E Common pine vole F Campagnol souterrain A S. 76

Merkmale: Klein und gedrungen; Augen und Ohren sehr klein; Pelz relativ langhaarig, dicht und weich; Oberseite dunkelgrau; Spitzen der Grannenhaare bräunlich oder rötlich; Körperseiten etwas heller; Unterseite hellgrau, oft mit silbrigem Glanz; Schwanz oberseits dunkelgrau, unterseits hellgrau. Hinterfüße mit 5 Sohlenschwielen; 2 Paar Zitzen.
Körpermaße: KR 8–10,2 cm; S 2,6–4 cm; Hf 13–15,5 mm; O 8–10 mm; G 14–23 g.
Ähnliche Arten: Fatio-Kleinwühlmaus, Savi-Kleinwühlmaus, Bayerische Kleinwühlmaus, Mittelmeer-Kleinwühlmaus, Feldmaus, Erdmaus.
Verbreitung: Von Frankreich ostwärts bis zum Don; südwärts bis Norditalien, Nordgriechenland, Ukraine.
Lebensraum: Feuchte Wiesen, Almwiesen, felsige Hänge, lichter feuchter Laubwald, Bachufer im Hochwald, aber auch Kulturland (Gärten) und mitten in Ortschaften. In den Alpen bis 2300 m Höhe, meist jedoch zwischen 1000 und 1500 m Höhe. Im Winter gelegentlich in Gebäuden.
Lebensweise: Hauptsächlich dämmerungs- und nachtaktiv, aber auch nachmittags tätig; gräbt Gangsysteme dicht unter der Erdoberfläche mit vielen Ausgängen, kurze oberirdische Wechsel nur bei Deckungsreichtum; lebt viel mehr unterirdisch als Feldmaus. Nest meist unterirdisch aus Gras, Moos und Würzelchen. Bei schlechtem Wetter werden die Zugänge von innen mit Erde verschlossen. Nahrungssuche vorwiegend unter der Erde oder direkt neben den Einschlupflöchern.
Nahrung: Stengel, Blätter und Blüten von Kräutern, Pilze, Beeren, Moose, Sämereien; häufig Löwenzahn und Wegericharten.
Fortpflanzung und Lebensdauer: Paarungszeit April–Oktober, manchmal auch in den Wintermonaten; 3–8 Würfe mit jeweils 2–3 Jungen nach einer Tragzeit von 21 Tagen; Junge öffnen die Augen mit 10–11 Tagen, werden etwa 2 Wochen lang gesäugt und sind mit 8–9 Wochen geschlechtsreif; erreichen ein Alter von 1–2 Jahren.
Lautgebung: Leise zwitschernd, bei Gefahr zischend.
Feinde: Vorwiegend Eulen, Rotfuchs, Hermelin, Mauswiesel u. a. Marder.

Fatio-Kleinwühlmaus *Microtus multiplex* Fatio 1905

E Alpine pine vole F Campagnol souterrain des Alpes

Merkmale: Sehr ähnlich wie Kurzohrmaus, aber etwas größer und mit längeren Hinterfüßen; Fell oberseits deutlicher rotbraun, weniger grau; Unterseite grauweiß bis gelblich; Hinterfüße weißlich. 2 Paar Zitzen.

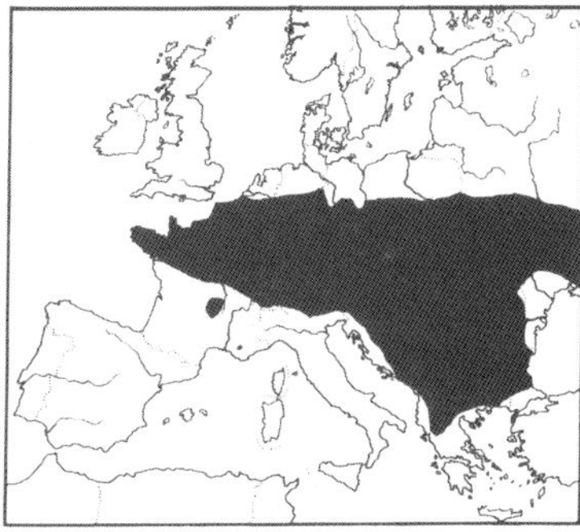

Kurzohrmaus

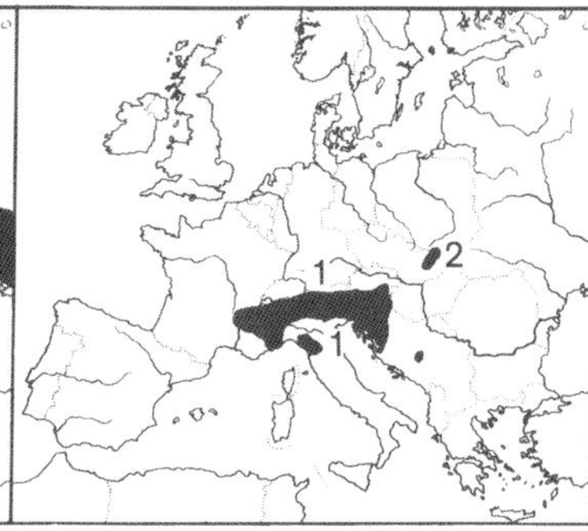

1 Fatio-Kleinwühlmaus
2 Tatra-Kleinwühlmaus

Körpermaße: KR 8,5–11,5 cm; S 2,9–4,2 cm; Hf 15–17 mm; O 6,8–8,5 mm; G 19–31 g.
Ähnliche Arten: Kurzohrmaus, Savi-Kleinwühlmaus.
Verbreitung: Südalpen (Frankreich, Schweiz, Italien, Österreich) sowie Oberitalien und Jugoslawien.
Lebensraum: Kräuterreiche Wiesen und Matten mit lockerem Boden, unterwuchsreiche Wälder und Bergwälder mit Hochstaudenbestand, Fluß- und Bachufer; von den Tallagen bis zur Baumgrenze; meidet felsigen Boden.
Lebensweise: Ähnlich wie Kurzohrmaus, aber mehr tagaktiv; legt nur selten oberirdische Gänge an; Eingänge zu den unterirdischen Bauten (5–7 m Länge) häufig von Erdhäufchen verschüttet; Nester auch oberirdisch auf dem Boden unter der Schneedecke.
Nahrung: Große Zahl von krautigen Pflanzen, besonders Eisenhutblättriger Hahnenfuß, Pestwurz, Nieswurz, Traubenhyazinthe, Krokus; Gräser.
Fortpflanzung und Lebensdauer: Wie Kurzohrmaus, aber 2–4 Junge.
Feinde: Schleiereule, Waldkauz, Steinkauz, Mäusebussard, Turmfalke, Rotfuchs, Marderarten.

Tatra-Kleinwühlmaus *Microtus tatricus* Kratochvíl 1952

E Tatra pine vole F Campagnol souterrain de Tatra

Merkmale: Sehr ähnlich wie Kurzohrmaus, aber etwas größer; Augen größer; Ohren, Hinterfüße und Schwanz länger; Fell langhaariger und etwas dunkler, oberseits rostbraun, unterseits nicht scharf abgesetzt weißlich.
Körpermaße: KR 10–11,7 cm; S 3,4–4,9 cm; Hf 16–19 mm; O 9–12,5 mm; G 20–40 g.
Ähnliche Arten: Kurzohrmaus.
Verbreitung: Tatra-Gebirge und Beskiden.
Lebensraum: Lichter Fichtenwald mit eingestreuten Vogelbeerbüschen, unterwuchsreiche Stellen der Latschenregion sowie Matten über der Baumgrenze; von 1000–2300 m Höhe; kommt neben der Kurzohrmaus vor.

Lebensweise: Ähnlich wie Kurzohrmaus, aber keine selbstgegrabenen Gänge, sondern in Bauen anderer Kleinsäuger oder in Gesteinsspalten.
Nahrung: Vielzahl von krautigen Pflanzen, Gräser, Moose, Beeren.
Fortpflanzung und Lebensdauer: Ähnlich wie bei der Kurzohrmaus; Höchstalter 1–1½ Jahre.

Bayerische Kurzohrmaus *Microtus bavaricus* König 1962

E Bavarian pine vole F Campagnol souterrain de Bavarie

Merkmale: Sehr ähnlich wie Kurzohrmaus, aber etwas größer; Ohren kaum sichtbar; Fell sehr weich und samtig, oberseits graubraun, unterseits weißlich mit gelbbrauner Tönung; Jungtiere oberseits dunkler; Füße weiß.
Körpermaße: KR 9–10,6 cm; S 3,4–4 cm; Hf 16–17 mm; O 7–8 mm.
Ähnliche Arten: Kurzohrmaus, Feldmaus.
Verbreitung: Nur in den Bayerischen Alpen und in Tirol nachgewiesen.
Lebensraum: Feuchte Wiesen der Tallagen, meist Nordhänge, vorwiegend in 600–800 m Höhe, höchstens bis 1000 m; vertritt die Kurzohrmaus in den Tallagen der Bayerischen Alpen.
Lebensweise: Wie Kurzohrmaus; ebenfalls dicht unter der Oberfläche verlaufende Gänge, oft an der aufgewölbten Erde zu erkennen; bewohnt auch Gänge anderer Kleinsäuger, beispielsweise des Maulwurfs; wirft kleine Haufen auf; oberirdische Gänge selten und nur kurz.
Nahrung: Gräser, krautige Pflanzen wie Löwenzahn, Schafgabe, Wegerich, Wurzeln.
Fortpflanzung und Lebensdauer: Wie Kurzohrmaus, aber 2–4 Junge.

Microtus majori Thomas 1906

Merkmale: Ähnlich wie Kurzohrmaus, aber oberseits gelblich braungrau, unterseits silbergrau. 3 Paar Zitzen.
Körpermaße: KR 8–9,8 cm; S 2,6–4 cm; Hf 14–16 mm.
Ähnliche Arten: Kurzohrmaus, Balkan-Kurzohrmaus.
Verbreitung: Mazedonien, nördliche und westliche Türkei, Kaukasus.
Lebensraum: Nadelhochwald, Waldlichtungen und Wiesen in Waldrandnähe; meist auf feuchtem, üppig bewachsenem Boden; in Mazedonien von 1600–1700 m Höhe.

Lusitanische Kleinwühlmaus *Microtus lusitanicus* Gerbe 1879

E Lusitanian pine vole F Campagnol basque

Merkmale: Sehr ähnlich der Mittelmeer-Kleinwühlmaus, aber etwas kleiner; Hinterfüße und Ohren wenig kürzer; Schwanz relativ länger; Färbung der Oberseite meist dunkler. Hinterfüße mit 5 Sohlenschwielen; 2 Paar Zitzen.
Körpermaße: KR 7,5–9,6 cm; S 2,2–3,1 cm; Hf 13–15,5 mm; O 7–9 mm; G 12–20 g.

Ähnliche Arten: Mittelmeer-Kleinwühlmaus, Savi-Kleinwühlmaus, Pyrenäen-Kleinwühlmaus.
Verbreitung: NW der Iberischen Halbinsel, äußerster SW Frankreichs.
Lebensraum: Wiesen, Ackerränder mit hohem Grasbestand, Büsche an Felsrändern; häufig an Legsteinmauern; bevorzugt lockeren Boden.
Lebensweise und Fortpflanzung: Sehr ähnlich wie Mittelmeer-Kleinwühlmaus; legt weit verzweigte unterirdische Gänge an, deren Schlupflöcher im Pflanzengewirr versteckt sind; häufig oberirdische Laufgänge.
Nahrung und Feinde: Ähnlich wie bei der Mittelmeer-Kleinwühlmaus.

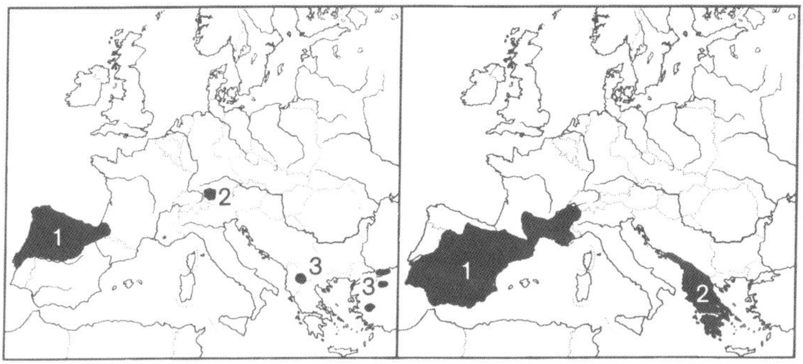

1 Lusitanische Kleinwühlmaus
2 Bayerische Kurzohrmaus
3 Microtus majori

1 Mittelmeer-Kleinwühlmaus
2 Balkan-Kurzohrmaus

Mittelmeer-Kleinwühlmaus

Microtus duodecimcostatus De Sélys-Longchamps 1839
E Mediterranean pine vole F Campagnol provençal A S. 77

Merkmale: Ähnlich wie Kurzohrmaus, aber mit kräftigerem Kopf, kürzerem Schwanz und samtigerem Fell; Oberseite heller und gelblicher; Unterseite silbergrau; Füße fast weiß. 5 Sohlenschwielen; 2 Paar Zitzen.
Körpermaße: KR 8,2–10,6 cm; S 2,1–3,2 cm; Hf 15–17,5 mm; O 6,5–9 mm; G 18–30 g.
Ähnliche Arten: Kurzohrmaus, Savi-Kleinwühlmaus.
Verbreitung: Iberische Halbinsel, SW-Frankreich.
Lebensraum: Wiesen- und Ackergelände, Ödland, Kleefelder, Flußufer, gebietsweise auch Kiefernwald mit üppiger Krautschicht; bevorzugt in Ebenen; im Gebirge bis 1500 m Höhe, gebietsweise auch über 2000 m Höhe.
Lebensweise: Vorwiegend dämmerungs- und nachtaktiv; gräbt ausgedehnte Gangsysteme knapp unter der Erdoberfläche; von der zentralen Nestkammer zweigen mehrere Gänge in verschiedenen Richtungen ab; die im Abstand von einigen Metern von der Nestkammer liegenden Eingänge sind meist von Erde überhäuft.
Nahrung: Pflanzlich; vorwiegend Wurzeln von Gräsern und Kräutern.

Fortpflanzung und Lebensdauer: Vermutlich wie bei Kurzohrmaus; je Wurf 2–4 (5) Junge.
Feinde: Vorwiegend Schleiereule, Rotfuchs.

Balkan-Kurzohrmaus *Microtus thomasi* Barrett-Hamilton 1903

E Thomas's pine vole F Campagnol de Thomas V S. 83

Merkmale: Relativ groß, kurzschwänzig; Fell oberseits gelblichbraun bis dunkel graubraun; Füße grauweiß. 5 Sohlenschwielen; 3 Paar Zitzen.
Körpermaße: KR 8,7–12 cm; S 1,8–2,6 cm; Hf 14–16 mm; O 8–10 mm; G 18–42 g.
Ähnliche Arten: Kurzohrmaus, Mittelmeer-Kleinwühlmaus.
Verbreitung: Südliches Jugoslawien, wahrscheinlich Albanien, Griechenland; Inselvorkommen auf Euböa.
Lebensraum: Hochgrasige Wiesen, Feldränder, Weinberge, Olivenhaine.
Lebensweise: Gräbt verzweigte unterirdische Gangsysteme mit Nest- und Vorratskammer; Eingänge meist durch Erdhäufchen verschüttet.
Nahrung: Kräuter (Klee), Gräser (Quecke), Wurzeln, Knollen und Früchte.
Fortpflanzung und Lebensdauer: Vermutlich wie bei Kurzohrmaus, aber höhere Wurfgröße (2–6 Junge).

Savi-Kleinwühlmaus *Microtus savii* De Sélys-Longchamps 1838

E Savi's pine vole F Campagnol souterrain de Savi A S. 77

Merkmale: Sehr ähnlich wie Kurzohrmaus; Ohren noch etwas kleiner, Schwanz kürzer, Hinterfuß länger; Fell weniger weich, oberseits meist etwas heller und mehr bräunlich; Hinterfuß oft mit gelblichem Anflug. 5 Sohlenschwielen; 2–3 Paar Zitzen.
Körpermaße: KR 8,3–10,5 cm; S 2,3–3,1 cm; Hf 14–16,5 mm; O 7–8,5 mm; G 14–24 g.
Ähnliche Arten: Kurzohrmaus, Mittelmeer-Kleinwühlmaus, Fatio-Kleinwühlmaus.
Verbreitung: Apenninen-Halbinsel einschließlich Sizilien; Italienische und Schweizer Südalpen; Elba.
Lebensraum: Kräuterreiche Standorte in Wäldern, Busch- und Wiesenlandschaften; Felder, Gärten, Ruderalflächen; in den Alpen bis 2000 m Höhe.
Lebensweise: Mehr tag- als nachtaktiv; gräbt in ca. 20 cm Tiefe Gänge, die oft senkrecht nach oben münden; Eingänge nur selten durch Erde verschüttet, aber häufig neben den Löchern kleine aufgeworfene Haufen; legt nur wenige oberirdische Wechsel an; Eintragverhalten von frischen Kräutern sehr ausgeprägt; holt über mehrere Meter Entfernung Nahrungspflanzen zu den Baueingängen, um sie dann im Gang zu verzehren. Sammelt Vorräte.
Nahrung: Krautige Pflanzen, die in kurze Stücke zerkleinert werden.
Fortpflanzung und Lebensdauer: Wie Kurzohrmaus, aber jeweils 2–4 Junge. Periodische Massenvermehrung.
Feinde: Schleiereule, Waldkauz, Steinkauz, Turmfalke, Rotfuchs, Marder.

Pyrenäen-Kleinwühlmaus

Microtus pyrenaicus De Sélys Longchamps 1847
E Pyrenean pine vole F Le campagnol souterrain des Pyrénées

Merkmale: Äußerlich kaum von der Savi-Kleinwühlmaus zu unterscheiden; Ohren nicht sichtbar, im Fell verborgen; Felloberseite gelblich- oder rötlichbraun.
Körpermaße: KR 9,2–10,5 cm; S 2,3–3,4 cm; Hf 14–16 mm; O 7–9 mm; G 17–24 g.
Ähnliche Arten: Savi-Kleinwühlmaus, Kurzohrmaus, Lusitanische Kleinwühlmaus, Mittelmeer-Kleinwühlmaus.
Verbreitung: NW-Spanien und SW-Frankreich.
Lebensraum: Bergwiesen und felsiges Gelände, Waldlichtungen, Parklandschaften mit Gebüsch.
Lebensweise: Gräbt unterirdische Gänge, die Löcher werden nicht durch Erdhäufchen verschüttet. Sonst ähnlich Savi-Kleinwühlmaus.
Fortpflanzung, Nahrung und Feinde: Vermutlich wie bei der Savi-Kleinwühlmaus.

Felten-Kleinwühlmaus *Microtus felteni* Malec & Storch 1963

E Felten's pine vole F Campagnol de Felten

Merkmale: Äußerlich kaum von der Savi-Kleinwühlmaus zu unterscheiden; Ohren sehr klein, kurzer Schwanz; 2 Zitzenpaare.
Körpermaße: KR 8,3–10,4 cm; S 2,4–2,9 cm; Hf 14–15,5 mm; O 6,2–7,2 mm; G 16–26 g.
Ähnliche Arten: Savi-Kleinwühlmaus, Balkan-Kurzohrmaus, Kurzohrmaus.
Verbreitung: Südjugoslawien und Nordgriechenland.
Lebensraum: Bergwälder (vorwiegend Tanne, Rotbuche), Gebüsch mit hohem Grasbestand, Ufer von Gebirgsbächen; zwischen 1000 und 1800 m Höhe; häufig neben der Kurzohrmaus vorkommend.

1 Pyrenäen-Kleinwühlmaus
2 Savi-Kleinwühlmaus
3 Felten-Kleinwühlmaus

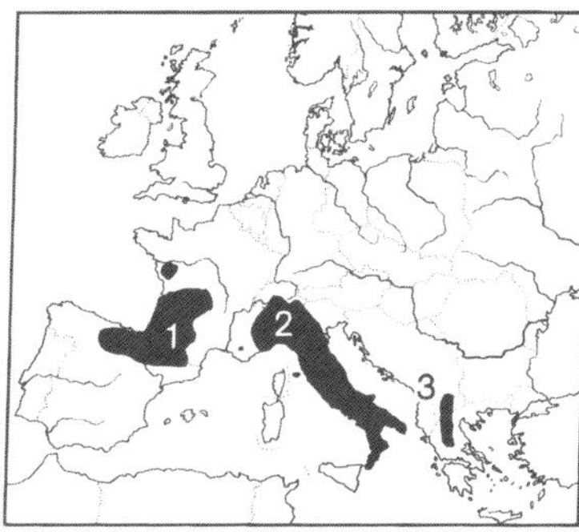

Schneemaus

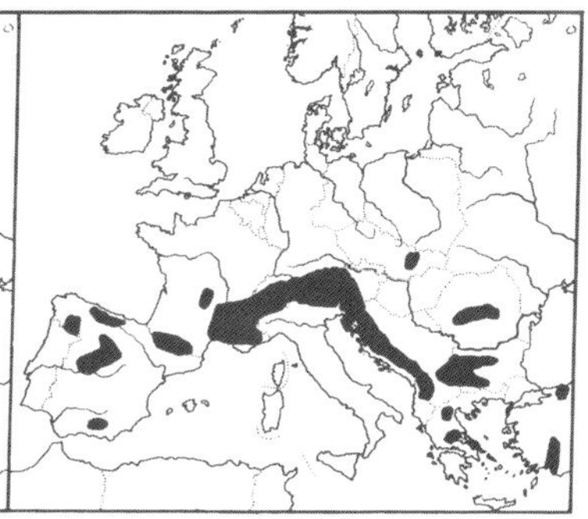

Schneemaus *Microtus nivalis* Martins 1842

E Snow vole F Campagnol des neiges A S. 77, V S. 85

Merkmale: Groß mit dickem, fast halbkörperlangem Schwanz; relativ lange Hinterfüße; deutlich sichtbare Ohren; lange Schnurrhaare (bis 6 cm lang); Fell lang, dicht und weich, oberseits hell graubraun, zart meliert und gestrichelt, unterseits grauweißlich, ohne scharfe Farbgrenze; Schwanz oberseits weißlichgrau oder wie Rückenfärbung, unterseits weißlichgrau. Jungtiere oberseits schiefergrau. Füße weiß, mit 6 großen Sohlenschwielen. 4 Paar Zitzen. Schwanz wird beim Laufen frei getragen.

Körpermaße: KR 9,5–14 cm; S 4,5–7,5 cm; Hf 18,5–22 mm; O 14–18 mm; G 40–65 g.

Ähnliche Arten: Feldmaus, Schermaus.

Verbreitung: Hochgebirge Europas und des westlichen Vorderasiens. Von Spanien im Westen bis Kleinasien, Palästina, Iran und Turkestan (Kopet-Dag) im Osten.

Lebensraum: Steinige Bergmatten, Geröllhalden, lichte Latschen-, Zirbelkiefer- und Lärchenwälder mit felsig-steinigem Untergrund; nicht an das Vorhandensein von Schnee, wohl aber von größeren Felsbrocken gebunden. In den Alpen von 1000 m bis 3000 m Höhe, darüber (bis über 4000 m) nur als Kulturfolger im Bereich von Berghütten; außerhalb des Alpenraums auch bis 150 m Meereshöhe hinab vorkommend.

Lebensweise: Vorwiegend dämmerungs- und nachtaktiv, besonders bei bedecktem Wetter auch tagaktiv. Zeitweise gesellig; klettert, springt und schwimmt gut; bewohnt Felsspalten und gräbt selbst Gänge, die dicht an der Oberfläche verlaufen, mit Nest- und Vorratskammer sowie Abort (alte Gangenden); sammelt im Sommer Nahrungsvorräte; getrocknetes Gras als Nistmaterial.

Nahrung: Rein pflanzlich; hauptsächlich Gräser, Seggen, Heidekrautgewächse wie Heidel- und Preißelbeere, Korbblütler (Alpenlattich), Steinbrech- und Kleearten.

Fortpflanzung und Lebensdauer: Paarungszeit Mai–Anfang September; 2–4 Würfe mit jeweils 1–4 Jungen nach einer Tragzeit von 20–22 Tagen; Junge öffnen die Augen mit 12–13 Tagen; Lebenserwartung 2–3 Jahre.

Lautgebung: Zur Paarungszeit kurze quiekende Laute.

Feinde: Vorwiegend Waldkauz, Uhu, Kolkrabe, Fuchs, Mauswiesel.

Bergmaus *Dinaromys bogdanovi* Martino 1922

E Martino's snow vole F Campagnol de montagne A S. 77

Merkmale: Groß, relativ langohrig und langschwänzig; Fell weich und dicht, Oberseite aschgrau mit bräunlichem Anflug, Unterseite grauweiß, keine scharfe Farbgrenze; Schwanz oberseits bräunlich, seitlich und unterseits weiß; Beine weiß; Fell im Winter dunkler; Jungtiere oberseits grau mit bläulichem Anflug. 3 Paar Zitzen.

Körpermaße: KR 12–14,5 cm; S 7,5–11,5 cm; Hf 2,2–2,6 mm; G 30–80 g.

Ähnliche Arten: Schneemaus.
Verbreitung: Gebirge Jugoslawiens, möglicherweise Albaniens und NW-Griechenlands.
Lebensraum: Felsige Bergmatten mit herumliegenden Gesteinsbrocken über der Baumgrenze bis 2200 m Höhe, aber auch auf felsigen Karstabhängen mit Steinhaufen und schwach bewaldeten Hängen bis fast auf Meereshöhe hinab; stellenweise im gleichen Biotop wie die Felsenmaus. Gelegentlich in Berghütten.
Lebensweise: Vorwiegend nachtaktiv; lebt in Felsspalten oder in selbstgegrabenen Bauten unter großen Einzelsteinen; relativ großes Nest aus trockenem Gras und Tierwolle; sammelt Wintervorräte.
Nahrung: Krautige Pflanzen, Gräser, Nadelbaumtriebe.
Fortpflanzung: Wenig bekannt; Paarungszeit März–Juni, 2 Würfe mit jeweils 2–3 Jungen nach einer Tragzeit von ca. 4 Wochen.

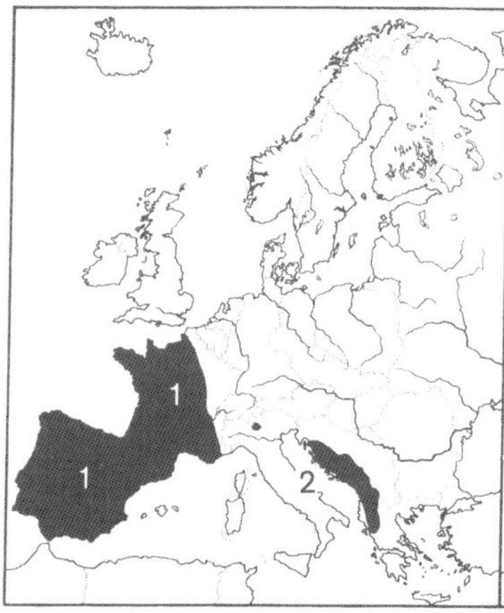

1 Westschermaus 2 Bergmaus

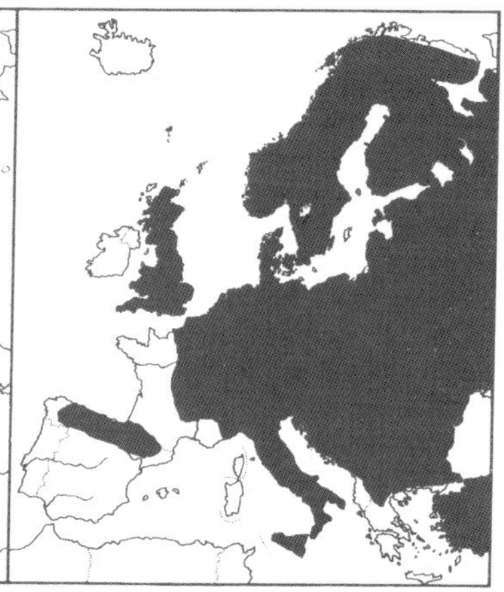

Schermaus

Schermaus *Arvicola terrestris* Linné 1758

E Northern water vole F Campagnol terrestre A S. 88

Merkmale: Groß mit mindestens halbkörperlangem Schwanz; Augen klein, dunkelbraun; Ohren kurz, im Fell versteckt; Fellfarbe sehr variabel von hell gelbbraun bis nahezu schwarz; Unterseite dunkelgrau bis hellgrau, manchmal mit rötlichem Anflug. Füße und Schwanz oberseits wie Rücken; Krallen hell. Hinterfuß mit 5 Sohlenschwielen; 4 Paar Zitzen.
Körpermaße: KR 12–22 cm; S 7–11 cm; Hf 25–36 mm; O 12–18 mm; G 80– 270 g.
Ähnliche Arten: Westscherschmaus, Bisamratte.
Verbreitung: Europa und Asien bis zur Lena, südwärts bis Kleinasien, Palästina, Iran und Dsungarei.

Lebensraum: Große ökologische Anpassungsfähigkeit; vorwiegend an überhängenden, üppig bewachsenen Ufern von stehenden oder langsam fließenden Gewässern; auch an Gräben, Kanälen, in Sümpfen, auf brachliegenden Äckern, Wiesen, Gärten, Dünengelände und sogar in trockenem Kiefernwald fernab von offenem Wasser. Im Gebirge bis 2400 m Höhe.
Lebensweise: Tag- und nachtaktiv, aber hauptsächlich morgens und abends zu beobachten; wenig gesellig, aber manchmal paarweise zusammenlebend; schwimmt und taucht gut; gräbt häufig an Steilufern ausgedehnte unterirdische Gangsysteme mit Nest- und Vorratskammer; neben den Eingängen Haufen aus mit Gras vermischter Erde; legt auch in der Vegetation verlaufende, oberirdische Gänge an. Kugeliges Nest aus Gras und Pflanzenteilen meist unterirdisch, gelegentlich auch in dichtem Schilfbestand oder dichtem Buschwerk über dem Wasser. Legt Wintervorrat aus Kräutern, Wurzeln und Zwiebeln an. Reviergröße ca. 50–150 m Bach- oder Seeufer.
Nahrung: Schilf, Wasserpflanzen, Kräuter und deren Wurzeln, Feldfrüchte, Baumwurzeln; in Dünen lebende Schermäuse ernähren sich hauptsächlich von unterirdischen Teilen des Strandhafers.
Fortpflanzung und Lebensdauer: Paarungszeit März – Anfang Oktober; 2–5 Würfe mit jeweils 2–10 (–14) Jungen; Tragzeit 21–22 Tage; Junge öffnen die Augen mit 9–10 Tagen, werden 12 Tage gesäugt und sind mit 2–3 Wochen selbständig; Lebenserwartung 2–4 Jahre.
Lautgebung: Zähnewetzen, quiekende und zeternde Laute.
Feinde: Vorwiegend Hermelin, Iltis, Fischotter, Hauskatze, Schleiereule, Uhu, Waldkauz, Waldohreule.

Schermaus

Westschermaus

Westschermaus *Arvicola sapidus* Miller 1908

E Southwestern water vole F Campagnol amphibie V S. 87

Merkmale: Sehr ähnlich wie Schermaus, aber weniger variabel gefärbt; wo beide Arten nebeneinander auftreten, ist die Westschermaus größer, mit verhältnismäßig längerem Schwanz und dunklerer Fellfärbung.
Körpermaße: KR 17–22 cm; S 11–13,5 cm; Hf 32–38 mm; O 14–20 mm; G 150–280 g.
Ähnliche Arten: Schermaus, Bisamratte.
Verbreitung: Iberische Halbinsel und westliches Frankreich, gebietsweise mit Schermaus überlappend.
Lebensraum: Viel mehr ans Wasser gebunden als Schermaus; hauptsächlich an langsam fließenden Flüssen und Bächen mit üppig bewachsenen und strukturreichen Ufern, aber auch an Seen, in Sumpfgebieten und an Brackwasser der Küste sowie an kleinen Gräben in Äckern und Gärten; auch innerhalb von Siedlungen; geht in den Alpen bis 1600 m, in Südspanien bis 2200 m Höhe.
Lebensweise: Vorwiegend tag-, aber auch nachtaktiv; schwimmt und taucht sehr gut; baut wie Schermaus Gangsysteme mit Nest- und Vorratskammer an Steilufern, die Eingänge liegen aber meist unter Wasser; legt in der Vegetation Wechsel an.
Nahrung: Wie Schermaus, aber auch in geringem Umfang Insekten, Krebstiere, Frösche, Fische.
Fortpflanzung und Lebensdauer: Ähnlich Schermaus.
Feinde: Vorwiegend Iltis, Nerz, Fischotter, Schleiereule.

Bisamratte *Ondatra zibethicus* Linné 1766

E Muskrat F Rat musqué A S. 90, V S. 90

Merkmale: Sehr große gedrungene Wühlmaus mit relativ langem Schwanz; Ohren kurz und rund, ragen kaum aus dem Fell; Schwanz seitlich zusammengedrückt, schütter behaart; Hinterfüße groß, Zehen mit Schwimmborstensäumen, angedeutete Schwimmhäute; Fell dicht und weich mit langen Grannenhaaren, oberseits kastanienbraun bis schwarzbraun, unterseits hellbraun bis hellgrau; Jungtiere oberseits graublau. Scharfer Geruch durch Moschusdrüsen. Meist 4–5 Paar Zitzen. Wertvoller Pelz.
Körpermaße: KR 25–35 cm; S 20–25 cm; Hf 65–80 mm; O 14–25 mm; G 600–1800 g.
Ähnliche Arten: Schermäuse, Jungbiber, Wanderratte.
Verbreitung: Ursprünglich nur Nordamerika; heute auch Europa und nördliches Asien bis Kamtschatka, Japan, Mandschurei; 1905 in der Tschechoslowakei ausgesetzt, außerdem aus Pelztierfarmen entwichen; in England nach Einbürgerung wieder ausgerottet.
Lebensraum: Wasserpflanzenreiche Teiche und Seen, Stauseen, Kanäle, langsam fließende Bäche und Flüsse mit gutbewachsenen Ufern, Sümpfe, Marschwiesen.

Bisamratte

Lebensweise: Vorwiegend dämmerungs- und nachtaktiv, aber auch tagsüber zu beobachten; schwimmt und taucht sehr gut mit Hilfe der Hinterpfoten und des Ruderschwanzes, kann bis zu 10 min. unter Wasser bleiben. Baut kegelförmige Burgen von einem Meter Höhe und ca. 1–2 m ∅; der untere Teil sowie die Eingänge liegen unter Wasser; Baumaterial Seggen, Schilf, Binsen; oder auch ausgedehntes Gangsystem in Steilufer (Gang-∅ ca. 18 cm), unterhöhlt dabei Uferbefestigungen, Dämme und Deiche; kann dadurch großen Schaden anrichten. Oft größere Wanderungen.
Nahrung: Schilf, Binsen, Rohrkolben, Laichkräuter, See- und Teichrosen, Rinde von Zweigen, Obst; im Winter vorwiegend Wurzeln von Wasserpflanzen, gelegentlich Muscheln und Schnecken.

Bisamratte

Rötelmaus

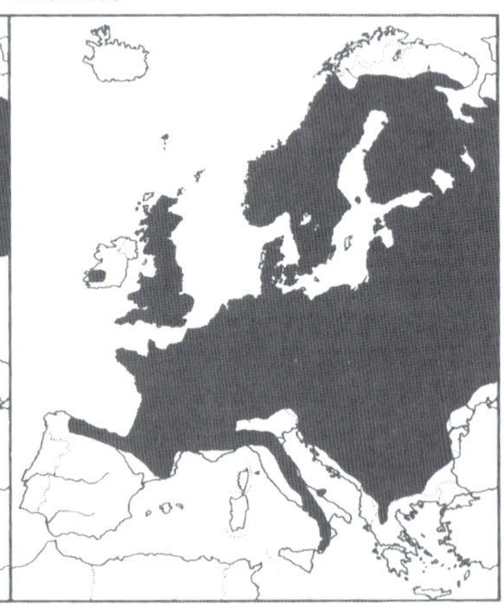

Fortpflanzung und Lebensdauer: Paarungszeit März–September, selten auch im Winter; 2 (3) Würfe mit jeweils 2–8 (meist 4–5) Jungen nach einer Tragzeit von 30 Tagen; Junge öffnen die Augen mit 10–14 Tagen, werden 18 Tage lang gesäugt; Lebenserwartung bis zu 5 Jahre.
Lautgebung: Kurzes Pfeifen, Zähnewetzen.
Feinde: Vorwiegend Fischotter, Nerz, Mink, Rotfuchs, Uhu.

Rötelmaus *Clethrionomys glareolus* Schreber 1780

E Bank vole F Campagnol roussâtre A S. 92

Merkmale: Feldmausgroß, aber mit halbkörperlangem Schwanz; Ohren relativ groß, breit und rund, ragen deutlich aus dem Fell; Augen verhältnismäßig groß. Oberseite rötlichbraun, an den Flanken in gelblich-graubraun übergehend; Unterseite grauweiß; Füße weiß, mit 6 Sohlenballen; Schwanz oberseits dunkelgrau bis dunkelbraun, unterseits grauweiß, scharfe Farbgrenze. 4 Paar Zitzen.
Ähnliche Arten: Feldmaus, Erdmaus; in Nordeuropa Graurötelmaus und Polarrötelmaus.
Körpermaße: KR 7–12,5 cm; S 3,2–6,5 cm; Hf 1,5–2 mm; O 9–16 mm; G 15–33 g. Gebirgsformen in der Regel etwas größer.
Verbreitung: Von Europa, Kleinasien und Westsibirien bis zum Baikalsee; Tien Shan.
Lebensraum: Unterholzreicher Laub- und Mischwald mit bodenbedeckendem Bewuchs oder wenigstens dicker Laubschicht, naturnahe Wiesen, Erlenbrüche, Parks, waldnahe Hecken und Gebüsche; nicht in offenen Lebensräumen; in Nordeuropa auch in reinem Nadelwald; im Gebirge bis 2200 m Höhe; im Winter manchmal in Gebäuden anzutreffen.
Lebensweise: Vorwiegend dämmerungs- und nachtaktiv, aber auch häufig am Tage tätig; wenig scheu, leicht zu beobachten; gesellig; klettert gut, oft über Baumstämme und im bodennahen Gebüsch; legt dicht unter der Oberfläche Gangsysteme mit vielen Eingängen an; in spezieller Nestkammer kugelförmiges Nest aus Gras und Blättern, oft auch unter Reisighaufen oder in morschen Baumstümpfen oder sogar in geringer Höhe in dichtem Gebüsch; legt besonders in nördlichen Breiten Wintervorräte an; benagt bei hoher Schneelage häufig Zweige (Holunder, Buche, Ahorn) und klettert zu diesem Zweck sogar mehrere Meter hoch.
Nahrung: Gräser, Keimlinge, Knospen, Kräuter, Samen, Beeren, Baumfrüchte, Moose, Flechten, Pilze, Rinde von Bäumen und Sträuchern; regelmäßig Insekten, Würmer; gelegentlich Eier und Junge von Kleinvögeln.
Fortpflanzung und Lebensdauer: Paarungszeit April–Oktober, gelegentlich auch im Winter; 2–4 Würfe mit jeweils 3–7 Jungen nach einer Tragzeit von 18 Tagen; Junge öffnen mit 12 Tagen die Augen, werden 2 Wochen lang gesäugt, sind mit 3 Wochen selbständig und mit 2½–3 Monaten geschlechtsreif. Lebenserwartung 1½–3 Jahre.
Lautgebung: Vogelartig zwitschernde kurze sowie leise knurrende Laute.
Feinde: Waldkauz, Habichtskauz, Rauhfußkauz, Sperlingskauz, Hermelin.

Graurötelmaus *Clethrionomys rufocanus* Sundevall 1846

E Grey-sided vole F Campagnol gris-roux

Merkmale: Ähnlich Rötelmaus, aber etwas größer und grauer; Schwanz relativ lang und dünn, nur schwach behaart; Rücken (schmale Zone) dunkel rotbraun, Körperseiten dunkelgrau, Bauch grau; Schwanzoberseite dunkelgrau, -unterseite gelblichgrau. Im Winterkleid Fell heller. Jungtiere insgesamt mehr grau.
Ähnliche Arten: Rötelmaus, Polarrötelmaus.
Körpermaße: KR 7,5–13 cm; S 2,5–4 cm; Hf 17–19,5 mm; O 12–15 mm; G 15–55 g.
Verbreitung: Nordeuropa und nördliches Asien bis Kamtschatka; südlich bis zum Südural, Altai, Mandschurei und Korea; isolierte Vorkommen auf Hokkaido und den Kurilen.
Lebensraum: Felsübersätes Gelände, offener Kiefernwald, Moorränder, Strauchtundra der Weiden- und Birkenzone im Fjäll.
Lebensweise: Überwiegend dämmerungs- und nachtaktiv; wenig scheu; läuft schnell und schwimmt gut, klettert sehr gewandt; legt auf dem Boden im

Moos, Gras oder zwischen Zwergsträuchern Gänge an; Nest aus trockenem Gras, Moos und kleinen Ästchen, innen oft mit Tierwolle, manchmal auch mit Federn ausgepolstert, in Bodenhöhlungen. Im Herbst und Winter manchmal in Häusern anzutreffen.

Nahrung: Triebe, Knospen und Beeren von Zwergsträuchern (vorw. Krähenbeere und Blaubeere), Kräuter, Sämereien; im Winter meist Rinde von Zwergsträuchern.
Fortpflanzung: Paarungszeit Mai–September; 2–3 Würfe mit 5–7 Jungen.
Feinde: Vorwiegend Sperbereule, Rauhfußkauz, Sperlingskauz, Habichtskauz.

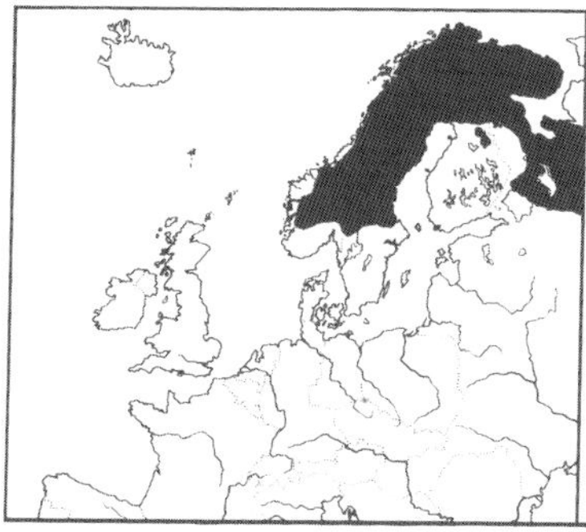
Graurötelmaus

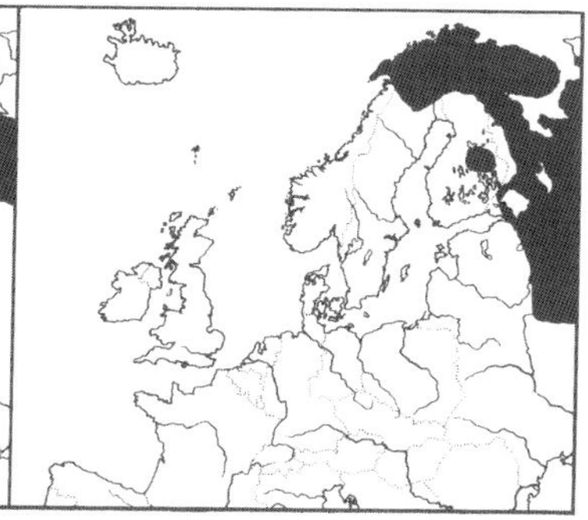
Polarrötelmaus

Polarrötelmaus *Clethrionomys rutilus* Pallas 1779

E Northern red-backed vole F Campagnol rouge boréal

Merkmale: Ähnlich Rötelmaus, aber kleiner und heller; Schwanz kürzer, dicker, dichter behaart (abstehend), fast quastenartige Schwanzspitze. Oberseite rotbraun, an den Seiten in gelblichbraungrau übergehend; Unterseite grauweiß. Im Winter kräftigere Farben. Schwanz oberseits bräunlich, unterseits gelblich; Füße grau. Jungtiere insgesamt grauer.
Ähnliche Arten: Rötelmaus, Graurötelmaus.
Körpermaße: KR 6,5–11,5 cm; S 2,5–4 cm; Hf 16–18,5 mm; O 12–15 mm; G 12–40 g.
Verbreitung: Nordeuropa und Nordasien bis zur Tschuktschen-Halbinsel, Sachalin und Hokkaido; südwärts bis Moskau, Balchaschsee, Mandschurei und Korea; Tundra- und Taigazone des nördlichen Nordamerikas.
Lebensraum: Fichten- und Kiefernwald mit flechtenbewachsenem Boden, lichter Birkenwald, Fjällbirkenwald, Weidengebüsch; gerne in Hanglagen.
Lebensweise: Hauptsächlich dämmerungs- und nachtaktiv, aber auch am Tag tätig; klettert geschickt, auch in Bäume; legt Gänge flach unter der Erde an; Nest aus Moos und Blättern in der Bodenvegetation, unter Baumwurzeln, Steinen oder umgefallenen Bäumen; im Winter oft in Häusern.
Nahrung: Blätter, Knospen, Sämereien, Beeren, Flechten (vor allem Bartflechte), gelegentlich Vogeleier; im Winter Baum- und Strauchrinde.
Fortpflanzung: Paarungszeit Mai–September; 2–4 Würfe mit je 4–8 Jungen.
Feinde: Hauptsächlich Sperbereule, Bartkauz.

Berglemming *Lemmus lemmus* Linné 1758

E Norway lemming F Lemming des tundras

Merkmale: Auffallend bunt, gedrungen und kurzschwänzig; Augen klein, dunkelbraun; Ohren ragen kaum aus dem dichten und weichen Pelz. Fell überwiegend rotbraun bis gelbbraun; Scheitel und Vorderrücken schwarz, schmaler schwarzer Aalstrich auf dem Hinterrücken; Unterseite heller als Oberseite; Jungtiere meist heller als Alttiere. Krallen der Vorderfüße viel länger als die der Hinterfüße; Pfoten relativ breit; Sohlenschwielen in der Behaarung verborgen. 4 Paar Zitzen.
Körpermaße: KR 8–15,5 cm; S 1,1–1,9 cm; Hf 16–19 mm; O 6–11 mm; G 15–130 g.
Ähnliche Arten: Kaum zu verwechseln.
Verbreitung: Berg- und Tundrengebiete Nordeuropas ostwärts bis zum Weißen Meer.
Lebensraum: Vorwiegend auf feuchten, mit Zwergsträuchern bewachsenen Flächen, Mooren; offene Bereiche der Weiden- und Birkenzone; während der Massenvermehrung in allen Lebensräumen anzutreffen, auch im Wald des Tieflands, auf Kulturflächen, Straßen u. ä.; im Winter häufig auf mit Binsen und Seggen bewachsenen Grasheiden.
Lebensweise: Vorwiegend nachtaktiv; läuft schnell und schwimmt gut, springt aber nicht; unverträglicher Einzelgänger, sehr aggressiv; gräbt im Sommer kurze unterirdische Gänge; an einem Gangende liegt, häufig unter einem Moospolster, das kugelförmige, aus Gras und Moos gebaute Nest; im Winter werden Gänge auf Steinen und zwischen Zweigen unter dem Schnee angelegt. Alle 2–4 Jahre Massenvermehrung und Wanderung in tiefere Lagen, oft bis zur Küste.
Nahrung: Zwergsträucher, Gräser, Seggen, Knospen, Beeren, Pilze, Sämereien, Insekten.
Fortpflanzung und Lebensdauer: Paarungszeit April – Ende September; 2–3, gelegentlich mehr (Winter) Würfe mit jeweils 2–11 Jungen nach einer Tragzeit von 20–21 Tagen; Junge öffnen die Augen mit 11 Tagen, werden

Berglemming

14 Tage lang gesäugt und sind mit 3 Wochen selbständig, mit 4 Monaten geschlechtsreif; Lebenserwartung 2–6 Jahre.
Lautgebung: Knurren, Fauchen, Keckern, schrilles Pfeifen und Zwitschern; bei Bedrohung Zähnewetzen.
Feinde: Schnee-Eule, Sperbereule, Raubmöwen, Rauhfußbussard, Eis- und Rotfuchs, Marderartige.

Waldlemming

Waldlemming *Myopus schisticolor* Lilljeborg 1844

E Wood lemming F Lemming des forêts

Merkmale: Sehr kurzschwänzig, kleiner und viel weniger bunt als Berglemming; Ohren schauen etwas aus dem Pelz; Fell einfarbig schiefergrau, auf dem Hinterrücken mehr oder weniger ausgedehnte, rotbraune Zeichnung, die manchmal als schmaler Streifen bis zwischen die Augen verläuft; Unterseite heller grau als Oberseite; Fellfarbe im Winter heller; Schwanz dicht behaart, oberseits dunkelgrau, unterseits hellgrau; Füße klein; Krallen der Hinterfüße größer als die der Vorderfüße; Sohlenschwielen nicht behaart; Vorderfüße mit 4, Hinterfüße mit 6 Schwielen. 4 Paar Zitzen.
Körpermaße: KR 8–11 cm; S 1–1,8 cm; Hf 14–16 mm; O 8–11 mm; G 12–45 g.

Berglemming
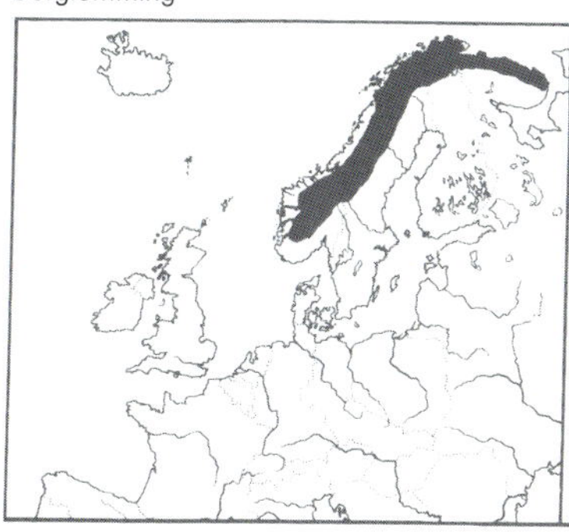

Waldlemming
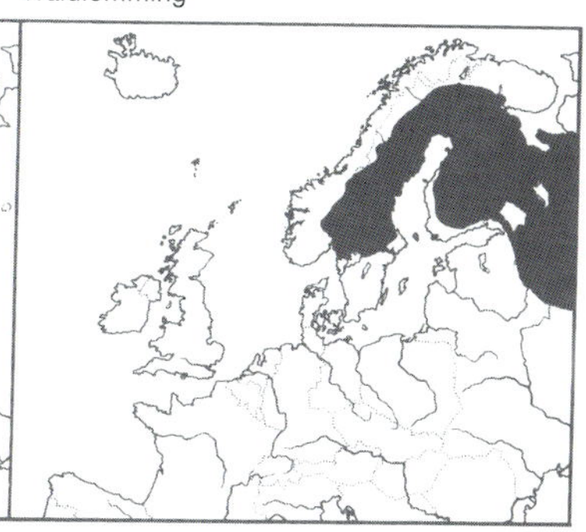

Ähnliche Arten: Rötelmaus, Polarrötelmaus, Graurötelmaus.
Verbreitung: Taigazone Eurasiens entsprechend der Verbreitung der Fichte von Nordeuropa bis Kamtschatka und Sachalin; südwärts bis zum Altai, Nordmongolei und Sichote Alin.
Lebensraum: Feuchter Nadelwald (vorwiegend Fichtenwald), häufig auch Jungwald mit dicker Moosschicht.
Lebensweise: Lebt versteckt, hauptsächlich nachtaktiv; nicht so aggressiv wie Berglemming; legt in der Moosschicht weit verzweigtes Gangsystem an; Nest rundlich, aus Gras und Moos, innen mit zerschlissenen Halmen gepolstert, oft im Schutz von trockenen Zweigen; keine Massenvermehrung wie beim Berglemming, jedoch zyklische Bestandszunahmen, die im Herbst oft zu Wanderungen führen.
Nahrung: Vorwiegend Moose, daneben Gras- und Seggenarten, Farne und Flechten; im Winter ausschließlich Moos; durch die Fraßtätigkeit der Lemminge unter dem Schnee entstehen kahle Stellen.
Fortpflanzung und Lebensdauer: Paarungszeit Ende April – Anfang August, gelegentlich auch im Winterhalbjahr; 2–4 Würfe mit jeweils 3–8 nackten, blinden Jungen nach einer Tragzeit von 21–25 Tagen; Lebenserwartung bis zu 18 Monate.
Feinde: Vorwiegend Rauhfußkauz, Habichtskauz, Baummarder, Hermelin.

Familie **Hamster** Cricetidae

Maus- bis rattengroße, mehr oder weniger bunt gefärbte Nagetiere von wühlmausähnlicher Gestalt; Schwanz kurz, höchstens ⅓ der KR. Bewohnen offene Landschaften und ernähren sich überwiegend pflanzlich. Alle Arten haben geräumige, häutige Backentaschen, die zum Sammeln und Transport von Nahrung dienen. Am Bauch und meist auch an den Flanken Talgdrüsen. Backenzähne bewurzelt; Anordnung der Zahnhöcker in Längsreihen. Zahnformel: 1·0·0·3 / 1·0·0·3 = 16. Im behandelten Gebiet 3 Arten.

Feldhamster *Cricetus cricetus* Linné 1758

E Common hamster F Hamster commun V S. 98

Merkmale: Meerschweinchengroß, gedrungen, Stummelschwanz, relativ kleine Augen, runde Ohren, geräumige Backentaschen, kräftige Füße. Fellfärbung bunt; oberseits gelbbraun; an Lippen, Kehle, unter den Ohren, an den Schultern und Vorderflanken weißliche Flecken; Unterseite überwiegend schwarz. Vorderfüße mit 5, Hinterfüße mit 6 Sohlenschwielen; 4 Paar Zitzen. Gelegentlich Schwärzlinge.
Körpermaße: KR 22–28 cm; S 3–6 cm; Hf 35–40 mm; O 24–30 mm; G 150–400 g.
Ähnliche Arten: Rumänischer Goldhamster.
Verbreitung: Von Mitteleuropa im Westen über das gemäßigte Eurasien nach Osten bis zum oberen Jenissei und Altai-Gebirge.

Lebensraum: Steppenbewohner, in Mitteleuropa Kulturfolger; Klee-, Luzerne-, Getreide-, Rübenfelder, Feldränder und Unkrautflächen, nicht auf reinen Wiesen; auch Straßenböschungen und Flußufer; bevorzugt trokkene lehmig-tonige Böden mit mindestens 1 m Schichtdicke; bis 500 m Meereshöhe; gelegentlich in Gebäuden.
Lebensweise: Vorwiegend nachtaktiv, aber auch in der Abenddämmerung und manchmal tagsüber tätig; Bodenbewohner, Einzelgänger; läuft schnell, springt und schwimmt gut; richtet sich bei Gefahr auf und verteidigt sich vehement. Gräbt ausgedehntes Gangsystem von insgesamt oft über 10 m Länge; im Sommer bis 0,5 m, im Winter bis 1,5 m Tiefe; mehrere Eingänge, die zum Teil als »Fluchtröhren« senkrecht nach oben führen; mehrere Vorratskammern, Nest- und Abortkammer. Winterschlaf von Oktober bis März, wird aber zur Kotabgabe und zur Nahrungsaufnahme aus den Vorräten (bis zu 15 kg) kurzzeitig unterbrochen.
Nahrung: Gräser und Kräuter, Wurzeln, Knollen, Getreide, Hülsenfrüchte; auch Würmer, Schnecken, Insekten und Frösche, Mäuse, Jungvögel.
Fortpflanzung und Lebensdauer: Paarungszeit April – Ende Juli; 2 Würfe mit jeweils 5–12 nackten, blinden Jungen nach einer Tragzeit von 19–20 Tagen; Junge öffnen die Augen mit 14 Tagen, werden 18 Tage lang gesäugt, sind mit 25 Tagen selbständig, mit 2,5–3 Monaten geschlechtsreif; pflanzen sich oft im Geburtsjahr noch fort; Lebenserwartung bis zu 10 Jahre.
Lautgebung: Quieken, Zirpen; bei Beunruhigung Schnaufen, Schnarchen und Zähnewetzen; im Schlaf murrende Eingeweidegeräusche.
Feinde: Vorwiegend Steppeniltis, Hermelin, Uhu, Roter Milan.

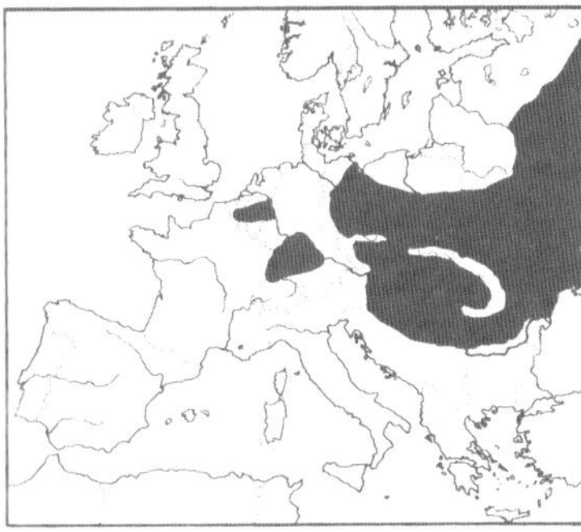

Feldhamster

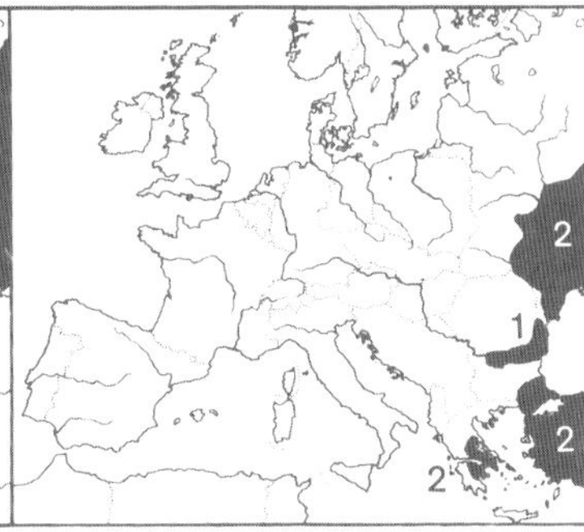

1 Rumänischer Goldhamster
2 Zwerghamster

Rumänischer Goldhamster *Mesocricetus newtoni* Nehring 1898

E Rumanian hamster F Hamster doré de Roumanie A S. 97

Merkmale: Kleiner und viel kurzschwänziger als Feldhamster, Fell ebenfalls auffallend gefärbt; Oberseite grau, auf dem Vorderrücken ausgedehnter schwarzer Aalstrich; Unterseite hellgrau, nur an Brust und Kehle schwarz; hinter dem Ohr schräg verlaufende schwarz-weiße Zeichnung. Meist 6–8 Paar Zitzen.
Körpermaße: KR 14–17 cm; S 1,8–2,4 cm; Hf 15–22 mm; O 14–20 mm; G 70–130 g.
Ähnliche Arten: Feldhamster, Zwerghamster.
Verbreitung: Tiefland von Rumänien und Bulgarien. Nah verwandt mit dem Goldhamster Vorderasiens.
Lebensraum: Vorwiegend trockene, hügelige Steppe, aber auch Kulturflächen wie Luzernefelder und Brachäcker; bis 460 m Meereshöhe.
Lebensweise: Ähnlich wie Feldhamster; gräbt bis 20 m lange, flach unter der Erde verlaufende Gänge mit senkrechten Fallröhren; hält Winterschlaf, der ebenfalls häufig unterbrochen wird.
Nahrung: Sämereien (Disteln), Gräser, Kräuter, Wurzeln; wahrscheinlich auch Insekten.
Fortpflanzung: Paarungszeit April – August, meist 2 Würfe mit jeweils 6–14 (häufig 10) Jungen. Sonst wenig bekannt.
Feinde: Ähnlich wie bei Feldhamster.

Zwerghamster *Cricetulus migratorius* Pallas 1773

E Grey hamster F Hamster migrateur A S. 97

Merkmale: Knapp feldmausgroß, relativ große Ohren, Backentaschen, kurzer Schwanz; Fell ohne schwarze Zeichnung, Oberseite fahlgrau, Unterseite und Füße weiß bis hellgrau; Schwanzoberseite wie Rückenfärbung, -unter-

seite weiß. Vorderfüße mit 4, Hinterfüße mit 6 Sohlenschwielen; 4 Paar Zitzen.
Körpermaße: KR 9–11 cm; S 2,2–3 cm; Hf 15–17 mm; O 13–19 mm; G 25–35 g.
Ähnliche Arten: Rumänischer Goldhamster, Wühlmausarten.
Verbreitung: Steppengebiete Eurasiens von SO-Europa bis zur Mongolei und Sinkiang; südwärts über Kleinasien bis Palästina, Iran und Pakistan.
Lebensraum: Steppen, Halbwüsten mit lockerer Erde, Kultursteppe (Getreide-, Erbsenfelder), Gärten, aber auch in felsigem Gelände an steilen Hängen sowie in lichtem, trockenem Nadelwald; in Europa bis 300 m Meereshöhe nachgewiesen; geht auch in Häuser.
Lebensweise: Rein nachtaktiv; gräbt 1,5–2 m lange unterirdische Gänge, in deren Mitte sich das aus trockenen Grashalmen, Tierwolle und Federn bestehende Nest befindet; meist mündet eine Röhre schräg, eine weitere senkrecht nach oben (Fallröhre); blind endende Gänge dienen als Abort; Nestkammer im Sommer in ca. 15–20 cm, im Winter in 30–40 cm Tiefe; häufig werden auch Gänge anderer Kleinsäuger oder Hohlräume unter Steinen bewohnt; trägt als Wintervorrat bis zu einem Pfund trockene Samen ein, die in den Gängen abgelegt werden. Kein Winterschlaf.
Nahrung: Gräser, Kräuter, Sämereien, Nüsse, Schnecken, Insekten, gelegentlich auch kleine Wirbeltiere.
Fortpflanzung und Lebensdauer: Wenig bekannt; Paarungszeit April – September; Wurfgröße 2–10.
Feinde: Vorwiegend Schleiereule, Uhu, Waldohreule, Steinkauz, Wiesel.

Familie **Blindmäuse** Spalacidae

Extrem an das Leben unter der Erde angepaßte, rattengroße Nagetiere. Körper walzenförmig, ähnlich wie beim Maulwurf; Beine kurz; Hinterfüße mit 5, Vorderfüße mit 2 Sohlenschwielen; Schwanz äußerlich nicht sichtbar; Augen von Haut überwachsen, funktionslos; Ohrmuscheln fast vollständig reduziert; über der Nase nackte Hautstelle; weißlicher Streifen aus steifen Borstenhaaren von der Nase zur Augenregion ziehend; kurze Schnurrhaare. Sehr kräftige, deutlich sichtbare Schneidezähne, die zum Graben eingesetzt werden. Zahnformel 1·0·0·3 / 1·0·0·3 = 16. Im behandelten Gebiet 3 Arten.

Westblindmaus *Microspalax leucodon* Nordmann 1840

E Lesser mole rat F Spalax occidental A S. 100, V S. 100

Merkmale: Hausrattengroß, walzenförmig und »schwanzlos«; keine sichtbaren Augen und Ohrmuscheln; von der Nase zur Augengegend weißlicher Streifen aus Borstenhaaren; weiches, samtiges Fell, oberseits gelblich- oder rötlich-braungrau, unterseits dunkelgrau. 3 Paar Zitzen.
Körpermaße: KR 15–24 cm; Hf 19–30 mm; G 140–220 g.
Ähnliche Arten: Podolische –, Bukowinische Blindmaus.

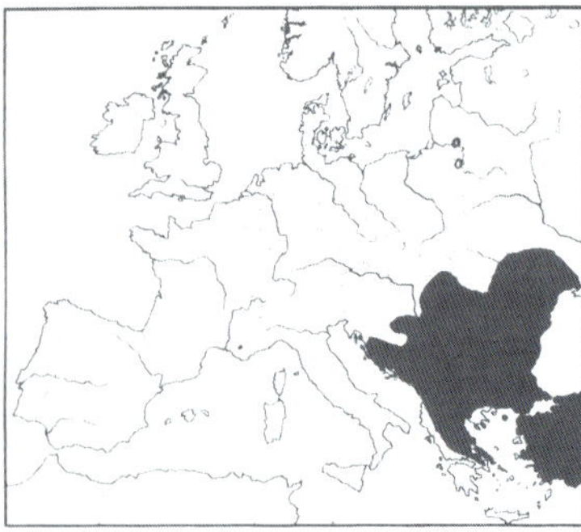

Westblindmaus

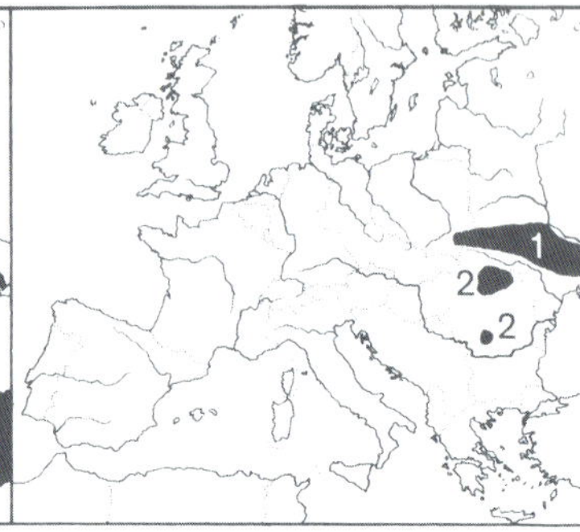

1 Podolische Blindmaus
2 Bukowinische Blindmaus

Verbreitung: SO-Europa. Von Ostungarn, Jugoslawien, Griechenland, Bulgarien über Rumänien bis zur Ukraine.
Lebensraum: Steppenbewohner auf Grassteppen, als Kulturfolger in Feldern (Kartoffel, Luzerne, Rüben); in höheren Lagen (bis 2400 m Höhe) auf Wiesen und Weiden.
Lebensweise: Tag- und nachtaktiv, wenig gesellig; gräbt bis zu 100 m lange Gänge, meist in bis zu 1 m, gelegentlich bis zu 4 m Tiefe; mehrere Vorratskammern, 1–2 Nestkammern sowie Abortplätze; Nest aus trockenen, weichen Gräsern, ∅ 15–20 cm. Nahrungssuche in dicht unter der Oberfläche verlaufenden Gängen, in die Pflanzenwurzeln hineingezogen werden; zu jeder Jahreszeit werden Vorräte gesammelt.
Nahrung: Hauptsächlich Wurzeln, Zwiebeln, Knollen von verschiedenen Wildkräutern; im Kulturland lebende Blindmäuse verzehren Kartoffeln, Karotten, Mais, Kohl, Klee und andere Feldfrüchte.
Fortpflanzung und Lebensdauer: Paarungszeit Januar – April; 1 Wurf mit 1–5 (6) Jungen nach einer Tragzeit von ca. 29–32 Tagen; Junge werden 18–20 Tage lang gesäugt und sind mit 1½ Monaten selbständig, im Alter von etwa 10 Monaten geschlechtsreif; Lebenserwartung 1–2 Jahre.
Feinde und Gefährdung: Steppeniltis, Iltis, Mauswiesel, Rotfuchs, Haus-

Westblindmaus

hund, Hauskatze, Uhu, Waldohreule, Würgfalke, Weihenarten; Bestandsverminderung durch Biotopveränderung; wird außerdem als Schädling verfolgt, daher starke Abnahme festzustellen.

Podolische Blindmaus *Spalax polonicus* Méhely 1909

E Podolian mole rat F Spalax podolien

Merkmale: Größer als Westblindmaus; Fellfarbe oberseits und unterseits bräunlich, goldglänzend.
Körpermaße: KR 20–28 cm; Hf 25–30 mm.
Ähnliche Arten: Westblindmaus, Bukowinische Blindmaus.
Verbreitung: Nicht genau bekannt; Südostpolen, Südwestrußland.
Lebensraum: Meist in Schwarzerdeböden; Steppen und Waldsteppen, Böschungen, Straßenränder, Forstkulturen, Wiesen, Felder (Klee, Luzerne, Baumwolle), Feldränder, Hecken.
Lebensweise: Entspricht weitgehend der der Westblindmaus.
Nahrung: Vorwiegend unterirdische Teile von Luzerne, Malven, Winden, Zichorien; im Winter Schößlinge und Rinde von Bäumen und Sträuchern.
Fortpflanzung: Kaum bekannt, wohl ähnlich wie bei der Westblindmaus.
Feinde: Wie bei der Westblindmaus.
Gefährdung: Rückgang durch Biotopveränderungen, vor allem durch häufiges Pflügen.

Bukowinische Blindmaus *Spalax graecus* Nehring 1898

E Bukowinian mole rat F Spalax bukovinien

Merkmale: Sehr ähnlich wie Westblindmaus, aber etwas größer, Hinterkopf häufig weiß.
Körpermaße: KR 26–30 cm; Hf 25–28 mm.
Ähnliche Arten: Westblindmaus, Podolische Blindmaus.
Verbreitung: Rumänien (Siebenbürgen und Moldau), SW-Rußland (Bukowina).
Lebensraum: Felder (Kartoffeln, Rüben, Klee, Luzerne), Feldraine, Brachäcker, Weiden, Hecken, Waldränder, Gärten, Bahn- und Wegböschungen.
Lebensweise, Nahrung, Fortpflanzung, Feinde: Ähnlich wie bei der Westblindmaus.

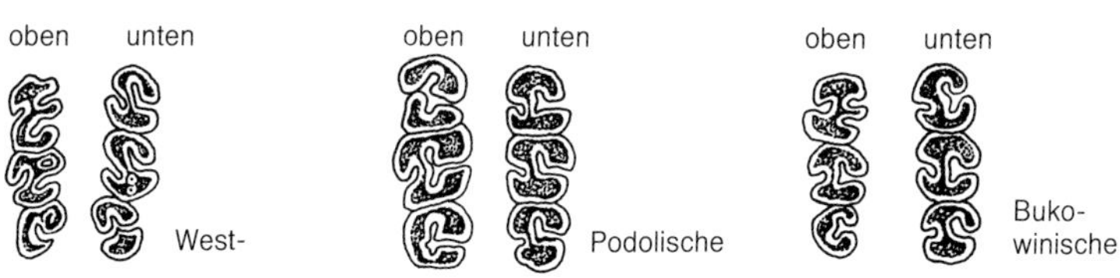

Backenzahnreihen der europäischen Blindmausarten

Familie **Hüpfmäuse** Zapodidae

Kleine, an Echte Mäuse erinnernde Nagetiere mit mehr als körperlangem, rundem Schwanz; Hinterbeine länger als bei Echten Mäusen, mit 6 Sohlenschwielen; Oberlippe nicht gespalten; Oberkiefer mit 4, Unterkiefer mit 3 Backenzähnen; Zahnformel: 1·0·1·3 / 1·0·0·3 = 18. Springen ausgezeichnet, klettern geschickt unter Zuhilfenahme des Schwanzes. Langer Winterschlaf.

Waldbirkenmaus *Sicista betulina* Pallas 1779

E Northern birch mouse F Siciste des bouleaux A S. 104

Merkmale: Sehr klein (kleiner als Zwergmaus); Schwanz ca. 1½ mal so lang wie KR; Augen und Ohren verhältnismäßig groß; fast senkrecht abspreizbare 5. Hinterfußzehe. Fell seidig weich, an Kopf, Rücken und Seiten braungrau bis gelblichbraun, mit dunklen Grannenhaaren durchsetzt (wirkt falllaubfarben); von der Nasenwurzel bis zur Schwanzwurzel schwarzer Aalstrich von 2–3 mm Breite, häufig in Scheitelbereich zu einem schwarzen Fleck verbreitert; Unterseite weißlichgrau bis gelblichgrau, meist unscharf abgesetzt; Füße weißlich; Schwanzoberseite graubraun, -unterseite heller. 4 Paar Zitzen.
Ähnliche Arten: Steppenbirkenmaus, Brandmaus, Zwergmaus.
Körpermaße: KR 5,1–7,4 cm; S 7,4–11 cm; Hf 15–18 mm; O 10–15 mm; G 5–15 g.
Verbreitung: Europa und Westasien bis zum Jenissei; Baikalsee-Gebiet, Ussuriland.
Lebensraum: Im Norden Taiga: Birkenwald mit dichtem Unterwuchs, Nadelwald mit Heidelbeervorkommen und Schachtelhalm; Waldränder, feuchte Waldlichtungen, Kahlschläge, Hochmoore, Moorwiesen; Mischwald mit nassen Erlenbrüchen. Im südlichen Teil des Verbreitungsgebietes hauptsächlich im Laubwald; Gebirgsbewohner der Krummholzzone und auf mit Zwergsträuchern bewachsenen Almen bis 2000 m Höhe; gelegentlich in Feldern (Hafer).
Lebensweise: Vorwiegend dämmerungs- und nachtaktiv, aber auch morgens und am späten Nachmittag tätig; lebt hauptsächlich überirdisch, bewegt sich häufig in großen Sprüngen vorwärts, klettert aber auch geschickt, den Schwanz um Zweige schlingend, im Gebüsch; gräbt unter Laub oder knapp unter der Bodenoberfläche Gänge; kleines kugelrundes Sommernest aus Moos, innen mit feinem Gras oder Laub ausgepolstert, in Baumstubben oder Bodenvertiefungen; Winterschlaf von Ende September bis Mai, in Höhlungen von morschen Baumstümpfen oder in selbstgegrabenen Erdlöchern, zu einer Kugel zusammengerollt, der Schwanz wird spiralig um den Körper gelegt. Flüchtet erschreckt nicht in ihren Bau, sondern versucht sich in Baumstümpfen, hinter Baumrinde oder dgl. zu verbergen. Nicht sehr scheu.
Nahrung: Grassamen, kleine Insekten und Spinnentiere, vor allem in morschem Holz lebende Arten; Heidel- und Preißelbeeren.
Fortpflanzung und Lebensdauer: Paarungszeit Mai–August; 1 Wurf mit 2–6

Jungen nach einer Tragzeit von 18–24 Tagen; Junge öffnen erst mit 25 Tagen die Augen, werden 5 Wochen lang gesäugt; Geschlechtsreife nach dem ersten Winterschlaf. Lebensdauer 2–3 Jahre.
Lautgebung: Feine und hohe Pieplaute; feines, langgezogenes Pfeifen bei Störungen im Winterschlaf.
Feinde: Vor allem Eulen (Waldkauz, Habichtskauz, Rauhfußkauz).

Steppenbirkenmaus *Sicista subtilis* Pallas 1773

E Southern birch mouse F Siciste des steppes A S. 104

Merkmale: Sehr ähnlich wie Waldbirkenmaus, aber Schwanz nur um ca. ⅓ länger als KR, Hinterfüße etwas kürzer; schwarzer Aalstrich auf dem Rükken beiderseits von einem hellgelblichen Streifen gesäumt, der deutlich von der graugelblichen Rückenfärbung abgesetzt ist; Aalstrich gelegentlich unvollständig ausgebildet.
Körpermaße: KR 5,5–6,9 cm; S 6,8–8,4 cm; Hf 1,4–1,6 mm; G 9,5–16 g.
Verbreitung: Gemäßigtes Eurasien vom äußersten Osten Österreichs über Ungarn, Rumänien und Südrußland bis zum Baikalsee.
Lebensraum: Gras- und Baumsteppen, trockenes Buschland und Gestrüpp, Randzonen von Feldern mit Sandboden; nur im Flachland.
Lebensweise: Vorwiegend dämmerungs- und nachtaktiv wie vorige Art; klettert ebenfalls gut und nimmt dabei den Schwanz zu Hilfe. Sommernest aus Gras und anderem Pflanzenmaterial, klein und oval; wird in Höhlungen meist unter der Erde angelegt – oft unter Büschen, altem Gemäuer oder in Felsspalten. Sammelt Vorräte; hält langen Winterschlaf in selbstgegrabenen Erdlöchern; nicht sehr scheu.
Nahrung: Grassamen, Getreide, Kürbiskerne, Fleisch von kleinen Wirbeltieren; hauptsächlich aber Insekten und Raupen.
Fortpflanzung und Lebensdauer: Ähnlich wie vorige Art.
Feinde: Vorwiegend Schleiereule, Steinkauz, Steppeniltis.

Waldbirkenmaus

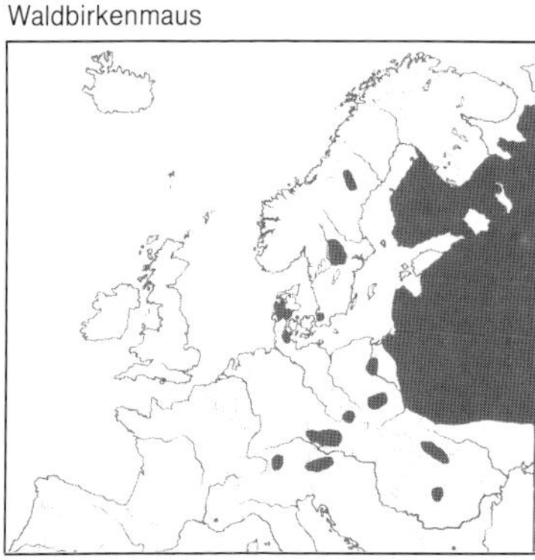

Steppenbirkenmaus

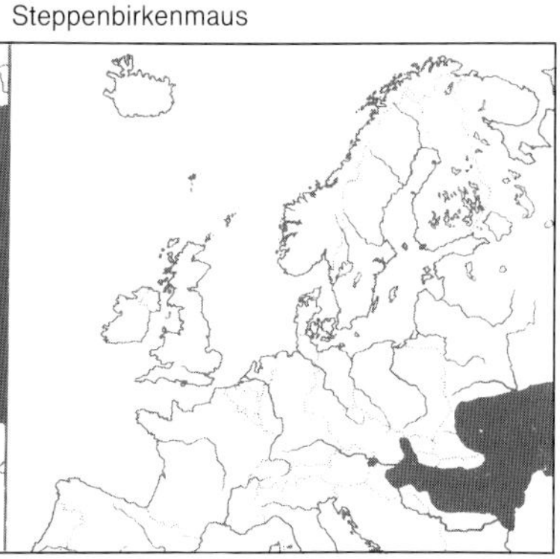

1 Waldbirkenmaus 2 Steppenbirkenmaus 3 Zwergmaus 4 Brandmaus
5 Waldmaus 6 Gelbhalsmaus

Familie **Echte Mäuse** Muridae

Kleine bis mäßig große Nagetiere mit langem (mindestens ⅔ der Körperlänge) und relativ dünnem, kaum behaartem Schwanz; in der Regel große Augen; die Ohren ragen deutlich aus dem Pelz; gespaltene Oberlippe. Backenzähne (3) mit Höckern auf der Kaufläche; Zahnformel: 1·0·0·3/1·0·0·3 = 16. Die vorderen Füße tragen 4 Zehen (die 5. ist meist fast vollständig zurückgebildet), die hinteren 5 Zehen. Gemischtköstler; kein Winterschlaf.

Zwergmaus *Micromys minutus* Pallas 1778

E Harvest mouse F Rat des Moissons V S. 106

Merkmale: Sehr kleine Langschwanzmaus mit kurzen runden, nur wenig aus dem Fell ragenden Ohren, relativ kleinen Augen und meist fast körperlangem Schwanz (gebietsweise Sl wenig größer als KR). Im Sommer Oberseite gelblichrotbraun bis rostbraun, in Gegenden mit hoher Luftfeuchtigkeit auch dunkel rotbraun *(M. m. subobscurus*, Norddeutschland); Unterseite meist scharf abgesetzt weiß, manchmal grau- oder gelblichweiß; Flanken mehr oder weniger ockergelb. Schwanz mit 120–150 Ringen; Greifschwanz. 4 Paar Zitzen.
Körpermaß: KR 5–7,8 cm; S 4,7–7,5 cm; Hf 13–16 mm; O 7–10 mm; G 4–12 g; UK Zahnreihe unter 3 mm. ♂ etwas größer als ♀.
Verbreitung: Von Europa bis Jakutien, Ussurigebiet, Korea, Japan; isolierte Vorkommen in SO-Tibet und Südchina.
Lebensraum: Hochgrasige feuchte Wiesen (Riedgras, Rohrkolben, Seggen); Verlandungszonen von Seen und Flüssen; Grabenränder; Straßenränder; gebietsweise in Getreide- (Hafer, Weizen), Saatrüben- und Reisfeldern. In reinem Schilf nur bei dünnen Halmen. Im Winter auch in Strohmieten, Scheunen und Ställen; nicht im Hochgebirge.
Lebensweise: Dämmerungs-, nacht- und tagaktiv; auf das Klettern an dünnen Halmen im Hochgrasbestand spezialisiert, der Schwanz wird beim Abwärtsklettern als zusätzlicher Halt um die Pflanze gewickelt. Baut im Gras, Schilf oder Getreide in 20–130 cm Höhe kugelförmige Nester aus in schmale Streifen zersplissenen Grasblättern, die aber mit der Trägerpflanze verbunden bleiben; dieses Gerüst wird mit fein zerschlissenen Gräsern und mit Pflanzenwolle ausgepolstert; Schlafnester mit 2 seitlichen Eingängen, ∅ 5–7 cm; Wurfnester mit einem seitlichen Eingang, ∅ 6–9,5 cm; baut manchmal Vogelnester um. Im Winter vorwiegend in Bodennestern, oft ohne Dach. Wenig gesellig, aber häufig in großer Dichte auftretend; kleine, nur wenige qm große Reviere.
Nahrung: Samen von Gräsern und krautigen Pflanzen; Getreide, Hanf, Beeren; Insekten; im Winter bei Futtermangel häufig Kannibalismus.
Fortpflanzung und Lebensdauer: Paarungszeit April–September; 2–6 Würfe mit jeweils 4–7 Jungen nach einer Tragzeit von 21 Tagen; Augenöffnen mit 8–10 Tagen; Säugezeit 14–16 Tage, Junge mit 16 Tagen selbständig, mit 4–5 Wochen geschlechtsreif. Lebenserwartung 1–3 Jahre.

Zwergmaus

Brandmaus

Lautgebung: Vielfältiges Stimminventar aus zwitschernden und zirpenden Lauten; ♂ zur Fortpflanzungszeit zarte, vogelgesangartige Lautreihen.
Feinde: Greifvögel, Eulen, Rabenvögel, Würger, Füchse, Marderartige.

Brandmaus *Apodemus agrarius* Pallas 1771

E Striped field mouse F Souris rayée A S. 104

Merkmale: Ähnlich Waldmaus, aber Schwanz nur ¾ der KR, auf der Rückenmitte vom Scheitel bis zur Schwanzwurzel ein ca. 2 mm breiter, scharf abgesetzter Aalstrich. Fell weniger fein als bei der Waldmaus, oberseits gelblichgraubraun bis rotbraun, unterseits hellgrau, ziemlich scharf abgesetzt. Junge grauer, mit breiterem Aalstrich. Füße oberseits braun, unterseits weißlichgrau. 120–150 Schwanzringe; 4 Paar Zitzen.
Ähnliche Arten: Birkenmäuse, Wald- und Gelbhalsmaus.
Körpermaße: KR 8,5–12,2 cm; S 7–8,5 mm; O 10–12 mm; Hf 17–21 mm; G 16–25 g.
Verbreitung: Europa und Asien bis Amurland, Mandschurei, Korea, Ostchina und Formosa.
Lebensraum: Waldränder, Feldgehölze, Friedhöfe, buschreiche Wiesen und Ödland, Gärten, Ackerränder, dichtbewachsene Ufer von Flüssen und Seen; in Mitteleuropa im NW des Areals meist an trockenen Standorten, im SO an feuchten. Im Winter in Feldscheunen, Bienenhäusern, Kellern, Ställen, Komposthaufen. Im Gebirge nur bis 900 m Höhe.
Lebensweise: Tag- und dämmerungsaktiv; gräbt Gänge dicht unter der Oberfläche mit erweiterter Nestkammer und Vorratslager; Nest aus Gras, manchmal auch in Baumstümpfen; läuft schnell, klettert aber nicht so behende wie Waldmaus; wenig gesellig.

Nahrung: Samen, Getreide, Baumfrüchte, Beeren, Insekten, Spinnen, Schnecken, gelegentlich tote Wirbeltiere; nur wenig grüne Pflanzenteile; im Frühjahr mehr animalische Nahrung.
Fortpflanzung und Lebensdauer: Paarungszeit April–Oktober; 3–4 Würfe mit jeweils 3–9 Jungen nach einer Tragzeit von 21 Tagen; Säugezeit 14 Tage, Junge mit 21 Tagen selbständig, mit 8 Wochen geschlechtsreif. Lebenserwartung 2–4 Jahre.

Gelbhalsmaus *Apodemus flavicollis* Melchior 1834

E Yellow-necked mouse F Mulot à gorge jaune A S. 104

Merkmale: Sehr ähnlich Waldmaus, aber Augen und Ohren noch etwas größer, Schwanz meist etwas länger als KR. Oberseite gelbbraun, Unterseite meist reinweiß, scharf abgesetzt; zwischen den Vorderfüßen ockergelbes Querband oder wenigstens runder Fleck, breiter als bei der Waldmaus; Füße oberseits weiß; 180 oder mehr Schwanzringe. Jungtiere insgesamt mehr grau und ohne scharfe Farbgrenzen.
Ähnliche Arten: Waldmaus, Hausmaus.
Körpermaße: KR 8,5–13 cm; S 9,5–13,5 cm; Hf 23–27 mm; O 14–20 mm; G 22–45 g.
Verbreitung: Europa ostwärts bis zum Ural, südostwärts bis zum Kaukasus.
Lebensraum: Vorwiegend alte Laubwälder mit geringer Krautschicht, aber auch Misch- und sogar reine Nadelwälder; Parks, Buschland, nicht auf offenen Feldern wie Waldmaus; im Herbst häufig in Häusern; in den Alpen bis 2000 m Höhe (Baumgrenze).
Lebensweise: Ähnlich Waldmaus, aber noch ausgeprägter nachtaktiv; springt weit und klettert ausgezeichnet – bis zu 20 m hoch in Bäume. Baut

Gelbhalsmaus Waldmaus

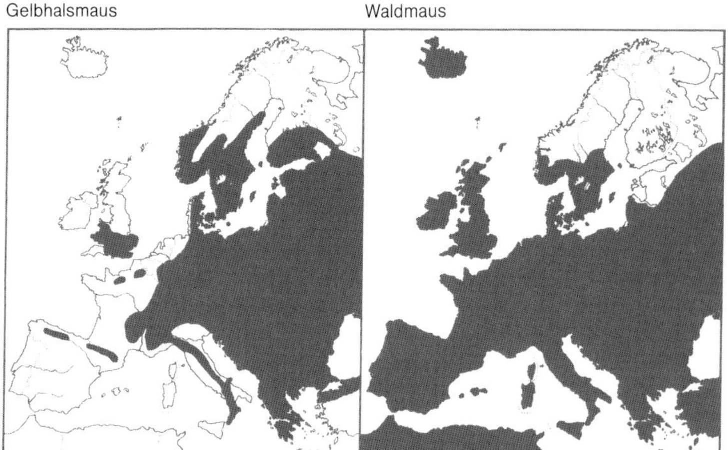

ein Nest aus Moos, Gras und Blättern zwischen Wurzeln alter Bäume, in Baumstümpfen, Baumhöhlen und häufig sogar in Vogelnistkästen; lebt auch in Wühlmausgängen; Lebensweise insgesamt mehr oberirdisch als Waldmaus; sammelt gern Vorräte wie Eicheln, Bucheckern, die sie in ihrem Bau lagert; kaum gesellig, oft aggressiv gegen Artgenossen.
Nahrung: Ähnlich Waldmaus, aber vor allem Samen von Bäumen (auch Nadelbäumen); Beeren, Nüsse, Baumfrüchte, Insekten, Schnecken, Würmer, Vogeleier, Jungvögel.
Fortpflanzung und Lebensdauer: Paarungszeit März–Oktober; 2–3 Würfe mit jeweils 3–8 Jungen nach einer Tragzeit von 21–23 Tagen; Säugezeit 14–15 Tage, Junge öffnen mit 12–14 Tagen die Augen, werden 14–15 Tage gesäugt und sind mit 21 Tagen selbständig, mit 7–8 Wochen geschlechtsreif. Lebenserwartung 2–4 Jahre.
Lautgebung: Hohes Piepen.

Waldmaus *Apodemus sylvaticus* Linné 1758

E Long-tailed field mouse F Mulot gris A S. 104, V S. 107

Merkmale: Häufigste Langschwanzmaus in Mitteleuropa. Große Augen und Ohren, Schwanz meist wenig kürzer als KR. Oberseite graubraun mit gelbem Anflug, Unterseite weißlichgrau, von den gelblichgrauen Flanken mehr oder minder scharf abgesetzt; zwischen den Vorderbeinen oft ein ockerfarbener, länglicher Fleck; Füße oberseits weißlich; Schwanz mit 130–180 Ringen, oberseits dunkelbraun, unterseits grauweiß. 3 Paar Zitzen.
Ähnliche Arten: Gelbhalsmaus, Hausmaus.
Körpermaße: KR 7,5–11 cm; S 7–10,5 cm; Hf 19–24 mm; O 15–18 mm; G 20–30 g.
Verbreitung: Europa, mittlere Breiten Asiens ostwärts bis zum Altai, südwärts bis Syrien, Libanon, Nepal, NW-Afrika.
Lebensraum: Offene Landschaft wie Felder, Feldgehölze, Hecken, Böschungen, Waldränder, Waldlichtungen in Laub- und Mischwald; Gärten, Parks; im Winter auch in den unteren Etagen von Gebäuden, in Vorratslagern, Kellern; im Gebirge bis 1000 m Höhe.
Lebensweise: Hauptsächlich dämmerungs- und nachtaktiv; läuft schnell und klettert gewandt, springt bis zu 80 cm weit; gräbt tiefe Gänge mit Nest- und Vorratskammer, meist mit einem schräg nach oben mündenden und einem senkrechten Ausgang; lebt aber auch in Wühlmaus- und Maulwurfs-Gangsystemen; überbaut gelegentlich alte Vogelnester. Wenig gesellig.
Nahrung: Samen von Gräsern und Kräutern, Getreide, Knospen, Beeren, Früchte, Steinobstkerne, Pilze, Insekten, Würmer, Schnecken.
Fortpflanzung und Lebensdauer: Paarungszeit April–Oktober; 3 (4) Würfe mit je 3–9 Jungen nach 23 Tagen Tragzeit; Junge öffnen nach 12–14 Tagen die Augen, werden 14–15 Tage gesäugt und sind mit 21 Tagen selbständig, mit 8 Wochen geschlechtsreif. Lebenserwartung 2–4 Jahre.
Lautgebung: Helles Piepen.
Feinde: Vorwiegend Eulen, Marderartige, Rotfuchs.

Felsenmaus *Apodemus mystacinus* Danford und Alston 1877

E Rock mouse F Mulot rupestre A S. 111

Merkmale: Etwas größer als Gelbhalsmaus, Oberseite aschgrau mit gelblichem Anflug, Unterseite scharf abgesetzt weiß ohne gelben Kehlfleck. Schwanz oberseits schwarz glänzend, unterseits scharf abgesetzt weiß, am Ende dicht behaart. Sehr lange Schnurrhaare (Vibrissen, bis 5 cm). Sohlenballen der Füße größer als bei Gelbhalsmaus. Jungtiere oberseits blaugrau, unterseits schiefergrau, nicht scharf abgesetzt.
Ähnliche Arten: Gelbhalsmaus, Waldmaus.
Körpermaße: KR 10–13 cm; S 10,1–14 cm; Hf 24–28 mm; O 17–21 mm; G 28–55 g.
Verbreitung: SO-Europa, Kleinasien und Vorderasien südwärts bis Israel, ostwärts bis Nordirak.
Lebensraum: Trockenes steiniges Ödland, felsiges Berggelände (Karst) mit Büschen und spärlichem Grasbewuchs; gerne in Blocksteinhalden; manchmal am Rand trockener Laubwälder; gebietsweise im gleichen Lebensraum wie Wald- und Gelbhalsmaus.
Lebensweise: Wie Waldmaus dämmerungs- und nachtaktiv; lebt in Felsspalten, gräbt wohl keine eigenen Baue; Nest in Gesteinsspalten aus trockenem Gras und Stroh, innen mit trockenem Laub gepolstert, steht manchmal auch frei auf Steinhaufen innerhalb von Höhlen, Bergwerkstollen u. ä.; dringt nicht in Gebäude ein.
Nahrung: Samen von Gräsern, Sträuchern und Bäumen, Früchte (häufig Olivenkerne), Insekten.
Fortpflanzung: Paarungszeit März–Oktober; 2–3 Würfe mit jeweils 3–7 (–9) Jungen nach einer Tragzeit von 22–24 Tagen; Entwicklung der Jungen wohl ähnlich wie bei der Waldmaus.

1 Zwergwaldmaus 2 Kreta-Stachelmaus

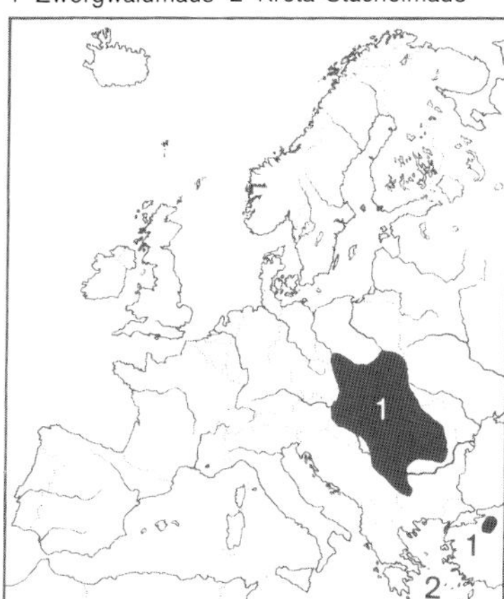

Felsenmaus

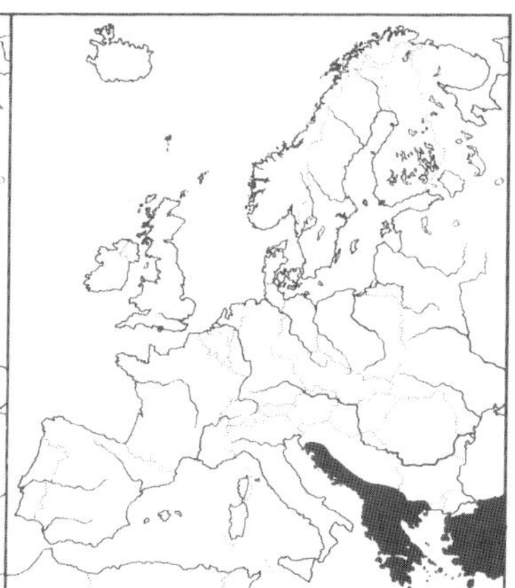

Zwergwaldmaus *Apodemus microps* Kratochvil & Rosicky 1952

E Pygmy field mouse F Mulot pygmé V S. 109

Merkmale: Etwas kleiner als Waldmaus, kleinere Augen, kürzere Ohren und Hinterfüße, Schwanz weniger spitz; Fellfarbe oberseits grau; Unterseite scharf abgesetzt weiß, gelblicher Kehlfleck nur klein oder fehlend.
Ähnliche Arten: Waldmaus, Gelbhalsmaus, Hausmaus.
Körpermaße: KR 7,3–9,5 cm; S 6,4–9,2 cm; Hf 17–20 mm; O 12–15 mm; G 11–23 g.
Verbreitung: Östliches Europa, Türkei.
Lebensraum: Offene, trocken-warme Gebiete, Kulturflächen, trockene Feldgehölze mit hohem Grasbestand; gelegentlich auch in feuchtem Auwald; hauptsächlich in der Ebene und im Hügelland.
Lebensweise: Ähnlich Waldmaus, aber viel mehr Bodentier, klettert und springt nicht so gut, weniger scheu; geht nur selten in Gebäude.
Nahrung: Sämereien, Getreide, grüne Pflanzenteile, Regenwürmer, Insekten und deren Larven; weniger animalische Kost als Waldmaus.
Fortpflanzung: Ähnlich Waldmaus.

Kreta-Stachelmaus *Acomys minous* Bate 1905

E Cretan spiny mouse F Rat épineux de Crète V S. 109

Merkmale: Große Langschwanzmaus mit sehr langen Ohren; auf dem Rükken glatte abgeplattete Stachelhaare, die über die Unterwolle ragen und zum Hinterrücken hin länger werden; Körperseiten borstenartig behaart. Oberseitenfärbung graubraun, auf dem Vorderrücken etwas heller; weißlicher Ohrfleck; Flanken oft rötlich überhaucht; Unterseite matt weiß, scharf abgesetzt. Oberseite des Schwanzes wie Körperoberseite, Unterseite hell graubraun; Schnurrhaare (Vibrissen) sehr lang (bis 5 cm). 1–2 Paar Zitzen.
Ähnliche Arten: Hausmaus, Felsenmaus, Waldmaus.
Körpermaße: KR 10–12,5 cm; S 9–12 cm; Hf 18–20 mm; O 16,5–19,5 mm; G 30–85 g.
Verbreitung: Kreta.
Lebensraum: Trockene felsige Buschlandschaft, meist sonnige Südhänge; auch in Gärten; im Winter gelegentlich in Kellern.
Lebensweise: Dämmerungs- und nachtaktiv; läuft schnell und geschickt im Felsgelände; gräbt keinen eigenen Bau, wohnt in Felsspalten; lebt in voneinander getrennten Familienrudeln mit ausgeprägter sozialer Organisation, z. B. aktive Geburtshilfe durch fremde ♀♀, gemeinsame Betreuung von Jungen durch mehrere ♀♀.
Nahrung: Sämereien, grüne Pflanzenteile, Gliedertiere, Schnecken.
Fortpflanzung: Paarungszeit März–Oktober; 1–5 Würfe mit jeweils 1–4 bereits sehr weit entwickelten Jungen nach 34–37 Tagen Tragzeit; die Jungen können wenige Stunden nach der Geburt schon weglaufen (Nestflüchter), sie öffnen bereits nach 2 Tagen die Augen, sind mit 6 Tagen schon selbständig, werden aber bis zu 20 Tage lang gesäugt.

1 Felsenmaus 2 Zwergwaldmaus 3 Hausmaus (westliche Form)
4 Hausmaus (östliche Form) 5 Heckenhausmaus 6 Kreta-Stachelmaus

Hausmaus *Mus musculus* Linné 1758

E House mouse F Souris domestique A S. 111

Merkmale: Schlank, spitze Schnauze, relativ kleine Augen, lange Ohren; Hinterkante der oberen Schneidezähne mit deutlicher, rechtwinkliger Einkerbung; Schwanz relativ dick mit 150–200 Ringen, fast nackt; Geruch muffig. Westliche Form *(M. m. domesticus)*: Schwanz ähnlich lang wie KR; Färbung von grauschwarz bis hellgrau, Unterseite heller als Oberseite, nicht scharf voneinander abgesetzt. Östliche Form *(M. m. musculus)*: Schwanz deutlich kürzer als KR; Oberseite graubraun bis gelblichbraun, Unterseite weißlichgrau, meist deutlich abgesetzt; Flanken oft gelblich. Jungtiere grauer als Alttiere.
Ähnliche Arten: Arten der Gattungen *Apodemus* und *Mus*.
Körpermaße: KR 7,2–10,3 (–11,5) cm; S 5–10,2 (–11) cm; Hf 16–19,5 mm; O 12–16 mm; G 10–36 g.
Verbreitung: Ursprünglich Asien; vom Menschen weltweit verschleppt.
Lebensraum: Vorwiegend in menschlichen Behausungen, Vorratslagern, Getreidesilos, Scheunen, Kellern und sogar in Kühlhäusern mit Dauerfrost. ,,Freilebende" Hausmäuse in Hecken, Rainen, Äckern, Dünen mit Strandhafer. In Nordeuropa im Sommer oft freilebend, im Winter in Gebäuden.
Lebensweise: Vorwiegend nachtaktiv; Familienverband mit dominierendem ♂; territorial. Klettert geschickt, vermag senkrecht in die Höhe zu springen. In Gebäuden Nester aus zerschlissenem Papier, Lumpen u. ä. hinter Verschalungen und in anderen Verstecken; keine Anlage von Vorratslagern; ,,Mauselöcher" bis zu 3 cm im ∅. Im Freiland selbstgegrabene Baue mit Nest und Vorratskammer.
Nahrung: Pflanzlich bis tierisch; Sämereien, Getreide, grüne Pflanzenteile, Insekten, Nahrungsmittel des Menschen.

Hausmaus

1 Heckenhausmaus 2 Ährenmaus

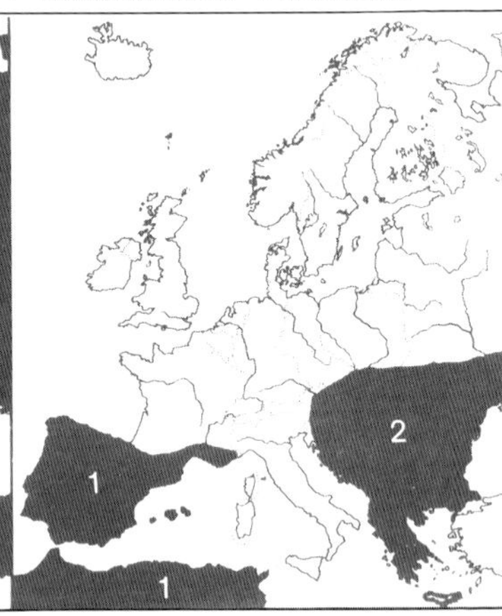

Fortpflanzung und Lebensdauer: In Gebäuden Fortpflanzung ganzjährig mit bis zu 8 Würfen, im Freiland von April bis Oktober mit bis zu 4 Würfen; Tragzeit 18–24 Tage; Wurfgröße 3–8; Säugezeit 18 Tage; Augenöffnen nach 13 Tagen; selbständig nach 1 Monat; Geschlechtsreife mit 6 Wochen. Lebenserwartung bis zu 3 Jahre.
Lautgebung: Quieklaute.
Feinde: Kleinraubtiere bis Katzen- und Fuchsgröße.

Heckenhausmaus *Mus spretus* Lataste 1883

E Algerian mouse F Souris de Lataste A S. 111

Merkmale: Relativ klein, kurzschwänzig; Oberseite gelblich braun mit grauem Anflug; Flanken gelblichbraun; Unterseite deutlich abgesetzt, weiß bis hellgrau; Füße weiß.
Ähnliche Arten: siehe Hausmaus.
Verbreitung: Portugal, Spanien, Südfrankreich, Nordwestafrika.
Lebensraum: Gärten, Gebüsch, lichter Wald; bevorzugt feuchte Standorte.
Lebensweise, Nahrung und Fortpflanzung: Ähnlich wie Hausmaus.

Ährenmaus *Mus spicilegus* Petényi 1882

E Step mouse

Merkmale: Ähnlich Hausmaus; Rücken etwas heller, Bauchseite scharf abgesetzt, weißlichgrau mit bräunlichem Anflug; Füße weiß. Schwanz kürzer als KR.
Körpermaße: KR 7–8,6 cm; S 5,5–7,3 cm; Hf 15–18 mm; O 10–14 mm; G 10–19 g.
Verbreitung: Südöstliches Mitteleuropa und Südosteuropa.
Lebensraum: Offene Landschaften, auch Kulturland.
Lebensweise: Große, maulwurfsähnliche Vorratslager; reich verzweigtes Gangsystem mit Nestkammer. Sonst ähnlich Hausmaus.

Wanderratte *Rattus norwegicus* Berkenhout 1769

E Common rat, Brown rat F Rat brun A S. 114, V S. 115

Merkmale: Etwas größer als Hausratte; Schwanz fast körperlang, nackt mit 160–200 Ringen, ziemlich dick; Schnauze stumpf, Augen und Ohren relativ klein. Oberseite grau- bis schwarzbraun, mit langen Grannenhaaren; Unterseite grauweiß, nicht scharf abgesetzt; Füße fleischfarben; fast schwarze Tiere selten, zuweilen weißer Brustfleck; weiße Laborratte als Zuchtform. 6 Paar Zitzen.
Körpermaße: KR 20–28 cm; S 17–23 cm; Hf 38–46 mm; O 20–24 mm; G 280–550 g.

Wanderratte

Verbreitung: Weltweit, wo Menschen leben; ursprünglich aus Sibirien und China stammend, heute mit Fahrzeugen überallhin verschleppt.
Lebensraum: Meist in oder bei menschlichen Behausungen, Siedlungsfolger auch mitten in der Großstadt; in Kellern, Geschäften, Vorratskammern, Ställen, an Schutt- und Müllplätzen, in der Kanalisation, in Kloaken; im Sommer auch freilebend auf Feldern, gern in Wassernähe, an Flußufern und an der Küste.
Lebensweise: Vorwiegend dämmerungs- und nachtaktiv; schwimmt und taucht gut, klettert aber weniger als die Hausratte; lebt in Familienrudeln, deren Rangordnung durch oftmals heftige Kämpfe festgelegt wird; Nest aus Papier, Gras, Blättern meist nahe an einer Futterquelle. Außerhalb von Häusern lebende Wanderratten legen Gangsysteme von komplexer Struktur mit mehreren Eingängen an; hortet Vorräte. »Rattenlöcher« in Wänden mindestens 5 cm ∅; sehr aggressiv, greift notfalls auch den Menschen an.
Nahrung: Allesfresser, tötet auch Wirbeltiere bis Kaninchengröße; frißt Aas, menschliche Nahrungsmittel, Abfälle, vorwiegend aber Sämereien, Getreide, frische Pflanzenteile; gelegentlich Kannibalismus.
Fortpflanzung und Lebensdauer: Bei genügend Futter Paarungszeit ganzjährig, sonst April–Oktober; 4–6 Würfe mit jeweils 6–9 (–13) Jungen nach einer Tragzeit von 22–24 Tagen; Junge öffnen mit 14 Tagen die Augen, werden 3 Wochen gesäugt und sind mit 6–7 Wochen selbständig, mit 2–3 Monaten geschlechtsreif. Lebensdauer 4–6 Jahre.
Lautgebung: Fauchen, Knurren, Quieken, Fiepen.
Feinde: Rotfuchs, Marderartige, Katzen, größere Eulenarten.

Hausratte *Rattus rattus* Linné 1758

E House rat, Ship rat F Rat noir

Merkmale: Ähnlich Hausmaus, aber viel größer; schlanker als Wanderratte, Ohren und Augen größer; Ohren dünn, oft fast durchscheinend; Schwanz meist etwas länger als KR, 200–260 Schwanzringe; Fell glatt, auf dem Rükken lange Grannenhaare; 3 Färbungstypen; *R. rattus rattus*: Fast schwarz mit bläulichem Schimmer, Unterseite schiefergrau; *R. rattus alexandrinus* (»Dachratte«): Oberseite braungrau, Unterseite weißlich, mehr oder weni-

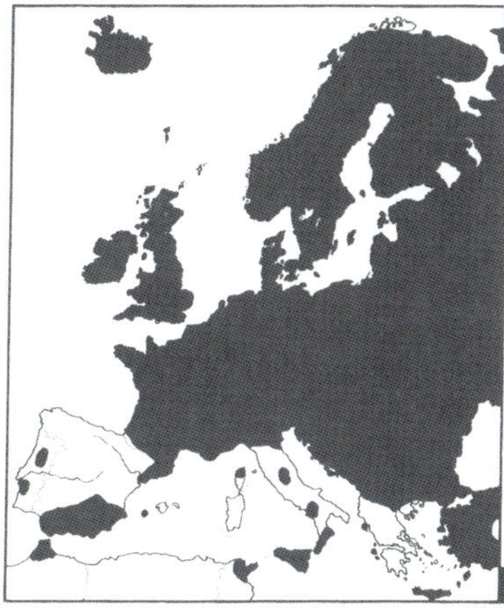

Wanderratte

Hausratte

ger scharf abgesetzt; *R. rattus frugivorus:* Oberseite rotbraungrau, Unterseite scharf abgesetzt weiß. Füße rosa. 5–6 Paar Zitzen.
Ähnliche Arten: Wanderratte, Hausmaus.
Körpermaße: KR 16–24 cm; S 18–25 cm; Hf 31–40 mm; O 23–27 mm; G 140–240 g.
Verbreitung: Ursprünglich aus dem südlichen Asien kommend, heute durch den Menschen (Fahrzeuge) weltweit verbreitet; wird im nördlichen Teil ihres Verbreitungsgebietes von der Wanderratte verdrängt.

Hausratte

dunkle Farbvariante

helle Farbvariante

Lebensraum: In Dachböden, Speichern, Vorratslagern, weniger in Kellern; auf Schiffen (»Schiffsratte«); bevorzugt warme und trockene Plätze; in Mittelmeerländern auch außerhalb von Gebäuden; in höheren Lagen nur in ganzjährig von Menschen bewohnten Gebäuden.
Lebensweise: Dämmerungs- und nachtaktiv; klettert und springt sehr gut, schwimmt aber nur ungern; Nest aus Papier, Stroh, Lumpen, Holzwolle u. ä., häufig im Dachgebälk; lebt in Gruppen von 20–50 Tieren ohne Rangordnung; durch den Urin der Tiere hervorgerufene schwärzliche Wechsel auf Dachbalken u. dgl.; im Mittelmeergebiet auch freilebend mit Anlage von Baumnestern, gräbt aber keine eigenen Baue. Legt Vorräte an.
Nahrung: Allesfresser, aber vorwiegend pflanzliche Kost wie Sämereien und Früchte; Abfälle aller Art; gelegentlich auch Kannibalismus.
Fortpflanzung und Lebensdauer: Paarungszeit März–Oktober; 2–6 Würfe mit jeweils 4–10 Jungen nach einer Tragzeit von 20–24 Tagen; Junge öffnen nach 13–16 Tagen die Augen, werden 18–22 Tage gesäugt und sind nach 6 Wochen selbständig, nach 3–4 Monaten geschlechtsreif. Lebenserwartung 4–6 Jahre.
Lautgebung: Keifende, quiekende und piepende Laute.

Familie **Schläfer** Gliridae

Maus- bis rattengroße Nagetiere mit großen Augen und meist stark behaartem Schwanz; Fell dicht und weich; 4 Backenzähne mit querverlaufenden Schmelzleisten. Lebensweise nachtaktiv; klettern meist geschickt in Bäumen und Büschen; Vorderfüße ohne Daumen, werden beim Klettern nach außen gedreht; gut ausgeprägte Sohlenschwielen. Schläfer legen zur Orientierung „Duftstraßen" im Gezweig an: ein Tröpfchen Urin, mit dem die Fußflächen eingerieben werden, bildet den »Duftstoff«. Halten in kalten Gegenden langen Winterschlaf mit vorhergehender Depotfettbildung; in der Regel keine Nahrungsvorräte für den Winterschlaf. Schwanzhaut reißt leicht ab, daher häufiges Auftreten von »kurzschwänzigen« Tieren. Zahnformel: 1·0·1·3/1·0·1·3 = 20.

Haselmaus *Muscardinus avellanarius* Linné 1758

E Hazel dormouse F Muscardin V S. 119

Merkmale: Kleinster Schläfer, nur etwa hausmausgroß, doch viel gedrungener; Schwanz gleichmäßig und dicht (aber nicht buschig) behaart; kurze runde Ohren; Körper- und Schwanzoberseite von rostrot über orangebraun bis gelblichgrau, Bauch heller gelblich, nicht scharf abgesetzt, Kehle und Brust weiß; Jungtiere insgesamt grauer. 4 Paar Zitzen.
Körpermaße: KR 6,5–8,5 cm; S 6,5–7,8 cm; Hf 15–18 mm; O 10–14 mm; G 15–35 g.
Verbreitung: Europa ostwärts bis zur Wolga; nördliches Kleinasien.

Haselmaus

Lebensraum: Nicht an Haselsträucher gebunden; unterholzreiche Laub- und Mischwälder, Auwälder mit beerentragenden Sträuchern; gelegentlich auch in reinen Fichtenwäldern; häufig in jungen Buchen- und Fichtenaufforstungen mit viel Himbeer- und Brombeergestrüpp, in sonnigem Gebüsch von Waldrändern; gebietsweise auch in unterholzarmen Buchen-Altbeständen; im Gebirge bis 1600 m Höhe; kaum in Gebäuden.
Lebensweise: Dämmerungs- und nachtaktiv, Jungtiere manchmal auch nachmittags unterwegs; klettert und springt ausgezeichnet, läuft sehr schnell auf dünnen Zweigen entlang, sowohl auf der Oberseite als auch auf der Unterseite; relativ kleines Revier (ca. 1000–2000 qm); baut ein kunstvolles kugeliges Nest aus Gras, Laub und Bast, entweder freistehend in Büsche und Jungbäume in 10–300 cm Höhe oder in Baumhöhlen und Vogelnistkästen; gebietsweise stehen die Nester bis in 20 m Höhe in Altbuchen; ∅ eines ♂-Schlafnestes 6–10 cm, eines Wochenstubennestes 9–12 cm. Bei Störung tagsüber verläßt die Haselmaus das Nest und schleicht sich unter Ausnützung von Deckung langsam weg; ♀♀ mit kleinen Jungen verlassen das Nest dagegen meist nicht; nur selten flüchtet eine Haselmaus nach oben. Wenig gesellig, nur gelegentlich 2 Alttiere in einem Nest, Jungtiere dagegen oft zu mehreren. Winterschlaf von Ende Oktober – Anfang April in dickwandigen Nestern im Laub zwischen Baumwurzeln, in Baumstümpfen, nur ausnahmsweise (Jungtiere) in Vogelnistkästen. Legt keine Vorräte an.
Nahrung: Saisonal verschieden; Sämereien, Knospen, Beeren (meist Himbeere, Brombeere), Baumfrüchte; besonders im Frühjahr auch Insekten.
Fortpflanzung und Lebensdauer: Paarungszeit April–Oktober; 1–2 Würfe mit jeweils 2–7 (meist 3–5) Jungen nach einer Tragzeit von 22–24 Tagen; Junge öffnen mit 16–18 Tagen die Augen, werden rund 4 Wochen gesäugt und sind mit 5–6 Wochen selbständig, aber erst nach dem ersten Winterschlaf geschlechtsreif. Erreichen ein Alter von 3–4 Jahren.
Lautgebung: Im Schreck kurzes hohes und scharfes Zwitschern, im Winterschlaf gestörte Haselmäuse piepen sehr hoch; Junge zirpen leise, wenn sie aktiv sind (Stimmfühlung).
Feinde: Häufig Rauhfußkauz.

Mausschläfer *Myomimus roachi* Bate 1937

E Mouse-tailed dormouse F Loir myomine

Merkmale: An Hausmaus erinnernder kleiner Schläfer mit sehr kurz behaartem, weniger als körperlangem Schwanz; Schwanzringe scheinen durch; Ohren und Augen relativ klein; Färbung der Oberseite dunkelgrau mit gelblicher Tönung; Unterseite, Schwanz und Füße, einschließlich der Zehen, weiß. Jungtiere ohne gelblichen Anflug auf der Oberseite. 7 Paar Zitzen.
Ähnliche Arten: Hausmaus.
Körpermaße: KR 6,5–11,2 cm; S 6–9,4 cm; Hf 18–22 mm; O 13–18 mm.
Verbreitung: SO-Bulgarien, Türkisch-Thrazien, Westanatolien.
Lebensraum: Offene, steppenartige Gebiete mit spärlichem Buschbewuchs; mit Obst-, Feigen-, Maulbeerbäumen oder Eichen bestandene trockene Felder.
Lebensweise und Nahrung: Wenig bekannt; von allen Schläfern am ausgeprägtesten bodenlebend; scheint nicht gut zu klettern oder zu springen; recht plump. Ernährt sich von Kräutersamen, vielleicht auch von Insekten.

Mausschläfer

Gartenschläfer *Eliomys quercinus* Linné 1766

E Garden dormouse F Lérot A S. 120

Merkmale: Kleiner als Siebenschläfer, schlanker und spitzköpfiger, mit wesentlich größeren und längeren Ohren, auffälliger schwarzer Gesichtszeichnung und kurzbehaartem Schwanz mit schwarz-weißer Endquaste; Färbung kontrastreich: Körper- und Schwanzoberseite graubraun mit rötlicher Tönung, zu den Flanken in grau übergehend, Unterseite und Wangen scharf abgesetzt weiß. Jungtiere weniger kontrastreich, grauer. 4 Paar Zitzen.
Ähnliche Arten: Baumschläfer, Siebenschläfer.

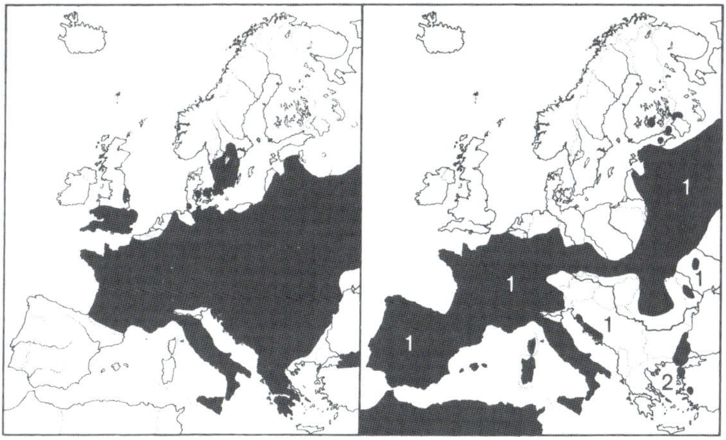

Haselmaus   1 Gartenschläfer 2 Mausschläfer

Körpermaße: KR 11–17 cm; S 9–13 cm; Hf 24–31 mm; O 22–26 mm; G 50–150 g.
Verbreitung: Europa nordwärts sporadisch bis zum Ladogasee, ostwärts bis zum südlichen Teil des Urals; Nordafrika, Vorderasien, Kleinasien.
Lebensraum: Felsige Gebiete mit Nadel- oder Mischwaldbewuchs, Karstberge; Kulturland mit Legsteinmauern, häufig Kulturfolger in Weingärten, gebietsweise manchmal ganzjährig in Häusern (Vorratskammern); im Gebirge bis 2200 m Höhe, oft in Almhütten hausend.
Lebensweise: Hauptsächlich nachtaktiv; ökologisch gesehen die »Ratte« unter den Schläfern; lebt vorwiegend auf dem Boden, klettert und springt aber sehr gut. Baut selten kugelige, freistehende Nester aus Gras, Moos, Haaren und Federn auf dem Boden bis in mehrere Meter Höhe; häufiger bezieht er alte Eichhörnchennester oder Vogelnester und baut sie um; in der Regel jedoch legt er in Felsspalten, Steinhaufen oder in Baumhöhlen unordentliche Nester an; Gartenschläfer trifft man oft in Vogelnistkästen an, auch ♀♀ mit kleinen Jungen. Alttiere wenig gesellig, doch Jungtiere häufig in gemeinsamen Lagern. Winterschlaf in Mitteleuropa von Oktober – Ende März in Bodennestern, aber auch in Gebäuden und in Vogelnistkästen.
Nahrung: Mehr animalisch als die der anderen Schläfer; Schmetterlinge und Schmetterlingsraupen, Käfer, Spinnen, Tausendfüßler, Schnecken, Eidechsen, Kleinsäuger, Kleinvögel (vor allem Eier und Junge); Baumsamen, Früchte, Obst, Baumrinde (ringförmiges Abschälen »ringeln«).
Fortpflanzung und Lebensdauer: Paarungszeit April–September; 1 (2) Würfe mit jeweils 2–9 (meist 4–6) Jungen nach einer Tragzeit von 23 Tagen; Junge öffnen die Augen mit 18 Tagen, werden 4 Wochen gesäugt und sind mit 2 Monaten selbständig, aber erst nach dem ersten Winterschlaf geschlechtsreif. Werden 4–5 Jahre alt.
Lautgebung: Sehr stimmfreudig; meist pfeifend oder keckernd.

Baumschläfer *Dryomys nitedula* Pallas 1779

E Forest dormouse F Lérotin

Merkmale: Vom Gartenschläfer hauptsächlich durch die geringere Größe, die viel kürzeren rundlichen Ohren und das Fehlen einer Schwanzquaste unterschieden; Schwanz grau bis graubraun, gleichmäßig buschig behaart, zur Spitze etwas dicker werdend; schwarze Gesichtsmaske reicht vom Auge nur bis zum Ohr. Oberseitenfärbung beim Schlesischen Baumschläfer *(D.n. carpathicus)* rotbraun, beim Tiroler Baumschläfer *(D.n. intermedius)* dunkelgrau; Flanken allgemein etwas heller, Unterseite weißlich oder gelblich, meist scharf abgesetzt. 4 Paar Zitzen.
Ähnliche Arten: Gartenschläfer.

Körpermaße: KR 8–12 cm; S 7–9,5 cm; Hf 18–23 mm; O 10–15 mm; G 17–40 g.
Verbreitung: Von Mitteleuropa über Ost- und Südosteuropa, Klein-, Vorder- und Zentralasien bis Pakistan, Tienschan und zum Altai.
Lebensraum: Fichten- und Mischwälder, gebietsweise reine Laubwälder, in Mittelasien auch kahle Blockhalden; in den Alpen vorwiegend reine Fichtenwälder, aber auch Jungwald, sonnige, buschreiche Waldränder, Erlen- und Haselgebüsch; in den Alpen bis 2300 m Höhe, häufig in Almhütten.
Lebensweise: Vorwiegend nachtaktiv; baut kugelige Nester aus Buchenblättern, innen mit trockenem Gras und Pflanzenteilen ausgepolstert, freistehend ins Gebüsch in 50–200 cm Höhe, manchmal höher; Eingang seitlich oder unten, ∅ 20–30 cm; bezieht gerne Baumhöhlen und Vogelnistkästen und schichtet dort Laub, Moos und Gras übereinander; errichtet auch Lager am Boden zwischen Baumwurzeln; baut gelegentlich Vogelnester um. Junge im Gegensatz zu Alttieren gesellig. Winterschlaf, in den Alpen meist von Oktober–April, in Erdhöhlen ca. ½ Meter unter der Erde, oft zwischen Baumwurzeln; rollt sich wie alle winterschlafenden Schläfer kugelig zusammen; legt kaum Nahrungsvorräte an.
Nahrung: Je nach Jahreszeit Käfer, Schmetterlinge und deren Entwicklungsstadien, Kleinvögel (oft Eier und Junge); Sämereien, Sprosse, junge Zweige, Beeren (Himbeeren, Heidelbeeren, Holunderbeeren), Obst.
Fortpflanzung und Lebensdauer: Paarungszeit April–August; 1 Wurf mit 2–6 Jungen (Tragzeit 23–25 Tage), die nach 16 Tagen die Augen öffnen, rund 4 Wochen gesäugt werden und nach 5–6 Wochen selbständig sind, aber erst nach dem ersten Winterschlaf geschlechtsreif werden. Lebenserwartung 4–5 Jahre.
Lautgebung: Bei leichter Beunruhigung vogelartige, wohlklingende Laute, bei Gefahr pfeifende und schnalzende Laute.

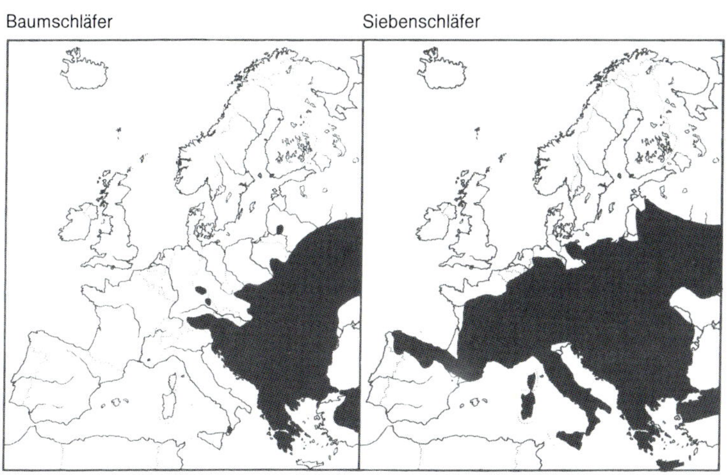

Siebenschläfer *Glis glis* Linné 1766

E Fat dormouse F Loir V S. 121

Merkmale: Größte Schläferart, an Eichhörnchen erinnernd, jedoch kleiner und mit größeren Augen; Schwanz kürzer als KR, gleichmäßig lang (buschig) behaart, Ohren relativ klein und rundlich; Oberseite des Körpers und Schwanzes bräunlichgrau, silbrig glänzend, um die Augen dunkler Ring, Unterseite scharf abgesetzt weiß, Füße weiß; Jungtiere düster grau, Schwanz nur schwach buschig. 4–6 Paar Zitzen.

Siebenschläfer

Ähnliche Arten: Gartenschläfer, Grauhörnchen, Flughörnchen.
Körpermaße: KR 13–20 cm; S 10,5–17 cm; Hf 23–33 mm; O 17–24 mm; G 70–160 g.
Verbreitung: Waldgebiete Eurasiens von Nordspanien im Westen über das mittlere und südliche Europa und in einem schmalen Streifen bis zur mittleren Wolga; nördliches Kleinasien, Kaukasusgebiet, Nordiran, Turkmenistan; einige größere Mittelmeerinseln. In Südengland 1902 bei Tring Park eingeführt, von dort aus jedoch nur geringe Expansion.
Lebensraum: Unterholzreicher, älterer Baumbestand in Laub- und Mischwäldern (vor allem Eiche, Buche), gern auf felsigem Untergrund, in Südeuropa auch Edelkastanienwälder; außerdem Parks, Obstgärten; bevorzugt sonnige Südlagen; Kulturfolger, häufig in Wald-, Jagdhütten, Wochenendhäusern; in den Alpen bis 1200 m, selten bis 1500 m Höhe.
Lebensweise: Dämmerungs- und nachtaktiv, klettert und springt hervorragend; gesellig, lebt in Familienrudeln (bis zu 8 Tiere zusammen im Tagesquartier), trächtige ♀♀ jedoch meist einzeln; baut gebietsweise kugelige, freistehende Nester aus Blättern, Reisern und Moos; bezieht in der Regel (auch für den Wurf) jedoch Baumhöhlen, Felsspalten, häufig auch Vogelnistkästen; dort hinein trägt er große Mengen frischer Buchen- und Eichenblätter, manchmal auch Zweige von Nadelbäumen; flüchtet stets nach oben oder wühlt sich – z. B. bei Nistkastenkontrollen – ins Nistmaterial ein. Revier klein, meist nur rund 200 m ∅. Winterschlaf meist von Anfang Oktober – Mai in selbstgegrabenen Erdhöhlen bis 1 m Tiefe; kein Winternest; im Winterschlaf ausgegrabene Siebenschläfer haben oft mit Erde verkrustete Augen und Ohren; in Gebäuden (Speisekammern) winterschlafende Tiere manchmal im Winter aktiv; überwintert bei uns kaum in Vogelnistkästen. Legt im Sommer manchmal Vorräte an, für den Winterschlaf jedoch nicht.
Nahrung: Blätter, Knospen, Maitriebe und Rinde von Bäumen (besonders Buche, Ahorn, Lärche; Schälschäden!), Baumfrüchte (Eicheln, Bucheckern, Eschenfrüchte, Haselnüsse), Beeren, Obst; gelegentlich Insekten (Nachtfalter), Vogeleier, Jungvögel.
Fortpflanzung und Lebensdauer: Paarungszeit Juni–September; 1 Wurf mit 2–11 (meist 4–6) Jungen nach einer Tragzeit von 30–32 Tagen; Junge öffnen nach 21–23 Tagen die Augen, werden 4–5 Wochen gesäugt und sind mit 8 Wochen selbständig, aber erst mit einem Jahr geschlechtsreif. Lebenserwartung 6–7 Jahre.
Lautgebung: Bei Störung im Tagesquartier »Drohsurren« – aggressiv rasselndes, an einen Hornissenschwarm erinnerndes Summen; in äußerster Erregung »Zähnerattern«; vor allem im Frühjahr häufig quiekende, fauchende, zwitschernde und fiepende Laute, oft Rufreihen.
Feinde: Eulen (Waldkauz), Baummarder.
Sonstiges: Fette Siebenschläfer galten in der Römerzeit als Delikatesse und wurden in sog. Glirarien gemästet.

Familie **Hörnchen** Sciuridae

Ratten- bis katzengroß. Weltweit verbreitet bis auf Madagaskar, Australien, Neuguinea, Ozeanien und das südliche Südamerika. Im behandelten Gebiet Europas insgesamt 8 Arten aus 5 Gattungen, die sich unterteilen lassen in die bodenlebenden Ziesel, Murmeltiere und Streifenhörnchen und in die baumlebenden Eich- und Flughörnchen. Zahnformel: 1·0·2·3 / 1·0·1·3 = 22.

Eichhörnchen *Sciurus vulgaris* Linné 1758

E Red squirrel F Ecureuil V S. 126

Merkmale: Hinterbeine länger und kräftiger als Vorderbeine; Kopf rund; Augen groß und seitlich; Schwanz buschig, fast körperlang; obere Schneidezähne relativ groß. Färbung individuell sehr variabel; Bauchseite immer einfarbig weiß, sonst relativ einfarbig, von hellgelb und rotbraun bis schwarz im Sommer und hellgraubraun bis dunkelgraubraun im Winter. Schwanz- und/oder Beinfärbung zuweilen dunkel von der sonstigen Körperfärbung abgesetzt (häufig bei Gebirgsformen). Im Winterkleid lange Ohrbüschel. Auf den Britischen Inseln oft Tiere mit weißen Schwänzen und weißen Ohrbüscheln. Hand- und Fußflächen nur im Winter behaart. 4 Hinterfuß- und 6 Handschwielen.
Körpermaße: KR 21–25 cm; S 15–20 cm; O 27–36 mm; Hf 21–63 mm; G 230–480 g.
Änliche Arten: Grauhörnchen; Flughörnchen, Siebenschläfer.
Verbreitung: Bewaldetes Eurasien von den Britischen Inseln im Westen bis Sachalin und Hokkaido im Osten; im Süden bis zu den Mittelmeerländern, dem südlichen Ural, dem Altai, der Mongolei, der Mandschurei und Korea. Ursprünglich nicht auf den Mittelmeerinseln und wahrscheinlich auch nicht auf den friesischen Inseln. In vielen Gebieten ausgesetzt, so auf Irland, auf der Krim, im Kaukasus und in weiteren südlichen Gebieten der Sowjetunion.
Lebensraum: Mit alten Bäumen und dichtem Unterholz durchsetzte Wälder; im Gebirge bis zur Baumgrenze. Auch in Gärten und Parkanlagen.
Lebensweise: Vorwiegend tagaktiv. Baumlebend, guter Springer und Kletterer. Oft paarweise im Schlafnest, nicht aber zu Beginn der Jungenaufzucht. Nest (Kobel) aus abgenagten Zweigen, gut verankert in Stammnähe im oberen Baumbereich, mit Gras, Moos und Bast ausgepolstert; Außen-∅ 30–40 cm, meist 2 Schlupflöcher; Nest auch in Baumhöhlen oder übernommenen Krähen- oder Elsternnestern. Aktionsraum ca. 10–50 ha um das Schlafnest. Bevorzugung bestimmter Wechsel, Aufenthalts- und Futterplätze. Kein deutliches Territorialverhalten; verteidigt wird nur das Schlafnest; Urinmarkierungen. Futtervorräte werden vergraben, eingeklemmt oder in Höhlungen versteckt, aufgrund des ausgezeichneten Geruchssinns zumeist später wieder gefunden. Kampf- und Verfolgungsspiele; Verfolgungsjagden vor der Paarung.

Oben: Eichhörnchen in 3 verschiedenen Farbvarianten, jeweils im Winterkleid
Unten: Grauhörnchen im Winterkleid

Nahrung: Überwiegend pflanzlich; Nadelbaumsamen, Bucheckern, Nüsse, Eicheln, Kastanien, Hainbuchensamen, Beeren, Pilze, Rinde, Knospen, Triebe, Schnecken, Kerbtiere, Eier und Jungvögel; 55–80 g täglich.
Fortpflanzung und Lebensdauer: Paarungszeit zwischen Dezember und Anfang Juli; Tragzeit ca. 38 Tage; Wurfgröße 2–5; Geburtsgewicht ca. 8,5 g; Neugeborene blind und fast völlig nackt; Augenöffnen nach ca. 1 Monat; am Ende der sechsten Woche erstes Verlassen des Nestes und Aufnahme fester Nahrung. Säugezeit 9–12 Wochen. Geschlechtsreife am Ende des ersten Lebensjahrs oder im zweiten Lebensjahr. Jüngere ♀♀ werfen einmal im Jahr und meist nur 2 Junge, ältere zweimal mit bis zu 5 Jungtieren pro Wurf. Bei erfolgreicher Aufzucht des ersten Wurfs folgt der zweite in einem Mindestabstand von 10 Wochen. Lebenserwartung höchstens 10–12 Jahre. Große Schwankungen in der Populationsdichte.
Lautgebung: „tjuk-tjuk-tjuk" bei Erregung, oft ergänzt durch Trommeln mit den Vorderfußkrallen und nasalem „nhhh". Muckern als Stimmfühlungslaut (besonders bei Jungtieren); klagender Schrei bei Angst; Knurren.
Feinde: Vor allem Baummarder, Zobel, Habicht und Uhu.

Grauhörnchen *Sciurus carolinensis* Gmelin 1788

E Grey squirrel F Ecureuil gris A S. 125

Merkmale: Sehr ähnlich Eichhörnchen, etwas größer; nie mit deutlichen Ohrbüscheln; Behaarung am Schwanzende weißlich; Kehle, Brust und Bauch weiß. Im Sommer rötlichgelb bis rotbraun, entlang der Flanken ein rostrotes Band; Außenseiten der Schenkel und Fußrücken kastanienbraun; Sohlen unbehaart. Im Winter Rücken grau, Außenseiten der Schenkel weißlich, Ohrbüschel rotbraun, dahinter zuweilen Büschel feiner weißer Haare.

Eichhörnchen 1 Grauhörnchen 2 Flughörnchen

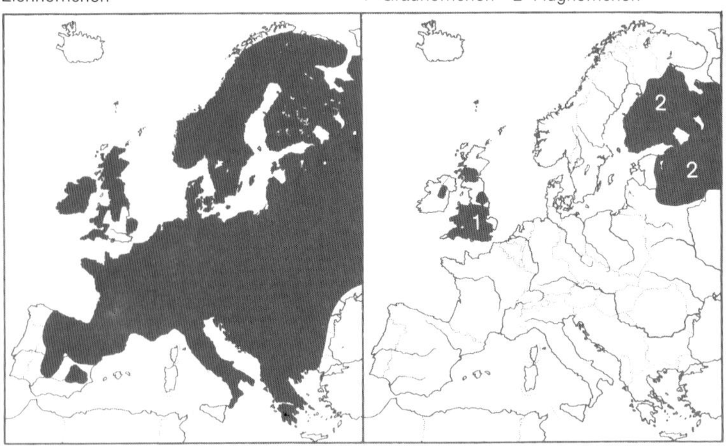

Körpermaße: KR 23–28 cm; S 20–24 cm; Hf 62–75 mm; O 28–32 mm; G 340–750, meist um 550 g.
Ähnliche Arten: Eichhörnchen, Siebenschläfer.
Verbreitung: Ursprünglich nur im Gebiet der östlichen USA. Eingeführt auf Irland, den Britischen Inseln, im Westen der USA, in Australien und Südafrika. Erfolgreiche Ausbreitung in England und Wales. Zusammenhang zwischen der Ausbreitung des Grauhörnchens und dem Rückgang des Eichhörnchen im Süden Großbritanniens möglich.
Lebensraum: Ähnlich Eichhörnchen, etwas mehr in Laub- und Laubmischwald.
Lebensweise: Ähnlich Eichhörnchen; größeres Nest (∅ 30–60 cm). Plattformen aus Zweigen im äußeren Bereich des Baumes. ♀ besitzt oft 2 Nester, zieht mit den Jungtieren bei Gefahr um. Im Winter in Baumhöhlen. Größerer Aktionsraum als beim Eichhörnchen möglich; legt auch größere Strecken am Boden zurück. Guter Schwimmer.
Nahrung: Ähnlich Eichhörnchen. Besonders Eicheln und unreife Eichenblüten, Bucheckern und Buchentriebe, Feld- und Gartenfrüchte, nestjunge Eichhörnchen.
Fortpflanzung und Lebensdauer: Ähnlich Eichhörnchen, aber Geburtsgewicht 12–17 g. Wurfgröße 1–4. Vor dem zweiten Wurf im Sommer verlassen die Jungtiere des ersten die Mutter, bilden eigene Wohngemeinschaften und kehren zuweilen später zur Mutter zurück.
Lautgebung: Wie Eichhörnchen.
Feinde: Wie Eichhörnchen.

Flughörnchen *Pteromys volans* Linné 1758

E Flying squirrel F Ecureuil volant, Polatouche A S. 128

Merkmale: Siebenschläfergroß; sitzend kleinem Eichhörnchen ähnlich. Breite, dicht behaarte Flughaut zwischen Vorder- und Hinterbeinen, aufspannbar mit Hilfe eines von der Handwurzel nach innen gerichteten schwertförmigen Knorpels. Augen im Verhältnis zur Körpergröße größer als beim Eichhörnchen. Schwanz relativ kürzer und buschig. Färbung oberseits im Sommer gelblichgrau, im Winter grau, silbergrau, aschgrau oder dunkelaschgrau mit strohgelbem Einschlag; Unterseite weiß; Schwanz grau, mit rostgelbem Einschlag.
Körpermaße: KR 13,5–20,5 cm; S 9–14 cm; O 14–20 mm; HF 30–39 mm; G 95–170 g.
Ähnliche Arten: Eichhörnchen; Siebenschläfer.
Verbreitung: Taigagebiete des nördlichen Eurasien von Finnland und dem Baltikum im Westen bis Sachalin und Hokkaido im Osten. Im Süden bis in den südlichen Ural, den Altai, die nördliche Mongolei, die Mandschurei und bis Korea. Bestand besonders im südlichen Teil des europäischen Verbreitungsgebietes im Rückgang.
Lebensraum: Mit altem Baumbestand (Höhlen) durchsetzte Nadel-, Misch- und Laubwälder; auch in Nistkästen in der Nähe von Häusern.

Flughörnchen

Lebensweise: Vorwiegend dämmerungs- und nachtaktiv, besonders zur Paarungszeit auch tagaktiv; lebt paarweise (September–März) oder in Mutterfamilie. Nest in Baumhöhlen von Schwarz- oder Buntspechten (Espen, Kiefern, Birken, Erlen) in 1,5–9 m Höhe; auch in Staren-, Meisen- und Schellenten-Nistkästen, in Drosselnestern und Eichhörnchenkobeln. Nest hauptsächlich aus Bartflechten; Schlupfloch im oberen Bereich von innen verschließbar. Auch kurzzeitig benutzte Nester aus Moos und Blättern und Vorratsnester, die im Herbst und Winter angelegt werden. Aktionsraum im Umkreis von ca. 50 m um das Schlafnest. Kann beim Start aus Baumkronen bis zu 40 m weit fluggleiten; Schwanz und Beine ermöglichen vertikales und horizontales Steuern, beim Landen werden die Vorderbeine „ausgefahren“, wobei die hierdurch konvexe Flughaut als Bremse wirkt. Klettert gut stammauf- und stammabwärts; am Boden langsam hoppelnd.
Nahrung: Fast ausschließlich pflanzlich; Birken- und Erlenkätzchen, Nadelbaumknospenblüten, -nadeln und -zapfen, Laubbaumsprosse, -samen und -blätter, Beeren, Ahornblüten, Nüsse, Gelege und Jungvögel.
Fortpflanzung und Lebensdauer: Paarungszeit zwischen April und Juni; Tragzeit 5–6 Wochen; Wurfgröße bis zu 5, meist 2–3; in der Regel 2 Würfe im Jahr, der erste im Mai, der zweite Juni/Juli. Der Paarung voraus gehen Verfolgungsjagden mit Gleitflügen, an denen auch mehrere Tiere teilnehmen können. Sonst ähnlich Eichhörnchen.
Lautgebung: Währung der Verfolgungsflüge vor der Paarung schrilles Piepen; leises Knurren und Knistern bei Beunruhigung; hohe, abgebrochene Pfiffe als Kontaktlaute.
Feinde: Vor allem Baummarder, Zobel, Katzen, Uhu, Habichtskauz, Bartkauz, Sperbereule, Habicht. Bestandgefährdung durch Eingriffe des Menschen im Lebensraum (Forstwirtschaft).

Sibirisches Streifenhörnchen, Burunduk

Tamias sibiricus Laxmann 1969

E Asian chipmunk, Siberian chipmunk F Tamia de Sibérie V S. 130

Merkmale: Kleiner als Ziesel; Ohren lang und zugespitzt, Schwanz kürzer als KR; große Backentaschen; Schädelprofil relativ flach; Sohlen bis zu den Ballen behaart. Färbung am Oberrücken bräunlichgrau bis ocker- oder sandfarben, seitlich zur weißen Bauchseite hin allmählich heller werdend; in Rückenmitte und seitlich davon 5 dunkelbraune Längsstreifen; im Gesicht helle und rostfarbene Streifenzeichnung. Schwanz grau, oberseits mit 3 schwarzen Längsstreifen und weißen Außenkanten, unterseits auffällig dreifarbig; in der Mitte leuchtend hellbraun, seitlich davon breit schwarz und schmal weiß gesäumt.
Körpermaße: KR 12–17 cm; S 8–11,5 cm; HF 31–38 mm; O 13–18 mm; G 50–120 g.
Ähnliche Arten: Eichhörnchen, Flughörnchen, Siebenschläfer, Ziesel, Perlziesel.
Verbreitung: Taigagebiete Eurasiens von Finnland und dem Weißen Meer im Westen bis Sachalin, Hokkaido und zu den südlichen Kurilen im Osten, dem Altai, Shensi und Szetschuan im Süden. Stellenweise in West- und Mitteleuropa ausgesetzt (z. B. Freiburg).
Lebensraum: Hauptsächlich Kiefern- und Lärchenwälder.
Lebensweise: Tagaktiv; im Familienverband; vorwiegend bodenbewohnend, aber auch guter Kletterer (Schwanz als Kletterstütze). Bei langsamer Fortbewegung Kreuzgang, bei schnellerer Hoppeln. Winterschlaf ab Oktober/November bis März/April. Wohnt in bis zu 50 cm tiefen Erdbauen mit 1–2 Eingängen, einer Nest- (Wohn-)kammer und einer Vorratskammer mit bis zu 6 kg an Vorräten. Nahrung wird bis zu 5 cm tief verscharrt. Verfolgungs- und Balgespiele; Staub- und Sandbäder.
Nahrung: Überwiegend pflanzlich; Samen, Knospen, Nüsse, Feldfrüchte, Beeren und Pilze, Insekten und Jungvögel.

Sibirisches Streifenhörnchen

Fortpflanzung und Lebensdauer: Paarungszeit Ende April und Mai; Tragzeit 5–6 Wochen; Wurfgröße 3–10, meist 4–6; in südlichen Verbreitungsgebieten ist ein zweiter Wurf im Jahr möglich. Säugezeit ca. 4 Wochen; Geschlechtsreife mit 11 Monaten. Lebenserwartung bis zu 7 Jahre.
Lautgebung: Quaklaute bei Paarung, Fangen und Balgen; kurzes Tschirpen mit größeren Abständen; laute Tschirpserien; Tschirptriller als Alarm- und Schreckruf.
Feinde: Vorwiegend Hermelin, Baummarder, Zobel, Iltis, Rotfuchs.
Sonstiges: Aufgrund des lebhaften, gewandten und zutraulichen Verhaltens ein beliebter Pflegling in der Heimtierhaltung. Die weitgehende klimatische Verträglichkeit für Mittel- und Nordeuropa ermöglicht das Überleben ausgekommener und ausgesetzter Tiere. Dies gilt auch für verwandte Arten aus Nordamerika.

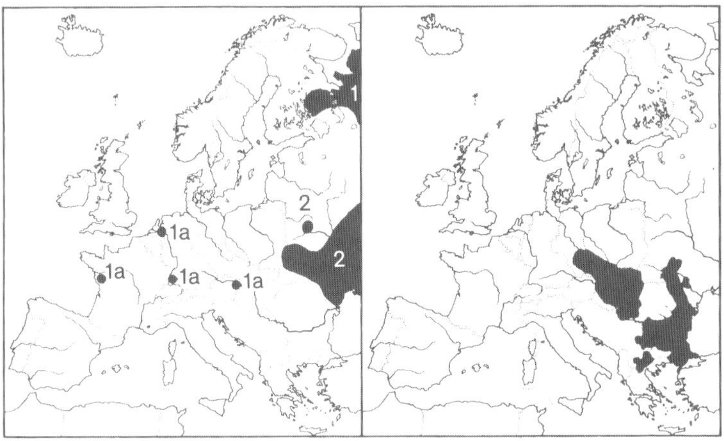

1 Sibirisches Streifenhörnchen, a auf ausgesetzte Tiere zurückgehende Populationen 2 Perlziesel

Ziesel

Ziesel *Citellus citellus* Linné 1766

E Souslik; F Souslik

Merkmale: Rattengroß; gestreckter, kräftiger Körperbau; kurze Beine; Zehen mit schwach gekrümmten Krallen. Schwanz kurz, weniger buschig als bei den zuvor behandelten Arten. Augen groß; kleine Backentaschen; Ohren ohne Haarbüschel. Färbung gelbgrau bis olivbraun, zart gelblichweiß gefleckt.
Körpermaße: KR 17–23 cm; S 38–74 mm; Hf 30–41 mm; G 200–350 g. ♂ größer als ♀.
Ähnliche Arten: Perlziesel, Jungtiere von Bobak und Alpen-Murmeltier, Kaninchen.

Verbreitung: Von Böhmen nach SO über das östliche Österreich und Ungarn bis in die südlichen Balkanländer und in die Ukraine. Ob auch die Populationen in Klein- und Vorderasien zur Art gehören oder eine nah verwandte Art repräsentieren, ist in der Diskussion. Eine Reihe nah verwandter Zieselarten ist über Eurasien und Nordamerika verbreitet.
Lebensraum: Trockenes Grasland, auch Wiesen und Ackerland (besonders Luzerne); in Gebirgsgegenden der südlichen Vorkommen bis in 2300 m Höhe.
Lebensweise: Tagaktiv; Winterschlaf von September–März/April. Gräbt bis 1,5 m tiefe Baue, die dicht nebeneinander in Kolonien angelegt werden. Dauerbaue werden von den Tieren einzeln bewohnt, dienen dem Winterschlaf und der Jungenaufzucht; kürzere, röhrenartige Schutzbaue für kurze Ruhepausen und Zuflucht bei Gefahr. Aktionsraum bis zu 80 m um den Wohnbau. Aufrichten (Männchenmachen) zur Wahrnehmung von Freßfeinden.
Nahrung: Vorwiegend pflanzlich; Samen, Körner, Süßgräser, Blüten, Blätter, Wurzeln und Zwiebeln; auch Feldfrüchte wie Mais und Melonen sowie Insekten.
Fortpflanzung und Lebensdauer: Paarungszeit gleich nach dem Winterschlaf; Tragzeit ca. 25 Tage; 1 Wurf im Jahr; Wurfgröße 6–8. Neugeborene unbehaart, blind, 5–6 g schwer; Säugezeit ca. 6 Wochen; Nestverlassen und Aufnahme fester Nahrung nach ca. 4 Wochen. Im Sommer entfernen sich die Jungtiere vom mütterlichen Bau und beziehen eigene Baue meist in

Ziesel

Perlziesel

derselben Kolonie. Geschlechtsreife nach dem ersten Winterschlaf. Lebenserwartung bis zu ca. 8 Jahre.
Lautgebung: Schrilles Pfeifen bei Alarm.
Feinde: Greifvögel, besonders Würgfalke, Steppenadler, Kaiseradler, auch Milane und Bussarde; Kleinraubtiere wie Mauswiesel und Hermelin, Iltis, Steppeniltis und Tigeriltis bis hin zu Rotfuchs, Goldschakal, Haushunden, Wolf und Bär. Als Landwirtschafts-„Schädling“ vom Menschen bejagt und in den Bauen begast. Bestandsrückgang auch aufgrund des Einsatzes moderner Landwirtschaftstechniken.

Perlziesel *Citellus suslicus* Güldenstaedt 1770

E Spotted souslik F Souslik tacheté. A S. 131, V S. 130

Merkmale: Ähnlich in der Gestalt, aber etwas kleiner als Ziesel; Schwanz relativ kürzer (20–25 % der KR); Hinterfußsohlen behaart. Grundfärbung des Rückens etwas dunkler und deutlich weiß gefleckt (Flecken-∅ 3–5 mm); Bauch gelbgrau; Brust und Hals weiß; Augenumrandung weiß; Iris gelblich. Färbung im Jugendkleid etwas dunkler, kastanienbraun. Im NO der Verbreitung dunkler als im Westen.
Körpermaße: Etwas kleiner und zierlicher als Ziesel. ♀ etwas kleiner als ♂.
Ähnliche Arten: Ziesel, Bobak, Alpen-Murmeltier, Kaninchen.
Verbreitung: Von SO-Polen und der rumänisch-sowjetischen Grenze (Pruth, Donaumündung) ostwärts bis zu Wolga und Oka.
Lebensraum: Ähnlich Ziesel; ursprünglich Steppenlandschaften; heute auch auf Brachen, Weideflächen, Feldern und in offenen Eichenbeständen.
Lebensweise: Ähnlich Ziesel. Der Bau besteht aus schrägen und senkrechten Gängen sowie einem Kessel und wird im Laufe von Jahren ausgebaut.
Nahrung, Fortpflanzung und Lebensdauer: Ähnlich Ziesel. Wurfgröße bis zu 11, meist 4–8; Säugezeit 4–5 Wochen und länger.
Lautgebung: Hoher, melodischer Pfiff; Warnpfiff des Muttertiers.
Feinde: Ähnlich Ziesel. Vor allem Steppeniltis, Hermelin, Mauswiesel, Katze, Haushund, Fuchs; Würgfalke, Steppenadler, Kaiseradler, Weißstorch, Kolkrabe, Großmöwenarten; Vierstreifennatter. Verfolgung durch den Menschen wie Ziesel.

Alpenmurmeltier *Marmota marmota* Linné 1758

E Alpine marmot F Marmotte des Alpes V S. 134

Merkmale: Nach dem Bobak das größte europäische Hörnchen; aufgrund von Körperbau und Behaarung kompakt wirkend. Kurze, breite Schnauze; kleine, vom Pelz fast ganz verborgene Ohren; Beine kräftig, Füße mit stumpfen Grabklauen. Färbung grau bis rötlichgelb; aschgraue Bereiche an Kopf und Schulter; Kopfoberseite besonders dunkel, Schnauze heller, Wangen gelbgrau; Flanken heller als Rücken; Beininnenseiten hell gelbbraun. ♂ und ♀ schwer zu unterscheiden.

Alpenmurmeltier

Körpermaße: KR 47–61 cm; S 13–20 cm; Hf 85–95 mm; O 28–30 mm; G 3–8 kg.
Ähnliche Arten: In Verbreitungsgebiet und Lebensraum kaum zu verwechseln; Bobak, Ziesel, Perlziesel.
Verbreitung: Zwei Unterarten: eigentliches Alpenmurmeltier *(M. m. marmota)* und Karpaten- oder Tatramurmeltier (*M. m. latirostris*). Ursprüngliche Verbreitung in den westlichen Alpen und in der Hohen, der Belaer und Liptauer Tatra. Erfolgreiche Einbürgerungen der Alpen-Unterart in den östlichen Alpenländern, in der Schwäbischen Alb, im Schwarzwald, im Bayrischen Wald und in den Pyrenäen. In der Niederen Tatra ausgesetzte Bestände gehen auf ausgesetzte Tiere beider Unterarten zurück. Verwandte Formen über Eurasien und Nordamerika verbreitet.
Lebensraum: Almen und offenes Felsgelände im Gebirge über der Baumgrenze, bevorzugt an Südhängen, meist zwischen 1400 und 3200 m Höhe; selten auch tiefer und in offenem Nadelwald.
Lebensweise: Tagaktiv; in kolonieartigen Familienverbänden, nur gelegentlich einzeln; Mutterfamilie. Verzweigte Wohn- und Schlafbaue von bis zu 3 m Tiefe und 10 m Ausdehnung; Notunterschlupfe, flachere und einfachere nur im Sommer benutzte Baue und Winterbaue; letztere mit Wohnkessel, Haupt- und Nebeneingängen (∅ 14–20 cm) sowie Fluchtlöchern; Zugangsöffnungen häufig unter Felsen und Baumstrünken. Das Nistmaterial (trockenes Gras) wird vor und nach dem Winterschlaf erneuert. Zu Beginn des Winterschlafs werden die Ausgänge von innen verschlossen. Dauer des Winterschlafs ca. Oktober–April, von Klima- und Schneelage abhängig. Während Winterschlaf herabgesetzte Körpertemperatur, Phasen des Schlafs, der Lethargie und des Wachseins. Auswurfhügel vor den Eingängen und andere

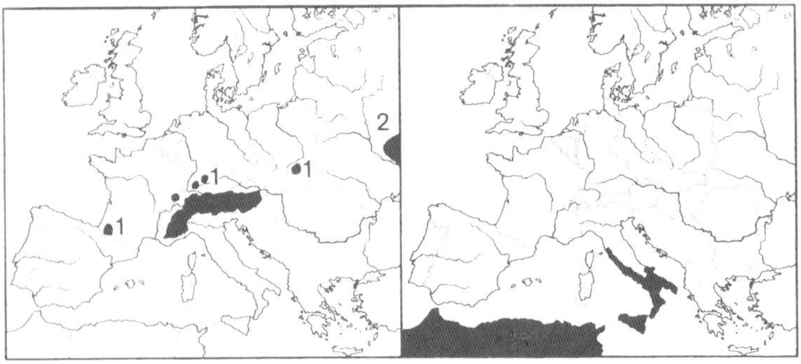

1 Alpenmurmeltier 2 Bobak Nordafrikanisches Stachelschwein

Erhebungen dienen als Ausschauplätze (Männchenmachen) zur Wahrnehmung von Freßfeinden. Fortbewegung breitbeinig. Staubbade- und Spielplätze. In der Brunstzeit nach dem Winterschlaf werden die Reviere von den ♂♂ umkämpft bzw. verteidigt; Markieren durch Reiben der Wangendrüsen am Boden. Bei Erregung Schwanzauf- und -abschlagen und Harnlassen; zur Feindabwehr Abgabe eines widerlichen und anhaltenden Geruchs aus den ausgestülpten Analdrüsen.

Nahrung: Süßgräser, Kräuter, Wurzeln, Blüten, Samen und Beeren.

Fortpflanzung und Lebensdauer: Paarungszeit April/Anfang Mai; Tragzeit knapp 5 Wochen; Wurfgröße 2–4; Geburtsgewicht ca. 30 g. Im Alter von 5½ Wochen erstmaliges Verlassen des Baus; im Spätsommer Wechsel vom Bau der Mutter in andere Baue des Familienverbands. Geschlechtsreife frühestens nach dem zweiten, voll ausgewachsen nach dem dritten Winter. Lebenserwartung bis zu 20 Jahre.

Lautgebung: Schrill pfeifende Warnschreie von je 0,3–0,5 s Dauer, meist zu mehreren in Folge. Quietschen, Brummen, Unmutsgreinen, Drohguggern; Guggern der Jungtiere.

Feinde: Steinadler, Uhu, Kolkrabe, Braunbär, Rotfuchs, Wolf und Luchs.

Bobak *Marmota bobak* Müller 1776

E Bobak marmot F Marmotte Bobak

Merkmale: Sehr ähnlich dem Alpenmurmeltier, jedoch eintöniger gefärbt; etwas größer; Schwanz und Beine relativ kürzer.

Ähnliche Arten: Alpenmurmeltier, Ziesel, Perlziesel, Kaninchen.

Verbreitung: Steppen Südrußlands und Kasachstans; im Osten bis zum Altai und Himalaja, bis Szetchuan und bis zur Mandschurei. Ausgesetzt im Kaukasus. Einst auch weiter westlich in Europa.

Lebensraum: Offenes, steppenartiges Flach- und Hügelland.

Lebensweise, Nahrung, Fortpflanzung, Lebensdauer, Lautgebung, Feinde: Weitgehend wie Alpenmurmeltier.

Familie **Altweltstachelschweine** Hystricidae

Marder- bis dachsgroße Nagetiere mit einem an der Körperoberseite mehr oder weniger aufrichtbaren Stachelkleid. Vorwiegend nachtaktiv. Bodenbewohner der altweltlichen Tropen und Subtropen: Afrika, Vorder- und Südasien bis zu den Philippinen, Celebes und Flores im Osten. In Europa vertreten durch eine einzige, wahrscheinlich eingeführte Art. Insgesamt ca. 4 Gattungen mit ca. 12 Arten. Zehenzahl 5/5. Zahnformel: 1·0·1·3 / 1·0·1·3 = 20.

Nordafrikanisches Stachelschwein

Hystrix cristata Linné 1758

E Crested porcupine; F Porc épic

Merkmale: Nach dem Biber das zweitgrößte Nagetier der Alten Welt. Kompakter Körperbau, kurzer Schwanz; ca. 30 cm lange, schwarz-weiß gebänderte Stacheln besonders am Rücken und an den Flanken. Die kurzen, hohlen und am äußeren Ende offenen Stacheln am Schwanzende erzeugen bei Bewegung ein rasselndes Geräusch. Die Stacheln können abgestoßen werden. Relativ kleine Augen und Ohren. Im Kehlbereich unvollständiges weißes Querband.

Körpermaße: KR 57–70 cm; S 5–12 cm; H bis zu 25 cm; G bis über 15 kg.

Ähnliche Arten: Keine.

Nordafrikanisches Stachelschwein

Verbreitung: Savannen- und Steppengebiete Afrikas von Tansania im Süden bis Oberägypten im Norden; südlich der Sahara bis Gambia im Westen; in NW-Afrika von Marokko bis Libyen. Auf Sizilien und der Apenninenhalbinsel wahrscheinlich in Römischer Zeit eingeführt. Vorkommen in Albanien und Nordgriechenland fraglich. In Vorder- und Kleinasien lebt eine nahverwandte Art, *Hystrix indica* (Kerr 1792).
Lebensraum: Trockene und offene Wald- und Gebüschlandschaften, vom Regenwald bis zur Halbwüste.
Lebensweise: Nachtaktiv, weitgehend gebietstreu; bei Kälte und Nässe weniger oder gar nicht aktiv. Wohnt einzeln oder zu mehreren in ausgedehnten Bauen oder Naturhöhlen; wendet sich zur Abwehr dem Feind rückwärts entgegen, dabei Aufstellen der Stacheln, Fußtrippeln, warnendes Rasseln mit der Schwanzquaste.
Nahrung: Wurzeln, Äste, Blätter, Früchte und Feldfrüchte, auch Knochen und Aas.
Fortpflanzung und Lebensdauer: Paarungszeit im Frühjahr; Tragzeit 7–8 Wochen; Wurfgröße 2–4. Mit Blättern, Gras und Wurzeln ausgelegtes Wurfnest. Neugeborene weit entwickelt, mit offenen Augen und fortbewegungsfähig; erstes Bauverlassen nach 1 Woche. Stacheln zunächst weich, nach ca. 10 Tagen gehärtet. Säugezeit 6–8 Wochen; erstmalige Aufnahme fester Nahrung nach 2–3 Wochen; mit 2 Jahren ausgewachsen und geschlechtsreif. Lebenserwartung bis zu 20 Jahre.
Lautgebung: Dumpfes Drohknurren; erregtes Grunzen.
Feinde: Gelegentlich wildernde Hunde und Wolf. Bestand in Europa aufgrund von Bejagung und Vergiftung bedroht.

Familie **Biberartige** Castoridae

Nach dem südamerikanischen Wasserschwein die größten Nagetiere. Verbreitung auf der nördlichen Erdhalbkugel. Eine einzige rezente Gattung, deren eurasiatische und nordamerikanische Vertreter entweder einer einzigen Art oder 2 äußerst nah verwandten Arten zugerechnet werden; hier als 2 Arten behandelt. Anus und Urogenitalöffnung münden gemeinsam (Kloake). Zahnformel: 1·0·1·3 / 1·0·1·3 = 20.

Eurasiatischer Biber *Castor fiber* Linné 1758

E Eurasiatic Beaver F Castor d' Europe et d'Asie A S. 138

Merkmale: Gestalt plump und gedrungen; Augen und Ohren klein; Schwanz abgeplattet, breit (12–16,5 cm) und kellenartig (»Kelle«), beschuppt, nur am Ansatz behaart; Zehen durch Schwimmhäute verbunden. Färbung oberseits grau- bis dunkelbraunschwarz, unterseits etwas heller. Bauchbehaarung fast doppelt so dicht wie am Rücken (typisch für amphibische Säugetiere). 2 Paar brustständige Zitzen. Zum Einfetten des Fells die-

nen paarige, in die Kloake mündende Öldrüsen. Putzkralle an zweiter Hinterzehe zum Striegeln sowie zum Einfetten mit Öldrüsensekret.
Körpermaße: KR 74–90 cm; H 16–18 cm; S 28–38 cm; G 12–38 kg.
Ähnliche Arten: Nutria, Bisamratte.
Verbreitung: Ehemals weit verbreitet über das nördliche Eurasien. Heute nurmehr wenige ursprüngliche Populationen: Unterlauf der Rhone; mittlere Elbe, Mulde, Saalemündung; Südnorwegen; sowie einige Populationen in der Sowjetunion und im chinesisch-mongolischen Grenzgebiet. Viele Biberpopulationen durch die Pelztierjagd stark dezimiert. Wiederaussetzungen u. a. im Elsaß, an der Donau (Neustadt), am unteren Inn, in Mittelfranken, im Norden der DDR sowie in weiten Gebieten Skandinaviens.
Lebensraum: Mindestens 1,5 m tiefe, fließende und stehende Gewässer in Auwäldern (Weide, Pappel, Espe, Birke, Erle) und Dickungen; dürfen nicht austrocknen und nicht bis zum Grunde gefrieren.
Lebensweise: Vorwiegend dämmerungs- und nachtaktiv; paarweise oder im Familienverband. Schwimmt und taucht gut, wobei die Vorderbeine angelegt werden, die Hinterbeine dem Antrieb und der Schwanz als Steuer dienen; Tauchdauer bis zu 20 min. Markierung der Wohngebiete mit dem sogenannten Bibergeil; Territorien entlang von Wasserläufen, bis zu 3 km lang. Baut Uferhöhlen mit Unterwasserzugang und Luftschacht oder Dämme aus Stämmen, Ästen, Schlamm und verrottendem Pflanzenmaterial; Wohnkessel ca. 1,2 m im ∅ und ca. 45 cm hoch; Burgen oft über mehrere Generationen bewohnt und ausgebaut. Länge der Dämme bis zu 100 m, Höhe bis zu 1 m, Breite bis zu 80 cm; sie dienen vor allem der Wasserstandsregulierung; »Landschaftsgestalter«. Fällt Bäume bis zu 20, selten bis zu 60 cm im ∅. Winterruhe.
Nahrung: Rein pflanzlich; Rinde, Äste und Blätter von Weichhölzern wie Espe, Weide, Erle, Pappel; auch andere Laubhölzer und Nadelbäume sowie

Eurasiatischer Biber, autochthon europäische Bestände

Nordamerikanischer Biber, auf ausgesetzte Tiere zurückgehende Bestände

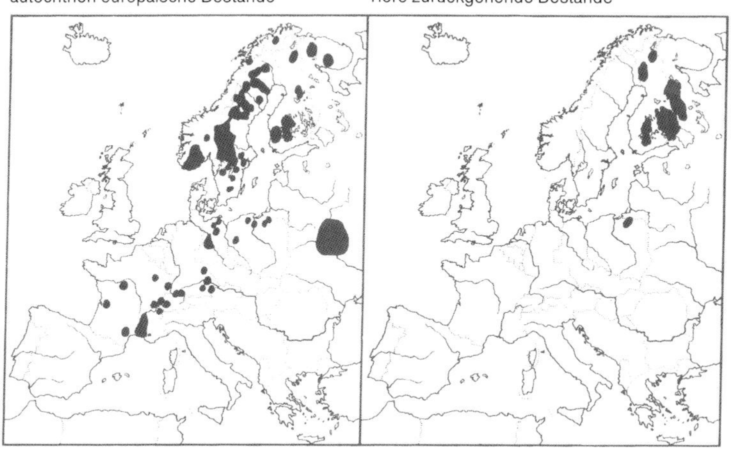

Eurasiatischer Biber, der Pfeil bezeichnet die Putzkralle (Hinterfuß)

viele Kräuter und Wasserpflanzen. Die unter Wasser gehorteten Wintervorratszweige dienen vor allem zur Ernährung der Jungtiere. Alttiere zehren im Winter vom Fett.

Fortpflanzung und Lebensdauer: Paarungszeit zwischen Januar und März; Paarung im Wasser; Tragzeit ca. 15 Wochen; Wurfzeit April–Juni; Wurfgröße 1–5. 1 Wurf pro Jahr. Die Jungtiere kommen bepelzt und mit offenen Augen zur Welt (Nestflüchter) und sind bald nach der Geburt schwimmfähig. Säugezeit ca. 2 Monate; selbständig im 3. Lebensjahr; Geschlechtsreife im 3. oder 4. Lebensjahr. Lebenserwartung im Freiland bis zu 20 Jahre, in Gefangenschaft bis zu 35 Jahre.

Lautgebung: Wenig lautfreudig; Knurren, Zischen, Schreien, Wimmern (Jungtiere), Fauchen, Zähnewetzen bei Erregung, langgezogenes o-o-o als Lockruf des Muttertiers. Als Warnsignal beim Abtauchen klatschender Schlag der Schwanzkelle auf die Wasseroberfläche.

Feinde: Größere Raubtiere wie Vielfraß, Wolf und Bär. Zum Bestandsrückgang führten Bejagung, der Ausbau von Wasserstraßen, Wasserverschmutzung und Beunruhigung.

Nordamerikanischer Biber *Castor canadensis* Kuhl 1820

E American beaver F Castor d'Amerique V S. 137

Sehr ähnlich dem Eurasiatischen Biber, etwas größer und dunkler! Aufgrund einiger abweichender Merkmale (u. a. Chromosomenzahl und Schädelanatomie) oft als eigenständige Art betrachtet. Ursprünglich über weite Gebiete des nordamerikanischen Taigagürtels verbreitet. Bestände durch Pelztierjäger ehemals bedroht; heute in vielen Gebieten wieder eingeführt und geschützt. Auch in Finnland und Osteuropa eingeführt und verbreitet. In gemeinsamen Vorkommensgebieten mit dem Eurasiatischen Biber bisher noch keine Mischlinge nachgewiesen. Bestandsvermehrung deutlich stärker als beim Eurasiatischen Biber, u. a. wohl auf die im Durchschnitt deutlich höhere Wurfgröße (bis zu 8 Jungtiere) zurückzuführen.

Familie **Baum- oder Ferkelratten** Capromyidae

Insgesamt 7 Gattungen mit 16 Arten. Bis auf eine Art alle auf den Großen Antillen und einigen Nachbarinseln verbreitet. Der Sumpfbiber, ursprünglich nur in Südamerika beheimatet, wurde durch den Menschen auch in der Alten Welt verbreitet. Zahnformel *(Myocastor)* 1·0·1·3 / 1·0·1·3 = 20.

Nutria, Sumpfbiber, Biberratte *Myocastor coypus* Molina 1782

E Coypu F Ragondin.

Merkmale: Relativ groß und von plumper Gestalt, ähnlich Biber, aber Schwanz drehrund, schuppig und kaum behaart. Augen und Ohren klein; lange Schnurrhaare; Hände und Füße nackt, Zehen der Hinterfüße durch Schwimmhäute verbunden. Färbung oberseits dunkel-, hell- oder rötlichbraun mit schiefergrauer Unterwolle, unterseits heller; Schnauzenspitze weiß. Farbvarianten, auch Albinos, wurden gezüchtet.
Körpermaße: KR 38–63 cm; S 23–45 cm; Hf ca. 13 cm; O ca. 3 cm; G 2,5–10 kg. ♂ größer und schwerer als ♀.
Ähnliche Arten: Biber, Bisamratte, Wanderratte.

Nutria

Verbreitung: Südamerika von Patagonien und Südchile im Süden nach Norden bis Bolivien, Paraguay, Südbrasilien und Uruguay sowie in Nordvenezuela. Als Farmpelztier eingeführt und verwildert in den südlichen USA, Mittel-, West- und Nordeuropa, der südlichen UdSSR, Kleinasien, Japan und Ostafrika. In nördlicheren Gebieten meist nicht ausreichend winterhart.
Lebensraum: In der Nähe klarer, pflanzenreicher, meist fließender Gewässer; auch an Brack- und Salzwasserlagunen.
Lebensweise: Vorwiegend dämmerungsaktiv. Amphibisch lebend; Fortbewegung an Land langsam; sehr guter Schwimmer und Taucher. Lebt paarweise oder gesellig; wohnt in selbstgegrabenen Uferhöhlen, deren Eingänge teilweise unter Wasser liegen.
Nahrung: Ufer- und Wasserpflanzen, Muscheln.
Fortpflanzung und Lebensdauer: Ursprünglich kaum festgelegte Paarungszeit; Tragzeit ca. 18 Wochen; Wurfgröße 4–13, meist 5–6. Neugeborene voll behaart, lauffähig und mit offenen Augen. Säugezeit 2 Monate; mit 3 Monaten selbständig; mit 7–8 Monaten geschlechtsreif; mit 15–18 Monaten ausgewachsen. In günstigen Gebieten 2 Würfe pro Jahr. Lebenserwartung bis zu 10 Jahre.
Lautgebung: Fauchen; Brummen des ♂ bei der Werbung.
Feinde: Fischotter, Dachs und weitere Marderarten, Braunbär, Wolf, Luchs, Rotfuchs, Uhu.

Ordnung **Hasentiere** Lagomorpha

Vertreten durch 2 Familien auf den Kontinenten der nördlichen Erdhalbkugel und in Afrika. Im behandelten Gebiet Europas nur 3 zur Familie Leporidae (Hasen und Kaninchen) zählende Arten. Noch in geschichtlicher Zeit war auch die Familie der Pfeifhasen (Ochotonidae) durch 1 Art auf Korsika und Sardinien vertreten. Im Gegensatz zu den Nagetieren (S. 72) im Oberkiefer nicht nur 2, sondern 4 von Schmelz umgebene Schneidezähne; diese als ein großes, vorderes und ein kleineres, hinteres Paar angeordnet. Wie bei Nagetieren keine Eckzähne.

Familie **Hasenartige** Leporidae

Mit über 30 Arten formenreichste Familie der Ordnung. Verbreitet über die Alte und Neue Welt bis auf Australien, SO-Asien, Madagaskar und den Süden Südamerikas. In Europa 3 Arten. Mittelgroß, relativ lange Ohren und Hinterbeine; äußerst kurzer Schwanz; tief gespaltene Oberlippe. 6–10 Zitzen; Zehenzahl 5/5. Ernährung vegetarisch. Hör- und Geruchssinn sowie Bewegungssehen gut. Zahnformel: 2·0·3·3 / 1·0·2·3 = 28.

Wildkaninchen *Oryctolagus cuniculus* Linné 1758

E Rabbit F Lapin de garenne A S. 142

Merkmale: Ohren lang und immer aufgerichtet, im Vergleich zu Feld- und Schneehase aber relativ kürzer, nach vorn geklappt nicht bis zur Schnauzenspitze reichend; Ohrenoberrand schwarz. Hinterbeine länger als Vorderbeine, jedoch relativ kürzer als bei Feld- und Schneehase; Fußsohlen behaart. Schwanz sehr kurz und wollig, Oberseite schwarz oder dunkelbraungrau, Unterseite weißlich. Körperfärbung von sandfarben, bräunlich, grau bis schwarz; im Nackenbereich oft rötlich bis ockerfarben.
Körpermaße: KR 34–45,5 cm; H 16–18 cm; O 6–7,5 cm; S 4–8 cm; Hf 75–95 mm; G 0,7–3 kg.
Ähnliche Arten: Feldhase, Schneehase.
Verbreitung: Ursprünglich wahrscheinlich auf die Iberische Halbinsel und NW-Afrika beschränkt. In geschichtlicher Zeit vom Menschen verbreitet nach Norden und Osten bis zu den Britischen Inseln, Irland, Südschweden, Gotland und bis zur Weichsel; auch auf den westlichen Mittelmeerinseln, den Azoren, Madeira und den Kanarischen Inseln. Ausgesetzt und heute weit verbreitet in Australien, Neuseeland, Südamerika und auf ozeanischen Inseln. Kleinste und farblich abweichende Form auf Madeira.
Lebensraum: Trockenwarmes Gelände; Sand- und Lehm-, aber auch Felsboden; Grassteppen, Parklandschaften, Gärten, lichte Wälder, Schonungen, Landwirtschaftsflächen, Hügellandschaften; kaum in höheren Gebirgslagen.
Lebensweise: Vorwiegend dämmerungsaktiv; weitgehend standorttreu. Familienkolonien von bis zu 25 Tieren bestehen aus einem erwachsenen ♂, mehreren ♀♀ und den Jungtieren. Aktionsareal im ∅ ca. 1 km; auf Nahrungssuche Wanderungen bis zu 5 km. Feste Wechsel und Kotplätze. Vor der Paarung jagt das ♂ das ♀, dann Kreisen, weiteres Treiben, Übersprin-

Wildkaninchen

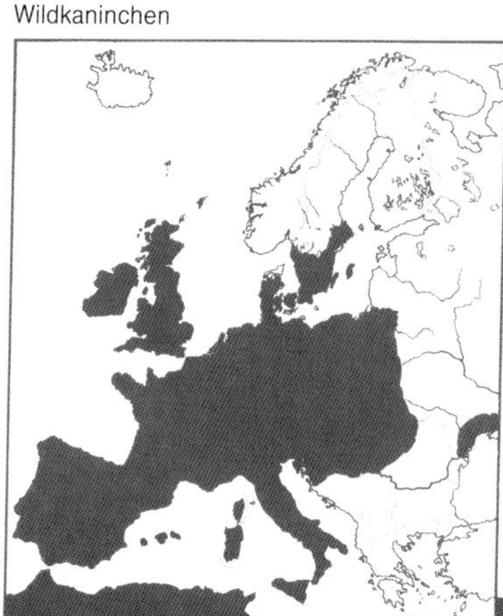

Feldhase

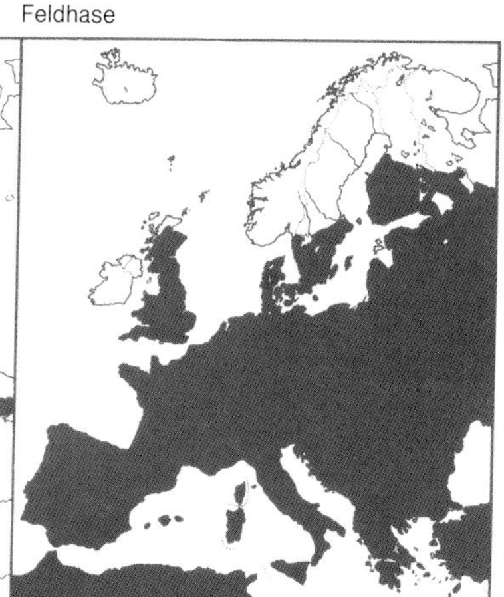

gen und Harnbespritzen. Begattung meist im Bau. Fortbewegung springend-hoppelnd; bei Verfolgung Hakenschlagen. Mäßiger Schwimmer und Kletterer. Weit verzweigte, bis zu 2,7 m tiefe Gangsysteme, mit Vorliebe in hügeligem und strauchigem Gelände; zuweilen auch oberirdisch oder in Felsspalten wohnend. Wurfnest in von außen mit Erdreich verschließbarer Röhre; Nest aus trockenem Gras und Bauchwolle des Muttertiers.

Nahrung: Vorwiegend pflanzlich; Kräuter, Wurzeln, Gemüse, selten auch Schnecken und Regenwürmer.

Fortpflanzung und Lebensdauer: Fortpflanzung in Südeuropa und Afrika ganzjährig, in Mittel- und Nordeuropa zwischen Februar und Oktober. 4–5 Würfe pro Jahr möglich. Tragzeit 28–31 Tage; Wurfgröße 1–15; Geburtsgewicht ca. 35 g; Neugeborene nackt und blind (Nesthocker); Augenöffnen nach ca. 10 Tagen, wenig später Verlassen des Nests; Säugezeit ca. 3 Wochen; Selbständig mit 4–5 Wochen; Geschlechtsreife mit 3–4 Monaten; ausgewachsen mit 8–10 Monaten. Lebenserwartung bis zu 10 Jahre.

Lautgebung: Meist ruhig; bei Bedrohung schrille Warnlaute; Knurrlaute; bei Gefahr Klopfen mit Hinterläufen; zur Paarungszeit leises Murksen.

Feinde: Landraubtiere vom Hermelin bis hin zu Wolf, Luchs und Bär; Uhu und andere Eulenarten sowie große Greifvögel, Kolkrabe. Besonders bei Massenvermehrung als Landwirtschafts-, Garten- und Forstschädling verfolgt. Verheerend wirkte das Myxomatose-Virus auf viele Populationen. Seither langsame Erholung und Zunahme.
Domestikation: Stammform der **Hauskaninchen** (»Stallhasen«); mit diesen unbegrenzt kreuzbar. Beginn der Haustierwerdung wahrscheinlich in der Römerzeit. Zunächst ähnlich wie Hasen unter halbwilden Bedingungen in weitläufigen Pferchen gehalten, in denen eine weitgehend durch menschliche Selektion unbeeinflußte Vermehrung möglich war. Sich deutlich in Körpergröße, Färbung oder Haarkleid vom Wildkaninchen unterscheidende Zuchtrassen wohl erst seit dem Mittelalter (16. Jahrhundert); erste gezielte Zuchten wahrscheinlich durch Mönche. Langhaarige **Angorakaninchen** erst seit dem 18. Jahrhundert bekannt. Hauskaninchen verwildern schnell; sogar die Hochzuchtrassen besitzen noch ein weitgehend dem der Wildform entsprechendes Verhaltensspektrum. Die Wildbestände in Australien, Südamerika und auf vielen Inseln gehen auf ausgesetzte Hauskaninchen zurück.

Feldhase *Lepus capensis* Linné 1758

E Brown hare F Lièvre brun A S. 142, V S. 141

Merkmale: Ähnlich Kaninchen, aber größer; Ohren und Hinterbeine besonders lang; nach vorn geklappt überragen die Ohren die Schnauzenspitze; Augen groß. Färbung gelblichbraun bis braungrau, in trockenen Gebieten insgesamt heller, in feuchten dunkler. Beininnenseiten und Bauchseite weiß; Schwanz bei fast allen Unterarten oberseits dunkel, unterseits weiß; Ohrspitzen dunkel bis schwarz gerandet; lange, weiße Schnurrhaare. 3 Paar Zitzen.

Körpermaße: KR 40–76 cm; H bis 30 cm; S 7–11 cm; O 8–14 cm; Hf 11–15 cm; G 1–7 kg. In SW-Europa und Afrika relativ klein, im östlichen Eurasien relativ groß. ♀♀ im Durchschnitt größer als ♂♂.

Ähnliche Arten: Schneehase, Wildkaninchen.

Verbreitung: Eurasien und Afrika. In Eurasien von der Iberischen Halbinsel im Westen, England, Schottland, Südschweden, Finnland im Norden über Mittel- und Osteuropa, Klein-, Vorder- und Zentralasien bis zur Mongolei, China nördlich des Jangtse Kiang, Chinesisch Turkestan, Afghanistan und Kaschmir im Osten. In Afrika in den Gebieten mit offenen Landschaften. Ausgesetzt in Australien, Neuseeland, den USA, Südamerika und auf einigen Inseln wie Irland, Mauritius, Barbados, Guadeloupe. Große Zahl verschiedener Formen und Unterarten.

Lebensraum: Ursprünglich Bewohner von Steppen- und Parklandschaften; auch in Sumpfgebieten und im Gebirge. Heute vor allem auch in Kultursteppen.

Lebensweise: Hauptsächlich dämmerungsaktiv; Nahrungsaufnahme frühmorgens und nachmittags/abends. Einzelgänger oder zu mehreren in Gemeinschaftsrevieren; gebietstreu; Aktionsraum bis zu 20 km^2. Fortbewegung schnell springend, bei Verfolgung Haken schlagend; guter Schwimmer; mäßiger Kletterer. Scharrt oberflächliche Vertiefungen (Sassen), geschützt unter Gestrüpp. Feste Wechsel, Sonn- und Badeplätze. Zur Paarungszeit größere Ansammlungen; Raufereien der ♂♂ um die einzelnen ♀♀. Gutes Hör- und Sehvermögen.

Nahrung: Gräser, Kräuter, Wurzeln, Früchte, Beeren, Pilze, Knospen, Bast, Sträucher, Feldfrüchte; auch Kleintiere, Kadaver und eigenen Kot.

Fortpflanzung und Lebensdauer: Fortpflanzungszeit je nach Verbreitungsgebiet verschieden; in Europa Paarungszeiten zwischen Januar und Juli; Tragzeit 6 Wochen; Setzzeit von März–Oktober; Wurfgröße 1–6, meist 2–4; Neugeborene sehend, behaart und fast lauffähig (Nestflüchter); Geburtsgewicht 90–130 g; Säugezeit 3 Wochen; erste feste Nahrung mit 2 Wochen; selbständig mit 3–4 Wochen; Geschlechtsreife am Ende des ersten Lebensjahrs. Lebenserwartung bis zu 12 Jahre. Im Uterus können sich Embryonen verschiedenen Alters und unterschiedlicher Entwicklung finden (Superfötation). Dies erklärt, daß Würfe in kürzerem Abstand aufeinanderfolgen können als es der Tragzeit nach zu erwarten wäre. Hohe Vermehrungsrate notwendig, um bestandvermindernde Faktoren (Raubfeinde, kalte und feuchte Witterung) auszugleichen.

Lautgebung: Meist ruhig; klagendes, schrilles Angstgeschrei; Zähneknirschen als Drohlaut; Gurren und Quieken der Junghasen; fiepsender Lockruf des Muttertiers; bei Ärger Vorderfußtrommeln; Knurren der ♂♂ bei Werbung und Nebenbuhlerkampf.
Feinde: Raubtiere von Baum- und Steinmarder, Fuchs und Wildkatze bis hin zu Wolf, Luchs und Bär; Uhu und Steinadler; für Jungtiere auch mittelgroße Greifvögel und Störche. Hohe Bestandsverluste in schneereichen Wintern. Vom Menschen bejagt, zuweilen als Landwirtschaftsschädling verfolgt.
Sonstiges: Mischlinge zwischen Feld- und Schneehase kommen vor, sind wahrscheinlich unfruchtbar.

Schneehase *Lepus timidus* Linné 1758

E Blue hare, Montain hare F Lièvre variable A S. 143, V S. 146

Merkmale: Im Vergleich zum Feldhasen Ohren und Schwanz kürzer; nach vorn geklappt erreichen die Ohrspitzen die Schnauzenspitze; relativ länglicher Kopf. Ohroberhälfte auch im Winter breit schwarz gerandet; Schwanz stets vollkommen weiß. Sommerkleid braun mit graublauem Einstich, bei irischer Form rötlichbraun. Winterkleid bei den meisten Formen, so in den Alpen und in Nordeuropa, weiß; in manchen Gebieten Schottlands und Skandinaviens nur teilweise Weißfärbung; auf Irland und den Faröern Winterkleid braun.
Körpermaße: KR 46–65 cm; S 4–8 cm; H 12–16,5 cm Hf 12–15 cm; O 6–9,5 cm; G 1,7–5,8 kg.
Ähnliche Arten: Feldhase, Wildkaninchen.
Verbreitung: Nördliches Eurasien und Nordamerika; von Island, Irland und Schottland im Westen über die Taiga- und Tundrazonen nach Osten bis Sachalin und Hokkaido; in Rußland und Sibirien bis zum 50° n. Br. südwärts. Gebirgspopulationen in den Alpen, im Altai und in SO-Kasachstan. In Nordamerika auf Tundragebiete von Alaska bis Labrador und Grönland sowie Neufundland begrenzt.
Lebensraum: Tundra- und Taigalandschaften, Gebirge. In nördlichen Gebieten von der Küste aufwärts, in südlicheren nur in höheren Lagen (Alpen, Schottland); in Irland, wo der Feldhase ursprünglich nicht vorkam, auch im Flachland.
Lebensweise: Vorwiegend nacht- und dämmerungsaktiv, aber auch tagsüber aktiver als der Feldhase. Einzelgänger oder in Gruppen lebend. Lagert in Sasse zwischen Felsen oder in einer einfachen Höhle mit 2 Ausgängen. Fortbewegung springend-hoppelnd, weniger schnell und hakenschlagend als Feldhase. Guter Schwimmer. Sonst ähnlich Feldhase.
Nahrung: Wie Feldhase, daneben Flechten und Rinde, besonders auch Heidekraut.
Fortpflanzung und Lebensdauer: Fortpflanzungszeit je nach Gegend zwischen Februar und August; Tragzeit ca. 7 Wochen; Wurfgröße 2–5; bis zu 3 Würfe pro Jahr. Sonst wie Feldhase.

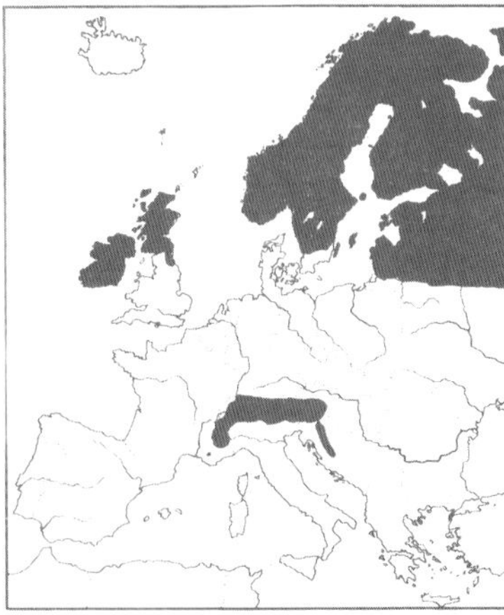

Schneehase

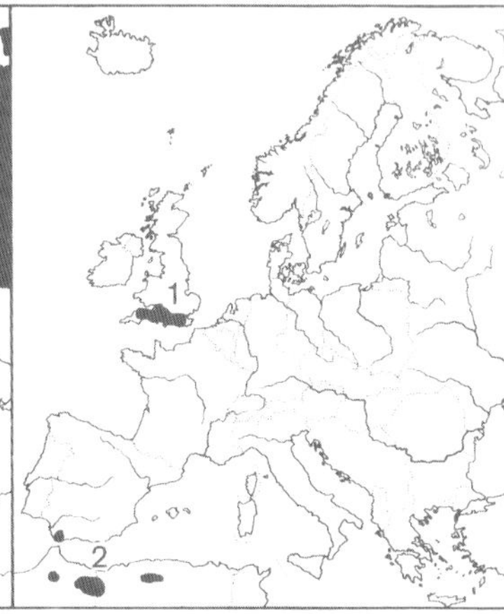

1 Bennett-Känguruh 2 Magot

Lautgebung: Ähnlich Feldhase; Schreien bei Verwundung oder Bedrohung; Zischen und Fauchen bei Störung oder Verärgerung.
Feinde: Vor allem Steinadler, Uhu, Schnee-Eule, Luchs, Wolf, Rot- und Eisfuchs, Braunbär, Vielfraß, Zobel, Baummarder und Hermelin.
Sonstiges: Siehe Feldhase.

Ordnung **Beuteltiere** Marsupialia

In 9 Familien mit ca. 240 Arten über Australasien und die Neue Welt verbreitet. Dehnbarer Beutel, in dem die im Vergleich zu anderen Säugetieren in einem sehr frühen Entwicklungsstadium zur Welt kommenden Jungtiere nach der Geburt getragen werden (Beutel kann auch nur angedeutet sein oder ganz fehlen). Körpergröße von 5–160 cm; Gewicht von 5 g bis 65 kg.

Familie **Känguruhs** oder **Springbeutler** Macropodidae

Über Neuguinea, Australien, Tasmanien und einige Inseln weit verbreitet. Bis menschengroß (160 cm); hüpfende Fortbewegungsweise, meist zweibeinig auf den großen und kräftigen Hinterbeinen; der lange und dicke Schwanz dient dabei als Stütze. Vorderfüße kurz mit kräftigen Krallen. Ernährung fast ausschließlich pflanzlich. In Europa 1 Art erfolgreich eingebürgert.

Bennett-Känguruh, Bennett-Wallaby

Macropus rufogriseus Desmarest 1817

E Red-necked wallaby F Kangourou de Bennett

Merkmale: Etwas größer als Feldhase. Langer, sich gleichmäßig zur Spitze hin verjüngender Stützschwanz; sehr bewegliche Ohren. Fell graubraun, im Nacken rötlichbraun; Schnauzenspitze, Ohrränder, Hände und Füße dunkel. Fortbewegung auf den Hinterbeinen hüpfend.
Körpermaße: KR 70–85 cm; S 65–75 cm; G 15–20 kg.
Ähnliche Arten: Kaum zu verwechseln.
Verbreitung: Südwestliches und östliches Australien, Inseln der Bass-Straße, Tasmanien; ausgesetzt und freilebend in Südengland. Ende des letzten Jahrhunderts auch in Deutschland (im Rheinland und in Schlesien) und auf einer Kanalinsel ausgesetzt, jedoch wieder ausgerottet.
Lebensraum: Vorwiegend dichte Wälder; Dickicht an Flußufern; buschreiches Gelände.
Lebensweise: Vorwiegend dämmerungs- und nachtaktiv; lebt versteckt; in Familienverbänden.
Nahrung: Ähnlich Reh. Gräser, Kräuter, Laub und Rinde von Bäumen und Sträuchern.
Fortpflanzung und Lebensdauer: Tragzeit 30–40 Tage; Wurfgröße 1 (2); Neugeborenes sehr embryonal und klein; klettert selbständig mit Hilfe der Vorderfüße in den Beutel, wo es sich an der Zitze festsaugt; 9 Monate im Beutel getragen. Geschlechtsreife im dritten Lebensjahr. Lebenserwartung 8–12 Jahre.
Lautgebung: Wenig lautfreudig.
Feinde: Ähnlich Feldhase.

Bennett-Känguruh

Ordnung **Herrentiere** Primates

Weltweit fast 200 Arten. Über alle Kontinente bis auf Australien, Neuguinea und Ozeanien verbreitet. Vorwiegend Baumbewohner tropischer und subtropischer Breiten. Fast alle Arten mit Greiffähigkeit, d. h. gegenüberstellbaren Daumen und Großzehen. Maus- bis gorillagroß. 2 Unterordnungen, Halbaffen (Prosimiae) und Affen (Simiae). In Europa neben dem Menschen nur eine weitere Art.

Familie **Hundsaffen** Cercopithecidae

Artenreichste Familie unter den Altweltaffen, ca. 60 Arten aus ca. 20 Gattungen. Ernährung hauptsächlich pflanzlich; tagaktiv; meist gesellig in Familienverbänden. Viele Arten der Paviane (Gattung *Papio*) und Makaken (Gattung *Macaca*) bodenlebend und zum Teil Bewohner offener Landschaften. Verbreitung in den tropischen und subtropischen Bereichen Eurasiens und Afrikas. Die Makaken stellen mit dem japanischen Rotgesichtmakak oder Schneeaffen, dem ostasiatischen Bärenmakak und dem Magot die neben dem Menschen am weitesten nördlich vorkommenden Primaten. Zahnformel: 2·1·2·3 / 2·1·2·3 = 32.

Magot, Berberaffe *Macaca sylvanus* Linné 1758

E Barbary ape F Magot. V S. 146

Merkmale: Körperbau kompakt und kräftig. Arme etwas länger als Beine. Kein sichtbarer Schwanz; kurze Schnauze; relativ kleine Ohren. Backentaschen. ♂ mit besonders langen Eckzähnen. Dichtes, bräunliches Fell; ♂ mit etwas längerer Scheitel- und Bartbehaarung. Haut bläulich bis fleischfarben; Gesicht nackt, dunkelrosa; Handfläche und Fußsohle nackt. Gesäßschwielen beim ♂ bräunlich, beim ♀ bläulichgrau. Beim brünstigen ♀ leichte Gesäßschwellung. Neugeborene schwarz behaart; Umfärbung nach 5–6 Monaten.
Körpermaße: KR 55–75 cm; H 40–53 cm; G 4–10 kg. ♀ kleiner und leichter als ♂.
Ähnliche Arten: In Europa keine.
Verbreitung: Nurmehr in einigen wenigen Gebieten Marokkos und Algeriens und auf dem Felsen von Gibraltar. Ehemals weiter verbreitet in NW-Afrika und wahrscheinlich auch auf der Iberischen Halbinsel. Größere, halbfrei gehaltene Gruppen in Frankreich und in der Bundesrepublik. Wiederausbürgerungen in einigen Gebieten Marokkos.
Lebensraum: Felsige und schluchtenreiche Gegenden; lichte Wälder bis 2000 m Höhe; Wasserstellen lebensnotwendig.

Magot

Lebensweise: Tagaktiv; Familienverband aus bis zu 30 Affen. Aktionsareal der Gruppe umfaßt Nahrungsgründe, Wasserstellen und Schlafplätze. Ruhen in Felsnischen, Höhlen oder auf Bäumen. Gute Springer und Kletterer. ♂♂ verteidigen Familienverband und Jungaffen.
Nahrung: Vorwiegend pflanzlich; Gräser, Kräuter, Blätter, Triebe, Wurzeln, Beeren, Früchte, auch Garten- und Feldfrüchte, Kerbtiere, Spinnen und andere Kleintiere.
Fortpflanzung und Lebensdauer: Paarungszeit ganzjährig, vorwiegend zwischen November und März; Tragzeit ca. 7 Monate; Wurfgröße meist 1; Augen bei Geburt offen; Säugezeit ca. 3 Monate. Das Neugeborene klammert sich zunächst am Bauchfell der Mutter fest oder wird von ihr oder einem erwachsenen ♂ getragen, lernt gegen Ende der ersten Lebenswoche laufen und ein paar Wochen später auf den Rücken der Erwachsenen zu reiten. Geschlechtsreife mit 3–4 Jahren. Lebensdauer in Gefangenschaft bis über 20 Jahre.
Lautgebung: Grunzen bei Wohlbefinden und Beschwichtigung; Schreien und Kreischen bei Erregung; zwitscherndes Keckern bei Angst oder Erregung; hohes Schreien bei Unterwerfung; Zähneschnattern und Schmatzen als Kontaktlaute.
Feinde: Stein-, Kaiser- und Raubadler; in Afrika früher auch Leopard. Vom Menschen als Nahrungskonkurrent und Vorratsdieb verfolgt.

Ordnung **Raubtiere** Carnivora

Sehr kleine (Mauswiesel) bis sehr große (Großbären) Säugetiere. Im behandelten Gebiet vertreten durch 34 Arten aus folgenden 8 Familien: Schleichkatzenartige (Viverridae), Hundeartige (Canidae), Katzenartige (Felidae), Marderartige (Mustelidae), Kleinbären (Procyonidae), Großbären (Ursidae), Hundsrobben (Phocidae) und Walrosse (Odobenidae).
Außerhalb des behandelten Gebiets Europas, nördlich des Kaukasus, auch ein Vertreter der Hyänenartigen (Hyaenidae), die Streifenhyäne, *Hyaena hyaena*, die hauptsächlich über Nordafrika und Vorderasien verbreitet ist. Nicht zur ursprünglichen Fauna Europas gehören der Waschbär als Vertreter der Kleinbären und mehrere Arten aus den Reihen der Schleichkatzen, der Hundeartigen und der Marderartigen.
Die Raubtiere ernähren sich tierisch oder sind Allesfresser. Einzelgängerische, paarweise oder gruppenlebende Arten. Die Neugeborenen der Landraubtiere sind Nesthocker und kommen blind und unselbständig zur Welt. Jungtiere der Robben dagegen bei Geburt schon relativ weit entwickelt und groß. Bei einer Reihe von Hundsrobbenarten besitzen sie zunächst ein weiches Jugendhaarkleid, das erst nach ein paar Wochen durch das endgültige, für das Leben im Wasser geeignete Haarkleid ersetzt wird. Eine Ausnahme bildet der Seehund, dessen Jungtiere schon bald nach der Geburt schwimmfähig sind. Wurfgröße bei Robben meist 1, selten 2, bei Landraubtieren meist höhere Nachkommenzahlen. Bei den meisten Arten sind die ♂♂ größer und schwerer als die ♀♀. Gebiß der Landraubtiere wie eine Brechschere wirkend, bei der die seitlichen Reißzähne (2. Vorbackenzahn im Oberkiefer, 1. Backenzahn im Unterkiefer) die Hauptfunktion übernehmen.

Familie **Schleichkatzenartige** Viverridae

Mit ca. 72 Arten stellt diese Familie die meisten Kleinraubtiere des subtropischen und tropischen Bereichs der Alten Welt (Afrika, Madagaskar, Vorder- und Südasien). Körpergrößen, Lebens- und Ernährungsweisen der Schleichkatzen entsprechen weitgehend denen der Marderartigen (Mustelidae), die vor allem in nördlichen und gemäßigten Breiten vorkommen. Die Vertreter der beiden Unterfamilien, der eigentlichen Schleichkatzen (Viverrinae) und der Mangustenartigen (Herpestinae), unterscheiden sich vornehmlich in ihrer Lebensweise. Erstere sind eher Einzelgänger, während letztere oft in Gruppen leben.
In Europa nur drei Arten, von denen zumindest eine, der Indische Mungo, vom Menschen in Europa eingeführt wurde.
Die Schleichkatzenartigen gelten als besonders ursprünglicher Raubtiertyp, von dem sich wahrscheinlich die anderen Raubtierfamilien ableiten lassen. Zahnformel: 3·1·3–4·1–3 / 3·1·3–4·1–3 = 32–44.

Ginsterkatze *Genetta genetta* Linné 1758
E Common genet F Genette commune A S. 152, V S. 153

Merkmale: Etwa hauskatzengroß, aber schlanker, langgestreckter; Schnauze spitz; langer Schwanz; kurze Beine; große Augen; dreieckige und relativ große Ohren; rauhes Fell; spitze, weitgehend zurückziehbare Krallen. Grundfärbung weißgrau, gelblich bis bräunlichgrau, bauchseits heller; an Nacken und Rücken runde bis längliche schwarze oder dunkelbraune Flekken, die beiderseits des dunklen Aalstrichs 5 Längsreihen bilden; Schwanz mit 8–10 dunklen Ringen.
Ähnliche Arten: Kaum zu verwechseln; Hauskatze, Wildkatze, Marderarten, Rotfuchs.
Körpermaße: KR 40–55 cm; S 40–51 cm; H 15–20 cm; G 1,3–2,3 kg.
Verbreitung: Auf dem afrikanischen Kontinent von NW- und Westafrika, südlich der Sahara bis Ostafrika und weiter bis Südafrika. In Asien im Westen der arabischen Halbinsel bis Palästina im Norden. In Europa auf der Iberischen Halbinsel und in Südfrankreich südlich der Loire und westlich der Rhône; auf Mallorca und Ibiza. Weitere Arten der Gattung auf dem afrikanischen Kontinent.
Lebensraum: Offene, schlupfwinkelreiche Landschaften, Trockensavanne bis Halbwüste; bis 2500 m Höhe.
Lebensweise: Einzelgänger, standorttreu, territorial. Das Territorium wird markiert durch feste Kotplätze sowie durch Harn und Analdrüsensekret (im Handstand an senkrechten Objekten abgegeben). Nacht- und dämmerungsaktiv, tagsüber ruhend in Höhlen oder anderen Verstecken. Klettert gut, auch kopfabwärts. Dämmerungs- und Bewegungssehen, Hör- und Riechvermögen entsprechend der Nachtaktivität gut ausgebildet. Jungtiere besonders verspielt und erkundungsfreudig.
Nahrung: Kleintiere bis Hasen- und Hühnergröße; auch Eidechsen, Frösche, Schlangen, Fische, Kerbtiere, Spinnen, Krabben, Schnecken, Eier; Früchte und Aas sowie Haustiere wie Geflügel und Kaninchen.
Fortpflanzung und Lebensdauer: Alle 6 Wochen ist das ♀ für 2–3 Tage in Ranz, soweit es nicht schon gedeckt wurde; ♀ sitzt bei der Begattung; Tragzeit ca. 10 Wochen. Wurfzeit der europäischen Ginsterkatzen März/April, selten ein weiterer Wurf im August oder September; Wurfgröße 1–4, meist 2–3; Neugeborene blind, außer am Bauch behaart; Geburtsgewicht ca. 70 g; Augenöffnen am Ende der ersten Lebenswoche; Säugezeit bis zum dritten Monat, ab der sechsten Lebenswoche Aufnahme fester Nahrung; mit 2 Monaten voll bewegungsaktiv. Im Alter von 6–9 Monaten werden die Jungtiere selbständig, mit ca. 2 Jahren geschlechtsreif. Lebenserwartung in Gefangenhaltung bis zu 15 Jahre.
Lautgebung: Stimmfühlungslaute (üff-üff); Knurren bei Erregung; Fauchen (Drohen); Schnurren der Jungtiere bei Wohlbefinden; Muckern bei Begattung oder Kontaktaufnahme; Miauen bei Begattung.
Feinde: Luchs, Wildkatze, Dachs, Fuchs u. a. Raubtiere sowie Eulen.
Domestikation: Leicht zähmbar; wurde im alten Ägypten zur Bekämpfung der Ratten und Mäuse gehalten.

Ginsterkatze

Ichneumon

Ichneumon, Manguste, Pharaonenratte

Herpestes ichneumon Linné 1758

E Ichneumon F Mangouste ichneumon

Merkmale: Bis mardergroß; rattenartig bräunlichgrau; Unterseite gelblich; Schnauze und Beine dunkel. Färbung je nach Biotop zwischen hellgrau und schwarzbraun variierend. Spitzer Kopf, kurze Beine, schlanker Körperbau, langer Schwanz; Augen und Ohren klein. Dichte, gelbliche bis bräunliche Unterwolle; am Rumpf mit steifen, schwarzweiß-geringelten, aufrichtbaren Deckhaaren, die an den Flanken und im Bereich der Schwanzwurzel besonders lang sind; an der Schwanzspitze pinselartige schwarze Endquaste; Beine schwarz; Sohlengänger; Zehen, Sohlenballen und Hinterfußsohle bis zur Ferse nackt; lange leicht gebogene Krallen. Analdrüsenring um After. 2 oder 3 Paar Zitzen.
Ähnliche Arten: Indischer Mungo, Marderarten.
Körpermaße: KR 45–65 cm; S 35–58 cm; H ca. 20 cm; G 1,9–4 kg.
Verbreitung: NW-Afrika; von Ägypten über Zentralafrika südlich der Sahara bis Südostafrika; Kleinasien und Palästina; auf dem Südteil der Iberischen Halbinsel bis zum Tejo im NW und bis zum Guadalquivir im NO; wahrscheinlich eingeführt auf Madagaskar und bei Mljet (Dalmatien).
Lebensraum: Feucht- und Trockensavanne, Steppe und Halbwüste; bis 2000 m Höhe; gerne in der Nähe von Gewässern und Siedlungen.
Lebensweise: Weitgehend im Familienverband lebend; vorwiegend tagaktiv. Ruheplätze: Erdbaue, Felsspalten oder unter Gebüsch; guter Schwimmer, mäßiger Kletterer. Gutes Riech-, Seh- und Hörvermögen.

Nahrung: Kleinsäuger bis zu Ratten- und Hasengröße, Vögel bis Hühnergröße (gern Hausgeflügel), Kriechtiere, Lurche, Fische, Kerbtiere, Krebse und Früchte. Die schnelle Reaktionsfähigkeit und die herabgesetzte Giftempfindlichkeit ermöglichen das Erbeuten von Giftschlangen.
Fortpflanzung und Lebensdauer: Paarungszeit in Europa im Frühjahr; Begattung im Stehen; Tragzeit 7–12 Wochen; Jungtiere (zumeist 2–3) werden in einem Versteck geboren. Bei der Jungenaufzucht hilft das ♂ mit. Nach einem Jahr sind die Jungtiere selbständig, mit 2 Jahren werden sie geschlechtsreif. Über die Lebensdauer ist noch wenig bekannt (fast 13jähriges Tier in Gefangenhaltung).
Lautgebung: Stimmfühlungslaute (u-u-u); Paarungslaute (hä-hä, Hecheln vom ♂, Schreien vom ♀); Abwehrlaute (Knurren, Fauchen, Drohschrei, Keckern); Verlassenheitsrufe der Jungen (Querren); Äußerungen des Wohlbefindens (Muckern).
Feinde: Größere Raubtiere und Greifvögel.
Domestikation: Schon seit dem Alten Ägypten und seit Römischer Zeit halbzahm als Vertilger von Ratten und Mäusen in menschlichen Siedlungen gehalten. Mit abnehmender Gefährdung des Menschen durch Giftschlangen und mit dem Aufkommen der Hühnerhaltung allmählich zugunsten der Hauskatze außer Mode gekommen.

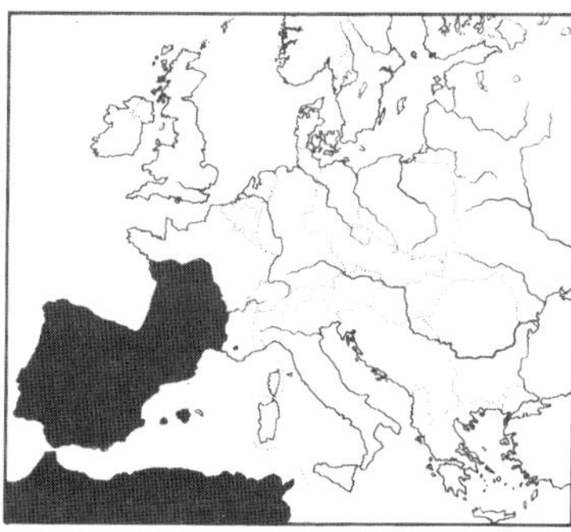

Ginsterkatze

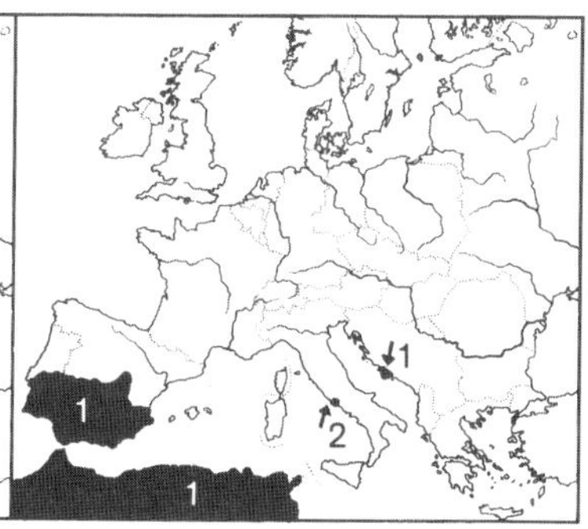

1 Ichneumon 2 Indischer Mungo

Indischer Mungo *Herpestes edwardsi* Geoffroy 1818

E Indian grey mongoose F Mangouste d'Edwards

Merkmale: Ähnlich Ichneumon, aber etwas kleiner; relativ längerer, körperlanger Schwanz; langes rauhes Fell; Haarkleid grau, an den Haarspitzen weiß geringelt, so daß der Eindruck einer grausilbernen Sprenkelung entsteht; Schwanzspitze heller als übriger Körper. Nackte Fußsohlen; Vorder- und Hinterfüße mit jeweils 5 Zehen und kräftigen Krallen.
Körpermaße: KR 45–50 cm; S ca. 40 cm; H ca. 16 cm; G bis ca. 2,5 kg.
Ähnliche Arten: Ichneumon, Marderarten.

Verbreitung: Ursprünglich Vorderasien von Nordostarabien bis Belutschistan, Indien und Ceylon. Eingeführt auf der Malayischen Halbinsel, Mauritius, den Ryukyu-Inseln, Kuba, Jamaika und einigen weiteren Antilleninseln sowie in Italien am Monte Circeo südlich von Rom.
Lebensraum: Offene Landschaften und lichte Wälder, Strauchlandschaften und Steinhalden.
Lebensweise: Ähnlich Ichneumon; tagaktiv; einzeln, paarweise oder im Familienverband; territorial; bodenlebend. Der gestreckte und schlanke Körperbau ermöglicht eine besonders wendige und schnelle Fortbewegung. Bei schnellem Lauf ähnelt die Fortbewegung dem Springhoppeln mancher Marder. Männchenmachen und Hochsprünge dienen vor allem der Sicherung. Mäßig guter Kletterer. Ausgeprägter Spieltrieb. Die Wohnhöhlen werden selbst gegraben oder in Felsspalten angelegt. Geruchssinn, Bewegungs- und Farbensehen gut entwickelt.
Nahrung: Überwiegend tierisch; Würmer, Kerbtiere, Kriechtiere, Kleinsäuger und Vögel bis Ratten-, Kaninchen- und Hühnergröße, auch Hausgeflügel. Gewandtheit, Reaktionsschnelligkeit und eine erhöhte Immunität gegen Schlangengift ermöglichen das Töten und Erbeuten von Giftschlangen.
Fortpflanzung: Ähnlich Ichneumon; Paarungszeiten und Wurfzeiten in den Ursprungsländern über das Jahr verteilt. Tragzeit ca. 8–9 Wochen; Wurfgröße 2–4.
Lautgebung: Ähnlich Ichneumon.
Feinde: Greifvögel, Rotfuchs, Dachs u. a. Marderarten.
Domestikation: Als Ratten- und Schlangenvertilger.

Familie **Hundeartige** Canidae

Mit insgesamt 31 Arten über Eurasien, Afrika, Nord- und Südamerika verbreitet; in Europa mit 5 Arten, darunter einer nicht zur ursprünglichen Fauna gehörenden, vertreten. Fennek- bis wolfsgroß; kurze bis lange Beine; Vorderbeine mit 5 Zehen (1 Ausnahme: Afrikanischer Wildhund), Hinterbeine mit 4 Zehen; starke Krallen; typische, relativ lange, schlanke Hundeschnauze; Ohren meist spitz und stehend; meist mittellanger und buschiger Schwanz. Die meisten Arten (alle europäischen) besitzen 42 Zähne; Zahnformel: $3 \cdot 1 \cdot 4 \cdot 3 / 3 \cdot 1 \cdot 4 \cdot 2 = 42$.
Unter den Raubtieren sind die Hundeartigen besonders gute und ausdauernde Läufer, dagegen nur mäßige oder schlechte Kletterer. Einzelgängerische, paarweise und/oder in Rudeln lebende Arten.

Wolf *Canis lupus* Linné 1758

E Wolf F Loup A S. 156, V S. 157

Merkmale: Schäferhundähnliche Gestalt, aber kräftiger; relativ hochbeinig; kurzer, kräftiger Nacken; buschiger, mittellanger und hängender Schwanz;

spitze Ohren. Färbung der europäischen Wölfe relativ einheitlich zwischen graubraun und dunkelgelbbraun, oft schwärzlich oder dunkelgrau marmoriert. Wölfe nördlicher Verbreitungsgebiete sind meist langhaariger, größer und relativ kurzohriger als südlichere. Weltweit variiert die Färbung des Wolfs beträchtlich. Als Beispiele seien die oftmals schwarzen Timberwölfe Nordamerikas, die zuweilen gänzlich weißen Eiswölfe subarktischer Gebiete sowie die hellen fahlfarbenen Formen Vorderasiens erwähnt.
Körpermaße (Europäische Wölfe): KR 1,1–1,4 cm; S 30–40 cm; H 65–80 cm; G 25–50 kg.
Ähnliche Arten: Wolfsähnliche Haushundrassen, z. B. Deutscher Schäferhund; in Südosteuropa Goldschakal (sehr ähnlich, aber wesentlich kleiner).
Verbreitung: Ehemals nahezu über die gesamte nördliche Erdhalbkugel verbreitet; in Nordamerika nicht im SO, wo die Art durch den nah verwandten Rotwolf *(C. rufus)* vertreten ist; in Eurasien bis Palästina, Indien und Südchina im Süden; auch auf Grönland und vielen anderen arktischen Inseln. Heute in vielen Gebieten ausgerottet, so in Mitteleuropa und Japan. In Europa noch kleine, isolierte Bestände auf der Iberischen Halbinsel, in den Abbruzzen und wahrscheinlich in Zentralfrankreich; größere Bestände noch in den Balkanländern und in Ost- und Nordosteuropa. Im Gesamtverbreitungsgebiet lassen sich eine Reihe verschiedener Wolfstypen unterscheiden; die meist fließenden Übergänge zwischen den Populationen erschweren aber die Festlegung von Unterarten.
Lebensraum: Sehr anpassungsfähig; offene Landschaften wie Halbwüsten und Tundren sowie Waldlandschaften, die aber meist aufgelockert sind; Flachland und Gebirge, auch Küstengebiete.
Lebensweise: Tag-, dämmerungs- und nachtaktiv; je nach Jahreszeit, Nahrungsangebot und anderen Faktoren einzeln, paarweise, im Familienverband oder in Großrudeln (Rotten) lebend. ♂ und ♀ können über mehrere Jahre in Einehe leben. Besonders zur Fortpflanzungszeit ist das Paar territorial und ortstreu. Der Rüde (♂) hilft bei der Aufzucht der Jungen mit und versorgt in den ersten Tagen nach der Geburt auch die Fähe (♀) mit Nahrung. Sind die Jungwölfe herangewachsen, kann das Familienrudel das Territorium erweitern oder auch (zeitweise) verlassen. Im Winter kann es zum Zusammenschluß mehrerer, meist miteinander verwandter Familienrudel zu einer größeren Wolfsrotte kommen, wenn hierdurch Jagderfolg und Nahrungserwerb verbessert werden. Das besonders in den Wintermonaten zu hörende Heulen und Antwortheulen dient dem Zusammenfinden der Artgenossen. Während und nach der Ranzzeit im Frühjahr Aufbrechen der Rudel und Rotten; die Paare werden nun territorial. Lager unter Felsvorsprüngen oder in Höhlen, die zuweilen auch selbst gegraben oder ausgebaut werden. Gute und ausdauernde Läufer mit großem Aktionsradius; im Vergleich zu anderen Tierarten sehr scheu und vorsichtig. In die Enge getrieben ist der Wolf auch für den Menschen gefährlich. Bewegungssehen, Riech- und Hörvermögen gut ausgebildet.
Nahrung: Vorwiegend tierisch; Kleintiere bis hin zu Hirschen und Elchen, Haustiere bis Rindergröße, auch Aas.
Fortpflanzung und Lebensdauer: Paarungszeit zwischen Dezember und

Goldschakal, ♂

Wolf, ♂

März, im Norden später als im Süden. Tragzeit ca. 9 Wochen; Wurfgröße 3–6; Welpen blind; Augenöffnen nach ca. 10 Tagen; Säugezeit ca. 2 Monate. Die Jungwölfe nehmen ab ca. der vierten Woche auch feste Nahrung auf und werden im Alter von 2–3 Monaten erstmals mit auf die Jagd genommen. Meist bleiben sie bis zum folgenden Frühjahr im Elternrudel. Geschlechtsreife im zweiten Lebensjahr. Lebenserwartung bis zu 16 Jahre.
Lautgebung: Heulen besonders zur Ranzzeit im Winter und Frühjahr; Blaffen (Verbellen), Knurren, Jaulen.
Feinde: Kaum; eventuell Bär und Luchs; bei Nahrungsmangel Artgenossen.
Domestikation: Bedeutendster, wenn nicht alleiniger Stammvater der Haushunde. Besonders die Wolfsformen Vorderasiens und Indiens gelten als Ausgangsformen der Haushunde. Die mit dem Menschen nach Australien und Neuguinea gekommenen **Dingos** und die sogenannten **Pariahunde** Vorderasiens gelten als besonders ursprüngliche Hundetypen. Die Verbreitung der Pariahunde reicht bis SO-Europa.

Goldschakal *Canis aureus* Linné 1758

E Common jackal F Chacal commun

Merkmale: Gestalt und Färbung ähnlich wie Wolf, aber kleiner. Oberseite gelbgrau mit rötlichem und schwarzem Unterton, je nach Gegend Gesamtfärbung rötlich oder mehr dunkelfahlbraun; zuweilen kleine abgesetzte Schulterschabracke; Schwanzende schwarz; Beinaußenseiten und Ohrrückseiten gelblich- bis rötlichbraun; Lippen, Kinn, Kehle und Vorderbrust hell; Bauch und Beininnenseiten gelbbraun. 4 Paar Zitzen. Fell der Welpen wollig, graubraun.
Ähnliche Arten: Wolf, verwilderte Haushunde, Rotfuchs.
Körpermaße: KR 70–105 cm; S 18–27 cm; H 40–50 cm; G 7–15 kg.
Verbreitung: Nördlicher Teil der Alten Welt von Nordafrika, dem Balkan und Kleinasien im Westen bis nach Indien, Ceylon und Thailand im Osten. In Afrika bis Kenia im Süden und von dort westlich bis Senegal; in Asien bis zu Aralsee und Kaukasus im Norden; in Südosteuropa bis Dalmatien und Ungarn im Norden. Aufgrund weitgehend fließender Übergänge in der Gesamtverbreitung sind Unterarten schwer abzugrenzen.
Lebensraum: Offenes, aber deckungsreiches Gelände; in Gebirgsgegenden bis 2000 m Höhe; gerne in Nähe von Siedlungen.
Lebensweise: Tag-, dämmerungs- und nachtaktiv; paarweise, einzeln oder im Familienverband; territorial. Das ca. 2–5 km^2 große Territorium wird von ♂ und ♀ gegen fremde Artgenossen verteidigt und mit Kot und Harn markiert. Die zu einer regelrechten Lebensehe führende Paarbildung wird durch gemeinsames Heulen und durch Besteigen dokumentiert und erfolgt meist schon Monate vor der zur Befruchtung führenden Begattung. Besonders gut ausgeprägt sind Hör- und Riechvermögen sowie das Bewegungssehen. Jagd einzeln, paarweise oder im Familienverband.

Wolf

1 Eisfuchs 2 Goldschakal

Nahrung: Kleintiere aller Art, Aas, Jungtiere, Hausgeflügel und selten Lämmer, Kälber, Fohlen und erwachsene Schafe; Früchte, auch andere Pflanzen wie Mais und Zuckerrohr.
Fortpflanzung und Lebensdauer: Nach einer Tragzeit von 60–63 Tagen werden 3 bis maximal 12 Welpen in einem Bau (Erdbau, Höhle, Felsspalte) geboren. Nach 10–14 Tagen öffnen sich die Augen der Jungen. Die Säugezeit dauert ca. 6 Wochen. Ab der vierten Woche nehmen die Welpen auch feste Nahrung auf. Nach 2–3 Monaten tritt an Stelle des Welpenfells das spätere Haarkleid. Die Jungschakale werden nun mit auf die Jagd genommen. Im Alter von 6–7 Monaten werden sie geschlechtsreif, trennen sich von den Eltern und verlassen das Territorium. Mit 8–10 Monaten sind sie voll ausgewachsen. Die natürliche Lebensdauer liegt bei 10 bis 12 Jahren.
Lautgebung: Das wiederholte klagende Heulen mit anschließenden Kläffern vor Sonnenaufgang und nach Sonnenuntergang dient der Kontaktaufnahme, besonders zur Ranzzeit. Weitere Lautgebungen sind Niesen (Voralarm), Bellen (Warnen) und Winseln (Freudebekundung).
Feinde: In Europa vor allem der Wolf und verwilderte Hunde, für Jungtiere auch Greifvögel.
Domestikation: Neben dem Wolf als weiterer Stammvater der Haushunde in der Diskussion.

Eisfuchs, Polarfuchs *Alopex lagopus* Linné 1758

E Arctic fox F Renard polaire, Isatis V S. 157

Merkmale: In der Gestalt ähnlich Rotfuchs, aber kleiner; kürzere Schnauze; relativ kleinere, rundere Ohren; Fußsohlen behaart. 2 Färbungsvarianten mit jeweils Sommer- und Winterkleid: a) Normalform im Sommer bräunlich mit heller, weißgrauer Bauchseite, im Winter weiß bis gelblichweiß; b) »Blaufuchs« im Sommer rauchgrau, im Winter hell blaugrau. Im längeren und dichteren Winterfell wirkt der Eisfuchs wesentlich kompakter als im Sommerkleid.
Körpermaße: KR 50–65 cm; S 28–33 cm; H 25–30 cm; G 4,5–8 kg.
Ähnliche Arten: Rotfuchs, Marderhund.
Verbreitung: Arktische und subarktische Bereiche der Alten und Neuen Welt, entlang Gebirgszügen auch südlicher (z. B. in Skandinavien); auch auf Island und den meisten anderen arktischen Inseln. Die Häufigkeit sinkt und steigt stark entsprechend der Dichte der Beutetiere. In der isländischen Population finden sich rel. viele »Blaufüchse« (ca. 50 %); in den übrigen Verbreitungsgebieten gibt es diese Farbvariante selten oder gar nicht.
Lebensraum: Hauptsächlich offene Landschaften kalter Regionen; Tundren, Gebirge oberhalb der Baumgrenze; ab und zu nach Süden in Taigabereiche vordringend; auch an nordischen Küsten.
Lebensweise: Tag-, dämmerungs- und nachtaktiv; territorial, im Familienverband, paarweise oder einzeln lebend. Die Größe des Territoriums variiert stark entsprechend dem Nahrungsangebot. Bei der Aufzucht und Ernährung der Jungtiere hilft das ♂ mit und versorgt nach der Geburt auch das ♀. Die

Wohnhöhle mit dem Kessel findet sich meist in einem lehmig-sandigen Hügel, in felsigen Gebieten in Felsspalten.
Nahrung: Vorwiegend tierisch; Kleinnager wie Wühlmäuse und Lemminge, bodennistende Vögel, Eier, Muscheln, Aas u. a. m.; auch Beeren. Anlage von Vorräten in Felsspalten.
Fortpflanzung und Lebensdauer: Paarungszeit April; Tragzeit 6–7 Wochen; ca. im Juni werden 2–8 Welpen geboren, ein zweiter Wurf im August ist möglich; Augenöffnen nach ca. 13 Tagen; Säugezeit ca. 4 Wochen, dann auch feste Nahrung. Mit ca. 4–5 Monaten sind die Jungfüchse selbständig, am Ende des ersten Lebensjahres geschlechtsreif. Lebenserwartung bis zu 10 Jahre.
Lautgebung: Lautfreudig; heiseres Bellen (Verbellen und Weglocken); eigenartiges Heulen zur Ranzzeit bestehend aus zunächst kurzen Lauten, gefolgt von einem langen Schrei.
Feinde: Vor allem Wolf.

Eisfuchs: oben Winterkleid, unten Sommerkleid, rechts Farbvariante »Blaufuchs« im Winterkleid

Rotfuchs *Vulpes vulpes* Linné 1758

E Red fox F Renard V S. 162

Merkmale: Wie kleiner, schlanker Hund; spitzer Kopf; spitze, stehende, große Ohren; buschiger Schwanz. Färbung variabel, in Europa vorwiegend folgender Typ: Oberseite rotbraun, Kehle, Bauchpartie und Beininnenseiten heller bis weißlich, Schwanzspitze weiß. Hiervon abweichende Farbvarianten sind der »Brandfuchs« mit dunkler Kehle und Bauchseite sowie dunkler Schulterpartie, der noch dunklere »Kohlfuchs«, der »Kreuzfuchs« mit dunklem Schulterkreuz und der besonders helle »Birkfuchs«. Zuweilen finden sich auch Weißlinge mit schwarzen Ohr- und Schwanzspitzen sowie aus Pelzfarmen entkommene »Silberfüchse« (eine nordamerikanische Form des Rotfuchses).

Ähnliche Arten: Eisfuchs, Goldschakal, Marderhund, kleine Hunde, Vielfraß, Ginsterkatze, Dachs.

Körpermaße: KR 50–90 cm; S 30–50 cm; H 30–40 cm; G 4–10 kg.

Verbreitung: Typischer Vertreter der paläarktischen und nearktischen Fauna. In Europa überall außer auf Zypern, Kreta, Malta und den Balearen. In Afrika im Atlas und in den nordwestafrikanischen Küstenländern sowie in NO-Afrika von Libyen und Ägypten bis zum nördlichen Sudan. In Asien von Kleinasien, Arabien über Mittelasien bis Südsibirien, Kamtschatka, Japan und bis zum Norden Hinterindiens im Südosten. In Nordamerika bis Florida, dem Golf von Mexiko sowie Mittelkalifornien, nicht in den nordöstlichen Tundragebieten. Im Gesamtverbreitungsgebiet ca. 50 Unterarten. Eingeführt in Australien und auf einigen pazifischen Inseln.

Lebensraum: Äußerst anpassungsfähig; Halbwüste, Küstengebiete, Wald- und Parklandschaften, Hochgebirge bis zu 4500 m Höhe.

Lebensweise: Vorwiegend nacht- und dämmerungsaktiv; Einzelgänger, territorial. Das Territorium umfaßt bis zu 100 ha und wird hauptsächlich auf bestimmten Wechseln durchstreift. Mehrere Haupt- und Nebenbaue (Erdhöhlen) dienen als Ruheplätze und zur Aufzucht der Jungtiere. Harn- und Kotplätze markieren das Territorium gegenüber Artgenossen. Sehr gut entwickeltes Hör-, Riech- und Sehvermögen. Die Jagd erfolgt einzeln oder im Familienverband (Mutter mit Jungfüchsen). Die Fuchsdichte ist stark abhängig von der landschaftlichen Vielfalt, dem Nahrungsangebot über das Jahr hinweg und von für Baue geeigneten Standorten. Jungfüchse verlassen das Gebiet ihrer Jugend sehr unterschiedlich spät und wandern sehr unterschiedlich weit weg.

Nahrung: Kleintiere bis Hasen- und Gänsegröße; auch Eier und Jungtiere (Rehkitze, Lämmer), Beeren und Früchte.

Fortpflanzung und Lebensdauer: Paarungszeit (Ranzzeit) in Mitteleuropa Januar/Februar, in Südeuropa bis zu 4 Wochen früher und in Nordeuropa bis zu 4 Wochen später. Mehrere ♂♂ umwerben das ♀, einer bleibt und hilft bei der Aufzucht der Jungtiere mit, bis diese selbständig werden. Die Begattung dauert zwischen 15 und 25 Minuten. Nach einer Tragzeit von ca. 50 Tagen werden 3 bis maximal 12 wollig-graue, blinde Welpen im Kessel des Erdbaus geworfen. Vor Beendigung der zweiten Lebenswoche öffnen die Welpen

Rotfuchs: oben im Winterkleid, unten Farbvariante »Kreuzfuchs« im Sommerkleid

ihre Augen, nehmen bald danach von den Eltern vorgekaute, später auch feste Nahrung auf. Nach der vierten Lebenswoche endet die Säugezeit und die Jungfüchse verlassen erstmalig den Bau. Im Alter von 3–4 Monaten werden sie selbständig, mit ca. 9 Monaten geschlechtsreif. Lebenserwartung bis zu 12 Jahre.

Lautgebung: Kontaktlaute zur Ranzzeit; Warnlaute; helle Klagelaute; Kekkern bei Streit und Erregung; Winseln und Greinen bei Begrüßung und Betteln der Jungfüchse; Verlassenheitsrufe der Jungfüchse und Sehnsuchtsrufe der Altfüchse bellend, ähnlich »hau« klingend, weithin hörbar, vorwiegend zur Paarungszeit; lautes Kreischen bei heftigen Auseinandersetzungen oder bei schmerzhafter Verwundung.

Feinde: Wolf, Goldschakal, verwilderte Hunde, Luchs, Dachs, Vielfraß, Adler, Uhu.

Sonstiges: Gilt als Hauptüberträger der Tollwuterreger. Um das Aufkommen dieser Seuche zu verhindern, wurden und werden vielerorts die Füchse, soweit es irgend geht, bejagt und begast; dennoch halten sich auch in solchen Gebieten die Fuchsbestände erstaunlich gut. Die Bejagung als prophylaktische Maßnahme zur Tollwutbekämpfung ist umstritten, da die Verringerung eines Fuchsbestandes die Zuwanderung fremder Füchse und damit das Einschleppen der Tollwut begünstigen kann.

Rotfuchs Marderhund

Marderhund *Nyctereutes procyonoides* Gray 1834

E Raccoon dog F Chien viverrin

Merkmale: Fuchsgroß, aber kompakter gebaut; kurze Beine; relativ kurzer, buschiger Schwanz; kleine Ohren; spitze Schnauze. Fellfärbung oberseits graubraun bis schmutziggelb; Beine und Bauchseite dunkler, dunkelgrau bis schwarz; Gesichtsmaske: weißgrau und dunkelgraue bis schwarze Augenstreifen; ungemusterter, einfarbiger Schwanz (zur Unterscheidung vom Waschbären).
Körpermaße: KR 50–67 cm; S 15–20 cm; H bis 25 cm; G bis 10 kg.
Ähnliche Arten: Waschbär, Dachs, Rotfuchs, Eisfuchs.
Verbreitung: Ursprünglich nur in Ostasien vom Amur im Norden bis Yunnan und Nordvietnam im Süden, von Japan im Osten bis Szetchuan im Westen. In der ersten Hälfte dieses Jahrhunderts in Rußland zur Pelztierzucht eingeführt und von dort selbständige Ausbreitung bis Schweden und Mitteleuropa im Westen sowie bis zum Fuß des Kaukasus im Süden.

Marderhund

Lebensraum: Waldgebiete in tieferen Lagen, bevorzugt in deckungsreichen Laub- und Mischwäldern, besonders in Gewässernähe; auch in Sumpflandschaften.
Lebensweise: Ähnlich Rotfuchs; meist Einzelgänger oder paarweise, aber auch in Familienverbänden von bis zu 6 Tieren; vorwiegend dämmerungs-, aber auch tag- und nachtaktiv. Das Lager ist ein übernommener oder selbstgegrabener Erdbau oder auch eine Baum- oder Felshöhle. In den nördlichen Gebieten seiner ursprünglichen, ostasiatischen Verbreitung zeitweise winterruhend.
Nahrung: Vorwiegend tierisch; besonders geschickter Fischfänger; aber auch Eier, bodenlebende Vögel, Jungvögel, Hausgeflügel, Kleinsäuger bis Hasengröße, Weichtiere, Würmer, Kerbtiere; besonders im Herbst auch pflanzliche Ernährung, z. B. Beeren, Obst, Eicheln und Bucheckern.
Fortpflanzung und Lebensdauer: Paarungszeit zwischen Februar und April; Tragzeit ca. 8 Wochen; Wurfgröße bis zu 12, meist ca. 6. Die neugeborenen, schwarzen Welpen sind blind. Augenöffnen Ende der zweiten Lebenswoche; Säugezeit ca. 4 Wochen. Mit 4 Monaten sind die Jungtiere weitgehend selbständig, bleiben aber oft noch im Familienverband der Eltern. Geschlechtsreife am Ende des ersten Lebensjahres. Lebenserwartung ca. 12 Jahre. Die relativ hohe Vermehrungsrate ermöglicht einerseits ein schnelles Anwachsen der Population bei erhöhtem Nahrungsangebot, andererseits die schnelle Ausbreitung der Art.
Lautgebung: Sehr wenig bekannt; stille Lebensweise; relativ leise, miauende Laute.
Feinde: Wolf, Haushunde, Goldschakal, Rotfuchs; u. U. auch Vielfraß, Dachs, Braunbär, Luchs und Uhu.

Familie **Katzenartige** Felidae

Mit 35 Arten verbreitet über die Neue und Alte Welt. Nicht auf Australien, Neuguinea und Madagaskar. Im behandelten Gebiet Europas durch 2 Arten vertreten: Wildkatze und Luchs; Hauskatze als domestizierte Form der Wildkatze heute weit verbreitet. Auch Großkatzen wie Leopard, *Panthera pardus*, und Löwe, *P. Leo*, gab es einst im südlichen und im gemäßigten Europa. Bestände des Leoparden gibt es heute noch im nahen Kleinasien. Außerhalb des hier behandelten Gebiets, im äußersten SO Europas nördlich des Kaukasus gab es bis vor wenigen Jahrzehnten Bestände des Tigers, *Panthera tigris* (heute höchstens noch wenige Individuen).
Kleinkatzen- bis tigergroß, relativ kurze Schnauze, große Augen; Zehenzahl an Vorderbeinen 5, an Hinterbeinen 4; zurückziehbare Krallen (bis auf Gepard); schlanker, kurz behaarter Schwanz. Zahnformel: 3·1·2–3·1 / 3·1·2·1 = 28–30. Meist nur einzeln oder paarweise lebend; vorwiegend dämmerungsaktiv; Ernährung hauptsächlich tierisch.

Wildkatze *Felis silvestris* Schreber 1777

E Wild·cat F Chat sauvage

Merkmale (europäische Waldwildkatzen, *F. s. silvestris*): sehr ähnlich Hauskatze, jedoch immer graubraun bis grau, mit dunkler Tigerung, bauchseits heller. Von ähnlich gefärbten Hauskatzen vor allem unterschieden durch den kräftigeren Körperbau, das meist längere und weiche Fell sowie durch den dickeren, stumpf endenden, abgestutzt wirkenden Schwanz. Wildkatzen der Balearen, Sardiniens und Korsikas hauskatzenähnlicher im Aussehen.
Körpermaße: KR 45–80 cm; S 21–37 cm; H 30–40 cm; G 5–8 kg, selten bis zu 15 kg. ♂ etwas schwerer und größer als ♀.

Wildkatze (Waldwildkatzentypus)

Verbreitung: Zur Art zählen die europäischen Waldwildkatzen, die vorderasiatischen Steppenkatzen sowie eine Reihe afrikanischer Formen. Insgesamt wurden über 20 Unterarten beschrieben. Die Verbreitung der Art umfaßt demnach fast ganz Afrika, Vorderasien bis Vorderindien im Osten und Turkmenien im NO und Europa einschließlich der Mittelmeerinseln bis Schottland im NW und bis zum Nordrand der Karpaten im NO. Kein Vorkommen in Island, Irland und Skandinavien. Die europäische Waldwildkatze ist bedroht durch Einengung und Zerstörung ihres Lebensraums und vor allem durch die unbeschränkt mögliche Vermischung mit Hauskatzen (s. Domestikation).
Lebensraum: Waldgebiete, deckungsreiche Gebüsch- und Felslandschaften, Buschsteppen.
Lebensweise: Dämmerungs-, aber auch tag- oder nachtaktiv; Einzelgänger, paarweise oder in Mutterfamilie (Mutter mit Jungtieren); territorial. Das Territorium wird mit Urin und Fußdrüsensekreten markiert. Das Lager, zugleich Aufzuchtstätte für die Jungtiere, ist eine Felshöhle oder Erdhöhlung, oft unter einem Wurzelstock. Meist bodenaktiv, kann aber auch gut klettern. Bewegungssehen und Hörvermögen besonders gut entwickelt. Die

Jagd erfolgt einzeln, paarweise oder in der Mutterfamilie (Mutter mit Jungtieren). Lauer- und Pirschjäger.

Nahrung: Fast ausschließlich tierisch; Kleintiere, meist Säuger und Vögel bis Kaninchen- und Hasengröße, junge und kränkliche Rehe und selten Lämmer; ausnahmsweise auch Früchte.

Fortpflanzung und Lebensdauer: Paarungszeit der europäischen Wildkatzen Anfang März, im Süden etwas eher, im Norden etwas später. Tragzeit 8–9 Wochen; Wurfgröße 2–5; Säugezeit bis zu 2 Monate; Augenöffnen Mitte der zweiten Lebenswoche; Aufnahme fester Nahrung und Nestverlassen ab der fünften Lebenswoche. Im dritten Monat erste Beutejagd mit der Mutter; mit 4–5 Monaten selbständig, Verlassen der Mutter. Geschlechtsreife am Ende des ersten Lebensjahres. Lebenserwartung bis zu ca. 16 Jahre. Ob bei reinen, europäischen Wildkatzen ein zweiter Wurf im Jahr vorkommen kann, wird bezweifelt. Bei Hauskatzen und südlicheren Unterarten der Wildkatze sind mehrere Würfe im Jahr möglich und gewöhnlich. Soweit nicht schon gedeckt, werden hier die ♀♀ ca. alle 6 Wochen für 2–3 Tage paarungsbereit.

Lautgebung: Miauen (Kontaktaufnahme mit Artgenossen); Knurren und Fauchen (Ärger und Aggressivität); Schnurren (Wohlbefinden); menschenähnliches Schreien (Schmerz); Kreischen und Grollen (Auseinandersetzungen). Zur Paarungszeit kreischend-heulender Imponiergesang des Katers.

Feinde: Luchs, Dachs, Wolf, Schakal, Uhu; auch Rotfuchs, Marderhund, und Waschbär.

Domestikation: Als Hauptstammform der Hauskatzen gilt die Falbkatze, *F. silvestris lybica* aus Vorderasien, Palästina und NO-Afrika. Diese Unterart der Wildkatze ist ihrem Körperbau nach sehr hauskatzenähnlich. Obwohl schon im 6. Jahrtausend v. Chr. domestiziert, gelangten Hauskatzen wahrscheinlich erst im ersten Jahrtausend v. Chr. nach Europa.

Wildkatze

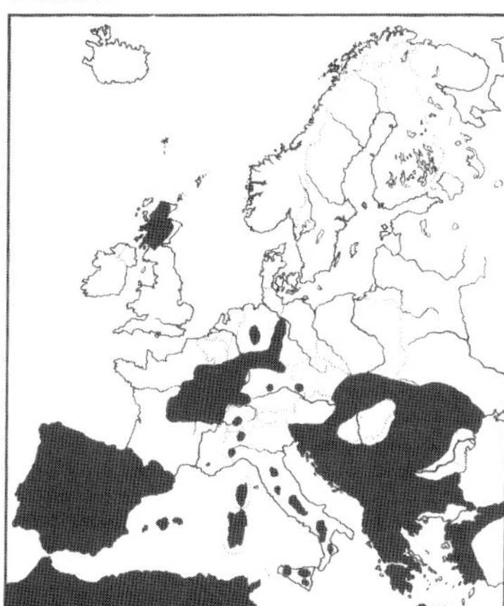

Luchs

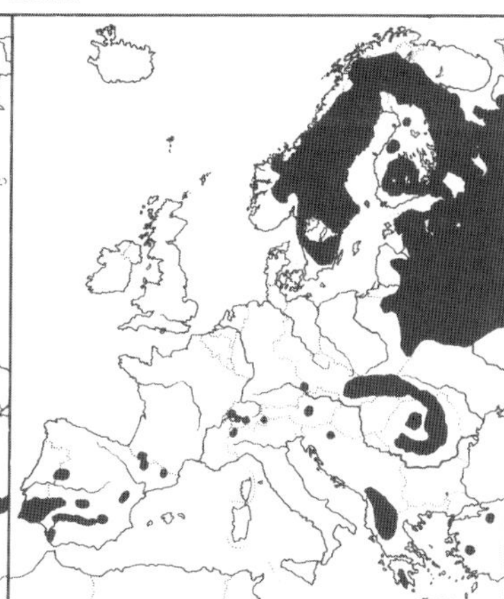

Luchs *Felis lynx* Linné 1758

E Lynx F Lynx V S. 165

Merkmale: Größer als Haus- und Wildkatzen; hinten stark überbaut; relativ lange Beine; kurzer Stummelschwanz mit schwarzem Ende; Ohren mit Haarpinseln. Färbung rotbraun bis weißgrau mit oder ohne dunkle bis schwarze Fleckung, bauchseits heller und kaum gefleckt. Färbung und Fleckung sind bei südlichen Formen, wie z. B. dem Pardelluchs der Iberischen Halbinsel, *F. lynx pardina,* kontrastreicher ausgeprägt als bei nördlichen Formen. In manchen Gegenden, z. B. den Karpaten, sowohl stark gefleckte als auch nahezu ungefleckte Individuen.

Körpermaße: KR 0,8–1,3 m; S 11–25 cm; H 60–75 cm; G 15–45 kg. ♂ etwas größer und schwerer als ♀.

Ähnliche Arten: Kaum zu verwechseln; Haus- und Wildkatze.

Verbreitung: Gemäßigtes und nördliches Eurasien und nördliches Nordamerika. Im Südteil Nordamerikas vertreten durch den etwas kleineren, nah verwandten **Rotluchs** *F. rufus.* In Asien bis zum Himalaja und bis Vorderasien im Süden und bis zur Taigagrenze im Norden. In Europa ehemals weitverbreitet, heute nurmehr in kleineren, isolierten Beständen auf der Iberischen Halbinsel, in den Balkan- und Karpatenländern, in Skandinavien und Osteuropa. Vorkommen auf Sardinien fraglich. In jüngster Zeit wieder ausgesetzt in kleinen Gebieten des Bayrischen Waldes und in der Schweiz. Der hier als Unterart behandelte, auf der Pyrenäenhalbinsel vorkommende **Pardelluchs** wird zuweilen als eigenständige Art angesehen.

Lebensraum: Nicht allzu geschlossene Waldgebiete aller Art; deckungsreiche, felsige Ödländer; Flachland bis Hochgebirge.

Lebensweise: Vorwiegend dämmerungs-, aber auch tag- und nachtaktiv; Einzelgänger, selten paarweise, Mutterfamilie; territorial. Das bis zu 300 km^2 große Territorium eines ♂ ist wesentlich größer als das eines ♀. Ein ♂-Territorium überlappt wahrscheinlich meist mit mehreren ♀-Territorien. Die Territorien sind von häufig benutzten Wechseln durchzogen. Das Lager, in dem auch die Jungluchse die ersten Wochen verbringen, befindet sich in einer Höhle oder Felsspalte; daneben weitere Lager und Ruheplätze. Ausgezeichnetes Bewegungssehen, sehr gutes Hörvermögen.

Nahrung: Säugetiere bis zu Reh-, selten bis zu Hirschgröße; Vögel, Fallwild, selten Aas. Tötung durch Genickbiß.

Fortpflanzung und Lebensdauer: Paarungszeit im Frühjahr, im Süden früher, im Norden später; Tragzeit 9–11 Wochen; Wurfgröße meist 2–3; Augenöffnen etwa Ende der zweiten Lebenswoche; Säugezeit ca. 2 Monate. Aufnahme fester Nahrung und Nestverlassen im zweiten Lebensmonat. In den ersten Wochen beteiligt sich zuweilen das ♂ an der Aufzucht der Jungen. Die Jungluchse bleiben zumeist bis zum Ende des ersten Lebensjahres bei der Mutter und werden im Alter von ca. 2 Jahren geschlechtsreif. Lebenserwartung bis zu 18 Jahre.

Lautgebung: Ähnlich Haus- und Wildkatze. Grelle Paarungsrufe des ♂ im Frühjahr: ein in Knurren übergehendes Heulen.

Feinde: Wolf, Vielfraß; auch Braunbär.

Luchs: oben bunter gezeichnete Form der Iberischen Halbinsel (»Pardelluchs«), unten weniger kontrastreich gezeichnete Form Nord- und Osteuropas

Familie **Marderartige** Mustelidae

Die Familie umfaßt insgesamt ca. 65 Arten und ist über die Alte und Neue Welt mit Ausnahme Madagaskars und Australasiens verbreitet. Mit 13 Arten die artenreichste Raubtierfamilie des behandelten Gebiets. Gemeinsam mit den Schleichkatzen repräsentieren die Marderartigen einen relativ ursprünglichen Raubtiertyp. Die Kopfrumpflängen der Arten reichen von ca. 13 cm (Zwergwiesel = Zwergform des Mauswiesels) bis hin zu ca. 1,5 m (Riesenotter). Gestalt meist schlank mit kurzen Beinen und buschigem, mittellangem bis langem Schwanz, aber auch kompakt gebaute Arten wie z. B. der Dachs. An Vorder- und Hinterbeinen je 5 Zehen. Zehen-, Halbsohlen- oder Sohlengänger. Zahnformel: 3·1·2–4·1 / 2–3·1·2–4·1–2 = 26–38. Eckzähne besonders lang und spitz. Die Abscheidungen der »Stinkdrüsen« im Analbereich dienen der Markierung von Wechseln sowie Territoriumsgrenzen und/oder der Feindabwehr. Die meisten Arten sind Einzelgänger, nacht- bis dämmerungsaktiv. Ernährung tierisch oder Allesfresser.

Baummarder, Edelmarder *Martes martes* Linné 1758

E Pine marten F Martre des pins A S. 170

Merkmale: Typische marderartige Gestalt, etwas kleiner als Hauskatze, etwas schlanker und hochläufiger als Steinmarder; relativ kurze Beine; langer, buschiger Schwanz; spitzer, flach-dreieckiger Kopf; kurze, aber im Vergleich zu den kleineren Marderarten relativ große Ohren. Färbung braun bis schwarzbraun; Kehl- und Vorderbrustbereich gelblich bis orange; weiche Unterwolle gelblich bis hellbraun; Nase schwarz, Ohrränder gelblich.
Körpermaße: KR 40–52 cm; S 22–28,5 cm; H 13–16 cm; G 0,8–2,5 kg. ♀ etwas kleiner und leichter als ♂.
Ähnliche Arten: Steinmarder, Zobel; Mink, Nerz, Iltis, Steppeniltis.
Verbreitung: Eurasien. In fast ganz Europa bis auf Island, den Süden der Iberischen Halbinsel und Griechenlands; im Osten bis nach Westsibirien und im Süden bis zum Kaukasus, in die Nordosttürkei und bis zum Elbrusgebirge. Auf den Britischen Inseln selten; in Mitteleuropa gesicherter Bestand. Im Überlappungsgebiet mit der Verbreitung des Zobels im südlichen Ural kommen Mischlinge zwischen beiden Arten vor. Aufgrund der Bejagung als Pelztier und Raubfeind von Hühnern und anderen Kleinhaustieren in manchen Gebieten selten geworden.
Lebensraum: Waldgebiete aller Art, auch Parkanlagen; im Gebirge bis zur Baumgrenze, kaum in offenen Felsgebieten.
Lebensweise: Vorwiegend nacht-, aber auch dämmerungs- und tagaktiv; territorial; bis auf Paarungszeit Einzelgänger. Großenteils bodenaktiv, aber auch ausgezeichneter Kletterer und Springer; klettert auch kopfvoraus stammabwärts. Besitzt mehrere Lager in Baumhöhlen, Felsspalten, verlassenen Krähenhorsten oder in Eichhörnchenkobeln. Das Aufzuchtnest für die Jungtiere wird mit Laub und Moos ausgepolstert. Jagd einzeln, paarweise oder in Mutterfamilie.

Nahrung: Hauptsächlich tierisch. Vögel und Kleinsäuger bis Hühner- und Kaninchengröße, aber auch Eier, Kriechtiere, Kerbtiere, Raupen, Beeren, Obst und Bucheckern.
Fortpflanzung und Lebensdauer: Paarungszeit im Sommer; Wurfzeit nach verzögerter Tragzeit ca. im April; Wurfgröße 2–7, meist 3–5. Jungtiere zunächst hellbehaart, zwischen der ersten und dritten Lebenswoche tritt eine Graustreifung auf, die dann wieder verschwindet. Augenöffnen in der fünften Woche; Säugezeit 6–8 Wochen, dann erstmaliges Nestverlassen; mit ca. 3 Monaten werden die Jungmarder selbständig, bleiben aber meist bis zum Herbst im Verband der Mutterfamilie. Geschlechtsreife mit ca. 2 Jahren. Lebenserwartung bis zu 17 Jahre.
Lautgebung: Wenig lautfreudig; hohes Keckern; Knurren; Fauchen; in Paarungszeit schrilles Kreischen; tiefes »öff« als Alarmlaut.
Feinde: Größere Raubtiere wie Rotfuchs, Dachs, Vielfraß; Uhu.

Baummarder

Steinmarder

Zobel *Martes zibellina* Linné 1758

E Sable F Zibeline A S. 170

Merkmale: Ähnlich Baummarder, aber etwas größer und hochbeiniger; relativ kürzerer Schwanz; spitzer Kopf; langer, besonders weicher Pelz. Helle Kehlfärbung nicht wie bei Baum- und Steinmarder scharf abgegrenzt.
Körpermaße: KR 32–46 cm; S 14–18 cm; G 0,9–1,8 kg. ♂ etwas größer und schwerer als ♀.
Ähnliche Arten: Baummarder, Steinmarder, Vielfraß.
Verbreitung: Ursprünglich im nördlichen Eurasien. In Skandinavien und weiten Teilen der Sowjetunion weitgehend ausgerottet und zum Teil wieder eingebürgert. Im Überlappungsbereich mit dem Baummarder im südlichen Ural zuweilen Mischlinge beider Arten.

Steinmarder
Baummarder
Zobel

Lebensraum: Taigagebiete; in Nadelwäldern und in Mischwäldern mit überwiegendem Anteil an Nadelbäumen; an den Oberläufen von Flüssen.
Lebensweise: Ähnlich Baummarder, aber weniger guter Kletterer; etwas besserer Schwimmer.
Nahrung: Ähnlich Baummarder; vorwiegend Nagetiere und Bodenvögel; im Herbst auch Beeren, Kiefernsamen.
Fortpflanzung und Lebensdauer: Ganz ähnlich wie Baummarder, aber Wurfgröße kleiner (1–5, meist 3).
Lautgebung: Ähnlich Baummarder.
Feinde: Ähnlich große und größere Raubtierarten wie Rotfuchs, Vielfraß, Luchs und Wolf. Wegen seines Pelzes vom Menschen stark verfolgt und weitgehend ausgerottet.
Domestikation: Pelztierzucht.

Steinmarder *Martes foina* Erxleben 1777

E Beach marten, Stone marten F Fouine V S. 169

Merkmale: Typische Mardergestalt; schlanker, gestreckter Körper; kurze Beine; langer buschiger Schwanz; Größe wie kleine Katze, ähnlich Baummarder und Zobel, aber etwas schwerer und plumper; Ohren etwas kleiner als bei den beiden vorgenannten Arten, aber relativ größer als bei den meisten anderen Marderartigen. Färbung graubraun mit weißer bis grauweißer Unterwolle; helle Schnauze; weißer Kehl-Brust-Bereich, der sich weiter als beim Baummarder in Richtung Schultern gabelt. Auf Kreta besitzen die Steinmarder gar keinen oder nur einen winzigen weißen Brustfleck.
Körpermaße: KR 42–49 cm; S 23–26 cm; H ca. 12 cm; G 1,3–2,3 kg. ♂ größer und schwerer als ♀.
Ähnliche Arten: Baummarder; Mink, Nerz, Iltis, Steppeniltis.
Verbreitung: Gemäßigtes Eurasien; von Süd-, West- und Mitteleuropa über Klein-, Vorder- und Mittelasien bis zum Himalaja, Westchina, dem Altai und der Mongolei im Osten. Nicht auf Island, den Britischen Inseln, in Skandinavien und in Nordosteuropa nördlich Litauens.
Lebensraum: Schlupfwinkelreiches, weitgehend offenes, wenig bewachsenes, möglichst felsiges Gelände. Auch in Parklandschaften, Gärten, Siedlungen und Städten.
Lebensweise: Fast ausschließlich nachtaktiv; territorial. Weitgehend bodenaktiv; weit weniger gewandter Kletterer als Baummarder. Wohnhöhlen in Höhlen und Spalten aller Art; unter oder in Gebäuden und in selbst gegrabenen oder ausgebauten Höhlen.
Nahrung: Vorwiegend tierisch; Kleinsäuger und Vögel bis Kaninchen-, Hasen- und Hühnergröße; Kriechtiere, Lurche, Kerbtiere, Würmer, Beeren, Obst u. a. m.; als Kulturfolger erbeutet er auch gerne Haushühner und Haustauben sowie Stallhasen. In Siedlungsgebieten guter Rattenvertilger.
Fortpflanzung und Lebensdauer: Ähnlich wie beim Baummarder.
Lautgebung: Ähnlich Baummarder, etwas lautfreudiger.
Feinde: Größere Raubtierarten wie Rotfuchs, Dachs und Uhu.

Vielfraß, Järv *Gulo gulo* Linné 1758

E Wolverine, Glutton F Glouton

Merkmale: Unter den Marderartigen eine der größten Arten; etwas größer als Rotfuchs; Gestalt ähnlich kleinem Braunbären, aber gut sichtbarer und buschiger Schwanz; kompakt gebaut; relativ kurze und kräftige Beine; lange scharfe Krallen; dichter Pelz; relativ kleine Augen und Ohren; starkes Gebiß. Färbung dunkelbraun mit mehr oder weniger helleren, gelblichweißen bis grauen Bereichen an der Stirn und an den Flanken.
Körpermaße: KR 70–90 cm; S 12–30 cm; H 35–45 cm; G 9–20, selten bis zu 30 kg. ♀ kleiner und leichter als ♂.
Ähnliche Arten: Braunbär, Dachs.
Verbreitung: Taiga- und Tundragebiete Eurasiens und Nordamerikas; von Skandinavien bis Kamtschatka, Alaska und Kanada; im Süden bis in die nördliche Mongolei, ins Ussuri-Gebiet, bis Sachalin und bis in die Nordstaaten der USA. Isoliertes Vorkommen in den Rocky Mountains Kaliforniens inzwischen erloschen. Früher in Europa im Süden bis ins nordöstliche Mitteleuropa, heute nurmehr nördlich von Leningrad. Aufgrund der geringen Populationsdichte der Art und der Bejagung ist der Bestand in Skandinavien mit insgesamt ca. 200 geschätzten Tieren nicht gesichert.
Lebensraum: Taiga-Landschaften, im Sommer auch taiganahe Tundragebiete; auch Fels- und Moorgebiete; im Gebirge bis 4000 m Höhe.
Lebensweise: Tag- und nachtaktiv; territorial; Einzelgänger, zur Paarungszeit paarweise, Mutterfamilie; vorwiegend bodenlebend; ausdauernder Läufer, Paßgang, kein Sprinter; guter Schwimmer und Kletterer. Territorium umfaßt 500–2000 km^2. In dem größeren Gebiet eines ♂ leben bis zu 3 ♀♀ mit eigenen Territorien. Lager in Felshöhle oder unter Wurzelstock; eine Reihe weiterer Verstecke im Territorium dienen dem Vielfraß auf seinen Streifzügen zum Schutz und um auszuruhen. Aus dem großen Arealanspruch der Individuen erklärt sich die geringe Populationsdichte der Art. Jagd einzeln, paarweise oder im Familienverband. Vertreibt zuweilen andere Raubtiere von deren Beute.

Vielfraß

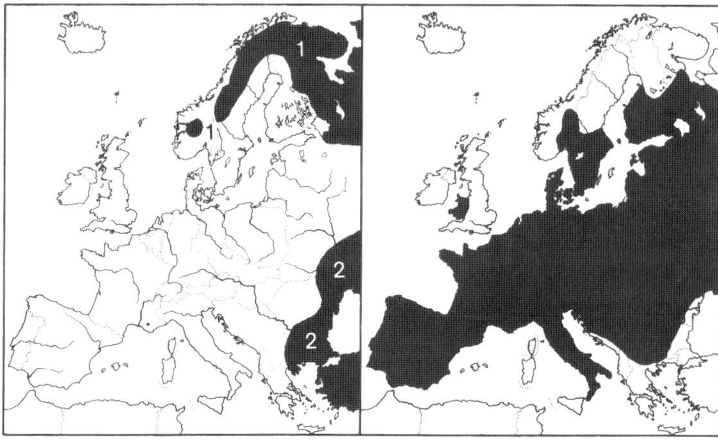

1 Vielfraß 2 Tigeriltis Iltis

Nahrung: Vorwiegend tierisch; Kleinsäuger, z. B. Lemminge, aber auch Großsäuger, wie z. B. geschwächte Rentiere oder Schafe; bodenbrütende Vögel und deren Gelege, Lurche, Fische, Kerbtiere, Weichtiere, Aas und Beeren.
Fortpflanzung und Lebensdauer: Paarungszeit im Frühjahr oder Sommer zwischen April und August; Tragzeit ca. 8–9 Monate; Wurfgröße 2–5, meist 2–3; Augenöffnen nach ca. 5 Wochen; Säugezeit ca. 10 Wochen. Die Jungtiere werden im darauffolgenden Frühjahr selbständig und mit ca. 3–4 Jahren geschlechtsreif. Lebenserwartung ca. 15 Jahre.
Lautgebung: Knurren, Fauchen und Kreischen bei Streß, Angst und Wut; Seufzen, Grunzen und Quietschen bei Spiel und Wohlbefinden besonders der Jungtiere.
Feinde: Wolf, Braunbär, Luchs.

Tigeriltis *Vormela peregusna* Güldenstaedt 1770

E Marbled polecat F Putois marbré A S. 174

Merkmale: Typische Mardergestalt; Körperbau, Gestalt und Größe ähnlich Iltis und Steppeniltis, aber geringfügig kleiner; etwas größere Ohren als die Arten der Gattung *Mustela*; relativ kurzer Hals; besonders buschiger Schwanz. Grundfärbung oberseits dunkelbraun bis gelbbraun mit fleckiger, gelblichweißer Scheckung, bauchseits dunkelbraun bis schwarz; schwarzweiße Gesichtsmaske; dunkle Schwanzspitze.
Körpermaße: KR 30–38 cm; S 15–21 cm; G ca. 1 kg. ♂ etwas schwerer und größer als ♀.
Ähnliche Arten: Aufgrund der Färbung kaum zu verwechseln; Steppeniltis, Iltis, Steinmarder.

Verbreitung: Eurasiatische Steppengebiete von den südeuropäischen Schwarzmeerküsten- und Balkanländern im Westen über Südrußland und Turkestan, Klein- und Vorderasien bis Palästina und Belutschistan im Süden sowie bis Nordchina und zur Mongolei im Osten.
Lebensraum: Offenes, deckungsreiches Gelände; Steppen- und Strauchlandschaften, lichte und trockene Wälder, auch Garten- und Ackerland.
Lebensweise: Vorwiegend nacht- und dämmerungsaktiv; territorial; vorwiegend bodenlebend. Hält oft ähnlich Hermelin auf Hinterbeinen stehend Ausschau. Wohn- und Ruhelager in von Beutetieren übernommenen, ausgebauten oder selbstgegrabenen Bauen; darin auch Futtervorräte. Bei Bedrohung stinktierähnliches Verhalten: Fellsträuben, Schwanzaufrichten und Stinkdrüsenentleerung, begleitet von Drohschreien und Brummen.
Nahrung: Vorwiegend tierisch; vor allem Kleinsäuger wie Ziesel und Hamster; bodenlebende Vogelarten bis Hühnergröße; auch Kriechtiere, Lurche, Kerbtiere, Würmer.
Fortpflanzung und Lebensdauer: Paarungszeit im März; Tragzeit ca. 2 Monate; Wurfgröße 4–8. Im Sommer werden die Jungtiere selbständig und verlassen die Mutter. Sonst ähnlich wie Iltis.
Lautgebung: Bei Angst und Bedrohung schriller Drohschrei.
Feinde: Größere Raubtierarten wie Schakal, Rotfuchs, Dachs und Wolf; Adlerarten.

Iltis *Mustela putorius* Linné 1758
E Western polecat F Putois V S. 173

Merkmale: Typische marderartige Gestalt; etwas kleiner als Baum- und Steinmarder, größer als Hermelin; schlank, kurzbeinig; stehende, kurze und runde Ohren; mittellanger, buschiger Schwanz. Färbung dunkelbraun bis schwarz mit gelblicher, an den Flanken durchscheinender Unterwolle; gelblichweiße Gesichtsmaske. Daneben zahlreiche Farbvarianten. Südlichere Iltisse sind oft heller oder rötlichbraun. Beim domestizierten Iltis (Frettchen) wurden eine Reihe von Farbvarianten, darunter Albinos (Weißlinge) und Teilalbinos, herausgezüchtet.
Körpermaße: KR 31,5–45 cm; S 12,5–19 cm; H 4,5–6,5 cm; G 0,5–1,5 kg. ♂ etwas größer und schwerer als ♀.
Ähnliche Arten: Steppeniltis, Nerz, Mink.
Verbreitung: Von Westengland und Wales über Kontinentaleuropa bis zum Ural im Osten; im Süden bis Spanien, Italien, Nordbulgarien und zum Schwarzen Meer. Nicht auf Island, Irland und den meisten Mittelmeerinseln; nicht in Nordskandinavien, der nördlichen Sowjetunion und den Balkanländern. In einigen Gebieten der europäischen Sowjetunion gemeinsam vorkommend mit dem früher als Unterart des Iltis eingestuften Steppeniltis. Als domestizierte Form (Frettchen oder Iltisfrettchen) ausgesetzt bzw. verwildert auf Sardinien, Sizilien, einigen britischen Inseln und Neuseeland.
Lebensraum: Bewaldetes Flachland, Ödland und mit kleinen Gehölzen durchsetzte Kulturlandschaften; gerne in der Nähe von Gewässern, auch bei Siedlungen.
Lebensweise: Fast ausschließlich nachtaktiv; territorial; Einzelgänger oder Mutterfamilie. Bodenlebend; klettert kaum; schwimmt gut. Lager in Spalten oder selbstgegrabenen Höhlen in Bodennähe, auch in oder unter Gebäuden. Vor der Jungenaufzucht wird das Lager ausgepolstert. Je nach Beutetierdichte umfaßt das Territorium einige km^2. Bei Bedrohung Drohschreie (s. u.) und Stinkdrüsenentleerung.
Nahrung: Nahezu ausschließlich tierisch; Kleinsäuger bis Kaninchen- und Hasengröße; Vögel, auch Hausgeflügel, Eier, Fische, Lurche, Kriechtiere, Würmer, Weichtiere, Kerbtiere und Raupen.
Fortpflanzung und Lebensdauer: Paarungszeit Februar–April, in Südeuropa und Nordafrika ca. 1 Monat früher als in Nordeuropa; Tragzeit ca. 6 Wochen; Wurfgröße 3–8; Säugezeit ca. 6 Wochen; Augenöffnen nach ca. 5 Wochen. Die zunächst weiß gefärbten Jungtiere erhalten ihre endgültige Färbung nach ca. 3 Wochen, werden im Herbst selbständig, trennen sich von der Mutter und werden im Alter von etwa 9 Monaten geschlechtsreif. Lebenserwartung bis zu 15 Jahre.
Lautgebung: Meist still; Knurren und Keckern bei Erschrecken und Aufregung; Kreischen und gellendes Schreien bei Bedrohung; muckerndes Brummen bei Erregung und Begattung; Fiepen und Wispern der Jungtiere.
Feinde: Größere Raubtierarten wie Dachs, Fuchs und Steinmarder; Uhu.
Domestikation: Das **Frettchen** stammt wahrscheinlich von südeuropäischen und/oder nordafrikanischen Iltissen ab. Es ist mit Iltissen kreuzbar und

wurde in vielen Färbungsvarianten von wildfarben, bräunlich, grau bis gelblich und albinoweiß (mit roten oder blauen Augen) gezüchtet. Die ursprüngliche Funktion des Frettchens im Altertum war wohl die Vertilgung von Ratten und Mäusen in Siedlungen und Städten. Heute findet es hauptsächlich Verwendung bei der Kaninchenjagd. Aufgrund von Schädelmerkmalen kommt auch der Steppeniltis als Vorfahr des Frettchens in Betracht. Chromosomale Untersuchungen deuten jedoch auf die alleinige Abstammung vom Iltis hin.

Steppeniltis *Mustela eversmanni* Lesson 1827

E Steppe polecat F Putois sibérien A S. 174

Merkmale: Sehr ähnlich dem Iltis; etwas kürzerer und breiterer Schädel; bis auf die dunklen Beine, Füße und die Bauchpartie deutlich heller; fast weiße Unterwolle.
Körpermaße: Ähnlich Iltis.
Ähnliche Arten: Iltis, Tigeriltis, Hermelin, Steinmarder, Nerz, Mink.
Verbreitung: Steppen- und Halbwüstengebiete vom östlichen Mitteleuropa im Westen über Osteuropa und Sibirien bis zum Amur und Jangtsekiang im Osten. Im Süden bis zum Himalaja, bis Kaschmir und bis zum Kaspischen und Schwarzen Meer. In Osteuropa überlappende Verbreitung mit dem Iltis.
Lebensraum: Vorwiegend offene Landschaften; Steppen und Halbwüsten.
Lebensweise: Ähnlich Iltis; mehr dämmerungs- und tagaktiv. Lager vor allem in Bauen von Hamstern und Erdhörnchen (ähnlich Tigeriltis).
Nahrung: Ähnlich Tigeriltis.

Steppeniltis Mauswiesel

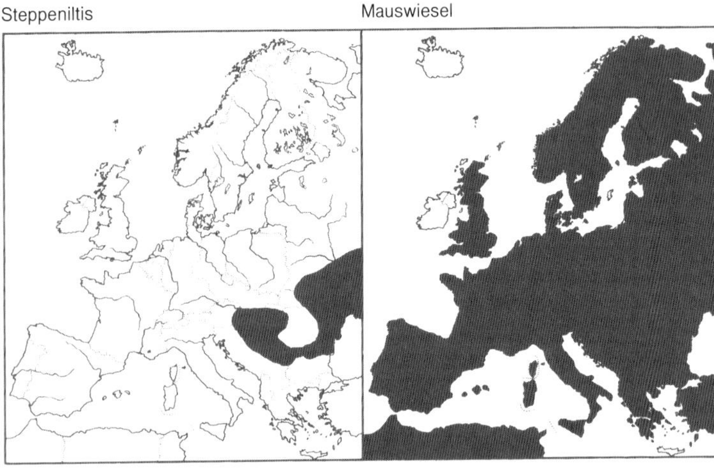

Fortpflanzung und Lebensdauer: Ähnlich Iltis.
Lautgebung: Wie Iltis.
Feinde: Wie Iltis und Tigeriltis.
Domestikation: Kommt neben dem Iltis als weitere Abstammungsform des Frettchens in Betracht (s. Iltis).

Mauswiesel *Mustela nivalis* Linné 1766

E Weasel F Belette A S. 178

Merkmale: Kleinste Raubtierart, ab Größe einer großen Maus; typische Mardergestalt; schlank; langer Hals; kurzbeinig; relativ kurzer Schwanz; Ohren rund und kurz. Färbung an Oberseite rot- bis graubraun, an Unterseite und Beininnenseiten weiß bis gelblichweiß; Trennungslinie scharf, aber meist weniger gerade als beim Hermelin, sondern gefranst und gezackt; zuweilen auch dunkle Flecken auf heller Bauchseite; Schwanz im Gegensatz zu Hermelin ohne schwarze Spitze. In nördlichen Verbreitungsgebieten und im Hochgebirge ist ein weißes Winterkleid sowie ein geflecktes Übergangskleid die Regel.
Körpermaße: KR 13–29 cm; S 3–13 cm; H 2,5–4 cm; G 35–250 g. ♂ um ca. ein Drittel größer und schwerer als ♀. Südliche, mediterrane und nordafrikanische Formen z. T. wesentlich größer und schwerer als mittel- und nordeuropäische Formen.
Ähnliche Arten: Hermelin; kaum mit anderen Marderarten zu verwechseln.
Verbreitung: Paläarktis und Nearktis; von Europa und NW-Afrika im Westen bis Sibirien im NO, Japan im Osten und Afghanistan im SO, sowie im westlichen und mittleren Nordamerika. Nach heutiger Auffassung umfaßt die Art auch das früher als eigene Art beschriebene Zwergwiesel *(»Mustela minuta«)* NO-Europas. Großformen in NW-Afrika und auf einigen Inseln. Eingeführt auf einigen Atlantik- und Mittelmeerinseln zur Bekämpfung von Mäuseplagen.
Lebensraum: Sehr anpassungsfähig; offene Wälder, deckungsreiches Ödland, Gebirgs- und Felsgegenden, Dörfer und Städte, Kulturlandschaften und Gärten; trockenes Gelände in Gewässernähe.
Lebensweise: Nacht-, tag- und dämmerungsaktiv; vorwiegend Einzelgänger oder in Mutterfamilie; territorial; kann klettern und gut schwimmen, aber hauptsächlich bodenaktiv. Lager in kleinen bodennahen Höhlen und Klüften; zur Aufzucht der Jungtiere mit Laub u. a. ausgepolstert. Das Territorium umfaßt je nach Beutedichte bis zu 5 ha und wird mit Kot, Urin und Analdrüsensekreten markiert. ♂-Territorium überlappt mit mehreren ♀-Territorien. Jagd einzeln oder im Mutterfamilienverband. Verfolgt Mäuse und Ratten auch in deren Baue.
Nahrung: Vorwiegend tierisch; Kleinsäuger bis zur Größe von Ratten und Kaninchen; Kriechtiere und Lurche, Vögel, Eier, Insekten u. a. Kleingetier.
Fortpflanzung und Lebensdauer: Paarungszeit März–August; Tragzeit mindestens 5 Wochen; je nach Gegend 1–3 Würfe im Jahr; Wurfgröße 3–9; Säugezeit 5–6 Wochen; Augenöffnen in der vierten Lebenswoche; bald

danach erstmaliges Nestverlassen; mit 3–4 Monaten selbständig und bald darauf Trennung von der Mutter; Geschlechtsreife zuweilen schon im ersten Lebensjahr. Lebenserwartung bis zu 8 Jahre. Schnelle Wurffolge, hohe Nachkommenzahl und frühe Geschlechtsreife ermöglichen bei Massenvermehrung der Nahrungstiere (Mäuse) ein schnelles Anwachsen der Population.

Lautgebung: Nicht lautfreudig; Zischen, Zirpen, Trillern; kurzes schrilles Kreischen bei Alarm und Störung; bei Paarungsspiel Kollern des ♂ und Girren des ♀; Piepsen der Jungtiere.

Feinde: Andere Kleinraubtiere, z. B. Hermelin und andere Marderarten, Katze, Ginsterkatze, Fuchs; Greifvögel, Krähen, Weißstorch.

Hermelin, Wiesel *Mustela erminea* Linné 1758

E Stoat F Hermine

Merkmale: Typische Mardergestalt; rattengroß; schlanker langer Körper; kurze Beine; relativ kurzer Schwanz; kurze, runde, stehende Ohren. Sommerkleid: braune Oberseite und helle, weiße bis gelbliche Unterseite, scharf und geradlinig voneinander abgegrenzt; Schwanzende schwarz; Ohr mit hellem Saum. Winterkleid: bis auf schwarzes Schwanzende vollkommen weiß. In den mediterranen, wärmeren Gegenden meist keine oder nur teilweise Umfärbung vom Sommer- zum Winterkleid.

Körpermaße: KR 20–33 cm; S 8–12 cm; G 120–450 g.

Ähnliche Arten: Mauswiesel; kaum zu verwechseln mit anderen Marderarten.

Verbreitung: Eurasien und Nordamerika. In Europa im Norden bis Südskandinavien; fehlend in weiten Bereichen der Mittelmeerländer. In Asien nach Osten bis Kamtschatka, Sachalin, Hokkaido und Nord-Honshu; im Norden bis in die nördliche Mongolei, bis zum Altai und ins Amur-Ussuri-Gebiet; im Süden bis zum Kaukasus und Himalaja. In Nordamerika bis Kalifornien im SW und Maryland im Osten.

Lebensraum: Tundren-, Steppen- und Waldgebiete; Parklandschaften, Parks und Gärten; auch im Gebirge; gerne in der Nähe von Gewässern; auch in oder in der Nähe von Siedlungen.

Lebensweise: Vorwiegend nachtaktiv, aber auch tag- und dämmerungsaktiv; Einzelgänger oder im Familienverband; hauptsächlich bodenlebend; klettert, springt und schwimmt gut. Lager in kleinen Höhlen, selten auch in Gebäuden, oft in übernommenen Schermausbauen; Nest mit Laub und Gras ausgekleidet. Im Vergleich zu anderen Marderartigen besonders neugierig. Reviermarkierung durch Duftstoffe, die mit der Afterregion an bestimmte Stellen, wie etwa große Steine oder Baumstümpfe, gerieben werden.

Nahrung: Fast ausschließlich tierisch; vorwiegend Nagetiere bis Ratten- und Zieselgröße sowie Kaninchen; auch Kriechtiere, Lurche, Fische, Vögel und deren Gelege bzw. Brut.

Fortpflanzung und Lebensdauer: Paarungszeit März/April oder im Spätsommer; Tragzeit ca. 7 Wochen oder verzögerte Tragzeit ca. 9 Monate; Geburt im Frühjahr (April/Mai); Wurfgröße 3–12, meist 5–6; Augenöffnen mit ca. 6 Wochen; Säugezeit 7 Wochen. Die Neugeborenen sind zunächst weiß behaart. Mit ca. 3 Monaten sind die Jungtiere ausgefärbt, mit 4–5 Monaten selbständig. Im Herbst trennen sich die Jungtiere von der Mutter. Geschlechtsreife mit ca. 2 Jahren. Das ♂ hilft zuweilen bei der Jungenaufzucht mit. Lebenserwartung bis zu 12 Jahre.

Lautgebung: Nicht lautfreudig; durchdringendes Keckern und Schreien bei Angst- und Abwehrverhalten.

Feinde: Besonders größere Marderarten, Eulenarten, Bussard.

Hermelin

Nerz

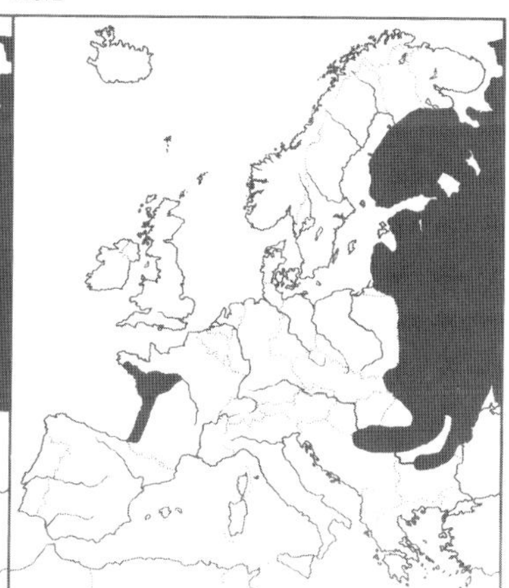

Nerz *Mustela lutreola* Linné 1761
E European mink F Vison d'Europe V S. 179

Merkmale: Typische schlanke Mardergestalt; kurze Beine; Zehen teilweise durch Schwimmhäute verbunden; abgerundete, kurze, stehende Ohren; mäßig buschiger Schwanz. Färbung einheitlich dunkelbraun mit weißem Unterlippen- und Kinnbereich sowie oft auch weißem Oberlippenbereich.
Körpermaße: KR 35–40 cm; S ca. 14 cm; G 0,5–0,9 kg. ♀ etwas leichter und kleiner als ♂.
Ähnliche Arten: Mink, Iltis, Steppeniltis, weitere Marderarten.
Verbreitung: Ehemals von Westfrankreich über Mitteleuropa bis Westsibirien, im Norden bis zur Taigagrenze, im Süden bis Rumänien, Bulgarien, zum Schwarzen Meer, dem Kaukasus und dem Kaspischen Meer. In Deutschland und wohl auch im übrigen Mitteleuropa in den letzten Jahrzehnten ausgestorben. Vorkommen nurmehr in NO- und Osteuropa (Südfinnland, UdSSR, Rumänien, Bulgarien, Jugoslawien und östliches Polen) sowie in Westfrankreich. Für den Bestandsrückgang der Art sind folgende Ursachen verantwortlich: Wasserverschmutzung, Bejagung als Fischereischädling, Bejagung als Pelztier, Konkurrenz mit dem aus Nordamerika eingeführten Mink aufgrund äußerst ähnlicher Lebensraum- und Nahrungsansprüche.
Lebensraum: Gewässerreiche Waldgebiete, Marschen, Sümpfe, Mündungsgebiete. Im Winter in der Nähe von schneller fließenden, nicht zufrierenden Gewässern.
Lebensweise: Vorwiegend nachtaktiv; Einzelgänger oder in Mutterfamilie; an Land bodenlebend; schwimmt mit Vorder- und Hinterbeinen; taucht gut; im Sommer weitgehend standorttreu in einem Gebiet von 15–20 ha. Wohnhöhle, übernommen oder selbstgegraben, meist am Gewässerrand mit

Zugang über dem Wasserspiegel und einem weiteren Zugang (Luftzufuhr) zur Landseite hin. Lagerstätten auch in hohlen Bäumen, unter Wurzeln oder als Nester im Schilf.
Nahrung: Fast ausschließlich tierisch; Kleinsäuger wie z. B. Wasserratten und Mäuse; Lurche, Krebse, Weichtiere, kranke und langsame Fische.
Fortpflanzung und Lebensdauer: Paarungszeit Februar–April; Tragzeit 5–6 (–11) Wochen; Wurfgröße 3–7; Säugezeit 4 Wochen; Augenöffnen in der fünften Lebenswoche. Die Jungtiere bleiben meist bis zum Herbst bei der Mutter. Geschlechtsreife mit ca. 9 Monaten. Lebenserwartung bis zu 10 Jahre.
Lautgebung: Pfeifen und Trillern bei Erschrecken oder Warnen.
Feinde: Größere Raubtierarten wie Otter, Dachs, Fuchs, Marderhund, Waschbär; Uhu.
Domestikation: Als Pelztier in Farmen gezüchtet.

Mink *Mustela vison* Schreber 1777

E American mink F Vison d'Amerique V S. 182

Merkmale: Wie Nerz, aber nie weißer Fleck an Oberlippe, sondern höchstens kleiner weißer Fleck an Unterlippe und zuweilen im Kehlbereich. Viele Farbvariationen in der Pelztierzucht herausgezüchtet.
Körpermaße: KR 30–43 cm; S 12–23 cm; G 0,5–1 kg.
Ähnliche Arten: Nerz, Iltis, Steppeniltis sowie weitere Marderarten.
Verbreitung: Weite Bereiche Nordamerikas; seit ca. 1930 in vielen Gebieten Eurasiens eingeführt bzw. aus Pelzfarmen entwichen (Island, Britische Inseln, Skandinavien, Sowjetunion). Besonders die isländische Population hat sich inzwischen stark vermehrt.
Lebensraum: Siehe Nerz.
Lebensweise: Ähnlich Nerz.
Nahrung: Ähnlich Nerz und Iltis; bodenbrütende Vögel und deren Gelege, Hausgeflügel, Kaninchen; bricht auch zuweilen in Fischzuchten ein.
Fortpflanzung und Lebensdauer Siehe Nerz.
Lautgebung: Purren zur Paarungszeit; schrilles Pfeifen als Warnlaute.
Domestikation: Seit 1866 in Nordamerika und später auch in Eurasien als Pelztier gezüchtet.

Fischotter *Lutra lutra* Linné 1758

E Common otter F Loutre commune A S. 183, V S. 182

Merkmale: Typische schlanke Mardergestalt; langer, fleischiger, an der Wurzel sehr dicker, sich zur Spitze hin verjüngender Schwanz; starke, kurze Beine; an Vorderfüßen kurze, spitze Krallen, an Hinterfüßen flache Zehennägel; Zehen durch Schwimmhäute verbunden; kurze, stumpfe Schnauze; starke Tast-Schnurrhaare; verschließbare Nasenlöcher; sehr kleine und abgerundete, behaarte Ohren; Pelz dicht und relativ kurz, mit weicher, was-

serabweisender Unterwolle. Färbung oberseits braun; Unterwolle weißgrau; Wangen, Kehl- und Bauchpartie hellbraun bis silbrig grauweiß. Im Winter allgemein dunkler als im Sommer. Helle Farbvariationen, zuweilen auch Weißlinge.
Körpermaße: KR 60–95 cm; S 25–55 cm; H 25–30 cm; G 6–17, selten bis zu 27 kg. ♂ größer und schwerer als ♀.
Ähnliche Arten: Nerz, Mink, weitere Marderarten; Nutria, Bisamratte, Biber.
Verbreitung: Eurasien bis zur Taigagrenze im Norden, bis Kamtschatka, zu den Kurilen und Japan im NO, bis Formosa, Hainan, Hinterindien, Sumatra und Java im SO, bis NW-Afrika (Marokko, Algerien) im SW, bis Palästina und Ceylon im Süden. In Europa nicht auf Island und den meisten Mittelmeerinseln. Vor allem in der Westhälfte Europas Bestand außerordentlich bedroht. Gründe hierfür sind die bisherige Bejagung als Pelztier und als Fischereischädling, die Verschlechterung der Wasserqualität in vielen Gewässern und die damit einhergehende Verschlechterung der Ernährungsmöglichkeiten sowie Trockenlegungen, Flußbegradigungen und der Ausbau von Wasserstraßen.
Lebensraum: Stehende oder nicht zu schnell fließende Gewässer mit schlupfwinkelreichen Ufern; Feucht- und Sumpfgebiete; auch Flußmündungen und ruhige Meeresbuchten mit Brackwassereinfluß.
Lebensweise: Vorwiegend dämmerungs- und nacht-, aber auch tagaktiv; Einzelgänger, paarweise oder in Familien; territorial. Ausgezeichneter Schwimmer und Taucher (bis zu 10 min.); bei schnellem Schwimmen vertikaler Auf- und Abschlag des Schwanzes, Steuerung durch Hinterbeine. Fortbewegung an Land Hoppelgalopp oder rutschend. Sehr spielfreudig. Wohnhöhlen im Uferbereich mit Eingängen über und unter Wasser. Je nach Nahrungsangebot umfaßt das Territorium eines ♂ bis zu 25 km^2 Gewässerlandschaft und

Mink

Fischotter

Fischotter

mehrere kleinere Territorien der ♀♀. Feste Wechsel, Kot- und Abfallplätze, sowie Markierstellen.

Nahrung: Vorwiegend tierisch; Fische, Frösche, Schnecken, Muscheln, Krebstiere, Stachelhäuter, Wasservögel, Kleinsäuger bis Bisamratten- und Kaninchengröße. In klarem Wasser Sichtverfolgung der Beute, in trübem durch Tastsinn und Strömungswahrnehmung.

Fortpflanzung und Lebensdauer: Paarung zu allen Jahreszeiten, meist im Wasser; Wurfgröße 1–5, meist 2–3; Augenöffnen nach 4–5 Wochen; Säugezeit 7–8 Wochen. Die Jungtiere kommen in einem gepolsterten Kessel in der Wohnhöhle zur Welt, können ab der sechsten Lebenswoche schwimmen, werden mit ca. 6–9 Monaten selbständig und sind mit ca. einem Jahr ausgewachsen. Geschlechtsreife mit ca. 2 Jahren. Lebenserwartung bis über 20 Jahre.

Lautgebung: Helles Pfeifen oder Quieken (Begrüßung, Kontaktaufnahme); Trillern (Warnlaut); gedehntes rauhes Schreien (Drohen); gedehnter, zitternder Paarungsschrei; Schnaufen, Hecheln, Knurren, Kreischen und Quieken bei Spiel und Raufen.

Feinde: Wolf, Vielfraß u. a. Raubtierarten.

Dachs *Meles meles* Linné 1758

E Badger F Blaireau d' Europe A S. 184, V. S. 185

Merkmale: Etwa fuchsgroß, aber schwerer und plumper; Körperbau relativ breit und flach; kurze Beine; Vorderbeine mit langen, starken Krallen; flacher Kopf; lange, relativ spitz zulaufende, kleine Schnauze; kleine Augen und Ohren; relativ kurzer Schwanz. Färbung oberseits und an den Seiten grau, mit dunklem Aalstrich auf der Rückenmitte; bauchseits und an den Beinen dunkler bis schwarz gefärbt; schwarzweißgraue Gesichtsmaske. Große Färbungsvariationen, darunter sehr dunkle Individuen und Albinos. Ostasiatische Formen mehr bräunlich.

Körpermaße: KR 60–72 cm; S 15–19 cm; H bis zu 30 cm; G 10–18 kg, bei ♂♂ zuweilen bis zu über 25 kg. ♀ kleiner und leichter als ♂.

Ähnliche Arten: Waschbär, Marderhund; Vielfraß.
Verbreitung: Gemäßigtes Eurasien. In Europa nicht auf Island, Korsika, Sardinien und Sizilien, im Norden Skandinaviens und der europäischen Sowjetunion. Im Süden bis Palästina, Syrien, Iran, Tibet und Südchina.
Lebensraum: Laub- und Mischwälder, Parklandschaften, Steppen und Sumpfgebiete; auch Fels-, Gebirgs- und Küstenlandschaften.
Lebensweise: Nacht- und dämmerungsaktiv; territorial; Einzelgänger, paarweise oder im Familienverband. Aktivität temperaturabhängig, bei Kälte weniger bis kaum aktiv; entsprechend fällt die Winterruhe in kälteren Gegenden stärker und länger aus als in wärmeren. Aufgrund des Fettvorrats fähig, bis zu 3 Monaten ohne Nahrungsaufnahme auszukommen. Bodenaktiv, schlechter Kletterer, mäßiger Schwimmer; Fortbewegung an Land meist im Paßgang. Feste Wechsel und Kotplätze. Als Lager dienen meist mehrere Erdbauten mit einer Reihe von Zu- und Ausgängen. Diese Baue sind mehrere Meter tief und werden über Generationen benutzt und erweitert. Vor ihren Eingängen finden sich meist frische Erdauswürfe. Auch Übernahme von Fuchs- oder Kaninchenbauen.
Nahrung: Allesfresser; vorwiegend Regenwürmer und Schnecken, aber auch Kleinsäuger (Mäuse, Maulwurf), Lurche, Kriechtiere, Kerbtiere und deren Larven, Gelege, Jungvögel und Jungtiere, kranke Tiere und Aas; Obst, Schößlinge, Wurzeln, Pilze, Beeren, Bucheckern und Eicheln.
Fortpflanzung und Lebensdauer: Paarungszeit Februar–Oktober; Wurfzeit Januar–Mai des darauffolgenden Jahres; Länge der Tragzeit nicht festgelegt; eigentliche Entwicklung der Föten beginnt erst ca. 2 Monate vor der Geburt; Wurfgröße bis zu 5; mit Moos und Gras ausgepolsterte Kinderstube; Neugeborene ca. 12 cm lang, schmutzigweiß gefärbt; Augenöffnen nach ca. 12 Tagen; erste Ausflüge am Ende des zweiten Lebensmonats; Säugezeit 2–3 Monate. Die Jungdachse bleiben bis zum Herbst oder bis zum folgenden Frühjahr im Verband der Mutterfamilie. Geschlechtsreife im zweiten Lebensjahr. Lebenserwartung bis zu 20 Jahre.
Lautgebung: Quiekender Warnruf; Quietschen der Jungdachse beim Spiel; Brummen, Winseln, Fauchen, Schnaufen und Seufzen.
Feinde: Wolf, Luchs, Braunbär. Vom Menschen verfolgt als Geflügeldieb und als Überträger der Tollwut.

Dachs

Familie **Kleinbären** Procyonidae

Ursprünglich nur in der Neuen Welt vertreten; 5 Gattungen und ca. 17 Arten (zuweilen werden auch die beiden asiatischen Pandaarten der Familie der Kleinbären zugerechnet). Rundlicher Kopf; Schnauze kurz bis langgestreckt; 5 Zehen, Halbsohlen- bis Sohlengänger; Allesfresser. Zahnformel: 3·1·3-4·2 / 3·1·3-4·2=36-40.

Waschbär

Waschbär *Procyon lotor* Linné 1766

E Raccoon F Raton laveur

Merkmale: Hauskatzen- bis rotfuchsgroß, aber gedrungener; relativ kurze, schlanke Beine; spitze Schnauze; buschiger Schwanz. Färbung grau bis graubraun, Bauch- und Kehlseite heller; schwarzweiße Gesichtsmaske; schwarzweiß geringelter Schwanz.

Dachs Waschbär

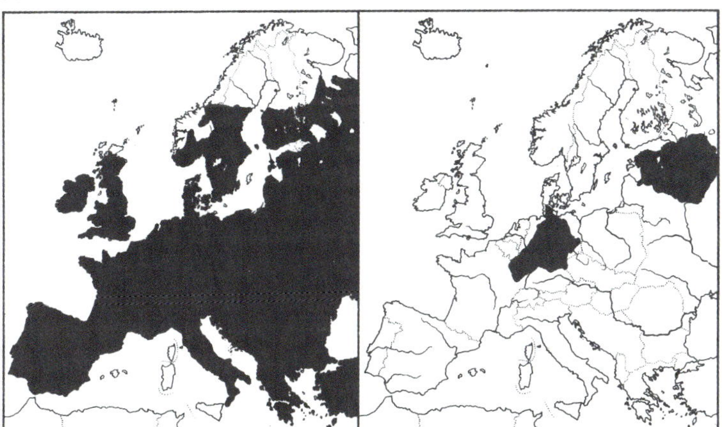

Körpermaße: KR 46–70 cm; H 30–35 cm; S 20–30 cm; G 5–6, selten bis zu 10 kg. ♀ geringfügig kleiner als ♂.
Ähnliche Arten: Marderhund, Dachs.
Verbreitung: In der Neuen Welt südliches Nordamerika und Mittelamerika vom südlichen Kanada bis Panama. Als Pelztier ausgesetzt bzw. aus Farmen entkommen und verwildert in Mitteleuropa (Eifel, südliches Hessen, Westfalen, Niedersachsen, Niederlande, Lothringen), im Baltikum, in Weißrußland, in Transkaukasien und in Turkestan.
Lebensraum: Laub- und Mischwälder sowie Parklandschaften mit stehenden oder nicht zu schnell fließenden Gewässern.
Lebensweise: Nacht- und dämmerungsaktiv; Einzelgänger; zur Paarungszeit paarweise; Mutter mit Jungtieren; Fortbewegung im Trott oder Galopp; geschickter Kletterer; guter Schwimmer, meidet jedoch tiefes Wasser. Tagesaufenthalt in Höhlen, gerne in höher gelegenen Baumhöhlen. Bei Frost längere Winterruhe. Ertastet mit den Fingern Beutetiere am Grund flacher Gewässer.
Nahrung: Allesfresser; vorwiegend wasserlebende Kleintiere (Fische, Krebse, Lurche etc.), aber auch Beeren, Früchte, Obst, Nüsse, Bucheckern, Eicheln, Zuckerrohr, Mais, Vögel und Gelege.
Fortpflanzung und Lebensdauer: Paarungszeit Dezember–März, in südlichen Gegenden früher als in nördlichen; Tragzeit 8–10 Wochen; Wurfgröße 2–7; Öffnen der Augen nach ca. 3 Wochen; Säugezeit ca. 6 Wochen; erstmaliges Nestverlassen nach 4–5 Wochen. Im dritten Monat gehen die Jungtiere mit der Mutter auf die Jagd, sind mit 5–6 Monaten selbständig, bleiben aber oft bis zum folgenden Frühjahr bei der Mutter. Geschlechtsreife im zweiten Lebensjahr, bei ♀♀ zuweilen schon im ersten. Lebenserwartung bis zu 20 Jahre.
Lautgebung: Durch trillernde Laute hält das Muttertier unterwegs die Jungtiere zusammen; Zischen und Kreischen der ♂♂ bei Rivalenkampf; anhaltendes Muckern des ♀ während der Paarung.
Feinde: Streunende Hunde, Fuchs, Wolf, Luchs, Wildkatze, Vielfraß, Dachs; für Jungtiere auch kleinere Marderarten.

Familie **Großbären** Ursidae

Insgesamt 7 Arten in Eurasien und Amerika; früher auch in NW-Afrika. In Europa 2 Arten, davon eine nur im äußersten arktischen Norden. Diese beiden Arten, der Braunbär und der Eisbär, stellen durch ihre größten Formen in Alaska (Kodiakbär bis zu 800 kg) und Kamtschatka sowie an der nordsibirischen Eismeerküste (Eisbären) die größten Landraubtiere überhaupt. Sohlengänger; 5 Zehen; starke Gliedmaßen; kaum oder nicht sichtbarer Stummelschwanz.
Meist Allesfresser, aber auch fast reine Fleischfresser (Eisbär); stark reduziertes Gebiß mit schwachen, breiten und relativ flachkronigen Backenzähnen. Zahnformel: 3·1·2·2 / 3·1·2·2=32.

Braunbär *Ursus arctos* Linné 1758

E Brown bear F Ours brun A S. 188, V S. 190

Merkmale: Besonders groß und kompakt gebaut; breiter Kopf; lange Schnauze; bewegliche Lippen; relativ kleine Augen und Ohren; dicke Hals-Nackenpartie; kräftige Beine; flächige Tatzen (Sohlengänger); kein sichtbarer Schwanz. Färbung meist einfarbig dunkelbraun, aber auch Varianten von sandfarben und graubraun bis nahezu schwarz. Zuweilen Jungbären mit hellem, gelblich-weißem Brustkragen.

Körpermaße (europäische Formen): KR 1,7–2,5 m; H 0,9–1,1 m; S 6–14 cm; G 90 bis über 300 kg, meist zwischen 150 und 250 kg. ♀ meist kleiner und leichter als ♂.

Ähnliche Arten: Kaum zu verwechseln; Wildschwein, Vielfraß.

Verbreitung: Zur Art zählen heute eine große Zahl früher als selbständige Arten angesehene Formen, darunter die Kodiakbären Alaskas (größtes Landraubtier), die Kamtschatkabären von der gleichnamigen Halbinsel, die Grizzly-Bären Nordamerikas, die äußerst dunklen, fast schwarzen Braunbären Nordchinas, die grauen Tibetbären und die besonders hellen Braunbären Vorderasiens. Die ursprüngliche Verbreitung der Art reichte nahezu über die gesamte Paläarktis von den Britischen Inseln der Iberischen Halbinsel und NW-Afrika im Westen bis Kamtschatka und Japan im Osten, bis Syrien, Iran, Kaschmir und Tibet im Süden und bis zur Taiganordgrenze im Norden, sowie über die Nearktis (Nordamerika) bis Neumexiko im SW. Nie vorgekommen auf Island und den Mittelmeerinseln. Besonders in den letzten Jahrhunderten in weiten Gebieten ausgestorben bzw. ausgerottet, so in Nordafrika und weitgehend im westlichen Europa. Kleine, isolierte Restpopulationen noch in den Trentiner Alpen, im Abbruzzennationalpark (Italien), in den Pyrenäen und in NW-Spanien. Größere und relativ gesicherte Bestände in Skandinavien, den Balkanländern und vor allem in der Sowjetunion. In den meisten europäischen Ländern heute ganzjährig geschützt.

Lebensraum: Vorwiegend Waldgebiete, vorzugsweise nahrungsreiche Mischwälder; Flachland und Gebirge; im Norden auch in die Tundra vordringend; im westlichen Europa nurmehr auf Gebirgsstöcken.

Lebensweise: Dämmerungs-, tag- und nachtaktiv; bei Bejagung und in besiedelten Gebieten eher nur nachtaktiv; bis auf Paarungszeit Einzelgänger; territorial. Das Territorium umfaßt zwischen 500 und 2500 ha. Winterschläfer. In der Überwinterungshöhle der Bärin werden etwa im Februar die Jungbären geboren. Trotz des hohen Körpergewichts ausdauernder Läufer; im Kreuzgang trottend, bei schnellerem Lauf Paßgang; guter Schwimmer; besonders Jungbären gute Kletterer.

Nahrung: Allesfresser; vorwiegend pflanzlich; Beeren, Früchte, Schößlinge, Wurzeln, Knospen, Eicheln, Nüsse, Bucheckern, Honig, Ameisen, Käfer, Insektenlarven, Krebse, Fische, Lurche, Kriechtiere, Vögel und deren Gelege, Säugetiere bis zur Größe von Hirschen, Hausrindern und Elchen, auch Fallwild und Aas. Die Nahrungsgewohnheiten unterscheiden sich je nach Jahreszeit und Gegend. In der sogenannten Herbstmast werden die Energiereserven für den Winterschlaf angelegt.

Fortpflanzung und Lebensdauer: Paarungszeit je nach geographischer Breite zwischen April und August, meist im Juli; Tragzeit 6–8 Monate; Wurfgröße 1–4, meist 2. Bei erfolgreicher Aufzucht des Nachwuchses in den ersten Monaten bekommt die Bärin erst im übernächsten Jahr erneut Nachwuchs. Die Jungbären verlassen bei gutem Wetter im April erstmals die Höhle, werden ca. 4 Monate gesäugt und bleiben bis zum Herbst oder dem darauffolgenden Frühjahr bei der Mutter. Geschlechtsreife mit ca. 3 Jahren. Lebenserwartung bis zu 35 Jahre.
Lautgebung: Brummen und Schreien bei Streß und Ärger; blasendes »Niesen« bei Überraschung; blökende Lockrufe der jungeführenden Bärin.
Feinde: Kaum; höchstens Wölfe.

Eisbär *Ursus maritimus* Philipps 1774

E Polar bear F Ours blanc

Merkmale: Eines der größten Landraubtiere; stromlinienförmiger Körperbau, hinten überbaut; langer Hals; kleine Ohren; blaue Zunge; relativ große, bepelzte Tatzen; starke Beine. Färbung mehr oder weniger einheitlich weiß, gelbweiß bis schmutzigweiß.
Körpermaße: KR 1,6–2,5 m; H 1,2–1,4 m; S 8–10 cm; G 250–700 kg. ♀ kleiner und leichter als ♂. Größte Formen in der ostsibirischen Eismeerregion.
Ähnliche Arten: Nicht zu verwechseln; höchstens Jungbären mit Eisfuchs und Polarhunden.
Verbreitung: Arktische Küsten und Eismeer. Im behandelten Gebiet Europas nur als Treibeisgast von Grönland, Spitzbergen und Novaja Semlja bis Island und Nordnorwegen. In Nordamerika kommt die Art im Süden bis zur

Braunbär

Eisbär

Hudson Bay und bis zur James Bay vor. Früher auch auf Labrador und Neufundland. Weltbestand aufgrund der geringen Besiedlungsdichte wohl schon immer relativ klein.

Lebensraum: Arktische Inseln, Küsten- und Treibeisgebiete. Im Gebiet der Hudson Bay zuweilen bis zu 200 km in Nadelwaldgebiete vordringend.

Lebensweise: Vorwiegend tagaktiv; zumeist Einzelgänger oder in Mutterfamilie. Standorttreu, aber auch weite Wanderungen, zuweilen passiv, auf Treibeis. Ausdauernder Läufer (Kreuz- und Paßgang), guter Schwimmer und Taucher. Antrieb beim Schwimmen durch hundeähnliches Paddeln mit den großen, tellerartigen Vordertatzen. Lagert und ruht in Schnee-, Eis- und Felshöhlen. Alte ♂♂ und Jungbären halten für gewöhnlich nur während schlechtem Wetter kurze Winterruhephasen. Trächtige Bärinnen dagegen bleiben ab November in der Höhle, die sie mit ihrem Ende Dezember geborenen Nachwuchs erst wieder im Frühjahr, meist im April, verlassen.

Nahrung: Fast ausschließlich tierisch; vor allem Robben, aber auch Aas, Abfälle, bodenbrütende Vögel, Eier, Fische. Robben werden wohl nur an Land oder beim Auftauchen an ihren Atemlöchern erjagt.

Fortpflanzung und Lebensdauer: Paarungszeit März–Mai; Tragzeit 8–9 Monate; Wurfgröße 1–3, meist 2. Neugeborene winzig (Gewicht weniger als 1 kg), blind und nackt, öffnen ihre Augen nach ca. 4 Wochen. Säugezeit 2–3 Monate; Geschlechtsreife mit 4–6 Jahren. Bei erfolgreicher Aufzucht der Jungbären bekommt die Bärin nur alle 3 Jahre Nachwuchs. Lebenserwartung bis zu 30 Jahre.

Lautgebung: Wenig lautfreudig; sonst ähnlich Braunbär.

Feinde: Schwertwal u. andere Zahnwale, u. U. auch Walroß.

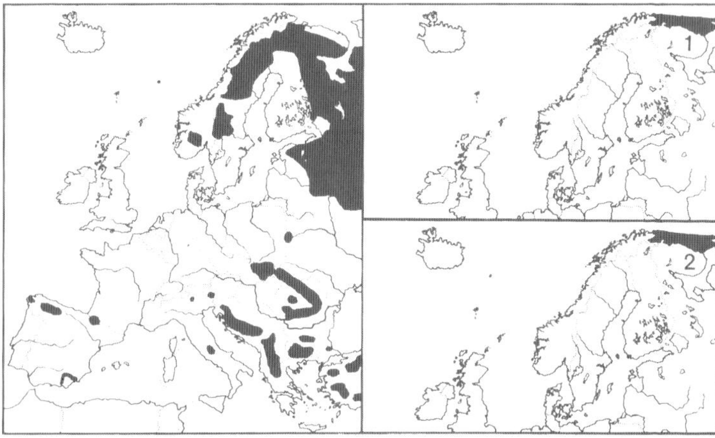

Braunbär 1 Walroß 2 Bartrobbe

Familie **Walrosse** Odobenidae

Vertreten durch nur eine Gattung und eine Art. Ähnlich wie bei den Ohrenrobben sind die Gliedmaßen stark und abwinkelbar, so daß bei der Fortbewegung an Land der Körper weitgehend abgehoben werden kann. Wie die Hundsrobben besitzen die Walrosse keine Ohrmuscheln.

Walroß *Odobenus rosmarus* Linné 1758

E Walrus F Morse.

Merkmale: Besonders groß und bullig; dicke, faltige Haut; dicke Oberlippe mit langen, kräftigen Borsten. Färbung braun bis gelbbraun. Jungtiere zunächst dunkler, dicht und weich behaart. Mit zunehmendem Alter nimmt die Behaarung ab. Bezahnung des Gebisses stark reduziert und unregelmäßig; Eckzähne wachsen als wurzellose Hauer zeitlebens; werden bei den Bullen bis zu ca. 75 cm, bei den Kühen bis zu 60 cm lang; Hauer der ♂♂ an der Basis dicker als die der ♀♀.
Körpermaße: KR ♀ ca. 3 m, ♂ 3–5 m; G 700–2500 kg. ♂ größer und schwerer als ♀.
Ähnliche Arten: Kaum zu verwechseln; Bartrobbe.
Verbreitung und Lebensraum: Küsten, Treibeis- und Küsteneisbereiche der Polarmeere. 4 isolierte Populationen: 1. zwischen dem nordöstlichen Kanada und Westgrönland; 2. im nördlichen Atlantik von der Ostküste Grönlands über Spitzbergen und Franz-Joseph-Land bis zur Barents- und zur Kara-See; 3. im Gebiet der Laptew-See; 4. im Nordpazifik an den Küsten der Beringsee, Kamtschatkas und Alaskas. Früher auch weiter süd-

lich, so in Europa im 15. Jahrhundert noch an den Küsten Norwegens und Schottlands. Heute in Europa regelmäßiges Vorkommen nurmehr an den Küsten Spitzbergens und an den Eismeerküsten der Sowjetunion, zuweilen an den Küsten Nordnorwegens und Islands, äußerst selten an den Küsten der Britischen Inseln und Mitteleuropas.

Lebensweise: Bei Helligkeit aktiv. Guter Schwimmer und Taucher (bis zu 10 min. Dauer und 80 m Tiefe). Antrieb beim Schwimmen durch Vorder- und Hinterflossen. An Land schwerfällig. Gesellig, im Familienverband (♂, bis zu 3 ♀♀, Jungtiere) oder in Männergruppen; an den Küsten oft in Herden. Entfernung in die offene See kaum mehr als 10–15 km; weitgehend gebietstreu.

Nahrung: Tierisch; vorwiegend Muscheln, aber auch Stachelhäuter, Schnekken, Fische, Robben und Kadaver. Robben werden mit den Vorderbeinen erdrückt und mit den Hauern aufgehackt, Muscheln los-und aufgehackt.

Fortpflanzung und Lebensdauer: Paarungszeit April–Juni; Paarung wahrscheinlich nur im Wasser. Tragzeit ca. 15 Monate; Wurfgröße 1; Säugezeit 1½–2 Jahre; Neugeborene ca. 60 kg schwer, mit offenen Augen; bald nach der Geburt schwimmfähig. Mit ca. 2 Jahren werden die Jungtiere selbständig. ♀♀ mit 3–4, ♂♂ mit 4–6 Jahren geschlechtsreif. Nach erfolgreicher Jungenaufzucht bekommt das Muttertier nur im Abstand von 2 oder 3 Jahren Nachwuchs. Lebenserwartung wahrscheinlich bis zu 40 Jahre.

Lautgebung: Prusten, Schnauben und rülpsendes »Awök«.

Feinde: Wahrscheinlich Schwertwal und Eisbär. Die Ureinwohner der arktischen Gebiete besitzen heute noch ihre traditionellen Jagdrechte auf das Walroß. Nutzung von Elfenbein, fester Haut (Taue, Boote), Fleisch, Fett und Tran. Im Bestand bedroht.

Walroß

Familie **Hundsrobben** Phocidae

Insgesamt 18 Arten; vor allem in polaren und gemäßigten Küstenzonen; wenige Arten in tropischen und subtropischen Bereichen; in Eurasien und in Nordamerika auch in Süßwasserseen. Im behandelten Gebiet Europas 7 Arten.
Körperbau stromlinienförmig. Hervorragende Schwimmer und Taucher. Gliedmaßen zu Flossen mit Schwimmhäuten entwickelt. Hinterbeine im Gegensatz zu Ohrenrobben nicht abwinkelbar, Fortbewegung an Land daher „robbend". Nasen- und Ohrlöcher verschließbar, keine Ohrmuscheln (Gegensatz zu Ohrenrobben). Unter der Haut dicke Speckschicht. Fell kurz und dicht; Sohlen behaart; Zehen mit Nägeln, Zehenzahl 5/5. Vorwiegend tagaktiv. Ernährung von Meerestieren. Meist nur 1 Jungtier. Meist 1 Paar Zitzen.
Zahnformel: 2–3·1·4–6 / 1–2·1·4–5 = 26–36.

Bartrobbe *Erignathus barbatus* Erxleben 1777

E Bearded seal F Phoque barbu V S. 190

Merkmale: Einheitlich gelbbraun bis grau, Oberseite mehr bräunlich, bauchseits heller. Jungtiere graubraun, nach erstem Haarwechsel undeutlich gesprenkelt. Lange, weiße Barthaare (Tasthaare) zum Auffinden der Nahrung am Meeresgrund. ♀♀ besitzen im Gegensatz zu den anderen Hundsrobbenarten 2 Paar Zitzen.
Körpermaße: KR 2–3,5 m; G 200–350, selten bis zu 700 kg.
Ähnliche Arten: Walroß.
Verbreitung: Arktische Küsten Eurasiens und Nordamerikas; im Süden bis Nordisland, Nordnorwegen, St.-Lorenz-Golf und Nordjapan. Seltener Irrgast an den Küsten der Britischen Inseln, Nordfrankreichs und Südskandinaviens.
Lebensraum: Flachere Gewässer und Treibeis in Nähe packeisfreier Küsten.

Bartrobbe

Lebensweise: Einzelgänger oder (vor allem in der Paarungszeit) in Kleingruppen. Wandert kaum. Tauchdauer bis zu 20 min, Tauchtiefe bis zu 50 m. Legt in der Eisdecke Atemlöcher an.
Nahrung: Ähnlich Walroß; Seegurken (Stachelhäuter), Garnelen, Krabben, Fische (besonders Grundfische); gräbt mit Vorderflossen nach Weichtieren.
Fortpflanzung und Lebensdauer: Paarungszeit im Juni; Tragzeit 11 Monate; Wurfzeit April/Mai; Wurfgröße 1; Neugeborenes ca. 1 m lang, 40–50 kg schwer, mit weichem, graubraunem Fell. Nach der ca. 3wöchigen Säugezeit und dem Haarwechsel schwimmfähig; noch lange bei der Mutter. Wurffolge wahrscheinlich nur alle 2 Jahre. Geschlechtsreife der ♀♀ mit 6 Jahren, der ♂♂ ein Jahr später. Lebenserwartung bis zu über 20 Jahre.
Lautgebung: Melodisches Flöten und Heulen.
Feinde: Eisbär, auch Schwertwal und Walroß. Für die Eskimos ist besonders die feste und elastische Haut für die Fertigung von Kleidung und Gebrauchsgegenständen von Bedeutung. Aufgrund des verstreuten Vorkommens der Bartrobben wirkt sich diese Nutzung jedoch kaum bestandsbedrohend aus.

Mittelmeer-Mönchsrobbe *Monachus monachus* Hermann 1779

E Mediterranean monk seal F Phoque moine mediterranéen V S. 196

Merkmale: Relativ große Vorder- und kleine Hinterflossen. Färbung der Rückenseite braun mit unregelmäßigen helleren Bereichen an Kopf und Nacken. Bauchseite weiß, manchmal gelblich umsäumt. Färbung der Jungtiere ähnlich.
Körpermaße: KR ♀ 2,7–3,4 m, ♂ 2,3–2,5 m; G ♀ ca. 320 kg, ♂ ca. 280 kg. ♀ deutlich größer als ♂.
Ähnliche Arten: Aussehen und Verbreitung schließen Verwechslungen aus.
Verbreitung: Ehemals weitverbreitet an den Küsten des Mittelmeers und des Schwarzen Meers sowie an der NW-afrikanischen Atlantikküste, um Madeira und an den Kanarischen Inseln. Heute nurmehr kleine Restpopulationen (siehe Feinde!). Nah verwandte Formen an den Küsten der Karibischen Inseln und um Hawaii.
Lebensraum: Einsame, nicht zu steile Sand- oder Felsküsten; vom Lande her schlecht oder unzugängliche Meeresufer oder Grotten. Die europäische Mönchsrobbe und ihre Verwandten leben im Vergleich zu anderen Hundsrobbenarten in relativ warmen Gegenden.
Lebensweise: Tagaktiv; einzeln oder in kleinen Trupps; weitgehend standorttreu. Früher gerne an Stränden ruhend und sonnend; heute heimlicher, auch in der Dämmerung und nachts aktiv.
Nahrung: Vorwiegend Fische und Tintenfische, auch Langusten und Krabben. Ca. 11 kg pro Tag.
Fortpflanzung und Lebensdauer: Paarungszeit Ende Oktober/Anfang November; Paarung im Wasser. Tragzeit ca. 11 Monate; Wurfgröße 1; ♀ bei erfolgreicher Jungenaufzucht nur alle 2 Jahre trächtig; Geburt an Land. Neugeborenes ca. 1 m lang und ca. 25 kg schwer; Säugezeit bis zur sechsten Lebenswoche, dann schwimm- und tauchfähig; Jungtier bleibt 2–3 Jahre bei

Mittelmeer-Mönchsrobbe ♂

der Mutter; Geschlechtsreife mit 4–5 Jahren. Lebenserwartung bis zu 30 Jahre. Die niedrige Vermehrungsrate erschwert den Schutz und die Erhaltung der Art.
Lautgebung: Kaum lautfreudig; bei Erregung Winseln, Jaulen und Bellen.
Feinde und Bestandsbedrohung: Kaum natürliche Feinde; eventuell Haie. Bestandsbedrohend sind Fischerei, Sporttaucherei und Tourismus, Wasserverunreinigung und damit schwindende Nahrungsgründe.

Sattelrobbe *Phoca groenlandica* Erxleben 1777

E Harp seal F Phoque du Groenland V S. 196

Merkmale: Gestalt ähnlich Seehund. Jungtiere anfangs weiß bis gelbweiß. Jüngere ♀♀ braunschwarz gefleckt; ältere ♀♀ bräunlich, zunächst ohne und später mit kleinerem, grauem Sattel. ♂♂ gelblichweiß mit grauweiß, mit größerem, schwarzem Sattel. ♀♀ mit dunklem, ♂♂ mit schwarzem Gesicht. Kopf und Hinterbeine dunkel.
Körpermaße: KR 1,5–2,2 m; G 115–180 kg; ♀ etwas kleiner als ♂.
Ähnliche Arten: Jüngere, gefleckte ♀♀ zu verwechseln mit Ringelrobbe, Seehund und Kegelrobbe.
Verbreitung: Fortpflanzung in den Treibeisgebieten des Weißen Meers und im Sankt Lorenz Golf nördlich Neufundlands. Von dort Wanderungen in den arktischen Atlantik, nach Franz-Josef-Land und Spitzbergen, an die Nordküste Grönlands, in die nordöstliche Hudsonbay und andere Gebiete; gelegentlich im Süden bis zu den Britischen Inseln, in die Nordsee und in die Ostsee.
Lebensraum: Offenes Meer und Treibeis.
Lebensweise: Gesellig, in größeren Verbänden. Im Oktober Sammeln an den Wurfplätzen; nach Fortpflanzung und Haarwechsel im Mai Wanderung in kleineren Gruppen nach Norden. Besonders guter Schwimmer; Tauchdauer bis zu 30 Min., Tauchtiefe bis zu 250 m; synchronisiertes Schwimmen und Tauchen der Gruppenmitglieder. Unterhält Atemlöcher in der Eisdecke.

Nahrung: Kleinere Krebse, Krabben und Fische.
Fortpflanzung und Lebensdauer: Zur Fortpflanzungszeit Großgruppen auf dem Treibeis. Wurfzeit Februar/März; Wurfgröße 1. Die 60–90 cm langen und 5–8 kg schweren Neugeborenen besitzen ein weiches, weißes Fell. Säugezeit 3–4 Wochen. Nach erster Lebenswoche Fellwechsel des Jungtiers; nach der Säugezeit schwimmfähig. Anschließend Paarungszeit und danach Fellwechsel der Alttiere. Während der Fortpflanzungszeit verpaart sich ein ♂ mit nur einem ♀. Anfang Mai wandern Alt- und Jungtiere nach Norden. Geschlechtsreife der ♀♀ mit 6, der ♂♂ mit 8 Jahren. Lebenserwartung bis zu 30 Jahre.
Lautgebung: Bellen, Brummen, Knurren; tiefes Brüllen zur Paarungszeit.
Feinde: Eisbär, Zahnwalarten. An Fortpflanzungsplätzen Überbejagung durch den Menschen möglich.

Sattelrobbe

Ringelrobbe *Phoca hispida* Schreber 1775

E Ringed seal F Phoque anuelé A S. 196, V S. 196

Merkmale: Relativ klein und schlank. Rundlicher Kopf; Nasenlöcher in V-Stellung; Schnurrhaare braun. Färbung variabel; am Rücken meist dunkelgraubraun mit dunkleren Flecken, die heller umringt sind; bauchseits heller und ohne deutliche Fleckung. Jugendkleid zunächst für 2–3 Wochen gelbweiß und wollig, dann Umfärbung.
Körpermaße: KR 1,2–1,85 m; G bis zu 100 kg. ♀ etwas kleiner als ♂. Zwergformen, besonders in finnischen Binnengewässern.
Ähnliche Arten: Kegelrobbe, Seehund, Sattelrobbe (jüngere ♀♀), Bartrobbe.
Verbreitung und Lebensraum: Mehrere Populationen (Unterarten) sind zu unterscheiden. Das Hauptverbreitungsgebiet umfaßt Küstenbereiche, Fjorde, Buchten und Gletschermündungen der arktischen Meere um Grön-

Ringelrobbe
mit Jungtier

land, Jan Mayen, Spitzbergen, die Bäreninsel, Franz-Josef-Land, die Nord- und Ostküste der Sowjetunion bis Japan und die nordamerikanischen Küsten bis Neufundland im Süden. Im Winter Südwanderungen bis Norwegen und Island, selten bis Mittel- und Westeuropa. In Europa finden sich 3 weitere, kleinere, voneinander getrennte Vorkommen: im Finnischen und Bottnischen Meerbusen, im Ladoga-See (Brackwasser) und im Saimaa-Seen-System in Finnland (Süßwasser). Diese kleineren Populationen sind in ihrem Bestand besonders bedroht. Nah verwandt ist die Kaspi-Ringelrobbe des Kaspischen Meers.

Lebensweise: Einzelgänger oder in kleinen Gruppen; weitgehend standorttreu. Luftlöcher im Eis, durch häufige Benutzung aufgehalten. Während des Haarwechsels im Juni/Juli fasten die Alttiere auf dem Eis. Nur vereinzelt Wanderungen im Herbst nach Süden. Gute Schwimmer; Tauchdauer bis 20 min., Tauchtiefe bis 100 m. Bis zum Wechsel ihres weißen, wolligen

1 Seehund 2 Mittelmeer-Mönchsrobbe 1 Sattelrobbe 2 Ringelrobbe

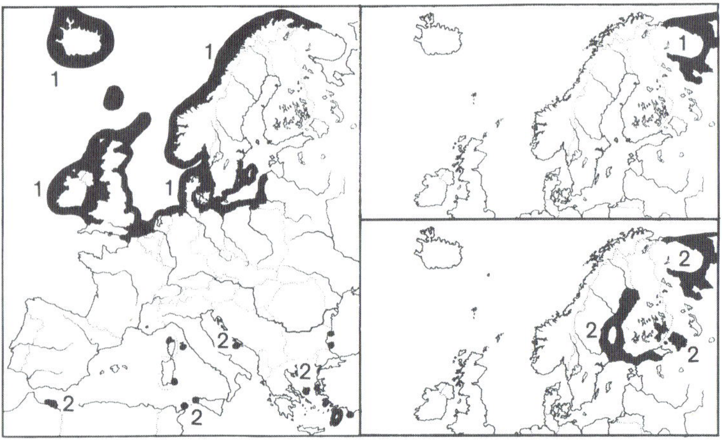

Jugendhaarkleides bleiben die Jungtiere die ersten 3–4 Lebenswochen an Land bzw. auf dem Eis, oftmals in einer von der Mutter neben einem ihrer Atemlöcher angelegten länglichen Eis- oder Schneehöhle.
Nahrung: Kleinere Krebse, Krabben und Fische.
Fortpflanzung und Lebensdauer: Paarungszeit April–Mai; zu dieser Zeit strenger Geruch der ♂♂. Wurfzeit März/April; Wurfgröße 1; Neugeborenes ca. 50 cm lang und 5 kg schwer; Säugezeit 2 Monate; Geschlechtsreife mit 6–7 Jahren. Lebenserwartung bis zu 40 Jahre.
Lautgebung: Kaum lautfreudig; kurzes Bellen oder Knurren.
Feinde: Eisbär, aber auch größere Robbenarten und Schwertwal. Bestandsbedrohend sind Überbejagung und Wasserverunreinigung.

Seehund *Phoca vitulina* Linné 1758

E Common seal F Phoque veau marin

Merkmale: Ähnlich Kegel- und Ringelrobbe, aber besonders „hundeartiger" Kopf mit ausgeprägtem, konkavem Profil. Schädel im Vergleich zu dem der Kegelrobbe relativ kurz. V-förmige Nasenöffnungen. Färbung variabel, von weiß- oder gelblichgrau bis dunkelbraun; Rückenseite schwarz gefleckt; Bauch heller und ungefleckt. Jungtiere ähnlich wie Alttiere gefärbt.

Seehund mit Jungtier (»Heuler«)

Körpermaße: KR 1,4–2 m; G 100–250 kg. ♂ etwas größer als ♀.
Ähnliche Arten: Ringelrobbe, Kegelrobbe.
Verbreitung: Küstenbereiche der gemäßigten nördlichen Hemisphäre. Insgesamt 5 Unterarten. Europäische Unterart *(P. v. vitulina)* an den Küsten der Nordsee und des Atlantik (Niederlande, Bundesrepublik Deutschland, Dänemark, Norwegen, Großbritannien und Island), seltener an den Küsten südlich des Ärmelkanals und in der Ostsee. Die weiteren Unterarten bewohnen die West- und Südküste Grönlands, die Küsten Nordamerikas und NO-Asiens bis Südcarolina, Kalifornien und Japan im Süden sowie einige Süßwasserseen in Nordamerika.

Lebensraum: Ruhigere Küstengewässer; Buchten, Wattenmeere und Brandungszonen mit Sandbänken und flachen Felsstränden oder -inseln; zuweilen auch in Flußläufen. Kaum auf offener See.
Lebensweise: Fast ausschließlich tagaktiv; weitgehend gebietstreu; nur jüngere Tiere unternehmen weitere Wanderungen. Zur Fortpflanzungszeit in Herden; sonst überwiegend Einzelgänger. Gute Schwimmer und Taucher (bis 20 min. und 100 m Tiefe). Fortbewegung an Land langsam robbend, mit Unterstützung der Flossen. Ruht gerne, besonders bei Ebbe, auf Sand oder Felsbänken.
Nahrung: Je nach Angebot sehr anpassungsfähig. Fische verschiedenster Arten, Weichtiere, Krabben und Krebse. Nahrung der Jungtiere zunächst hauptsächlich Krabben.
Fortpflanzung und Lebensdauer: Paarungszeit im Hochsommer. Tragzeit ca. 10 Monate; Wurfgröße meist 1, zuweilen 2; Geburtsgewicht ca. 10 kg; Säugezeit 4–6 Wochen. In Anpassung an das Leben im Gezeitenbereich kommen die Jungtiere besonders weit entwickelt zur Welt und können bald nach der Geburt schwimmen. Lebenserwartung bis zu 30 Jahre.
Lautgebung: Erwachsene kaum lautfreudig. Aufgrund ihrer schrillen Lockrufe werden die Jungtiere auch Heuler genannt.
Feinde: Zahnwale, andere Robbenarten und eventuell Haie. Starke Bestandsabnahme zurückzuführen auf übermäßige Bejagung, Wasserverschmutzung, Beunruhigung und Vernichtung von Fortpflanzungsgebieten durch Staudämme oder Ausbau von Wasserstraßen.

Kegelrobbe *Halichoerus grypus* Fabricius 1791

E Grey seal F Phoque gris V S. 200

Merkmale: Größer als Seehund. Besonders ♂ mit langem, kegelförmigem Kopf. Nasenlöcher vertikal und auseinanderstehend; zuweilen kleiner Ohrmuschelwulst. Färbung variabel; Erwachsene ♂♂ zumeist dunkel mit heller Fleckung, erwachsene ♀♀ hell mit dunkler Fleckung; Kopfoberseite mitunter hell. Neugeborene mit grauweißem, wolligem und langem Pelz.
Körpermaße: KR 1,8–3,8 m; G 120–320 kg. ♂ deutlich größer und schwerer als ♀.
Ähnliche Arten: Seehund, Ringelrobbe, Klappmütze, Sattelrobbe.
Verbreitung: Eine der seltensten Hundsrobbenarten. Hauptverbreitung in europäischen Küstengewässern. 3 weitgehend voneinander getrennte Populationen: a) in der Ostsee (Bottnischer und Finnischer Meerbusen, baltische Küsten); b) um die Britischen Inseln, die Bretagne, die Färöer, bis Island, Norwegen und bis zum Weißen Meer im Norden, sowie an den Nordseeküsten Mitteleuropas; c) an der Ostküste Kanadas, im St. Lorenz Golf und um Neufundland. Bestand und Fortpflanzungsgebiete in starkem Rückgang.
Lebensraum: Fels-, Geröll-, Klippen-, selten Sandküsten. Selten an Land.
Lebensweise: Tagaktiv; sehr scheu. Meist in kleinen Rudeln. Zur Paarungszeit ♂ territorial, mit Harem von bis zu 7 ♀♀. Wandert kaum; in den ersten Lebensjahren jedoch größere Wanderungen. Ruhen an Land oder senkrecht

Kegelrobbe

im Wasser schwimmend. Tauchtiefe bis 130 m; Tauchdauer bis 20 min. Vor dem Wegtauchen Rückenwölben aus dem Wasser.
Nahrung: Fische, Krebse und Weichtiere.
Fortpflanzung und Lebensdauer: Paarungszeit zwischen November und März. Tragzeit 11 Monate; Wurfgröße 1; Neugeborenes ca. 75 cm lang, 15–20 kg schwer. Geburt an Land; Säugezeit ca. 2 Wochen. Nach dem Haarwechsel werden die Jungtiere in der 4.–5. Lebenswoche schwimmfähig und selbständig. Während und nach der Säugezeit Paarungszeit der Alttiere. Geschlechtsreife der ♀♀ mit 5, der ♂♂ mit 6 Jahren. Lebenserwartung bis zu 35 Jahre. Oft hohe, sturmbedingte Verluste unter den Jungtieren.
Lautgebung: Lautes gedehntes Jaulen; Schnaufen, Grunzen und Brummen.
Feinde: Wenig natürliche Feinde. Bestandsbedrohung da als „Fischereischädling" vom Menschen verfolgt, vor allem aber auch aufgrund der Meeresverschmutzung (Ostsee).

Klappmütze *Cystophora cristata* Erxleben 1777

E Hooded seal F Phoque á capuchon A S. 200, V S. 200

Merkmale: Hell- bis dunkelgrau mit dunkler Fleckung an Rücken und Seiten; kleine Flecken im Nackenbereich; zuweilen am Rücken blaugrau; an Bauchseite und Flanken weiße Bereiche. Erwachsene ♂♂ mit bei Erregung bis zu Fußballgröße aufblasbarer, elastischer Hautblase auf dem Kopf, die

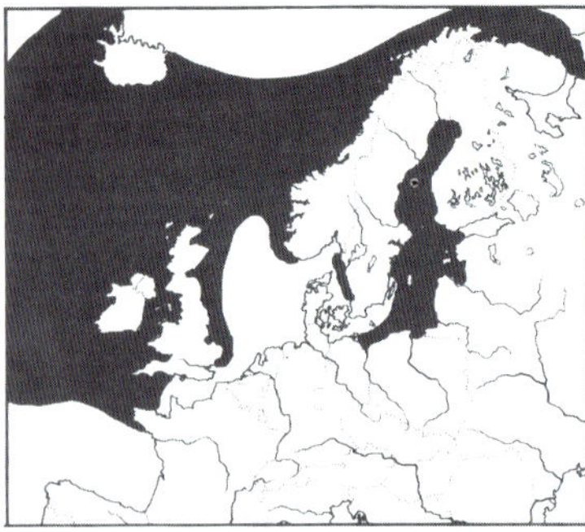

Kegelrobbe

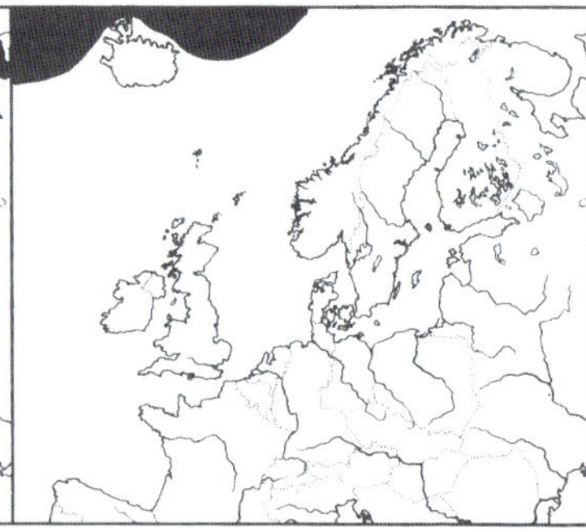

Klappmütze

im Normalzustand schlaff über die Nasenöffnungen herabhängt. Bei den ♀♀ ist dieses Organ viel weniger auffallend, da kleiner. Jugendkleid silberweiß, am Rücken bläulich grau, am Bauch weiß.
Körpermaße: KR 2–2,5 m; G 300–400 kg. ♂ schwerer und größer als ♀.
Ähnliche Arten: Vor allem Kegelrobbe, aber auch Seehund, Ringelrobbe und Sattelrobbe.
Verbreitung: Arktischer Atlantik; Treibeisrand von Spitzbergen bis Neufundland. Hauptfortpflanzungsgebiete nördlich Island, vor SW-Grönland und nördlich Neufundland. Nach Süden zuweilen vorstoßend bis zur Biskaya und bis Florida.
Lebensraum: Hochsee, besonders im Treibeisrandbereich.
Lebensweise: Einzelgänger oder in Kleingruppen; scheu, untereinander streitlustig; wandert weit. Tauchtiefe bis zu 300 m, Tauchdauer bis zu 20 min.
Nahrung: Bodenfische, Tintenfische, Muscheln, Seesterne und Garnelen.

Kopf ♀

Klappmütze ♂

Fortpflanzung und Lebensdauer: Im März in Gruppen auf dem Treibeis. Wurfzeit Ende März/Anfang April; Wurfgröße 1; Jungtier wird auf dem Eis geboren, ist ca. 25 kg schwer und 1 m lang. Säugezeit ca. 2 Wochen, anschließend Junges selbständig und Paarungszeit der Alttiere; ♂ und ♀ leben für die Dauer einer Fortpflanzungsperiode in Einehe. Haarwechsel Juni/Juli auf dem Eis. Geschlechtsreife mit 4–6 Jahren. Lebenserwartung bis zu 30 Jahre.
Lautgebung: Brüllen der ♂♂ zur Paarungszeit.
Feinde: Eisbär und Zahnwale. Wahrscheinlich bestandsgefährdend für die von Natur aus seltene Art sind die vom Menschen in den mit den Sattelrobben gemeinsamen Fortpflanzungsgebieten durchgeführten Massenschlachtungen.

Ordnung **Paarhufer** Artiodactyla

Hierzu zählen die meisten der pflanzenfressenden größeren Säugetierarten. 4 Huf-Zehen (2.–5. Zehe) oder nurmehr 2 Huf-Zehen (3. und 4. Zehe). 3 Unterordnungen: Schweineverwandte (Suiformes), Schwielensohler (Cameliformes) und Wiederkäuer (Ruminantia). Letztere umfassen die Hauptartenfülle der Paarhufer. Im behandelten Gebiet Europas sind die Paarhufer durch 3 Familien vertreten: die Familie der Schweine und die zu den Wiederkäuern zählenden Familien der Hirsche und der Hornträger. Paarhufer kommen weit entwickelt und mit offenen Augen zur Welt. Zusammen mit der meist geringen Wurfgröße gilt dies als Merkmal hochentwickelter Säugetiere. Hohe Wurfgröße und Säugen am seitlich liegenden Muttertier gelten in diesem Zusammenhang als „ursprüngliche“ Merkmale der Schweine. Gemeinsame Merkmale aller Wiederkäuer sind das Fehlen von Schneidezähnen im Oberkiefer und das Wiederkäuen der Nahrung.

Familie **Schweine** Suidae

Vertreten durch insgesamt nur ca. 8 Arten in Afrika und Eurasien, vorwiegend in tropischen und subtropischen Bereichen; nur 1 Art im gemäßigten Eurasien. In der Neuen Welt vertreten durch die Peccaries (Familie Tayassuidae). Relativ primitive Paarhufer, wenig spezialisiert; Körperbau kompakt; kräftiger Hals; auf Rumpfhöhe sitzender Kopf; relativ kurze Beine; langgestreckte Schnauze mit nackter Rüsselscheibe. Bei ♂♂ Eckzähne zu langen Hauern entwickelt. Zehenzahl 4/4; mittlere Zehen (3. und 4.) länger als äußere (2. und 5.). Gesellig, in Familienverbänden (Rotten). Weitaus die meisten Arten sind Bewohner von Waldlandschaften. Allesfresser. Zahnformel: 3·1·4·3 / 3·1·4·3 = 44, bei einigen Gattungen Zahnzahl reduziert.

Wildschwein *Sus scrofa* Linné 1758

E Wild boar F Sanglier V S. 206

Merkmale: Körperbau massig, gedrungen. Kopf keilförmig, gestreckt, über kurzen Hals in Rumpf übergehend; kleine Augen; kleine, stehende Ohren. Beine relativ kurz und schlank; Schwanz mittellang, mit Endquaste. Bei erwachsenen ♂♂ große, von außen sichtbare Eckzähne („Hauer"): bis zu 30 cm lang, wurzellos, zeitlebens wachsend. Behaarung borstig, im Winter länger als im Sommer. Färbung schwarzbraun bis graubraun, auch rötlichbraun und hellbraun. Jugendfärbung braun und hell cremefarben gestreift.
Körpermaße: KR 1,1–1,8 m; H 0,6–1,15 m; S 15–25 cm; G 35–350 kg. ♀♀ ca. um 25 % kleiner und leichter als ♂♂. In Europa nach Osten hin an Größe zunehmend; besonders kleinwüchsige Form auf Sardinien.
Ähnliche Arten: Kaum zu verwechseln.

Mangalitza-
Wollschwein, ♀

Verbreitung: In einer Reihe von Unterarten von Westeuropa und NW-Afrika im Westen über das gemäßigte Eurasien bis Japan und Taiwan im Osten sowie über Vorder- und Hinterindien bis Ceylon, Malayische Halbinsel, Sundainseln und Philippinen. Vom Menschen verbreitet über die südostasiatische Inselwelt einschließlich Neuguinea. Auf den Britischen Inseln und in Südskandinavien ausgestorben und gebietsweise wieder eingebürgert. Als Jagdwild in den USA und anderen Ländern eingeführt.
Lebensraum: Laub- und Mischwälder mit Wasser- und Suhlstellen; Strauchlandschaften; im Gebirge bis zur Laubbaumgrenze; wärmeliebend.
Lebensweise: Tag- und nachtaktiv, bei Bejagung mehr nachtaktiv. Familienverbände (Rotten) bestehen aus verwandten ♀♀ (Bachen) und deren Nachwuchs; Rangordnung vorwiegend altersabhängig. Erwachsene ♂♂ (Keiler) außerhalb der Paarungszeit (Rauschzeit) Einzelgänger. Zur Rauschzeit Kampf der Keiler um brünstige Bachen. Imponierverhalten legt meist die ♂-Rangordnung fest. Wenn nicht, kommt es zu gegenseitigem Schulterstemmen und Verletzungskampf mit den Hauern in die Flanken. ♂♂ daher mit Schutzplatte aus fester Knorpel- und Gewebsschicht sowie Schwarte an den Seiten des Vorderkörpers. Schlafkessel; tagsüber Ruhen in sonnigen Dikkungen. Guter und ausdauernder Läufer, guter Schwimmer. Schlammbäder dienen der Körperpflege. Ausgezeichneter Geruchssinn, gutes Gehör. Nahrungsfinden meist mit Schnauze im Boden wühlend.
Nahrung: Allesfresser, überwiegend pflanzlich; Wurzeln, Knollen, Eicheln, Bucheckern, Früchte, Feldfrüchte, Pilze, Kerbtiere, Würmer, Schnecken, Eier, Kriechtiere, junge und kranke Tiere, Kadaver.
Fortpflanzung und Lebensdauer: Paarungszeit zwischen November und Januar; Tragzeit 4–5 Monate; Wurfzeit März/April; Wurfgröße 3–12; in südlicheren Gebieten 2 Würfe im Jahr möglich. Geburt in Wurfkessel, der in der zweiten Lebenswoche von den Jungtieren endgültig verlassen wird; Geburtsgewicht 600–1000 g; Säugezeit ca. 3 Monate; erste feste Nahrung in der zweiten Lebenswoche; Verlust der Jugendstreifung im dritten Lebensmonat; selbständig mit 6 Monaten. ♀♀ bleiben meist in der mütterlichen Rotte. Geschlechtsreife mit 9 bis 18 Monaten, voll ausgewachsen mit 4–6 Jahren. Lebenserwartung bis zu 20 Jahre.

Lautgebung: Grunzen, Quieken, Schnauben, Blasen, Warnblaffen; rhythmisches Grunzen der Mutter (Lockruf); Zähnewetzen des ♂ bei Wut und Drohen.
Feinde: Wolf, eventuell Braunbär; vom Menschen als Landwirtschaftsschädling und Jagdwild verfolgt.
Domestikation: Stammform der in Europa und Asien entstandenen Hausschweinrassen; mit diesen unbeschränkt kreuzbar. Erst relativ spät, nach Schaf, Hund und Ziege domestiziert. Halbdomestizierte Formen zuweilen wieder verwildert, so auf vielen, vor allem südostasiatischen Inseln. Viele ursprünglichere, der Wildform ähnlichere Hausschweinrassen wurden besonders in den letzten Jahrzehnten zugunsten moderner, schnellwüchsiger Fleischrassen abgeschafft und verschwanden. Ursprüngliche, noch existierende Schweinerassen sind z. B. die besonders in Korkeichengebieten halbwild gehaltenen **Weideschweine** der Iberischen Halbinsel und das **Mangalitza-Wollschwein** Ungarns, dessen Jungtiere eine Jugendstreifung ähnlich der des Wildschweins besitzen.

Familie **Hirschartige** Cervidae

Insgesamt ca. 32 Arten; verbreitet über die Alte und Neue Welt; ursprünglich nicht in Afrika südlich der Sahara, Madagaskar, Australien und Neuseeland. Viele Arten als Jagdwild in fremden Kontinenten eingeführt. In Europa 10 Arten, davon die Hälfte eingeführt. Hasen- bis pferdegroß; Wiederkäuer; Nahrung pflanzlich. Geweih als typisches Merkmal (Ausnahme: Wasserreh), meist jährlich abgeworfen. Geweihwachstum ausgehend von den zum Stirnbein gehörenden Rosenstöcken; Knochensubstanz; in der Wachstumsphase von Bastschicht umgeben, darin versorgende Gefäße. Nach Beendigung des Geweihwachstums Abstreifen (Fegen) des Bastes. Form der Geweihe art- und populationsspezifisch, aber auch alters- und gesundheitsabhängig. Außer beim Rentier Geweihbildung nur bei den ♂♂. Zahnformel: 0·(1)·3·3 / 3·1·3·3 = 32–34.

Reh *Capreolus capreolus* Linné 1758

E Roe deer F Chevreuil V S. 206

Merkmale: Kleinste der ursprünglich in Europa vorkommenden Hirscharten. Schwanz fast nicht sichtbar. Normalfärbung im Sommer rostbraun, im Winter graubraun; Spiegel im Winter weiß, im Sommer gelblich, weniger auffällig. Farbvarianten, Schwärzlinge und Weißlinge. Schnauze schwarz, nackt; seitliche weiße Lippenflecke. Ohren groß, innen hell. Jungtiere weiß getupft, Fleckung verschwindet bis zum Herbst. Geweih mit bis zu 3 (selten 4) Enden pro Stange, basal wulstig und stark geperlt; Stangenlänge bis zu 23 cm; Geweihabwurf im Oktober oder November, Neuansatz im Januar oder Februar, Fegezeit im April.

Reh

Körpermaße: KR 0,95–1,35 m; H 60–80 cm; S 2–3 cm; G 15–35 kg. ♂ größer und schwerer als ♀. Nach Osten hin zunehmende Körpergröße. Wesentlich größer als die europäischen sind die sibirischen Rehe.
Ähnliche Arten: Weißwedelhirsch, Wasserreh, Muntiak; Gemse.
Verbreitung: Nördliches Eurasien, nicht im hohen Norden. In Europa bis Nordskandinavien im Norden, nicht auf Irland und Island, kaum in den Mittelmeertiefländern; im Süden bis Südeuropa, Kleinasien, Kaukasus, nördliches Vorderasien, Turkestan; im Osten bis Tibet, China und Korea.

Wildschwein

Reh

Lebensraum: Waldgebiete mit vielfältigem Unterwuchs und Lichtungen; Wiesen und Felder; Parklandschaften; im Gebirge bis zur Baumgrenze; auch Moore; Kulturfolger.

Lebensweise: Vorwiegend dämmerungsaktiv; einzeln, paarweise oder im Familientrupp („Sprung"), bestehend aus einer oder mehreren Ricken (♀♀) und deren Jungtieren. Größere Verbände meist nur in Herbst und Winter. Weitgehend standorttreu. Böcke (♂♂) außer in der Brunftzeit einzeln lebend. Ausgezeichneter Läufer und Springer, guter Schwimmer; gutes Hörvermögen. Bei Gefahr werden die neugeborenen Jungtiere von der Ricke oft vorübergehend verlassen; größere Jungtiere folgen der Mutter auf der Flucht. Zur Brunftzeit ausgeprägtes Territorialverhalten der ♂♂: Fegen an Bäumen, Absetzen von Duftmarkierungen (Stirndrüsen), Bodenscharren. Bei dem der Paarung vorangehenden Treiben des Bockes schlägt die Ricke häufig eine Bahn ein, die in Form einer 8 verläuft.

Nahrung: Blätter, Triebe, Kräuter, Gras, Beeren, Bucheckern, Eicheln, Pilze, auch Feldfrüchte.

Fortpflanzung und Lebensdauer: Paarungszeit Juli/August; nach erfolgter Befruchtung verzögert sich die Einnistung des Keims um 3–4 Monate, so daß auch die zur Nachbrunft im November/Dezember gezeugten Jungtiere zum gleichen Zeitraum (Mai/Juni) zur Welt kommen. Wurfgröße 1–2, meist Zwillinge; Säugezeit 2–3 Monate; selbständig am Ende des ersten Lebensjahrs; Geschlechtsreife im zweiten Lebensjahr. Lebenserwartung bis zu 15 Jahre.

Lautgebung: Fiepen der ♀♀ in der Brunftzeit; kurzes Bellen als Warn- oder Drohlaut besonders von ♂♂.

Feinde: Wolf, wildernde Hunde, Luchs, Goldschakal, Vielfraß, Braunbär, Rotfuchs.

Chinesisches Wasserreh *Hydropotes inermis* Swinhoe 1870

E Chinese water deer F Hydropote, Cerf de Marais V S. 210

Merkmale: Etwas kleiner als Reh; beide Geschlechter ohne Geweih; Ohren groß und breit; Schwanz kurz. ♂ mit hauerartigen Eckzähnen im Oberkiefer, die nach unten aus dem Maul ragen. Sommerfell rötlichbraun, Winterfell graubraun; Weißfärbung um Augen, Nase, Kinn und in den Ohren. Jungtiere hell gefleckt.

Körpermaße: KR 0,8–1,05 m; H 45–55 cm; S 5–8 cm; G 12–16 kg.

Ähnliche Arten: Reh, Muntiak.

Verbreitung: NO-China und Korea; in Europa eingebürgert im Osten Englands und in Wildgattern Frankreichs.

Lebensraum: Sumpfgebiete, Grasland, Parklandschaften; gerne in hohem Gras und in Dickicht.

Lebensweise: Vorwiegend nachtaktiv; scheu; einzeln oder paarweise. Die Hauer werden bei den Territorialkämpfen der ♂♂ eingesetzt. Auf der Flucht kaninchenähnliches, bogenförmiges Rennen.

Nahrung: Ähnlich Reh.

Fortpflanzung und Lebensdauer: Paarungszeit im Dezember; Tragzeit ca. 6 Monate; Setzzeit Mai/Juni; Wurfgröße 1–2, selten 3; in den ersten Lebens-

wochen häufig in Gebüsch abliegend; selbständig im Herbst des ersten Lebensjahrs; Geschlechtsreife im zweiten Lebensjahr. Lebenserwartung bis zu 12 Jahre.
Lautgebung: Bellen (Alarmruf); Trillernd-trommelnde Brunftlaute des ♂.
Feinde: Wildernde Hunde, Rotfuchs.

Muntiak *Muntiacus reevesi* Ogilby 1839

E, F Muntiac A S. 207, V S 210

Merkmale: Fuchsgroß, gedrungen, hinten überbaut; Schwanz kurz und breit; große Voraugendrüsen. Färbung von gelblich- oder fuchsrot bis dunkelbraun; Brust, Kehle, Kinn und Schwanzunterseite weiß. ♀ meist heller als ♂. Jungtiere braun mit gelblichen Flecken. ♂ mit kurzem, gegabeltem Geweih auf relativ langen, bepelzten Rosenstöcken und mit hauerartigen Eckzähnen im Oberkiefer, die aber weniger weit als beim Wasserreh aus dem Maul ragen. Geweihabwurf im Frühsommer.
Körpermaße: KR 70–90 cm; H 40–50 cm; S ca. 12 cm; G 12–22 kg. ♂ größer und schwerer als ♀.
Ähnliche Arten: Reh, Wasserreh.
Verbreitung: Südchina und Taiwan; eingebürgert in Südengland.
Lebensraum: Deckungsreiche Waldgebiete.
Lebensweise: Vorwiegend dämmerungsaktiv; scheu; einzeln, paarweise oder im Familientrupp. Markieren der ♂♂ zur Brunftzeit durch Reiben der Voraugendrüsen an Bäumen.
Nahrung: Blätter, Früchte, Eicheln, Bucheckern, Gräser.
Fortpflanzung und Lebensdauer: Setzzeit in Europa im Spätsommer; Wurfgröße 1–2. Sonst ähnlich Wasserreh.
Lautgebung: Schrilles Bellen bei Erschrecken.
Feinde: Wildernde Hunde, Rotfuchs.

Weißwedelhirsch, Virginiahirsch

Odocoileus virginianus Zimmermann 1780
E White tailed deer F Cerf de Virginie V S. 210

Merkmale: Größe in etwa wie Damhirsch. Färbung im Sommer rötlichbraun, im Winter graubraun; Bauchseite, Kehle, Ohrinnenseiten, Augenringe und Nasenband weiß. Schwanz relativ lang und breit, oberseits braun mit weißem Rand, unterseits weiß; auf der Flucht aufgestellt hat er zusammen mit dem weißen Spiegel weithin sichtbare Signalwirkung. An den Kinnseiten schwarze Punkte. Jungtiere weiß gefleckt (Vorlage für das »Bambi«). Geweihstangen an der Basis nach rückwärts gerichtet, im weiteren Verlauf halbkreisförmig nach vorne gedreht, bis zu 80 cm lang.
Körpermaße: KR 0,8–2 m; H 0,55–1,1 m; S 10–35 cm; G 25–205 kg. ♂ deutlich größer und schwerer als ♀. Nördliche Formen besonders groß, Inselformen (Florida) besonders klein.

Ähnliche Arten: Reh, Rothirsch.
Verbreitung: Neue Welt vom Süden Kanadas bis ins nördliche Südamerika; eingebürgert in SW-Finnland, der CSSR und in Neuseeland.
Lebensraum: Wald-, Sumpf- und Parklandschaften.
Lebensweise und Nahrung: Vorwiegend dämmerungsaktiv; einzeln oder in Kleingruppen. Im Winter größere Herden bestehend aus ♂♂, ♀♀ und Jungtieren. Sonst ähnlich Rothirsch.
Fortpflanzung und Lebensdauer: Brunftzeit im November; Tragzeit 7–8 Monate; Wurfgröße 1–3, meist Zwillinge; Entwöhnung und Verlust der Jugendfleckung im vierten Lebensmonat. Geschlechtsreife am Ende des zweiten Lebensjahrs. Lebenserwartung bis zu 20 Jahre.
Lautgebung: Kehliges Röhren der ♂♂ zur Brunftzeit; Warnschnauben; Hufschlag auf den Boden als Warn- oder Drohverhalten.
Feinde: Wie Rothirsch und Damhirsch.

Weißwedelhirsch, ♂ (♀ ohne Geweih)

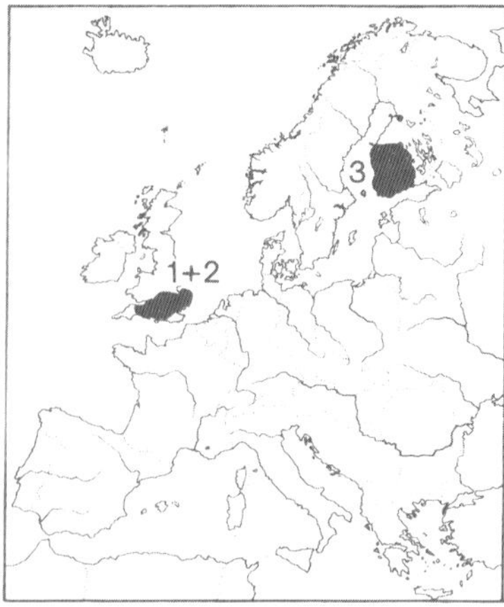

1 Wasserreh 2 Muntiak
3 Weißwedelhirsch

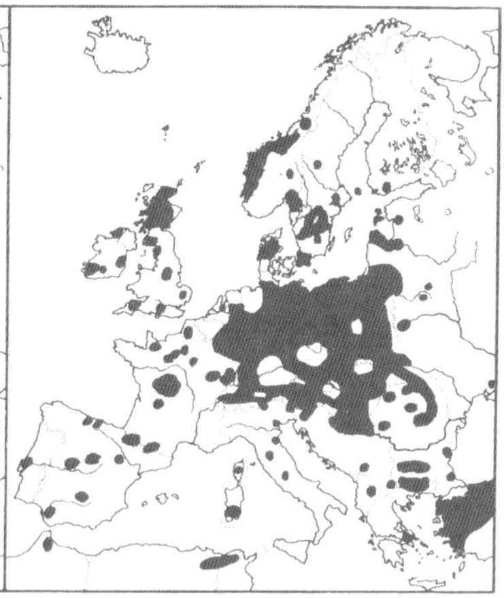

Rothirsch

Rothirsch, Edelhirsch *Cervus elaphus* Linné 1758

E Red deer (in Nordamerika Wapiti, Elk) F Cerf élaphe

Merkmale (Angaben für Formen des westlichen Eurasiens): Färbung im Sommer rötlichbraun, im Winter graubraun; Spiegel gelblich bis rötlichgelb. Schwanz oberseits dunkel. Jugendfärbung rotbraun mit weißen Flekken, verschwindet allmählich bis zum Herbst des ersten Lebensjahrs. ♂♂ im Herbst und Winter mit starker Halsmähne. Geweihform individuell und vor allem nach Alter und Unterart variierend; beim mitteleuropäischen Rothirsch bis zu 3 nach vorne gerichtete Enden (Aug-, Eis- und Mittelsprosse); bei starken europäischen Rothirschen meist Kronenbildung. Zuweilen ♂♂ ohne Geweih.

Körpermaße: KR 1,6–2,5 m; H 1–1,5 m; S 12–15 cm; G 90–350 kg. ♂♂ größer und schwerer als ♀♀. Besonders große Formen in Mittel- und Osteuropa, besonders kleine im Norden (Schottland, Norwegen) und im Süden (Sardinien).

Ähnliche Arten: Sika-, Dam- und Weißwedelhirsch.

Verbreitung: Nördliche Alte und Neue Welt; NW-Afrika, gemäßigtes und südliches Europa, Klein-, Vorder-, Zentral- und Ostasien sowie Nordamerika. Heute meist nurmehr Verbreitungsinseln. Große Zahl geographischer Formen. Formen Zentral- und Nordasiens sowie Nordamerikas (Wapitis) zuweilen als eigene, den Rothirschen des westlichen Eurasien nah verwandte Art aufgefaßt. In Europa nurmehr wenige ursprüngliche, nicht durch Fremdblut vermischte Populationen, so in Schweden, Norwegen, Dänemark, Schottland und auf Sardinien. Wiedereinbürgerungen und Aussetzungen u. a. in Finnland, Osteuropa, Marokko, Australien, Neuseeland, Argentinien und den USA.

Rothirsch

♂ (mitteleuropäischer Typus)

♀

♂ (südosteuropäisch-kleinasiatischer Typus)

Lebensraum: Waldgebiete mit Dickungen und eingestreuten waldfreien Flächen; auch in Gebirgswäldern, Heide- und Moorgebieten.
Lebensweise: Vorwiegend dämmerungsaktiv. ♀♀ und Jungtiere in Rudeln, unter Führung einer alten Hirschkuh; ♂♂ in weniger stabilen und kleineren Trupps, alte ♂♂ oft Einzelgänger; im Spätsommer Auflösung der ♂♂-Trupps. Während der Brunftzeit im Herbst nehmen die ♂♂ kaum Nahrung zu sich und versuchen, ♀♀ in Harems zu sammeln und gegen Konkurrenten zu verteidigen. Brunftplätze meist größere Waldlichtungen (Plätzwiesen). Suhlt gerne, besonders zur Brunftzeit. Guter Läufer; Trab, auf der Flucht auch Galopp; guter Springer und Schwimmer. Weitgehend festgelegte Wechsel. Markieren mit Voraugendrüsen. Seh-, Hör- und Riechvermögen gut. Weitgehend standorttreu; Gebirgspopulationen im Winter meist in tiefere Lagen ziehend. Geweihabwurf zwischen Februar und April, bei den älteren eher als bei den jüngeren; neues Geweih Ende August fertig gefegt.
Nahrung: Gräser, Kräuter, Triebe, Blätter, Nadelbaumtriebe, Flechten, Pilze, Beeren, Früchte, Eicheln, Kastanien, Bucheckern, Rinde, Feldfrüchte.
Fortpflanzung und Lebensdauer: Brunftzeit September/Oktober; Tragzeit knapp 8 Monate; Setzzeit Mai/Juni; Wurfgröße 1, selten 2; Neugeborene nach ein paar Stunden folgefähig. Weibliche Jungtiere bleiben oft im mütterlichen Rudel, männliche verlassen dieses im Herbst ihres zweiten Lebensjahrs. Geschlechtsreife im 2. oder 3. Lebensjahr; erfolgreiche Fortpflanzung der ♂♂ meist erst ab dem 4. Lebensjahr. Lebenserwartung bis zu 20 Jahre.
Lautgebung: Zur Brunftzeit Röhren und Knören des ♂, bei der Verfolgung von Rivalen kurze abgehackte Rufe (Trenzen); Warnbellen, Grunzen, Brummen; Blöken und Quietschen der Jungtiere.
Feinde: Wolf, Braunbär; für junge und kranke Tiere auch Luchs, wildernde Hunde, Goldschakal, Rotfuchs und Steinadler.
Sonstiges: Wohl vor allem um die Eigenschaften des Jagdwildes Hirsch (Endenzahl des Geweihs und Körpergewicht) zu »verbessern«, wurden vielerorts in Rothirschpopulationen fremde Unterarten eingekreuzt. Darunter befanden sich sowohl asiatische (Marale) als auch nordamerikanische Formen (Wapitis). Aber auch Vermischung mit verwandten Hirscharten ist bekannt. So gibt es auf Irland Mischbestände mit dem Sikahirsch.

Sikahirsch *Cervus nippon* Temminck 1838

E Sika deer F Cerf Sika V S. 216

Merkmale: Körperbau ähnlich Rothirsch, aber kleiner. Färbung im Sommer rötlichbraun bis braun mit gelblich-weißen Fleckenreihen und schwarzem Aalstrich; im Winter graubraun, nicht oder kaum gefleckt. Spiegel weiß, oberseits schwarz umrandet; heller Fußdrüsenfleck unter dem Fersengelenk der Hinterläufe; Schwanz kurz, weiß mit schwarzem Aalstrich. Jungtiere fein getupft. ♂ im Herbst und Winter mit kurzer Halsmähne. Geweih in der Regel mit bis zu 4 Enden (Aug-, Mittelsprosse und gegabelte Spitze); Abwurf Anfang April; neues Geweih fertig gefegt im September.

Sikahirsch

♂, Sommerkleid

♂, Winterkleid

Körpermaße: KR 1,05–1,55 m; S 10–20 cm; H 0,75–1,1 m; G 40–65 kg. Starke Größenunterschiede zwischen Populationen; Inselformen kleiner als Festlandformen; ♂ größer als ♀.
Ähnliche Arten: Rothirsch, Axishirsch, Damhirsch.
Verbreitung: Ostasien, ehemals vom Ussuri-Gebiet im Norden nach Süden bis Nordvietnam sowie auf den Hauptinseln Japans und auf Taiwan. Heute nurmehr inselartige Vorkommen. Eingeführt, vor allem die japanische Form, in West-, Mittel- und Osteuropa, in Aserbaidschan, Australien, Neuseeland und Madagaskar.
Lebensraum: Ähnlich Rotwild.
Lebensweise: Tag- und nachtaktiv. Gesellig in ♀♀- und ♂♂-Rudeln ähnlich Rotwild. Zur Brunftzeit ♂ mit Harem aus bis zu 7 ♀♀; im Winter Mischrudel aus ♂♂ und ♀♀. Schneller, aber wenig ausdauernder Läufer. Sonst ähnlich Rothirsch.
Nahrung: Wie Rothirsch.
Fortpflanzung und Lebensdauer: Brunftzeit zwischen September und Dezember; Tragzeit ca. 7½ Monate; Setzzeit zwischen Mai und August; Wurfgröße 1, selten 2. Sonst ähnlich Rothirsch.
Lautgebung: Schriller Warnschrei; Knören, Bellaute; in Knören mündendes schrilles Quietschen als Brunftruf des ♂.
Feinde: Wie Rot- und Damhirsch.
Sonstiges: Vermischung mit dem Rothirsch in Irland.

Axishirsch *Cervus axis* Erxleben 1777

E Spotted deer F Axis V S. 216

Merkmale: Größe und Gestalt ähnlich Damhirsch. Färbung gelblich- bis rötlichbraun mit dunklem Aalstrich, weißer Kehl- und Bauchseite und weißen Fleckenreihen; Schnauze dunkel; Spiegel schmal. Geweihstangen dünn, hell und kaum geperlt, höchstens 3 Enden je Stange.
Körpermaße, Lebensraum, Lebensweise und Feinde: Ähnlich Damhirsch.
Ähnliche Arten: Damhirsch, Sikahirsch.
Verbreitung: Vorderindien, Ceylon; eingeführt in Istrien.
Fortpflanzung und Lebensdauer: In Europa ähnlich Damhirsch.
Lautgebung: Lautes, rauhes Bellen des ♂ zur Brunft; langgezogenes Schreien.

Damhirsch *Cervus dama* Linné 1758

E Fallow deer F Daim V S. 216

Merkmale: Kleiner als Rothirsch. Normalfärbung im Sommer hellbraun mit weißlichen Fleckenreihen, heller Bauchseite und weißem, oben schwarz umrandetem Spiegel; im Winter dunkelgraubraun ohne deutliche Fleckung. Farbvarianten: grauschwarz, weiß, isabellfarben. Schwanz oberseits mit dunklem Mittelstreifen, unterseits weiß. Geweih schaufelartig; Aug- und

Damhirsch: links ♀ im Winterkleid, rechts Kopf eines jüngeren ♂ (Spießer), »porzellanfarbige« Variante im Sommerkleid

Oben: Axishirsch, ♂
unten: Damhirsch, ♂ (Schaufler) im Sommerkleid

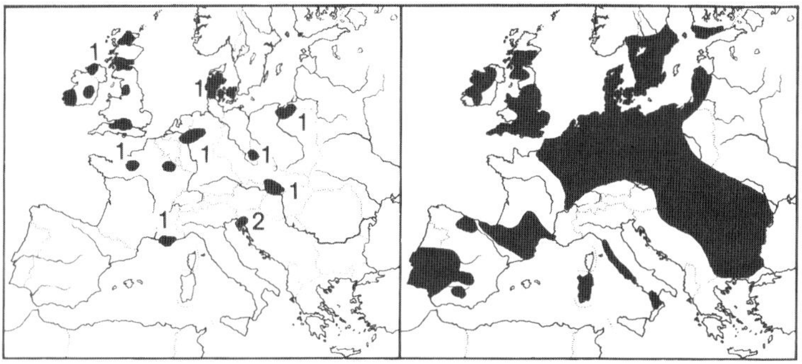

1 Sikahirsch 2 Axishirsch Damhirsch

Mittelsprosse deutlich abgegliedert; Geweihstangen bis zu 78 cm lang. Heller Drüsenfleck unterhalb des Hinterlauffersengelenks weniger auffällig als beim Sikahirsch. Geweihabwurf April/Mai; neues Geweih Ende August fertig gefegt.

Körpermaße: KR 1,3–2,3 m; H 0,8–1,1 cm; S 15–20 cm; G 35–200 kg. ♂ größer und schwerer als ♀.

Ähnliche Arten: Axis-, Sika- und Rothirsch.

Verbreitung: Ehemals in den Mittelmeerländern und in Vorderasien. 2 Unterarten: der „Europäische" Damhirsch heute noch in einigen ursprünglichen Beständen im Süden Kleinasiens vorkommend und der etwas größere Mesopotamische Damhirsch (Geweihform andersartig!). Heutige, in Europa vorkommende Bestände gehen auf Einbürgerungen kleinasiatischer Tiere in geschichtlicher Zeit zurück. Verbreitung im Norden bis zu den Britischen Inseln und Südschweden. Als Park- und Jagdwild auch in Nord- und Südamerika, in Südafrika und auf Neuseeland eingebürgert.

Lebensraum: Lichte Laub- und Mischwälder, Parklandschaften.

Lebensweise: Vorwiegend dämmerungsaktiv; gesellig. Im Winter gemeinsame Rudel von ♀♀ und ♂♂, in Frühjahr und Sommer Trennung nach Geschlechtern. Herden aus bis zu 170 Tieren bestehend. Zur Brunftzeit Kämpfe der ♂♂ um die ♀♀-Rudel. Besonders gutes Sehvermögen.

Nahrung: Gräser, Kräuter, Kastanien, Eicheln, Bucheckern, Triebe, Rinde.

Fortpflanzung und Lebensdauer: Brunftzeit Ende Oktober und November; Tragzeit ca. 7 Monate; Wurfgröße meist 1, selten 2 oder 3; Jungtiere bald nach der Geburt folgefähig; Säugezeit bis in den Spätsommer. Geschlechtsreife der ♀♀ im zweiten, der ♂♂ im dritten Lebensjahr. Lebenserwartung bis zu 20 Jahre.

Lautgebung: Knören und rülpsendes Röhren der ♂♂ zur Brunftzeit; Bellen der ♀♀; dumpfes Schrecken als Warnruf. Leiser, ziehender Lockruf des Muttertiers; Fiepen der Jungtiere.

Feinde: Wolf, wildernde Hunde, Luchs; für Jungtiere auch Schakale und Füchse.

Domestikation: Besonders gut für die Haltung als Park- und Gatterwild geeignet. Haltung auch zur Produktion von „Wildfleisch".

Elch *Alces alces* Linné 1758

E Elk (in Nordamerika: Moose) F Elan A S. 218, 219

Merkmale: Größte Hirschart; Beine lang; Widerrist hoch und buckelartig; Rückenlinie nach hinten abfallend. Ohren relativ groß; Oberlippe breit über die Unterlippe herabhängend. Färbung schwarz- bis graubraun; Läufe hell, grau- bis gelblichweiß; Jungtiere hellbraun. Kehlbart bei jüngeren ♂♂ meist länger als bei älteren. Geweih starker ♂♂ schaufelförmig; bei jüngeren und schwächeren ♂♂ Stangengeweih; Geweihauslage bis zu 2 m; Abwurf im Winter; Fegezeit im Spätsommer.
Körpermaße: KR 2–2,9 m; H 1,5–2,25 m; S ca. 5 cm; G 270–800 kg. ♀ kleiner und leichter als ♂.
Ähnliche Arten: Rentier, Rothirsch.
Verbreitung: Taigagebiete von Skandinavien, NO-Europa, Sibirien, Alaska und Kanada; ehemals auch im Kaukasus.
Lebensraum: Mit Lichtungen, Gewässern, Sümpfen und Mooren durchsetzte Waldgebiete, gerne im Uferbereich; im Sommer auch in der Bergtundra.
Lebensweise: Vorwiegend dämmerungsaktiv; relativ wenig gesellig. Im Sommer meist einzeln, im Winter in kleinen bis größeren Rudeln mit einem älteren ♀ als Leittier. Zur Brunftzeit paarweise; Kämpfe zwischen den ♂♂. Schnelle Fortbewegung trabend; guter Läufer und Schwimmer; taucht bis zu 1 min.
Nahrung: Blätter, Triebe, Laubholzrinde, Sumpf- und Wasserpflanzen; im Winter auch Kiefernzweige und Flechten.
Fortpflanzung und Lebensdauer: Brunftzeit September/Oktober; Tragzeit ca. 8 Monate; Setzzeit Mai/Juni; Wurfgröße 1–3, meist Zwillinge. Jungtiere folgen ab der zweiten Lebenswoche der Mutter. Säugezeit 3–4 Monate;

Elch

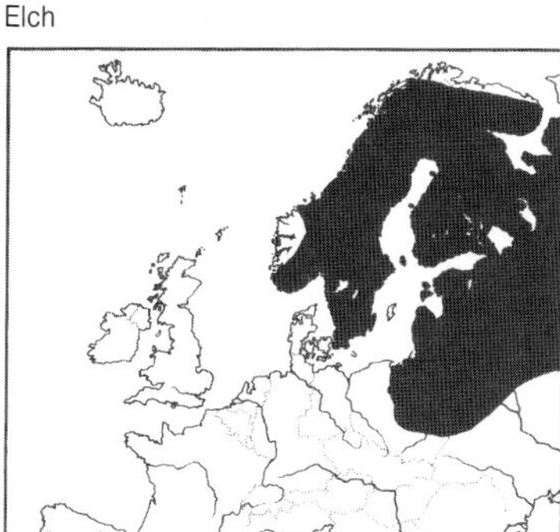

Rentier: a Wildren, b Hausren (Schraffur)
c eingeführte Hausrene

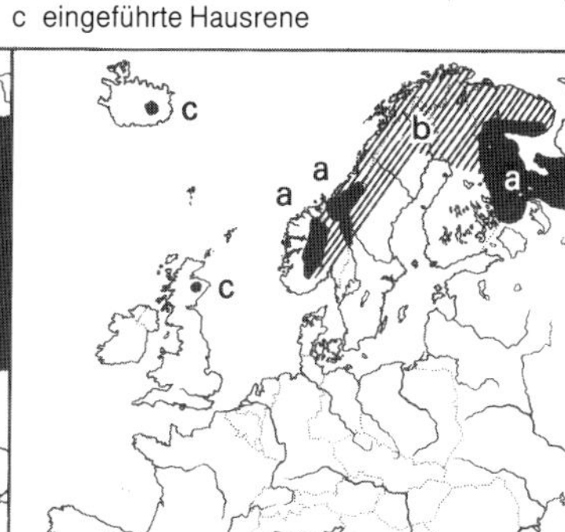

Ren, ♀ mit bei Hausrenen auftretender Scheckenfärbung

Elch, ♀ mit Jungtier

Ren, ♂ in Wildfärbung

Elch, ♂ (Schaufler)

selbständig mit ca. 1 Jahr; Geschlechtsreife der ♀♀ im zweiten, der ♂♂ im dritten Lebensjahr. Lebenserwartung bis zu 25 Jahre.
Lautgebung: Wiederholtes dumpfes Brüllen als Brunftruf; Stöhnlaute. Sonst relativ leise. Kurzer Warnlaut des Muttertiers.
Feinde: Vor allem Wolf, für Jungtiere auch Braunbär, Vielfraß und Luchs.
Domestikation: Haltung in Osteuropa zur Fleisch- und Milchgewinnung, auch als Zug- und Lasttier.

Rentier *Rangifer tarandus* Linné 1758

E Reindeer (in Nordamerika: Caribou) F Renne A S. 218, 219, V S. 217

Merkmale: Einzige Hirschart, bei der auch die ♀♀ ein Geweih tragen; ♀-Geweih schwächer als ♂-Geweih. Relativ langer Hals; Augen und Ohren klein; Hufe groß, erzeugen beim Gehen knackendes Geräusch. Färbung je nach Verbreitungsgebiet und Lebensraum variabel. In Norwegen im Sommer dunkelbraun bis graubraun, im Winter graubraun bis grau; auf Spitzbergen fast weiß. Bauch weiß; Hals und Halsmähne weiß. Domestizierte Formen auch gescheckt. Geweihstangen unsymmetrisch, eine der Augsprossen nach innen gerichtet, über dem Maul endend. Geweihabwurf der ♂♂ im Winter, der ♀♀ nach dem Setzen der Kälber im Frühjahr.
Körpermaße: KR 1,7–2,2 m; H 1–1,4 m; S ca. 15 cm; G 120–220 kg. ♀♀ kleiner als ♂♂. Besonders groß in Ostsibirien und Nordamerika. Hausrene kleiner als Wildform.
Ähnliche Arten: Elch, Rothirsch.
Verbreitung: Arktis und Subarktis der Alten und Neuen Welt; Gesamtverbreitung schrumpfend. Mehrere Unterarten. Wildpopulationen in Europa noch in Südnorwegen, Mittelfinnland an der Grenze zur Sowjetunion und im Norden der Sowjetunion. In Europa heute fast nurmehr domestizierte Rene. Eingeführt in Schottland, Island und South Georgia (Antarktis); in Mittelschweden Bestände verwilderter Hausrene.
Lebensraum: Tundra, Waldtundra, offene Taiga, nordische Gebirge.
Lebensweise: Überwiegend tagaktiv. ♀♀, Jungtiere und jüngere ♂♂ in Herden, in Tundragebieten oft zu Tausenden. Ältere ♂♂ in kleineren Rudeln oder Einzelgänger. Taiga- und Gebirgsformen in kleineren Gruppen. Zur Brunftzeit ♂ mit Harem von bis zu 20 ♀♀. Tundrarentiere mit großen jahreszeitlichen Wanderungen. Ausdauernder Läufer und guter Schwimmer.
Nahrung: Flechten, Kräuter, Gräser, Zweige, Triebe, Blätter, Pilze, an Küsten auch Algen.
Fortpflanzung und Lebensdauer: Paarungszeit Ende September/Oktober; Tragzeit 7–8 Monate; Setzzeit Mai/Juni; Wurfgröße 1, selten 2. Neugeborenes kann nach 30 min. stehen und nach 1 Tag mit der Herde mithalten. Säugezeit 6 Monate; selbständig mit 1 Jahr; Geschlechtsreife im 2. Lebensjahr. Lebenserwartung der Wildform ca. 15 Jahre, des Hausrens länger.
Lautgebung: Kehliges Röhren der ♂♂ in der Brunft, meist 3× nacheinander; Blöken, Brummen und Grunzen.

Feinde: Wolf, Braunbär, Vielfraß, Luchs, Steinadler. Wildbestände bedroht durch Überbejagung, klimatische Veränderungen und Verdrängung durch das Hausren.
Domestikation: In Nordeuropa domestiziert, Nutzung als Zug- und Lasttier und zur Fell-, Leder- und Fleischgewinnung.

Familie **Hornträger** Bovidae

Insgesamt ca. 110 Arten, rund drei Viertel davon in Afrika beheimatet; vergleichsweise wenige Arten in Eurasien und Nordamerika; 8 wildlebende Arten im behandelten Teil Europas, davon eine (Moschusochse) eingeführt. Als Jagd- und Nutzwild wurden viele Arten weit verbreitet, auch in ehemals von Hornträgern nicht besiedelten Kontinenten (Südamerika, Australien, Neuseeland) und auf ozeanischen Inseln (z. B. Hawaii). Besonders die Hausformen Rind, Schaf, Ziege und Wasserbüffel wurden z. T. weltweit verbreitet.
Hasen- bis rindergroß; ♂♂ fast immer, ♀♀ meist mit Hörnern, die zeitlebens wachsen und deren Hornscheiden an 2 vom Stirnbein gebildeten Knochenzapfen aufsitzen; Hörner immer unverzweigt. Zahnformel: 0·0·3·3 / 3·1·3·3 = 32.
Meist gesellig in Rudeln oder Herden lebend. Die Neugeborenen sind Nestflüchter mit offenen Augen. Sie können bei manchen Arten nahezu sofort nach ihrer Geburt der Mutter folgen, bei anderen Arten liegen sie zunächst eine kurze Zeit ab.

Wisent *Bison bonasus* Linné 1758

E European bison F Bison d'Europe A S. 222, V S. 228

Merkmale: Eines der größten Landsäugetiere Europas. Gestalt massig, vorne (Widerrist) überbaut, schlanker und höher als die des nah verwandten nordamerikanischen Präriebisons. Fellfärbung kastanien- bis dunkelbraun. Kopf-, Brust- und Widerristbehaarung lockig bis struppig, besonders beim ♂ längere Hals- und Nackenbehaarung. Schwanz lang, zum Ende hin mit längerer Behaarung. Hörner bei beiden Geschlechtern, relativ kurz; Spitzen nach oben und oft leicht nach innen gerichtet. **Flachlandwisent** mit stärkerer Halsbehaarung als **Kaukasuswisent.** Jungtiere hellbraun.
Körpermaße: KR 2,5–3,5 m; S 50–80 cm; H 1,8–2 m; G 600–1000 kg. ♀♀ ca. um ein Drittel leichter und kleiner als ♂♂.
Ähnliche Arten: Kaum zu verwechseln.
Verbreitung: Ehemals in den gemäßigten Breiten Eurasiens. Zu Beginn dieses Jahrhunderts nurmehr 2 kleine Populationen: bei Bialowieza im heute polnisch-sowjetischen Grenzgebiet und im Kaukasus. In den dreißiger Jahren Ausrottung beider Freilandbestände. **Der Flachlandwisent** *(B. b. bonasus)* konnte in reinblütiger Zucht in Zoos und Wildparks erhalten werden.

Wisent, ♂

Im Forst von Bialowieza und in anderen Gebieten Polens, Rumäniens und Rußlands konnten inzwischen wieder Bestände angesiedelt werden. Reinblütige **Kaukasuswisente** gibt es nicht mehr. Wiederausgesetzte Bestände im Kaukasus führen auch Flachlandwisent-, z. T. sogar Bisonblut. Der Wisent und die nah verwandten nordamerikanischen **Bisons** werden zuweilen als Formen (Unterarten) einer einzigen Art angesehen.

Lebensraum: Lichter Laub- und Mischwald mit Feuchtstellen: Waldsteppe; auch in weiten Gebirgstälern.

Lebensweise: Tag- und nachtaktiv, mittags ruhend. Guter Schwimmer. In Herden von bis zu 30, im Winter bis zu 50 Tieren. Erwachsene und besonders ältere ♂♂ meist Einzelgänger, die sich nur zur Brunftzeit zur Herde gesellen. Zu dieser Zeit Kämpfe der Bullen um die Herde, dabei auch Aufwühlen des Bodens und Zerfetzen von Gesträuch und Rinde mit den Hörnern. Zum Kalben verlassen die Kühe für kurze Zeit die Herde.

Nahrung: Gräser, Kräuter, Eicheln, Bucheckern, Zweige, Blätter, Knospen und Rinde; bevorzugt Weide, Espe und Erle, Heidelbeere, Himbeere, Brombeere und Heidekraut.

Fortpflanzung und Lebensdauer: Brunftzeit August/September; Tragzeit 9 Monate; Setzzeit Mai/Juni; Säugezeit ca. 6 Monate; selbständig nach dem ersten Lebensjahr; Geschlechtsreife im dritten Lebensjahr; voll ausgewachsen, besonders die ♂♂, erst im sechsten Lebensjahr; Lebenserwartung 25–30 Jahre. Die ♀♀ werden bei erfolgreicher Jungenaufzucht nur alle 2 Jahre trächtig.

Lautgebung: Schnauben, Grunzen, Brummen.

Feinde: Wolf und Bär.

Rind *Bos* (Hausform)

E Domestic cattle F Boeuf domestique A S. 224, 225

Stammform aller europäischen und vieler asiatischer und afrikanischer Rinderrassen ist der **Ur** oder **Auerochse** *(Bos primigenius* Bojanus 1827), eine Art, die bis auf ihre domestizierten Abkömmlinge vom Menschen ausgerottet wurde. Das letzte Tier wurde 1627 in Masuren erlegt. Die ehemalige Verbreitung der Art dürfte weite Teile des gemäßigten und subtropischen Eurasiens und Nordafrikas umfaßt haben. In diesem großen Verbreitungsgebiet gab es vermutlich eine Reihe sich in Größe, Färbung und anderen Merkmalen unterscheidender Formen. In Mittel- und Westeuropa betrug die Widerristhöhe männlicher Ure bis zu 180 cm. Ihre Fellfärbung war rötlichschwarz mit rotbraunem Aalstrich und heller Muffel (Maul), ihre Hörner hell mit dunklen Spitzen. ♀♀ und Kälber waren rötlichbraun mit dunklerem Kopf und dunkleren Beinen.

Primitive Rinderrassen mit ähnlichen Färbungsmerkmalen, wenn auch in der Gestalt wesentlich kleiner, finden sich heute noch besonders in NW-Afrika, Spanien, Portugal, in der Camargue und auf Korsika. Moderne auf Milch und/oder Fleischproduktion gezüchtete Rassen verdrängen in letzter Zeit zunehmend die alten urähnlicheren und an ihre Lebensräume angepaßten Rassen. Von den alten Rassen seien stellvertretend erwähnt: Die großen **Ungarischen** und **Podolischen Steppenrinder** SO-Europas, die nah verwandt mit einigen ähnlichen Rassen Italiens sind; die an karge Lebensbedingungen in felsiger Landschaft angepaßten und kurz vor der Ausrottung stehenden kleinen Inselrassen der nördlichen Sporaden (Griechenland); die sich durch ihre Klimafestigkeit und äußerliche Erscheinung auszeichnenden **Schottischen Hochlandrinder**; schließlich die im Chillinghampark in Northumberland an der englisch-schottischen Grenze seit mindestens 700 Jahren wild lebenden, weißen **Chillingham-Rinder.** Diese Rasse ist scheu ähnlich Wildrindern; die ♂♂ kämpfen um den Besitz der Herde; vom Menschen berührte Jungtiere werden oft nicht mehr aufgenommen oder sogar von einem Herdenmitglied getötet.

Hausformen stammen auch von anderen Wildrinderarten ab. Die bekannten **Zebus** oder **Buckelrinder** haben wahrscheinlich eine nah mit dem Auerochsen verwandte Stammform aus Vorder- und/oder Hinterindien: hierfür kommen ein ausgestorbenes Wildrind Indiens *(Bos namadicus)* und der **Kouprey** Hinterindiens *(Bos sauveli)* in Frage. Weiter sind zu nennen domestizierte Formen des **Banteng** *(Bos javanicus,* Hinterindien), der nah mit dem wilden **Gaur** verwandte **Gayal** (Vorder- und Hinterindien), der **Hausyak** (*Bos mutus,* Himalaya, Tibet) und der **Wasserbüffel.**

Die meisten der genannten Arten sind untereinander kreuzbar, ebenso die domestizierten Abkömmlinge. Viele in tropischen Gebieten gehaltene Rinderbestände führen Zebublut und Blut urstämmiger Hausrinder. In Indonesien wurden ur-, zebu- und banteng-stämmige Rinder vermischt.

Nutzung als Zug- und Lasttier; Gewinnung von Fleisch, Milch, Blut, Leder und Mist. Rindermist findet Verwendung für die Düngung, als Heiz- und Baumaterial.

Ur und ausgewählte, vom Ur abstammende Rinderrassen

Chillingham-Rind, ♂ (Widerristhöhe ca. 1,45 m)

Ur, ♂ (Widerristhöhe ca. 1,85 m)

Schottisches Hochlandrind, ♀ (Widerristhöhe ca. 1,25 m)

Maremmenrind, ♀ (Steppenrindtypus, Widerristhöhe ca. 1,45 m)

Wasserbüffel *Bubalus bubalis* (Hausform) Linné 1758

E Water buffalo F Buffle d'eau

Merkmale: Körperbau massig, Gestalt ähnlich Hausrindern; besonders stämmige Beine, große Hufe; große Ohren mit Haarfransen. Fell der europäischen Formen im Sommer kurz, im Winter bis zu 10 cm lang; Schwanz mit zuweilen weißer Endquaste, bis zur Ferse reichend. Färbung schwarzbraun bis grau, auch weiß (Albinos). Beide Geschlechter mit Hörnern; Hornquerschnitt flach dreieckig, Hornlänge bis zu 60 cm, Hornform kreisförmig nach rückwärts gebogen, quergerippt.
Körpermaße: KR 1,7–2 m; H bis 1,7 m; S ca. 1 m; G 400–550 kg. ♂♂ größer und schwerer als ♀♀. Wesentlich größer und vor allem höher ist der **Wilde Wasserbüffel** oder **Arni.**
Ähnliche Arten: Rinderrassen.

Wasserbüffel, ♂

Verbreitung: Subtropisches und tropisches Eurasien. In Europa vor allem in Italien und in den Balkanländern bis Ungarn im Norden; in Asien von der südostasiatischen Inselwelt im Süden bis Südchina im Norden; wildlebend in Tunesien (wahrscheinlich schon im Altertum eingeführt und anschließend verwildert). Ob alle Hausbüffelformen vom in Vorderindien, Nepal und auf Ceylon beheimateten Wilden Wasserbüffel abstammen, ist unsicher.
Lebensraum: Gebiete mit stehenden oder langsam fließenden Gewässern; Sumpfgebiete.
Lebensweise: Tag- und nachtaktiv. Im Gegensatz zum in kleinen Gruppen lebenden Wilden Wasserbüffel oft in Herden (gehalten).
Nahrung: Gräser, Kräuter, Triebe, Blätter, Wasserpflanzen.

Fortpflanzung und Lebensdauer: Paarungszeit vorwiegend April/Mai; Tragzeit 10 Monate; Wurfgröße 1; selten 2; Setzzeit Februar/März; Säugezeit 6 Monate; selbständig nach dem ersten Lebensjahr; Geschlechtsreife am Ende des zweiten Lebensjahrs; Lebenserwartung bis zu 30 Jahre.
Lautgebung: Blöken, Brummen, Brüllen.
Nutzung: Als Zugtier und zur Gewinnung von Milch, Fleisch und Leder.

Moschusochse *Ovibos moschatus* Zimmermann 1780

E Musk ox F Boeuf musque V S. 228

Merkmale: Größe eines kleineren Rindes; aufgrund des lang herabhängenden Felles massig wirkend; kleine, im Fell verborgene Ohren; Profil, Schnauze und Lippen schafähnlich; Kopf breit; Hals kurz; große, spreizbare

Moschusochse, ♂

Hufe. Färbung dunkelbraun mit hellerem »Sattel« am Rücken, Beine gelblich grau. Hörner basal abgeplattet, an den Kopfseiten zunächst abwärts, dann nach oben und außen gebogen; bei ♂♂ stärker als bei ♀♀, bis zu 70 cm lang.
Körpermaße: KR 1,6–2,5 m; H 0,9–1,5 m; S 6–17 cm; G 160–400 kg. ♂♂ größer und schwerer als ♀♀.
Ähnliche Arten: Kaum zu verwechseln.
Verbreitung: Arktische Gebiete Nordamerikas und Grönlands; im arktischen Eurasien nacheiszeitlich ausgestorben. Wiedereinbürgerungen in Alaska, in der Sowjetunion, auf Spitzbergen und in Südnorwegen (Dovrefjell); von dort nach Schweden (Härjedalen) eingewechselt.

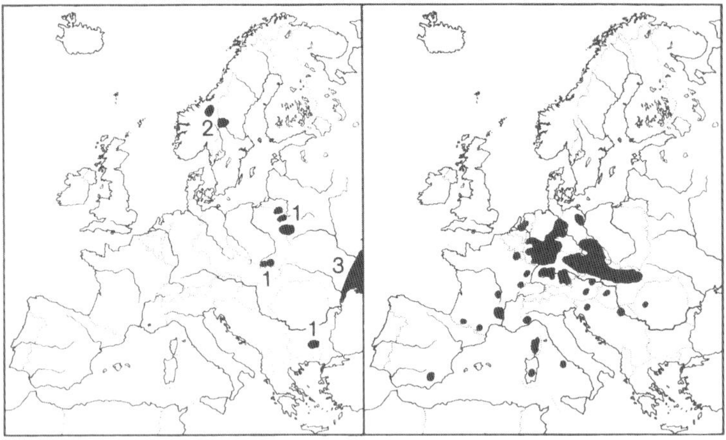

1 Wisent 2 Moschusochse 3 Saiga Mufflon

Lebensraum: Arktische Tundragebiete.
Lebensweise: Tagaktiv, im Winter nachtaktiv. Im Sommer in kleineren, im Winter in größeren Verbänden (bis zu 100 Tiere); alte ♂♂ oft Einzelgänger, die sich nur zur Brunftzeit den Herden anschließen, um Harems zu erkämpfen und zu verteidigen. Bei Angriff von Raubfeinden (Wölfen) bilden die Erwachsenen einen Schutzring um die Jungtiere, die Köpfe dem Feind zugewandt.
Nahrung: Gräser, Kräuter, Zwergsträucher, Flechten, Pilze, Triebe der Polarweide.
Fortpflanzung und Lebensdauer: Paarungszeit zwischen Juli und Oktober; Tragzeit 7–9 Monate; Setzzeit April/Mai; Wurfgröße 1, selten 2. Das Neugeborene kann nach 1 Stunde der Mutter folgen. Säugezeit 1 Jahr. Selbständig am Ende des zweiten Lebensjahrs. Geschlechtsreife der ♀♀ mit 2–4, der ♂♂ mit 5 Jahren. Lebensdauer bis zu 30 Jahre. ♀♀ nur alle 2–3 Jahre tragend.
Lautgebung: Blöken; kehliges Brüllen des ♂.
Feinde: Wolf; vom Menschen bedroht durch Überbejagung.
Domestikation: Der wertvollen Unterwolle wegen heute halbdomestiziert gehalten und bewirtschaftet.

Mufflon, Wildschaf *Ovis ammon* Linné 1758

E Mouflon, wild sheep F Mouflon A S. 230

Merkmale der europäischen Formen: Etwas kleiner als die meisten Hausschafrassen; glattes Haarkleid. Färbung im Sommer: ♂ fuchsrotbraun, meist mit weißlichem Sattelfleck, ♀ bräunlich; Färbung im Winter: ♂ schwarzbraun, mit deutlichem, weißem Sattel; ♀ graubraun. Schnauze und Bauchseite weißlich. Schwanz dunkel, im Vergleich zu den meisten Hausschafrassen relativ kurz. ♂♂ mit starken, schneckenförmig eingedrehten Hörnern von bis zu 80 cm Länge; ♀♀ mit wesentlich kleineren, leicht nach rückwärts gebogenen Hörnern von bis zu 15 cm Länge (Korsika-Typ) oder ungehörnt (Sardinien-Typ).

Körpermaße: KR 1,1–1,3 m; H 65–80 cm; S 3,5–8 cm; G 25–55 kg. ♂♂ deutlich größer und schwerer als ♀♀. Mufflon relativ klein (asiatische Wildschafformen nach Osten hin an Größe zunehmend).

Ähnliche Arten: Steinbock- und Wildziegen-Arten, wildfarbene Hausschaf- und Hausziegenrassen.

Verbreitung und Formenvielfalt: Wildschafe der Gattung *Ovis* sind in einer Reihe von Formen über die Gebirgsgegenden Eurasiens und Nordamerikas verbreitet. All diese Formen werden heute zumeist als Unterarten insgesamt nur zweier Arten aufgefaßt: der sibirisch-nordamerikanischen **Dickhornschafe** *(Ovis canadensis)* und der eurasiatischen **Wildschafe** *(Ovis ammon).* Letztere sind in Asien verbreitet von Transkaukasien, Klein- und Vorderasien im Westen bis zum Himalaja, Tibet, Westchina und der Mongolei im Osten. Das **Mufflon** *(O. a. musimon* Schreber 1782) ist die westlichste Unterart des Wildschafs und wurde möglicherweise erst in geschichtlicher Zeit auf den Mittelmeerinseln Zypern, Korsika und Sardinien eingeführt. Vor allem von Sardinien, aber auch von Korsika aus wurde das Mufflon als Park- und Jagdwild in den europäischen Kontinentalländern, besonders in Mitteleuropa, eingeführt. Da Mufflons mit anderen Wildschafunterarten und Hausschafen kreuzbar sind, gibt es nur wenige, nachweislich reine Bestände.

Lebensraum: Ursprünglich in offeneren Gebirgslandschaften; auf steinigen, trockenen Böden. In Mitteleuropa eingebürgert in Laub- und Mischwaldgebieten, im Flachland und in Mittelgebirgen.

Lebensweise: Tag- und dämmerungsaktiv. Zumeist in kleineren Rudeln mit einem älteren ♀ als Leittier; ♂♂ außerhalb der Brunftzeit oft in ♂♂-Verbänden; zur Brunftzeit gesellen sich ein bis mehrere erwachsene ♂♂ zum ♀♀-Rudel und kämpfen untereinander um den Besitz der ♀♀. Bei diesen Kämpfen prallen die Böcke mit Anlauf mit den Gehörnen aufeinander. Ähnliche, aber spielerische Kämpfe außerhalb der Brunftzeit und unter Jungböcken. Weitgehend ortstreu; flinke und bewegliche Läufer, gute Kletterer und Springer.

Nahrung: Gräser, Kräuter, Knospen, Eicheln, Bucheckern, Kastanien, Rinde und grünes Laub.

Fortpflanzung und Lebensdauer: Paarungszeit Oktober/November; Tragzeit ca. 5½ Monate; Setzzeit März/April; Wurfgröße 1–2; Säugezeit ca. 6 Monate, Jungtiere verbleiben danach im Mutterrudel. Die Jung-♂♂ verlassen das Mutterrudel im zweiten Lebensjahr. Geschlechtsreife der ♀♀ mit 8–9 Monaten, der ♂♂ im zweiten Lebensjahr. Lebensdauer bis zu 15, selten bis zu 18 Jahre.

Lautgebung: Scharfer Pfiff als Warnlaut (ähnlich Gemse); Meckern, Blöken (Jungtiere), Bähen.

Feinde: Wolf, Luchs, für Jungtiere auch Steinadler und Rotfuchs. Die notwendige Fluchtdistanz vor Feinden wie Wolf und Luchs ist für die Art nur in

Mufflon, ♀
im Sommerkleid

Mufflon, ♂
im Winterkleid

Heidschnucke, ♂

Zackelschaf, ♂

offeneren Landschaften gegeben, jedoch kaum in den mitteleuropäischen Waldgebieten. Zurückdrängung durch Überbejagung und Einengung des Lebensraums durch Landwirtschaft und Weidetierhaltung (Schafe und Ziegen).

Domestikation: Nach den Ziegen wurden die Schafe als wahrscheinlich zweite Gruppe der Wiederkäuer domestiziert. Nutzung vorwiegend von Fleisch und Wolle. Unter den Wildschafen *(Ovis ammon)* gibt es mehrere Ursprungsformen. Die bedeutendsten sind hierbei die in den westasiatischen Steppen lebenden Wildschafformen, daneben aber auch die zentralasiatischen, besonders großen **Argali-Wildschafe** und die westasiatisch-europäischen Mufflons. Entstehungs- und Entwicklungsregionen der alten Hausschafrassen sind Vorder- und Innerasien, Europa und Afrika.

Eine besonders ursprüngliche, heute noch vorhandene Rasse Europas ist das **Soay-Schaf** von der St.-Kilda Inselgruppe. Merkmale wie Stehohren, Fellfärbung, dunkler Flankenstreifen, Vorderbeinzeichnung, Gesichtszeichnung, helle Bauchseite, dunkle Hufe und Hörner sowie die Hornform lassen auf die weitgehende Abkunft dieser Rasse vom Mufflon schließen. Andere ursprüngliche, mufflonähnliche Rassen sind in Europa weitgehend ausgestorben, bzw. verdrängt oder vermischt worden, finden sich aber noch südlich der Sahara, wie z. B. das **Kamerun-Zwergschaf**. Eine bekannte alte Rasse Mitteleuropas ist die **Heidschnucke,** deren Bedeutung vor allem auch in der Erhaltung von Heidelandschaften (Lüneburger Heide) liegt.

Eine weitere, heute noch vorhandene alte Rasse ist das **Zackelschaf**, dessen Verbreitung sich von Niederösterreich über Ungarn, die Balkanländer, Klein- und Vorderasien erstreckte. In diesem ehemals großen Verbreitungsareal gibt es heute nurmehr kleine Vorkommensinseln, so im Pußta-Hortobagy-Nationalpark in Ungarn. Die Rasse zeichnet sich vor allem durch die gerade abstehenden, eng gewundenen, beim ♂ besonders langen Hörner aus. Hornform und -färbung und die relativ langen Schwänze deuten auf den orientalischen Ursprung der Rasse hin.

Als besondere Zuchtformen seien die **Fettschwanzschafe** Asiens und Ostafrikas und die **Fettsteißschafe** Asiens genannt. Vier- oder Mehrhörnigkeit mancher Rassen beruht auf Mutationen, deren Träger vom Menschen zur Weiterzucht ausgewählt wurden. Besonders in den letzten Jahrhunderten wurden viele alte Schafrassen durch moderne Wollschafrassen wie das aus Spanien stammende **Merinoschaf** verdrängt. Diese Rasse liefert relativ wenig Fleisch, aber große Wollmengen. Aufgrund ihrer klimatischen Anpassung findet sie heute weite Verbreitung, besonders auch in Australien, Südafrika und Südamerika. Hornform und Schwanzlänge deuten auf überwiegende Abkunft von orientalischen Steppenwildschafen hin.

Saiga *Saiga tatarica* Linné 1766

E, F Saiga V S. 228

Merkmale: Relativ klein; plumper Kopf mit rüsselartiger, etwas herabhängender, verschließbarer Nase. Sommerfell kurz, mit gelblicher bis rötlicher

Saiga, ♂

Färbung; Winterfell wollig, grau bis weißgrau. ♂ mit kleinem, nach oben gerichtetem Leiergehörn.
Körpermaße: KR 1,2–1,35 m; H ca. 75 cm; S ca. 9 cm; G 40–50 kg.
Ähnliche Arten: Kaum zu verwechseln.
Verbreitung: Eurasiatische Steppengebiete von der Ukraine über Turkestan bis zur Mongolei und Sinkiang. Zu Beginn des Jahrhunderts fast ausgerottet, heute wieder gesicherte Bestände, Verbreitung und Wiedereinführung durch den Menschen.
Lebensraum: Sand-, Salz- und Lehmsteppen bis 1600 m Höhe.
Lebensweise: Vor allem morgens und abends aktiv; in größeren (Winter) oder kleineren (Sommer) Herden. Zur Brunftzeit im Dezember Haremsbildung. In Frühjahr und Sommer Wanderungen nach Norden, in Herbst und Winter nach Süden. Ausgezeichneter Läufer (80 km/h) und Springer; guter Schwimmer; Paßgang, Galopp und Trab. Gutes Sehvermögen.
Nahrung: Gräser, Steppenpflanzen.
Fortpflanzung und Lebensdauer: Paarungszeit im November/Dezember; Tragzeit 4 Monate; Setzzeit April; Wurfgröße 1–3, meist Zwillinge; erste Lebenstage im Versteck abliegend, dann der Mutter folgend und so schnell und ausdauernd wie die Alttiere. Ab Ende der ersten Lebenswoche Aufnahme von Grünfutter; Säugezeit ca. 9 Wochen. Selbständig im Herbst des ersten Lebensjahrs; Geschlechtsreife der ♀♀ im Spätherbst des ersten Lebensjahrs, der ♂♂ im zweiten Lebensjahr. Lebensdauer meist nur wenige Jahre. In harten Wintern kommen besonders die ♂♂, die in der Brunftzeit kaum Nahrung zu sich nehmen, in großer Zahl um.
Lautgebung: Dumpfes Blöken der Lämmer.
Feinde: Wolf, streunende Hunde; für Jungtiere auch Steppen- und Steinadler, Kolkrabe, Fuchs und Schakal.

Gemse, ♂ im Winterkleid

Gemse *Rupicapra rupicapra* Linné 1758

E, F Chamois V S. 236

Merkmale: Ziegenähnliche Gestalt; relativ langer Hals; kein Bart, sondern lange Behaarung entlang Nacken und Rücken (»Gamsbart«). Färbung im Sommer hell rötlich-braun mit dunklem Aalstrich, im Winter schwarzbraun und mit deutlicher, gelblichweißer Gesichtszeichnung; Bauchseite immer etwas heller als sonstige Fellfärbung. Gehörn bei beiden Geschlechtern, relativ dünn, steil nach oben, dann zur Spitze hin hakenartig nach hinten gerichtet; bei ♂♂ stärker gebogen als bei ♀♀.
Körpermaße: KR 1,1–1,4 m; H 70–85 cm; S 3–8 cm; G 17–50 kg. ♀♀ kleiner und leichter als ♂♂.
Ähnliche Arten: Wildziegenarten (Steinböcke), wildfarbige Bergziegenrassen, Reh.
Verbreitung: Gebirgszüge Mittel- und Südeuropas sowie Kleinasiens; NW-Spanien, Pyrenäen, Abruzzen, Alpen, Hohe Tatra, Karpaten, Balkanländer, Türkei, Kaukasus. Erfolgreich eingebürgert in den Vogesen, im Schweizer Jura, im Schwarzwald, der Schwäbischen Alb, im Elbsandsteingebirge und in Neuseeland.

Lebensraum: Gebirge; im Sommer vorwiegend über der Baumgrenze in der Latschen- und Geröllregion sowie auf Hangwiesen; Wintereinstand tiefer, unterhalb der Baumgrenze.
Lebensweise: Tagaktiv, mittags ruhend; gesellig oder einzeln. Rudel bestehend aus ♀♀, Jungtieren und Jährlingen, geführt von altem ♀; in Herbst und Winter in größeren Gemeinschaften (bis über 100 Tiere). ♂♂ einzeln oder in kleinen Gruppen, schließen sich in der Brunftzeit den ♀♀-Rudeln an. Ausgezeichneter Springer und Kletterer; Lauf, Galopp und Trab. Gutes Sehvermögen.
Nahrung: Gräser, Kräuter, Blätter, Triebe, Moose, Flechten, Rinde, Koniferennadeln (Latschen).
Fortpflanzung und Lebensdauer: Paarungszeit Oktober bis Dezember; Tragzeit ca. 6 Monate; Setzzeit Mai/Juni; Wurfgröße meist 1; Jungtiere bald nach der Geburt folgefähig; Säugezeit 6 Monate, dann selbständig. Geschlechtsreife im dritten Lebensjahr. Lebensdauer 15–20 Jahre.
Lautgebung: Langgezogener Warn-»Pfiff«; auch Vorderfußstampfen als Warnsignal; Blöken der Jungtiere; Meckern der ♂♂ zur Brunftzeit.
Feinde: Luchs, Wolf; für junge und schwache Tiere auch Steinadler, Bartgeier, Kolkrabe, Braunbär und Rotfuchs. Jagdwild des Menschen.

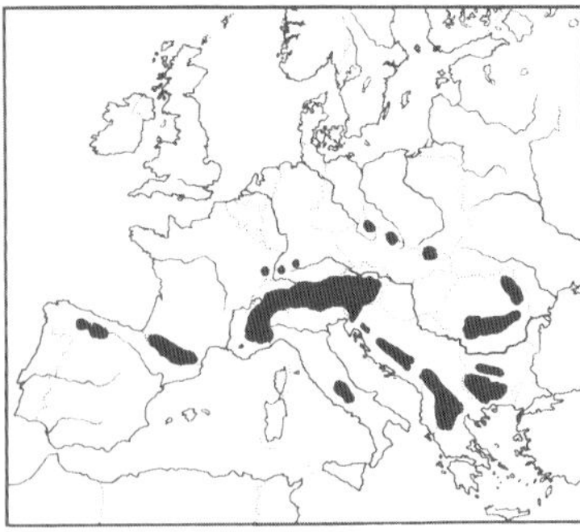
Gemse

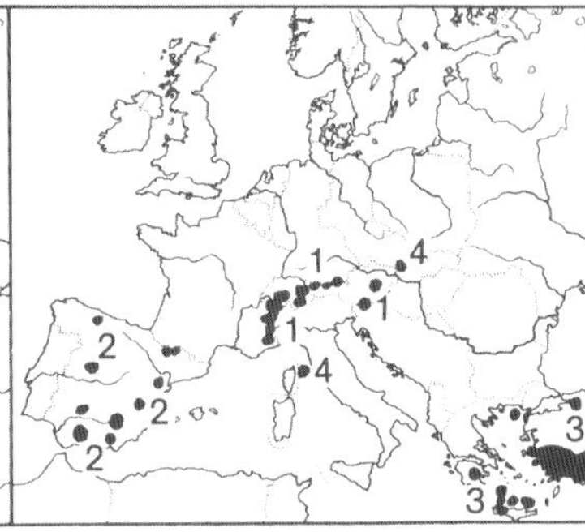

Wildziegen: 1 Alpensteinbock
2 Iberischer Steinbock 3 Bezoarziege
4 Bezoarblut führende Bestände

Alpensteinbock *Capra ibex* Linné 1758

E Alpine ibex F Bouquetin des Alpes A S. 239

Merkmale: Ziegengroß. Schwanz kurz und herabhängend. ♂ mit kurzem Kinnbart und bis zu über 1 m langen, starken, nach rückwärts gebogenen, leicht ausladenden Hörnern; Vorderseite der Hörner breit, mit vielen Querwülsten. ♀ mit kleineren, bis zu 20 cm langen, leicht nach hinten gebogenen Hörnern. Färbung der ♀♀ und Jungtiere im Sommer graubraun, der alten ♂♂ kastanienbraun; im Winter grau bis dunkelgrau; Bauchseite und Beinzeichnung grauweiß bis weiß.

Körpermaße: KR 1–1,5 m; H 0,7–1 m; S ca. 15 cm; G ♀ ca. 50 kg, ♂ 80–125 kg. ♂ deutlich größer und schwerer als ♀.

Ähnliche Arten: Iberischer Steinbock, Bezoarziege, Mufflon, Gemse; wildfarbene Hausschaf- und Hausziegenrassen.

Verbreitung und Verwandtschaft zu den anderen Wildziegen-Formen: Wildziegen (Gattung *Capra*) sind in einer Reihe von Formen (darunter auch die sogenannten Steinböcke) über Gebirgszüge Eurasiens und NO-Afrikas verbreitet: Iberische Halbinsel, Alpen, Kreta, Kleinasien, Kaukasus, Vorderasien, Arabien, Afghanistan, Kaschmir, Zentralasien, Sinai, Ägypten, Äthiopien, Sudan. Aufgrund ihrer nahen Verwandtschaft werden viele dieser Formen meist als Unterarten nur weniger Arten aufgefaßt. In Europa 3 Formen: Alpensteinbock, Iberischer Steinbock und Bezoarziege. Durch Überbejagung wurde der Alpensteinbock fast ausgerottet. Nur im Gebiet des Gran-Paradiso-Nationalparks (Aosta-Tal, Italien) überlebten Alpensteinbockbestände. Mehr oder weniger erfolgreiche Wiedereinbürgerungen im Alpenraum.

Lebensraum: Oberhalb der Baumgrenze in 2500 bis 3500 m Höhe; Fels-, Geröll- und Gestrüppregion. Überwinterung an steilen, oft schneefreien Süd- und SW-Hängen.

Lebensweise: Vorwiegend tagaktiv; Hauptäsungszeiten morgens und abends. Im Sommer getrennt in ♂♂- und ♀♀-Verbänden von bis zu 30

Tieren; alte ♂♂ oft auch Einzelgänger. Zur Paarungszeit im Winter ♂♂ bei den ♀♀-Rudeln; Kämpfe der Böcke um die ♀♀ nach Ziegenmanier: die gegenüber stehenden Rivalen richten sich auf die Hinterbeine auf und prallen im »Nach-Vorwärts-Fallen« mit den Hörnern aufeinander. Fortbewegung im Schritt oder Galopp, kaum im Trab; ausgezeichneter Kletterer und sicherer Springer. Gutes Seh-, Hör- und Riechvermögen.
Nahrung: Gräser, Kräuter, Triebe, Knospen, Flechten.
Fortpflanzung und Lebensdauer: Paarungszeit Dezember/Januar; Tragzeit 5½ Monate; Setzzeit Mai/Juni; Wurfgröße 1, selten 2; Säugezeit ca. 6 Monate, dann selbständig. Tochtertiere bleiben meist im mütterlichen Rudel, Jungböcke verlassen das Mutterrudel im zweiten Lebensjahr. Geschlechtsreife ab dem dritten Lebensjahr, in Gefangenschaft schon im zweiten Lebensjahr. Lebensdauer bis zu 15, selten 20 Jahre.
Lautgebung: Meckern; Warnpfiff ähnlich Gemse, jedoch schärfer, gebildet beim Luftausstoßen durch die verengten Nasenlöcher; Blöken bei Angst.
Feinde: Im Alpengebiet kaum natürliche Feinde (Wolf, Bär und Luchs); für junge und kranke Tiere Steinadler, Lämmergeier und Kolkrabe. Bestände vor allem bedroht durch den Menschen: Überbejagung, Einengung des Lebensraums, Vermischung mit Hausziegen (siehe auch Bezoarziege!).

Iberischer Steinbock *Capra pyrenaica* Schinz 1838

E Spanish ibex F Bouquetin d'Espagne A S. 238

Merkmale: Ähnlich Alpensteinbock. Färbung graubraun bis grau mit weißer Bauch- und Beinzeichnung. Hörner der ♂♂ bis zu 85 cm lang, weit ausladend, nach rückwärts gerichtet, im Mittelteil abwärts, zur Spitze hin wieder aufwärts gebogen; Querwülste an der Vorderseite der Hörner weniger deutlich ausgeprägt als beim Alpensteinbock. Hornform variabel (Ursache möglicherweise Vermischung mit Hausziegen).
Körpermaße: KR 0,9–1,4 m; H 60–75 cm; S 10–15 cm; G 35–80 kg. ♂♂ deutlich größer und schwerer als ♀♀. Nördliche Formen größer als südliche.
Ähnliche Arten: Alpensteinbock, Bezoarziege, Mufflon, Gemse; wildfarbene Hausschaf- und Hausziegenrassen.
Verbreitung: Siehe auch Alpensteinbock. Mehrere isolierte Populationen auf Gebirgszügen der Iberischen Halbinsel: Pyrenäen, Zentralspanische Hochgebirge, SO-Spanien (Sierra Nevada). In Nordportugal Ende des 19. Jahrhunderts ausgerottet, in den Pyrenäen fast ausgestorben.
Lebensraum, Lebensweise und Nahrung: Siehe Alpensteinbock. Vorkommen in Höhen über 1500 m. In hellen Mondnächten und bei Bejagung nachtaktiv. ♂♂ in bis zu 50 Tiere umfassenden Verbänden.
Fortpflanzung und Lebensdauer: Weitgehend wie Alpensteinbock. Brunftzeit Oktober/November; Setzzeit April/Mai, im Süden schon Ende März.
Lautgebung: Siehe Alpensteinbock.
Feinde: Siehe Alpensteinbock; auch wildernde Hunde. Bestandsbedrohend sind Überbejagung, Einengung des Lebensraums, vor allem durch Schaf- und Ziegenhaltung, und Vermischung mit Hausziegen.

Bezoarziege, ♂
im Sommerkleid

Iberischer Steinbock, ♂
im Sommerkleid

Bezoarziege, ♀
im Sommerkleid

Alpensteinbock, ♀
im Sommerkleid

Alpensteinbock, ♂
im Winterkleid

Bezoarziege *Capra aegagrus* Erxleben 1777

E Wild goat F Chevre veritable, Chevre egagre A S. 238, 239, V S. 236

Merkmale: Ähnlich den Steinböcken, etwas schlanker und leichter. Färbung hellgrau, bräunlichgrau bis grau. ♂ mit deutlichem, dunklem Aalstrich, dunklem Schulterkreuz und mit im Vergleich zu Alpen- und Iberischem Steinbock langem Bart; helle Beinzeichnung und Bauchseite ähnlich den beiden vorhergehenden Arten. Hörner der ♂♂ groß, bis zu 60 cm lang (im asiatischen Verbreitungsgebiet bis zu 1 m); säbelförmig nach hinten gebogen, seitlich abgeflacht, kaum ausladend, zur Spitze hin nach unten und leicht einwärts verlaufend; Hornvorderseite kantig abgeflacht; wenige, voneinander abgesetzte, deutlich sichtbare Querwülste. Hörner der ♀♀ wesentlich kürzer als die der ♂♂, bis zu 20 cm lang.
Körpermaße: KR 1,2–1,6 m; H 0,7–1 m; S ca. 15 cm; G 25–80 kg. ♂♂ größer und schwerer als ♀♀. Körpergröße in vorderasiatischen Populationen größer als in europäischen.
Ähnliche Arten: Steinböcke, Mufflon, Gemse, wildfarbene Hausschafe und Hausziegen.
Verbreitung: Zur Verbreitung der Wildziegenformen siehe Alpensteinbock. Bezoarziegen kommen in mehreren Unterarten von Kreta und weiteren griechischen Inseln (Erimomilos, Gioura, Samothraki) über Klein- und Vorderasien bis zum Kaukasus im Norden, Palästina im Süden, Belutschistan, Afghanistan und Turkmenistan im Osten sowie im Oman vor. In vielen Gebieten aufgrund von Bejagung und Verdrängung ausgestorben. Ausgesetzt auf Monte Christo (Italien) und auf dem griechischen Festland. Eingeführte Mischbestände in Südmähren.
Lebensraum: Felsige und schluchtenreiche Gebirgsgegenden sowie Halbwüsten mit Wasserstellen, spärlichem Pflanzenwuchs; Strauchwerk und Gebüschzonen.
Lebensweise und Nahrung: Ähnlich Alpensteinbock.
Fortpflanzung und Lebensdauer: Ähnlich Alpensteinbock. Brunftzeit zwischen Oktober und Dezember; Setzzeit zwischen April und Juni.
Lautgebung: Siehe Alpensteinbock.
Feinde: Siehe Steinböcke.
Domestikation: Ziegen wurden wahrscheinlich als erste Wiederkäuer domestiziert. Schon ca. 10 000 v. Chr. gab es Hausziegen in Vorderasien. Als Hauptstammform der meisten Hausziegenformen gilt die Bezoarziege. Wilder Vorfahr einiger vorderasiatischer Rassen ist die **Schraubenziege** oder **Markhor** *(Capra falconeri)*, die in Turkestan, Afghanistan und Belutschistan beheimatet ist. Als anpassungsfähige und unter kargen Lebensbedingungen lebensfähige Haustiere fanden Ziegen weite Verbreitung in gemäßigten, subtropischen und tropischen Breiten. In vielen Gebieten bildeten sich verwilderte Bestände, die oft in Aussehen und Verhalten der Wildform (Bezoarziege) wieder ähnlicher werden, so unter anderem in Schottland, Wales, Irland und Südmähren sowie auf vielen Inseln im Mittelmeergebiet. Im Gegensatz zur Wildform haben Hausziegen meist ein längeres Fell, gedrehte und ausladende Hörner und im fortgeschritteneren Domestikationsstadium

Walliser Sattelziege, ♂

Rove-Ziege, ♂

Hängeohren. Die Vielfalt der Ziegenformen Europas sei hier durch 3 alte, imposante und heute im Bestand bedrohte Rassen vertreten: die kontrastreiche **Sattelziege** aus dem Wallis (Schweiz); die **Roveziege** aus trockeneren Landschaften Südostfrankreichs, deren Böcke vor allem als Leittiere für Schafherden Verwendung finden; die vorwiegend in Sizilien beheimatete **Girgentanische Ziege,** deren Gehörn auf den ersten Blick an das der Schraubenziege erinnert, jedoch im entgegengesetzten Sinn gewunden ist. Hausziegen und Wildziegen einschließlich der Steinböcke sind miteinander uneingeschränkt kreuzbar.

Ordnung **Unpaarhufer** Perissodactyla

Im Vergleich zur Ordnung der Paarhufer weit weniger Familien und Arten. In Europa nur 1 Familie durch Hausformen vertreten. Das Körpergewicht hauptsächlich oder ganz auf der mittleren Zehe. Zehenzahl bei der Familie der Nashörner 4, bei der Familie der Tapire 3 und bei der Familie der Einhufer nurmehr 1 (Mittelzehe).

Familie **Einhufer** Equidae

Insgesamt 6 heute noch in ursprünglichen Wildformen vorkommende Arten; 2 davon in Asien: **Wildpferd** *(Equus przewalskii)* und **Halbesel** *(Equus hemionus)*; 4 Arten in Afrika: **Wildesel** *(Equus asinus)*, **Grevyzebra** *(Equus grevyi)*, **Bergzebra** *(Equus zebra)* und **Steppenzebra** *(Equus quagga)*. Halbesel und Steppenzebra mit relativ vielen Unterarten. In Europa nur Hausformen von Pferd und Esel, vom Pferd auch halbwild lebende Bestände. Neben Pferd und Esel wurden in geschichtlicher Zeit auch **Onager** und **Kulan,** 2 Unterarten des Halbesels, domestiziert.
Mittelgroß **(Pony, Zwergesel)** bis groß (Grevyzebra, **Kaltblüter**-Pferderassen). Großer Kopf; schlanke, einzehige Beine; runder Huf; Schwanz in voller Länge oder am Endteil lang behaart; Fell meist kurz und dicht anliegend; Kastanien (Verhornungsflächen) an Beininnenseiten, bei Pferden an Vorder- und Hinterbeinen, bei den übrigen Arten nur an den Vorderbeinen. Streifung besonders bei den 3 Zebraarten, zuweilen aber auch als Beinzeichnung bei Pferden und Eseln. Zahnformel: 3·(1)·3–4·3 / 3·(1)·3·3 = 36–42; Hengste mit, Stuten ohne Eckzähne; Schneidezähne meißelförmig, Bakkenzähne hochkronig mit Schmelzfalten. Nahrung: Gräser, Kräuter und andere Bodenpflanzen.
Lebensweise gesellig in Trupps unter Führung eines ♂, besonders beim Steppenzebra Zusammenschluß zu größeren Verbänden (Herden). Vorwiegend in offenen, auch gebirgigen Landschaften, Savannen, Halbwüsten und Wüsten. Neugeborene weit entwickelt, bald nach der Geburt lauf- und folgefähig.

Pferd *Equus przewalskii* forma *caballus* Linné 1758
E Horse F Cheval A S. 244

Die ursprünglichen Wildpferde hatten einst eine weite Verbreitung über die flacheren Gebiete Eurasiens, von Europa im Westen bis zur Mongolei im Osten. Von ehemals mindestens 3 geographischen Unterarten konnte sich nur die östlichste, das **Przewalski – Urwildpferd** *(E. p. przewalskii),* in ihrer ursprünglichen, unverfälschten Form bis heute erhalten. Zoologische Gärten waren und sind an der Erhaltung dieser Form maßgeblich beteiligt.
Domestiziert wurden Pferde wahrscheinlich erstmalig im dritten Jahrtausend v. Chr. Nutzung zur Fleischgewinnung, als Reit- und Zugtiere. Hauspferde besitzen im Gegensatz zum Przewalski-Urwildpferd keine Steh-, sondern in der Regel Hängemähnen. Stehmähnen sind Merkmale aller heute lebenden wilden Einhuferformen. Deshalb wurde die Hängemähne der Hauspferde oft als Domestikationsmerkmal angesehen. Wahrscheinlicher ist jedoch, daß auch schon die westlichen, ausgestorbenen Unterarten des Wildpferds, die die Stammformen der Hauspferde sind, in Anpassung an relativ niederschlagsreiche Lebensräume Hängemähnen hatten. Als bedeutendste Hauspferdstammform gilt der im 19. Jahrhundert ausgestorbene, mausgraue, osteuropäische **Steppentarpan** *(E. p. gmelini)*, dessen Typus am ehesten dem in Polen verbreiteten **Konik** entspricht. Der Konik (zu deutsch »Pferdchen«) ist eine sehr ursprüngliche und widerstandsfähige Rasse mit einer Widerristhöhe von ca. 135 cm. Nah mit dem Konik verwandt sind die besonders an Gebirgsgegenden angepaßten **Huzulen-** und **Bosniaken-**Pferderassen des östlichen Mitteleuropas und der nördlichen Balkanländer. Eine unter den Ponyrassen der Britischen Inseln und Irlands besonders einheitliche und ursprüngliche Rasse ist das **Exmoorpony**. Die im Widerrist ca. 120 cm hohe, widerstandsfähige und klimaharte Rasse lebt halbwild in der Moorlandschaft Exmoor in den südwestenglischen Grafschaften Devon und Somerset. Als ursprüngliche Pferderasse SW-Europas sei noch die **Sorraia-**Rasse Portugals und Spaniens erwähnt, die in grauem und gelblichbraunem Farbschlag vorkommt.
Halbwilde, aber weniger reinblütige Pferdebestände gibt es u. a. in der Camargue und bei Dülmen in Westfalen. Ponyähnliche, relativ ursprüngliche Pferdetypen erlangten weltweite Verbreitung. Mit ca. 1 m Widerristhöhe sind die bekannten, lebhaften **Shetlandponies** eine besonders kleine Rasse. Die besonders großen und schweren **»Kaltblutpferde«** entsprechen in Habitus und Skelettbau weitgehend den wahrscheinlich schon im Altertum ausgestorbenen, schweren westlichen Wildpferden. Als eine Rasse ursprünglichen Kaltbluttyps sei hier das **Norische** oder **Pinzgauer** Pferd erwähnt. Die sogenannten **Warm-** und **Halbblut**-Pferderassen entstanden durch Vermischung verschiedener ursprünglicher Rassen und anschließend mehr oder minder gezielter Auslese bestimmter Eigenschaften. Aus der Einkreuzung von **Araberpferden** in europäische, westliche Pferderassen und anschließender Zuchtwahl, besonders in Bezug auf Schnelligkeit, entstanden die **Vollblut-**Rassen, die sich besonders für Pferderennen eignen. Araberpferde gelangten wohl erstmalig zur Zeit der Kreuzzüge im Frühen Mittelalter nach

Exmoor-Pony, ♂

Konik, ♂ (Tarpantypus)

Ausgewählte Eseltypen

Esel üblicher Größe
mit Schulterkreuz, ♂

Katalanischer
Riesenesel, ♂

Europa; sie zeichnen sich durch ihren feingliedrigen Körperbau, die kurze Haardecke und das leicht konvex gebogene Schädelprofil aus.
Das Pferd und einige weitere Arten der Gattung lassen sich miteinander mehr oder weniger leicht kreuzen. **Maultier** und **Maulesel** sind Kreuzungsformen zwischen Pferd und Esel. Maultiere sind Nachkommen von Pferdestuten und Eselhengsten, Maulesel Nachkommen von Eselstuten und Pferdehengsten. Schon im Altertum wurden derartige Kreuzungen zugelassen bzw. begünstigt. Maultiere fanden als gewandte, klimaharte, trittsichere und in ihren Nahrungsansprüchen bescheidene Last- und Reittiere zunächst in den Mittelmeerländern, später auch in vielen anderen Gebieten der Erde Verwendung. Besonders große Maultiere lassen sich durch Verpaarung von Rieseneseln und Kaltblutpferden erzielen. Maultiere sind fast durchwegs unfruchtbar; nur in seltenen Fällen finden sich fortpflanzungsfähige Stuten. Die im Vergleich zur Zahl gezüchteter Maultiere geringe Zahl von Mauleseln erklärt sich u. a. dadurch, daß eine erfolgreiche Verpaarung von Eselstute mit Pferdehengst weit schwerer zu erreichen ist als die Verpaarung von Pferdestute mit Eselhengst.

Esel *Equus asinus* Linné 1758

E Donkey F Ane A S. 245

Hausesel unterscheiden sich im Aussehen von Hauspferden vor allem durch ihre längeren Ohren, die meist stehende Halsmähne, den relativ größeren, klobigen Kopf und das kurz behaarte obere Schwanzdrittel. Körperfärbung meist grau, aber auch schwarz, dunkelbraun, weiß oder gescheckt; oft mit Aalstrich, Schulterkreuz oder auch Beinstreifung; Maul, Augenpartie und Bauchseite oftmals hell von der übrigen Körperfärbung abgesetzt. Nutzung als Reit-, Last- und Zugtier. In der Nahrungswahl im Vergleich zu Pferden weniger anspruchsvoll (ernährt sich auch von Disteln und Gestrüpp).
Wildesel gab es ehemals in weiten Teilen Nordafrikas. Umstritten ist, ob sie zeitweilig auch die Iberische Halbinsel und weitere Gebiete Europas besiedelten. Von den ehemals 3 Unterarten existieren nurmehr in NO-Afrika kleine, in ihrem Bestand äußerst bedrohte Bestände des **Nubischen Wildesels** (zwischen Nil und Rotem Meer) und des **Somaliwildesels**; erstere Form mit Schulterkreuz, zweitere mit Beinstreifung.
Die Hauseselformen stammen wahrscheinlich von allen 3 Wildeselformen ab, wohl zum größten Anteil von der in römischer Zeit ausgestorbenen nordwestafrikanischen Unterart. Als Haustier wurde der Esel von Nordafrika zunächst in die europäischen Mittelmeerländer verbreitet; nach Mitteleuropa gelangte er erst gegen Ende des Mittelalters.
Im Vergleich zu Hauspferden sind Hausesel meist kleiner. Besonders große Rassen (ca. 150 cm Schulterhöhe) wurden in SW-Frankreich **(Poitou Esel)** und in Spanien (z. B. **Katalanischer Riesenesel**) gezüchtet. Eine in der Gestalt besonders ansprechende Rasse sind die **Maskatesel.**
Kreuzung mit einigen anderen Arten der Gattung möglich (siehe Pferd).

Beobachtung und Nachweise

Tips für das richtige Beobachten

Die meisten Säugetierarten lassen sich viel weniger leicht beobachten als beispielsweise die meisten Vögel und Schmetterlinge. Das liegt einmal daran, daß sie in der Regel scheu sind oder verborgen leben, und zum anderen, daß viele von ihnen vorwiegend nacht- oder dämmerungsaktiv sind. Ihre Sinne sind den unsrigen vielfach weit überlegen – schon bei Wahrnehmung eines Menschen auf große Entfernung verstecken sie sich meist oder verharren regungslos, so daß sie oft selbst dem Blick des erfahrenen Beobachters entzogen sind. Trotzdem ist es für jedermann möglich, bei Beherzigung einiger Verhaltensregeln und gleichzeitiger Kenntnis wichtiger Lebensgewohnheiten der Tiere, je nach Gegend eine kleinere oder größere Zahl von Arten zu entdecken und zu studieren.

Zunächst einmal hängt die erfolgreiche Beobachtung von Säugetieren von der Wahl der richtigen Tageszeit ab; während viele, auch tagaktive Arten, die Mittagszeit im Lager oder Nest ruhend verbringen, werden die Stunden der Abend- und besonders der Morgendämmerung gerne für die Nahrungssuche und andere Aktivitäten genutzt. Die frühen Morgenstunden sind also besonders für die Freilandstudien an Säugetieren geeignet. Beim Aufspüren von Großtieren sollte man daran denken, daß man bei schlechter Witterung (Regen und Wind) besonders nah an diese Arten herankommt. Um nicht so schnell entdeckt zu werden, ist es ratsam, unauffällige und nicht raschelnde Kleidung zu tragen. Gummistiefel (Taunässe, Feuchtgebiete), ein lichtstarkes Fernglas sowie ein Notizblock zum Festhalten von interessanten Beobachtungen sind weiterhin zu empfehlen. Auf den Pirschgängen sollte man nach Möglichkeit das Knacken von Zweigen und andere Geräusche vermeiden und sich gegen den Wind an größere Arten heranpirschen. Bei Entdekkung durch das Wildtier hilft möglichst unbewegliches Verharren des Beobachters eine allzu frühe Flucht vermeiden; in dieser Situation verliert das angepirschte Tier oft das Interesse am Menschen und kann dann zum Objekt interessanter Verhaltensstudien werden.

Bei jeder Beobachtung von wildlebenden Säugetieren ist zu bedenken, daß man in den Lebensbereich der Tiere eindringt; Störungen und Beunruhigungen, insbesondere von bedrohten Arten, sollte man daher unbedingt vermeiden. In Gebieten, wo besonders gefährdete und störungsempfindliche Arten (auch Vogelarten wie das Auerhuhn!) vorkommen, sollten Querfeldeinerkundigungen zu jeder Jahreszeit unterbleiben.

Was ist wo zu beobachten?

Es gibt eigentlich in jedem Landschaftstyp, im Siedlungsbereich und selbst mitten in der Großstadt wildlebende Säugetiere, deren Beobachtung lohnend sein kann. In einer reichstrukturierten, naturnahen Landschaft treffen wir selbstverständlich auf eine größere Zahl von Arten als in eintönigen Gegenden.

In lichten Wäldern halten sich Rot- und Damhirsch sowie das Mufflon auf, in unterwuchsreichen Laubwäldern trifft man häufig auf Rehe, Wildschweine

bevorzugen die feuchten Stellen im Wald; hier findet man auch die Suhlen des Wildes, die im Falle des Wildschweins oft stark durchwühlt sind. In der Nähe sieht man häufig einen mit Dreck verschmierten Baum, an dem sich die Tiere nach dem Suhlen gerne sauberreiben. Die Höhe der Dreckspuren gibt Hinweise auf die Größe der Suhlenbenutzer.
Waldränder mit ihrem vielfältigen Pflanzenwuchs gewähren vielen Säugetierarten Unterschlupf und Nahrung; hier lassen sich beispielsweise Mauswiesel und Hermelin, Rötel-, Zwerg- und Haselmaus entdecken. Die in diesem Biotop oft häufig vorkommenden Spitzmäuse verraten sich durch ihre hohe, schrill zwitschernde Stimme; der Spezialist kann sogar die einzelnen Arten nach den Unterschieden in den Stimmen unterscheiden. Mit etwas Glück lassen sich diese tag- und nachtaktiven Insektenfresser bei der Nahrungssuche beobachten, wenn man sich einfach still hinsetzt und auf ihre Lautäußerungen achtet. Um Spitzmäuse zu finden, lohnt es sich außerdem, auf dem Waldboden liegende Gegenstände, wie Bretter, umzudrehen; auf diese Weise entdeckt man auch Gelbhals- und Waldmäuse.
Die Ufer von Gewässern bieten besonders interessante Beobachtungsmöglichkeiten: Achtet man auf Bewegungen im Wasser, lassen sich Wasserspitzmaus, Schermaus und Bisamratte, mit viel Glück auch Biber und der sehr seltene Fischotter entdecken. Findet man am Ufer Häufchen von Fischgräten, Froschknochen oder aufgebissenen Schneckenhäusern, deutet dies auf die Anwesenheit der Wasserspitzmaus hin. In Skandinavien kann man an Flußufern häufig den Elch, sowie das Hermelin und den eingeführten Verwandten des Nerzes, den Mink, entdecken. Im Flachwasser und in nassen Mooren findet man die Burgen der Bisamratte, deren Eingänge stets unter Wasser liegen, und möglicherweise schmale, vom Biber angelegte Kanäle. Tote Bisamratten am Ufer mit charakteristischen Wunden am Hinterkopf machen auf die Anwesenheit eines Iltis', Nerzes oder Minks aufmerksam, der von seiner Beute hochgeschreckt wurde. An der Meeresküste, wo hauptsächlich Kaninchen, Wanderratten, Rotfüchse, Igel und Waldmäuse leben, sieht man vielleicht einmal den Kopf eines Seehundes auftauchen.
Auch in der Feldflur gibt es, sofern sie noch nicht zur Agrarsteppe umfunktioniert wurde, viele Säugetierarten zu beobachten: nicht nur Hasen, Hermeline, Mauswiesel und Igel kann der aufmerksame Beobachter hier entdecken, sondern auch kleine Arten wie Wald-, Feld- und Zwergmäuse, die sich oft in Getreidediemen oder unter Strohhaufen verbergen. An Rändern von Haferfeldern, die an Hochgrasbestände grenzen, kann man unter Umständen die geschickten Zwergmäuse in den Halmen klettern sehen.
Feldgehölze bieten den Rehen Schutz und Deckung, außerdem sind diese Inseln in der Agrarlandschaft Zufluchtsstätte und Lebensraum für Marder, Iltis, Hermelin, Schläfer, Fledermäuse und Spitzmäuse. Die Feldscheunen bieten oft geradezu ideale Lebensbedingungen für Haus- und Waldmäuse, Spitzmäuse, Igel und gelegentlich sogar Sieben- und Gartenschläfer. Den im Gebälk lebenden Steinmarder verraten sein auf den Balken abgelegter Kot und die Spuren seiner Krallen an der Außenwand.

Tierspuren und Nachweise

Zahlreiche Säugetiere kann man anhand ihrer Fährten erkennen. Besonders auf feuchtem Boden, an Wasserstellen oder im Winter auf Schnee sind die Abdrücke oft gut erhalten. Beispiele für Fährten einiger europäischer Arten sind auf den Seiten 251–254 wiedergegeben.

Häufig wird man auf das Vorkommen einer Säugetierart auch durch den Fund eines arttypischen Nestes aufmerksam. Freistehende Nester in Bäumen und Gebüsch bauen Eichhörnchen, die Schläfer und die Zwergmaus. Eichhörnchenkobel findet man meist in Stammnähe im oberen Drittel eines Laub- oder Nadelbaumes. Unter den Schläfern bauen nur Haselmaus und Baumschläfer regelmäßig freistehende Nester, während Sieben- und Gartenschläfer hauptsächlich Höhlen- und Spaltenbewohner sind. Die apfelgroßen Haselmausnester stehen in dichter Vegetation oder in kleinen Bäumen und Sträuchern vom Boden bis ca. 3 m Höhe versteckt; ihr Baumaterial sind Gras, Bast und trockene Blätter. Die Nester der seltenen Baumschläfer sind größer, bestehen vorwiegend aus Buchenblättern und befinden sich oft in jungen Buchen und Fichten bis 2 m Höhe. Zwergmausnester findet man im Hochgrasbestand auf feuchtem Boden oder sogar über dem Flachwasser, bis 80 cm Höhe. Sie sind durch ihre Bauweise (Zerfaserung und Verflechtung von Grasblättern) fest mit den Trägerpflanzen verbunden und daher auch noch einige Zeit nach dem Bau grün. Im Gegensatz zu den etwas größeren und nicht fest verankerten Haselmausnestern weisen sie häufig 2 Öffnungen auf. Die winzigen Bewohner sieht man nur, wenn man sich äußerst vorsichtig an ein besetztes Nest heranschleicht, denn die Zwergmaus verläßt es bereits bei der geringsten Erschütterung. Nester von Laubsängern (»Backöfchen«), die den Bauten von Zwerg- und Haselmaus ähneln, enthalten im Inneren stets Federn.

Vogelnistkästen werden häufig von Säugetieren als Quartier benutzt. Findet man größere Mengen Kot auf dem Dach des Kastens, läßt dies auf den Siebenschläfer als Bewohner schließen; dieser Bilch schichtet im Inneren große Mengen frischer Blätter auf; Störenfriede empfängt er mit einem surrenden Geräusch (»Drohsurren«), das einen wildgewordenen Hornissenschwarm, aber nicht die Stimme eines Nagetiers vermuten läßt. Gartenschläfer bauen sich in den Kästen ein Lager aus Gras, Moos und Tierhaaren; häufig ist das Quartier mit Kot stark verunreinigt. Die Haselmaus baut ihr kugelrundes Nest aus Gras und trockenen Blättern auch in den bezogenen Nistkasten fein säuberlich hinein. Im Gegensatz zu Sieben- und Gartenschläfer, die Vogelnistkästen häufig für ihre Wochenstuben benutzen, findet man kleine Junge der Haselmaus nur ausnahmsweise darin. Wald- und Gelbhalsmäuse horten in den Nistkästen oft große Mengen von Eicheln und Buchekkern. Typische Nistkastenfledermäuse sind das Braune Langohr, die Bechstein- und die Rauhhautfledermaus. Das Fehlen von Nistmaterial – außer es stammt von einer Vogelbrut – und der im Kasten angesammelte, krümelige Kot der Tiere gibt auch nach dem Auszug der Fledermäuse Hinweis auf das Vorkommen dieser seltenen Nistkastengäste. Das Erkennen von Fledermauskolonien in Baumhöhlen ist besonders bei notwendigen Baumfällaktionen für die Erhaltung und Umsiedelung der Tiere wichtig; die Anwesenheit von Abendseglern in einer alten Spechthöhle erkennt man an den dunklen Urinspuren unterhalb des Einflugloches: der untere Teil der Höhle wird im Laufe der Zeit mit Kot und Urin der Fledermäuse soweit aufgefüllt, daß die flüssigen Anteile durch das Flugloch abfließen. Auch aufgrund des ständigen hohen Gezwitschers wird man manchmal auf eine Kolonie von Abendseglern aufmerksam.

Bewohnte Baue von Fuchs und Dachs erkennt man an der frisch ausgeworfenen Erde, die häufig Pfotenabdrücke der Bewohner zeigt. Während sich der Fuchs durch die in Baunähe herumliegenden Knochen und Federn verrät, ist ein vom Dachs bewohnter Bau »sauber«; Dachse setzen ihren Kot in selbstgegrabenen Löchern im Umkreis ab. Kleine Erdhaufen werden von Maulwurf und Schermaus aufgeworfen; im Gegensatz zum allbekannten, zumeist runden Maulwurfshügel ist der Umriß des flacheren Schermaushaufens länglich.

Einige Kleinsäugerarten lassen sich auch anhand des Durchmessers ihrer Gänge nachweisen; so messen Gänge der Hausmaus im Querschnitt 2–3 cm, die der Wanderratte 5–8 cm und die der Bisamratte 15–20 cm.

Tiefgepflügter Boden deutet auf die Anwesenheit von Wildschweinen hin, flach aufgegrabener Waldboden läßt die Tätigkeit eines Fuchses vermuten, der nach Mäusenestern gesucht hat, während oberflächlich weggescharrtes Laub und Gras je nach Größe die Lager von Feldhase, Reh und Hirsch kennzeichnet. Auf die Fegespuren von Geweihträgern sowie auf verschiedene Fraßspuren an der Vegetation, an Früchten oder Beutetieren kann im Rahmen dieses Buches nicht eingegangen werden, es sei hier auf das BLV-Bestimmungsbuch »Tierspuren« von Bang/Dahlström verwiesen. Abbildungen von Losungen befinden sich auf S. 255 und 256.

Zum Schluß noch eine spezielle Methode zum Nachweis von Kleinsäugern: Die in den Speiballen (Gewöllen) von Eulen enthaltenen unverdaulichen Knochenteile können Aufschluß über das Vorkommen von kleinen Nagern und Insektenfressern in einer bestimmten Gegend geben. Oft sind die Schädel und Unterkiefer so gut erhalten, daß eine Artbestimmung möglich ist. Auf diese Weise wurde 1933 die Waldbirkenmaus als Erstnachweis für Mitteleuropa in den Gewöllen von ostpreußischen Habichtskäuzen entdeckt. Bei der Beurteilung von Kleinsäuger-Vorkommen aus Gewöllen sollte der Aktionsradius sowie das Wanderverhalten der betreffenden Eulenart bekannt sein, denn der Fundort des Gewölles und die Erbeutungsstelle des entsprechenden Kleinsäugers können unter Umständen weit voneinander entfernt sein.

Spuren einiger Säugetiere

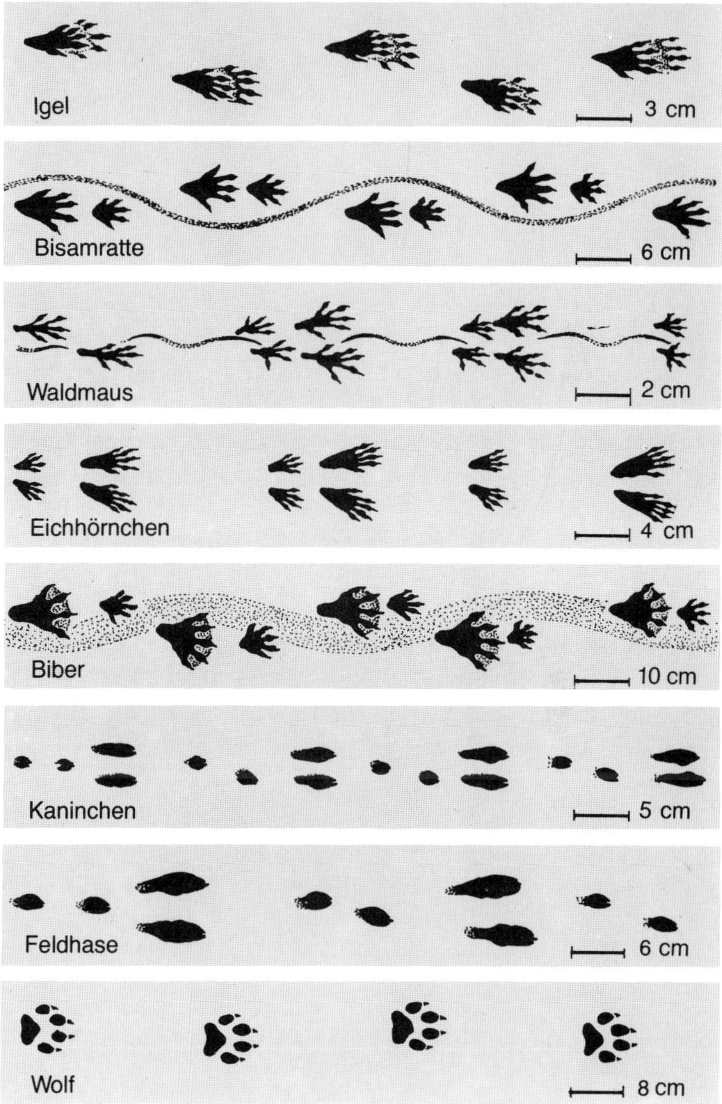

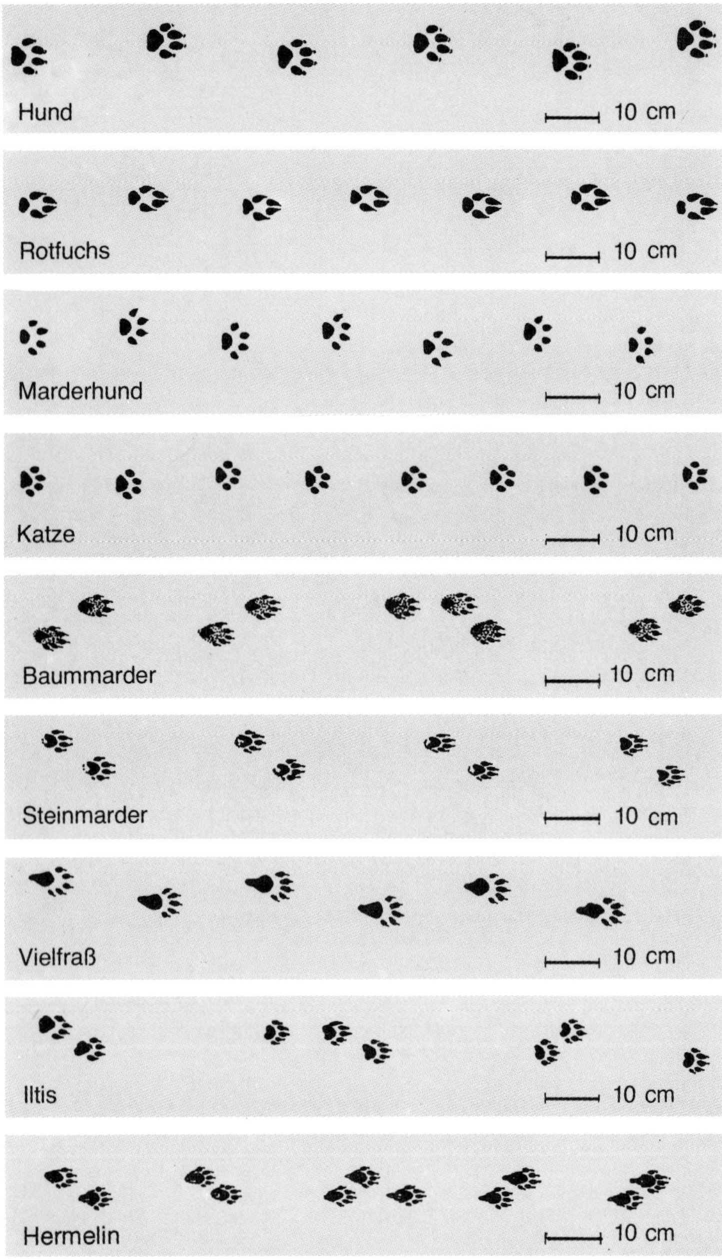
Hund
10 cm
Rotfuchs
10 cm
Marderhund
10 cm
Katze
10 cm
Baummarder
10 cm
Steinmarder
10 cm
Vielfraß
10 cm
Iltis
10 cm
Hermelin
10 cm

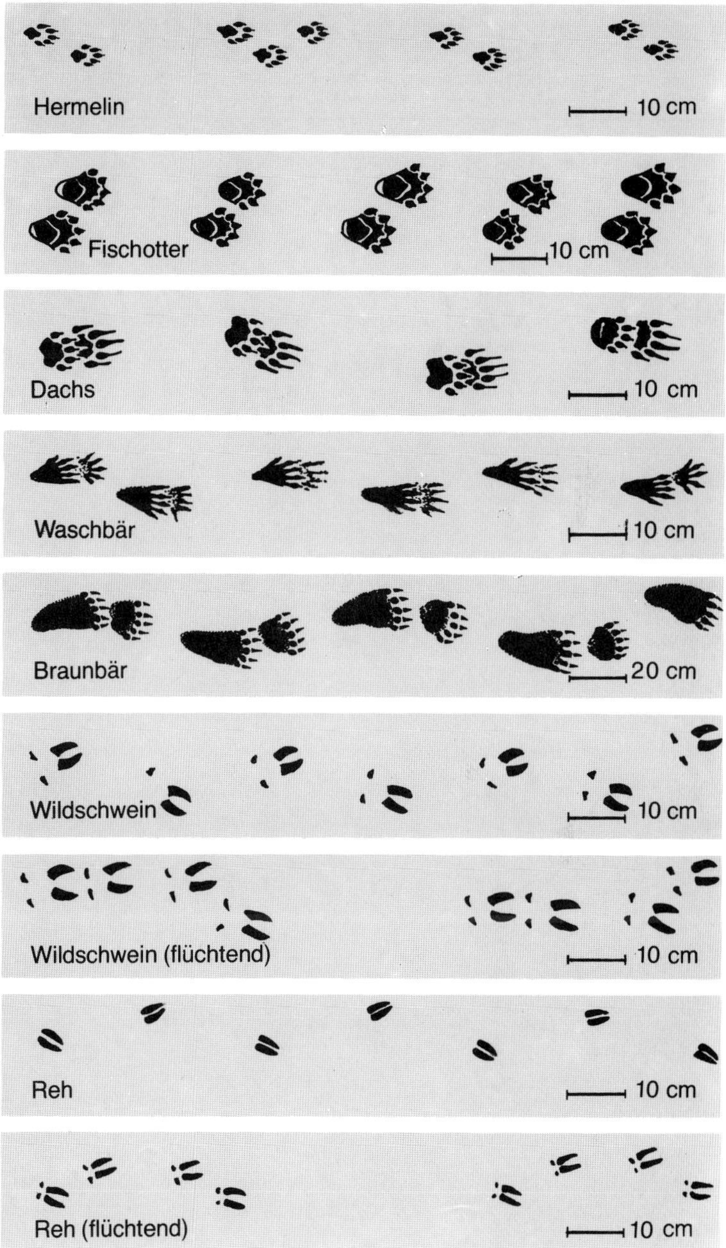
Hermelin
10 cm
Fischotter
10 cm
Dachs
10 cm
Waschbär
10 cm
Braunbär
20 cm
Wildschwein
10 cm
Wildschwein (flüchtend)
10 cm
Reh
10 cm
Reh (flüchtend)
10 cm

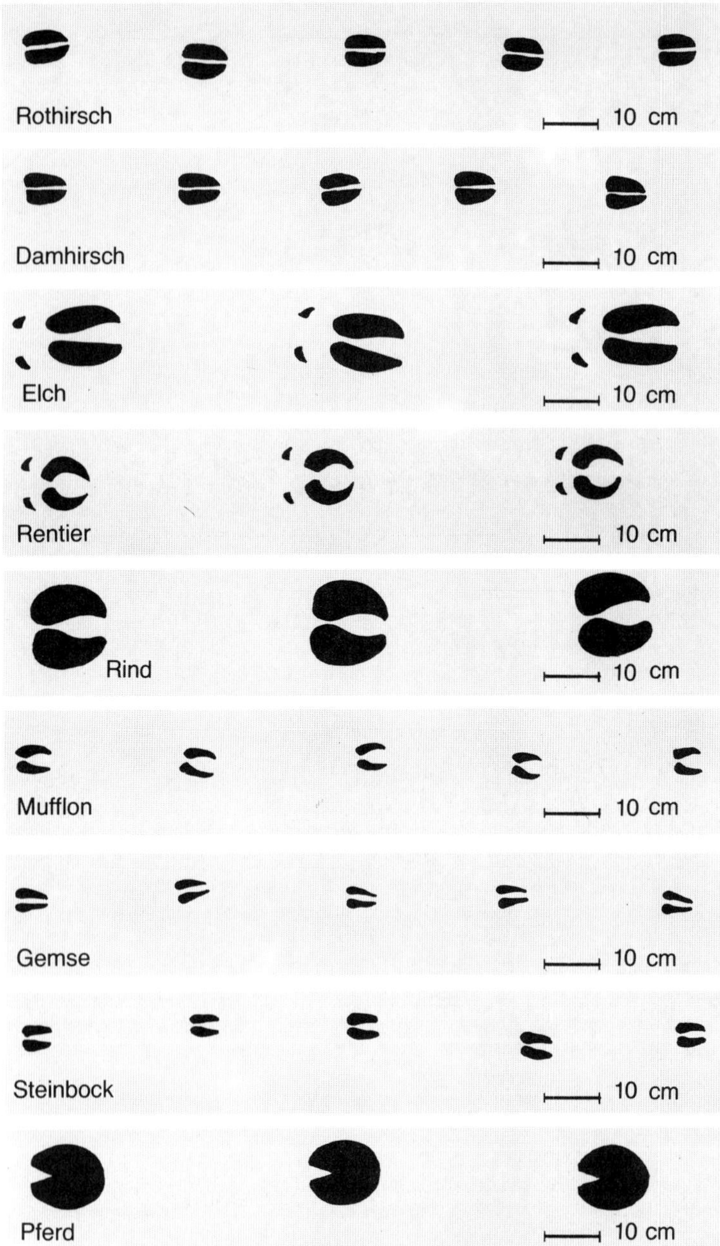
Rothirsch
10 cm
Damhirsch
10 cm
Elch
10 cm
Rentier
10 cm
Rind
10 cm
Mufflon
10 cm
Gemse
10 cm
Steinbock
10 cm
Pferd
10 cm

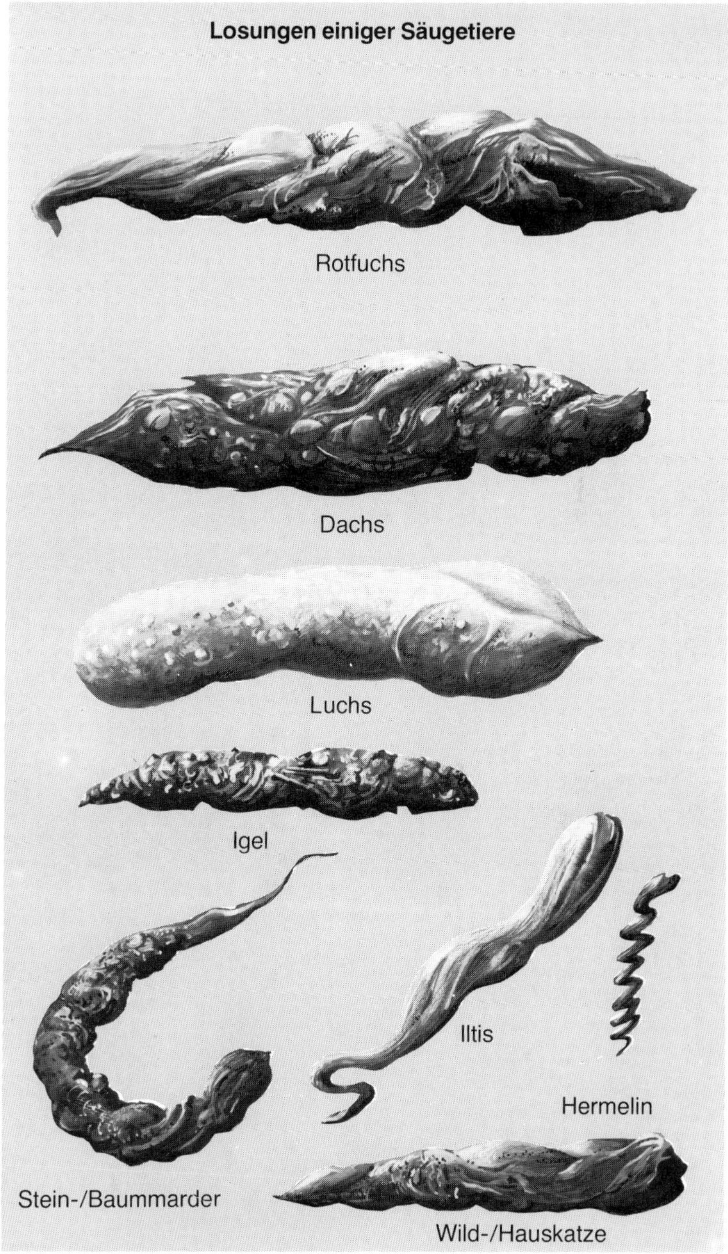
Losungen einiger Säugetiere
Rotfuchs
Dachs
Luchs
Igel
Iltis
Hermelin
Stein-/Baummarder
Wild-/Hauskatze

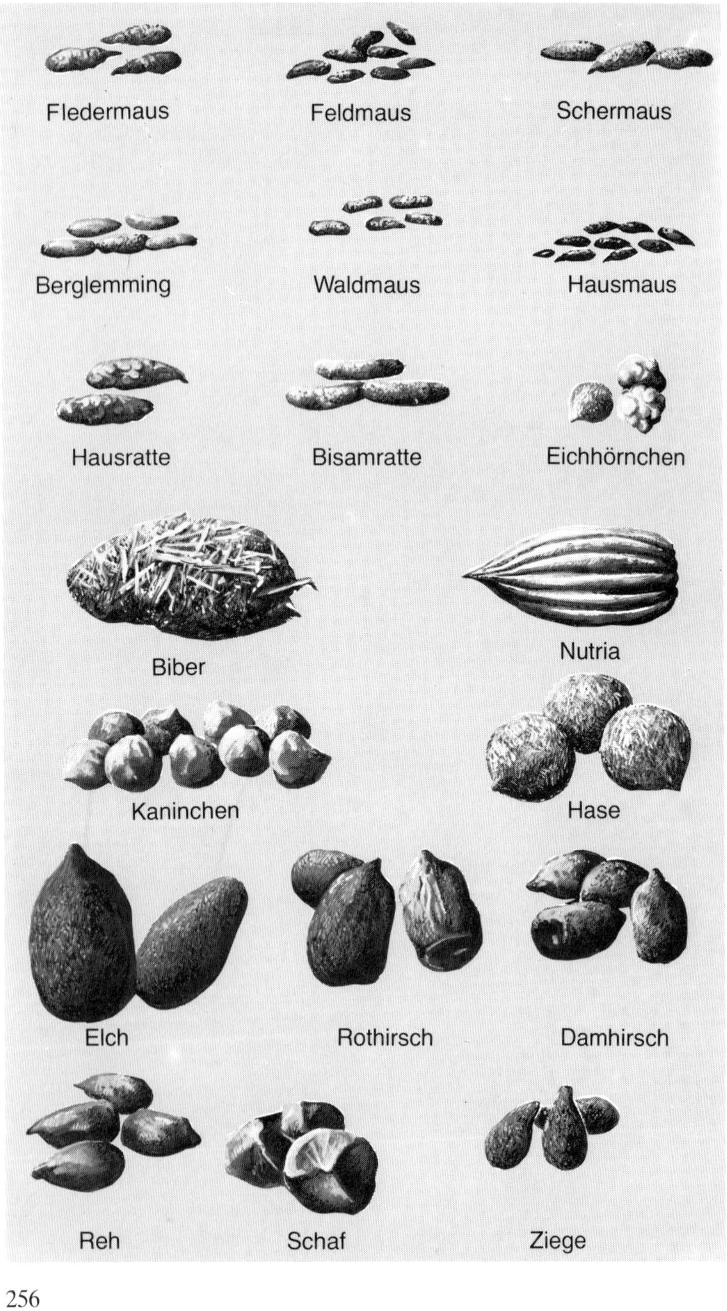
Fledermaus
Feldmaus
Schermaus
Berglemming
Waldmaus
Hausmaus
Hausratte
Bisamratte
Eichhörnchen
Biber
Nutria
Kaninchen
Hase
Elch
Rothirsch
Damhirsch
Reh
Schaf
Ziege

Schädel einiger Säugetiere

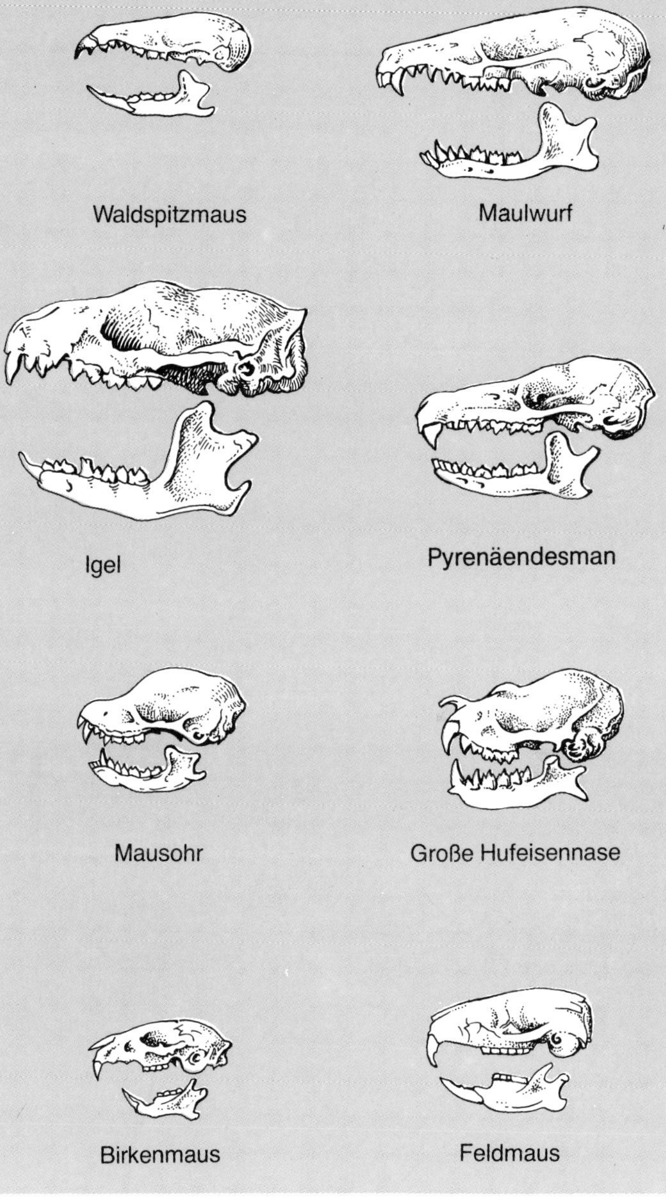

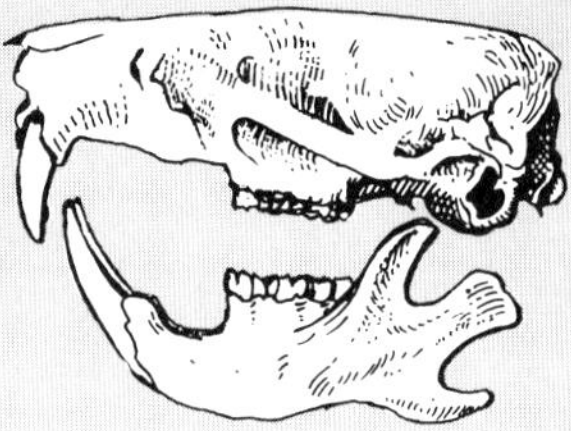

Feldhamster

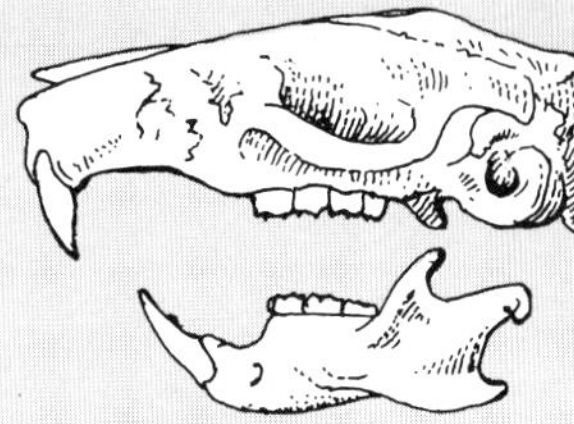

Hausratte

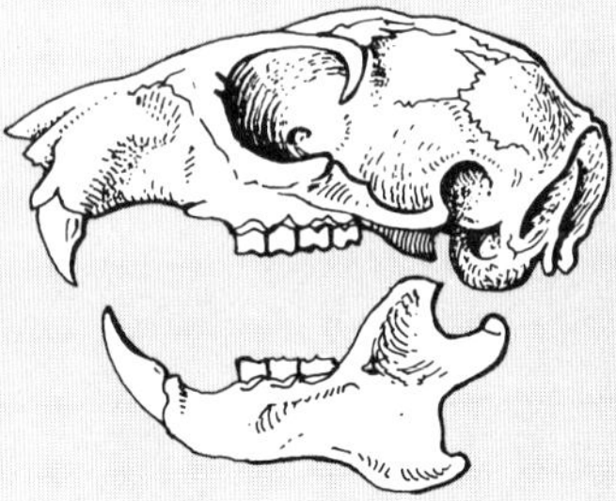

Eichhörnchen

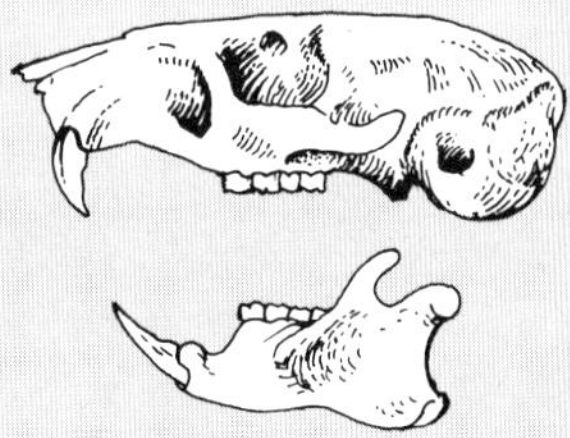

Siebenschläfer

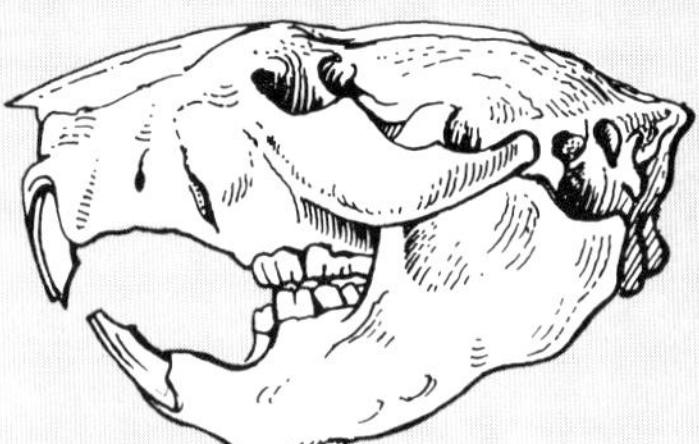

Biber

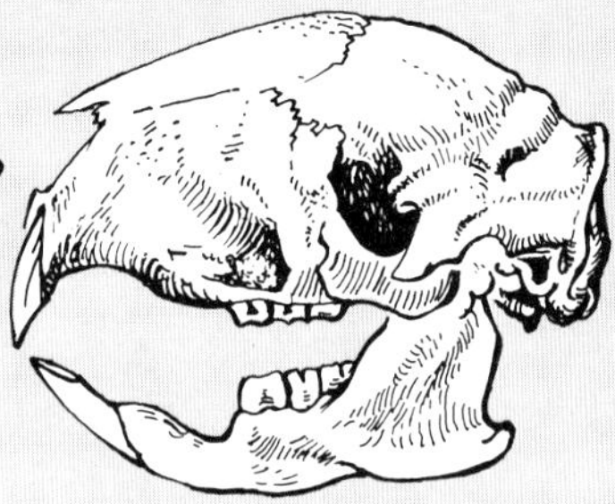

Stachelschwein

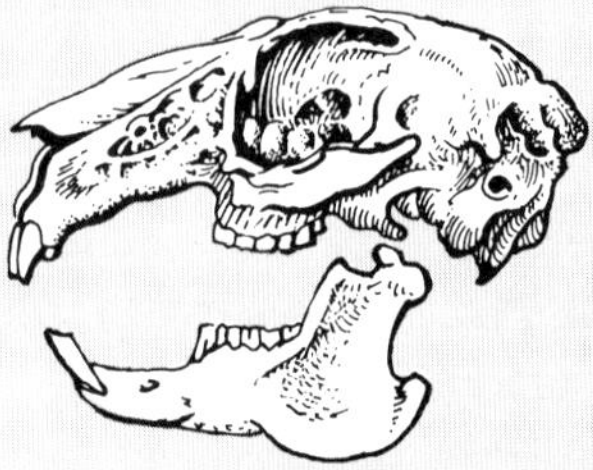

Kaninchen

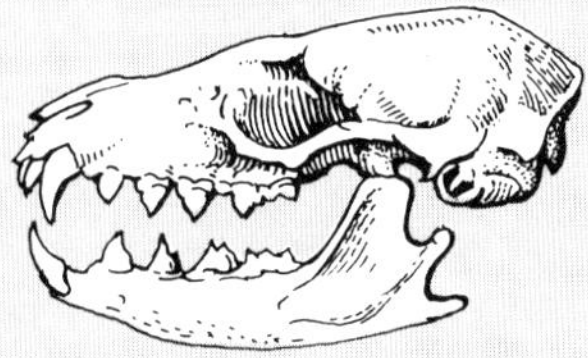

Ginsterkatze

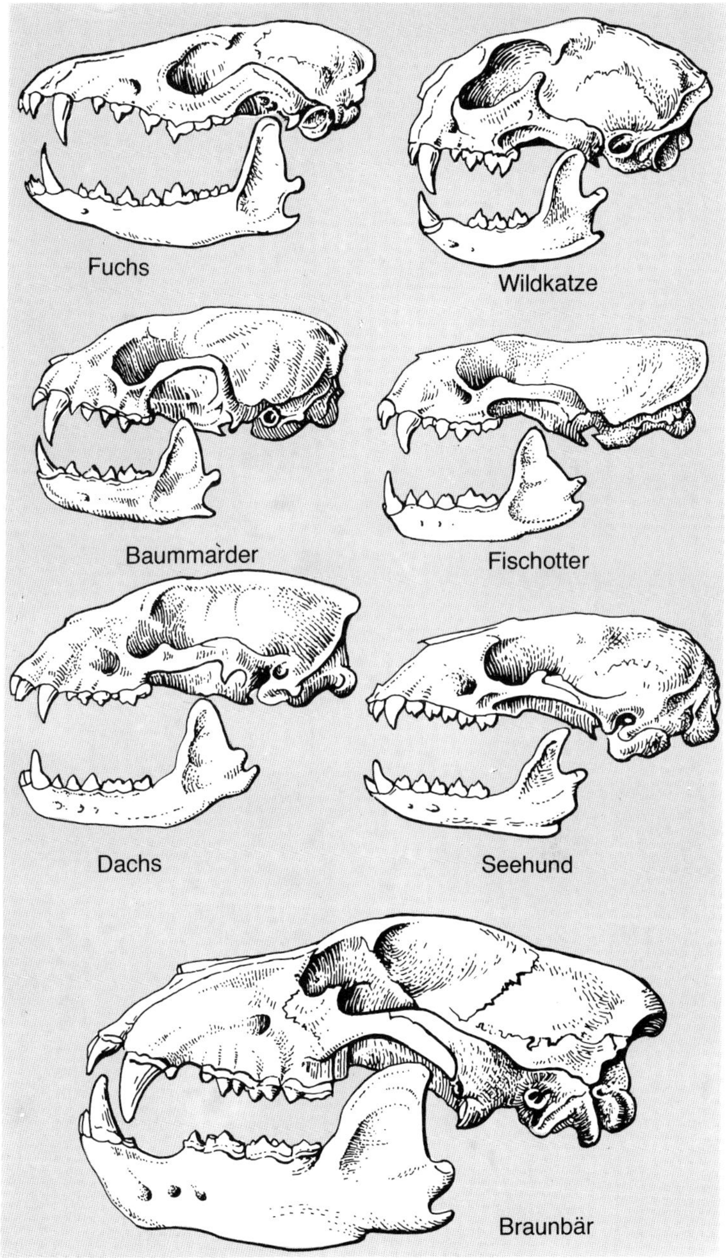
Fuchs
Wildkatze
Baummarder
Fischotter
Dachs
Seehund
Braunbär

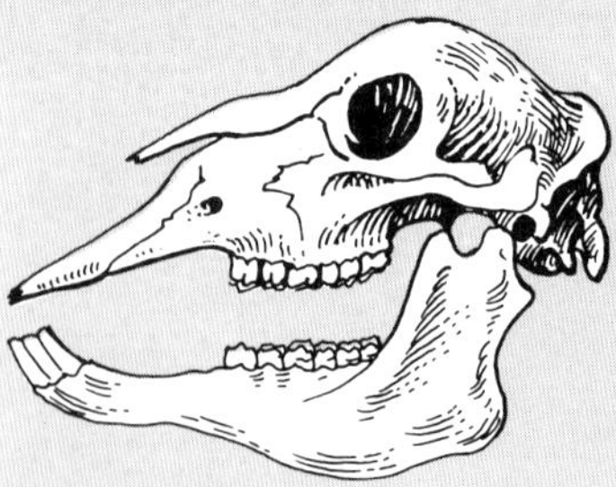

Ziege

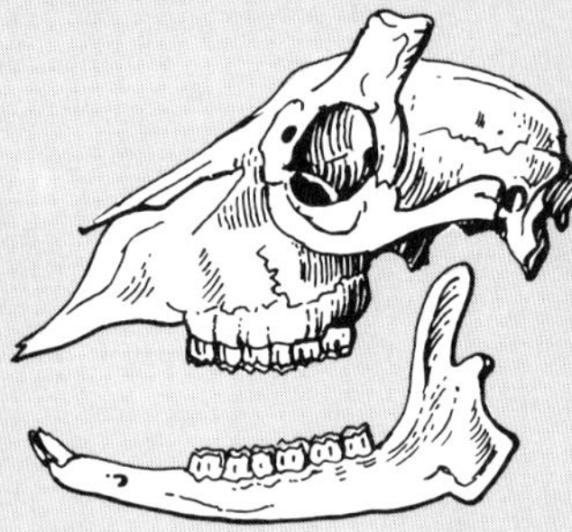

Reh

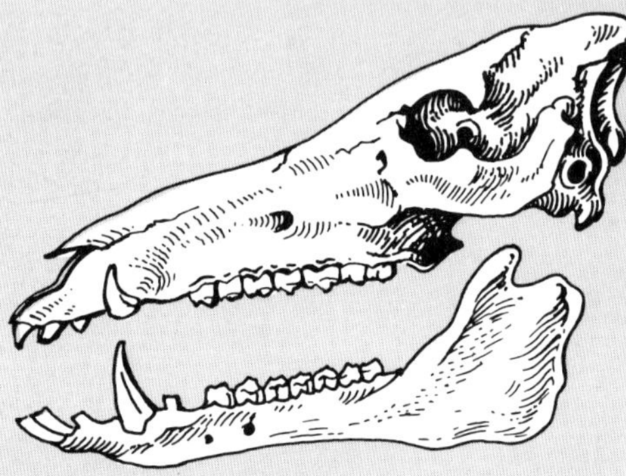

Wildschwein

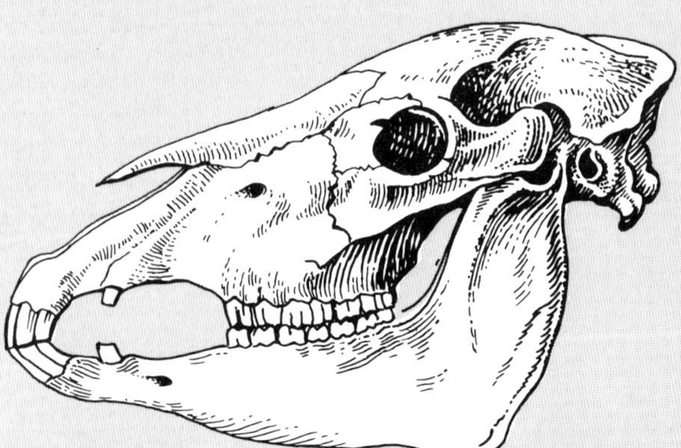

Pferd

Bestandsrückgang, Gefährdung und deren Ursachen

Die fortschreitende Ausbreitung des Menschen – Siedlungen, Industrie, Straßen, großräumige Monokulturen in der Land- und Forstwirtschaft – hat gerade in Europa einen drastischen Rückgang der Formenvielfalt von Tier- und Pflanzenarten verursacht. Nur wenige Tierarten wie Reh, Wanderratte, Haus- und Feldmaus, Amsel und Haussperling, zogen aus dieser Entwicklung Nutzen und konnten ihre Bestände halten oder auch vergrößern. Das Gebot der Stunde, das große Sterben der Arten und ihrer Lebensräume aufzuhalten, wurde indes von vielen Bürgern, Wissenschaftlern, Publizisten, Politikern und gesellschaftlichen Gruppierungen erkannt. Inzwischen sind Begriffe wie »Naturschutz« und »Artenschutz« in vieler Munde und finden sogar Eingang in Parteiprogramme.
Landläufig denkt man dabei meist weniger an bedrohte Säugetiere, sondern vielmehr an Vögel, Schmetterlinge oder Orchideen. Letztgenannten Tieren und Pflanzen bringen viele Menschen Bewunderung und Zuneigung entgegen, und sie sind daher eher bereit, für deren Schutz einzutreten. Da die meisten Säugetiere verborgen leben und nur selten zu beobachten sind, ist ihre Lobby unter den Menschen vergleichsweise gering. Ähnlich verhält es sich auch mit vielen anderen Pflanzen- und Tiergruppen. Das Interesse, das Säugetieren entgegengebracht wird, beschränkt sich vorwiegend auf die größeren und attraktiven Arten, die als Jagdbeute geschätzt werden, wie Reh, Hirsch, Wildschwein und Hase, sowie, im negativen Sinne, auf die Raubtiere, die auch heute noch häufig mit Fallen und Gift verfolgt werden.
Bei der Beurteilung der kleineren Arten ist man, abgesehen von den »nützlichen« Spitzmäusen und Fledermäusen, mit dem Begriff »Schädling« schnell bei der Hand. Um bei uns eine artenreiche Säugetierfauna zu erhalten, sollte eine Einteilung der Arten in »nützlich« und »schädlich« unbedingt zugunsten einer objektiveren Betrachtungsweise unterbleiben, denn jede natürlich vorkommende Art hat ihre wichtige Funktion im natürlichen Lebensgefüge.
Der Mensch, zoologisch gesehen selbst ein Säugetier, hat von jeher andere Säugetierarten genutzt und von ihnen gelebt, sie verfolgt und getötet. Wahrscheinlich trug auch schon der Mensch der Frühzeit zur Bestandsverminderung oder gar Ausrottung von Tierformen bei. Mit der Entwicklung effektiverer Jagdwaffen wurden Arten wie Wisent, Bär, Wolf und Luchs in vielen Gebieten an den Rand der Ausrottung gebracht. Heute genießen die meisten Säugetierarten weitgehenden, gesetzlich geregelten Schutz. Dennoch ist die Erhaltung vieler Formen aufgrund einer Reihe von schädlichen Einflüssen in Frage gestellt.
Auf die wichtigsten Ursachen für die zunehmende Verarmung der Säugetierfauna wird im folgenden eingegangen.

Land- und Forstwirtschaft, Umweltgifte

Die frühere Form landwirtschaftlicher Bodennutzung, die Kleinfelderwirtschaft, bot mit ihrem hohen Maß an Strukturvielfalt (u. a. Hecken, Feldgehölze, Grabenränder, Brachäcker, Magerasen, Feuchtwiesen, Unkrautflächen) einer artenreichen Pflanzen- und Tierwelt Lebensmöglichkeiten. In dieser bäuerlichen Kulturlandschaft fanden viele Säugetierarten ihren Lebensraum, Nahrung und Schutz vor ihren Feinden. Der Feldhase, ursprünglich ein Steppenbewohner, konnte erst im Mittelalter durch die großflächigen Rodungen in den ehemals bewaldeten Gebieten Fuß fassen. Dieser Säugetierart hat erst die damalige Form der Landwirtschaft das Leben bei uns ermöglicht. Heute ist der Feldhase, wie viele andere Säugetiere der Feldflur, dennoch in seinem Fortbestand bedroht. Die moderne, nach technischen Maßstäben und kurzfristigen Ertragssteigerungen ausgerichtete Anbauweise macht ihm das Überleben immer schwerer. Die Umgestaltung der gewachsenen Kulturlandschaft in monotone Agrarsteppen nimmt ihm die Vielfalt der für ihn lebenswichtigen Kräuter und den notwendigen Schutz vor Raubfeinden. Im Sommer, wenn die kilometerlangen Felder mit einem Schlag gemäht werden, wird er von heute auf morgen seiner Nahrung beraubt und schutzlos seinen natürlichen Feinden ausgesetzt. Aber auch andere, in vielfältigen Lebensräumen vorkommende Arten wie Zwergmaus, Feldspitzmaus, Wasser- und Sumpfspitzmaus, Feldhamster, Nordische Wühlmaus und Haselmaus sind Opfer der Landschaftsverarmung.

Auch in der Forstwirtschaft hielt die Vereinheitlichung der Natur Einzug: Zugunsten einiger weniger, schnellwüchsiger und ertragreicher Holzarten wurde vielerorts die bodenständige, artenreiche Waldgesellschaft vernichtet. Die relativ kurze Zeit bis zur Hiebreife (Umtriebszeit) ließ das Älterwerden der Bäume kaum mehr zu. Dies und die Beseitigung von kranken und abgestorbenen Bäumen hat zu einem Schwund der Tierarten geführt, die auf Baumhöhlen angewiesen sind. Gerade für unsere Baumfledermäuse und das nur in naturnahen Wäldern lebende Flughörnchen wirkt sich der moderne Waldbau verheerend aus. Auch die seltenen Schläfer und die sporadisch vorkommende Birkenmaus sind durch diese Entwicklung bedroht. Großraubtiere, wie Luchs und Braunbär, finden in Europa nurmehr in land- und forstwirtschaftlich wenig genutzten und vom Menschen kaum besiedelten Gegenden Lebensräume.

Ein schwerwiegender Bedrohungsfaktor für unsere Säugetiere ist die Giftbelastung der Landschaft. Um die für die Land- und Forstwirtschaft schädlichen Pflanzen- und Tierarten, die durch die Schaffung der Monokulturen geradezu herangezüchtet wurden, zu bekämpfen, werden auch heute noch große Mengen von Pflanzenschutzmitteln (Bioziden) verwendet. Die Vergiftung großer Landschaftsteile führte dazu, daß vor allem die Arten in ihrem Bestand zurückgingen, die auf ein reichhaltiges Insektenangebot angewiesen sind. Besonders Insektenfresser und Fledermäuse werden durch Pflanzenschutzmittel vergiftet, verlieren ihre Fortpflanzungsfähigkeit oder verhungern nach dem Tod ihrer Nahrungstiere. So ist der starke Rückgang fast aller Fledermausarten zum großen Teil auf die Bekämpfung und das Verschwinden von Insekten zurückzuführen. Durch die Abwasser- und Giftstoffbelastung unserer Gewässer verlieren Wasser- und Sumpfspitzmaus ihren Lebensraum, werden die Bemühungen um die Wiedereinbürgerung des Bibers in Frage gestellt und wird schließlich der Otter, das heute meist bedrohte Säugetier Mitteleuropas, zum Aussterben verurteilt.

Die Verseuchung der Ostsee mit DDT, PCB und Schwermetallen hatte zur

Folge, daß die Fortpflanzungsrate der dortigen Seehundpopulation auf ¼ des ursprünglichen Wertes sank.

Tourismus

Auch die Aktivitäten erholungssuchender Menschen in der freien Natur wirken sich häufig bestandsbedrohend auf seltene Säugetierarten aus. In der Nähe von Städten, Ferienhaussiedlungen oder viel besuchten Touristenattraktionen ist die Häufigkeit von Störungen naturgemäß groß. Durch den neuerdings zunehmenden Freizeitdruck auf naturnahe Landschaft (»zurück zur Natur«), der Touristen in die entlegensten Gebiete führt, sind auch die letzten Refugien aussterbender Arten, wie beispielsweise die des Fischotters, bedroht. Störungsempfindliche Arten, wie Fischotter, Seehund und Braunbär, die durch Eingriffe des Menschen bereits den größten Teil ihres Lebensraums verloren haben, sind in Gefahr, in kleine Restgebiete abgedrängt zu werden, in denen der Fortbestand dieser Arten nicht gewährleistet ist. Das Überleben der nurmehr an wenigen Stellen des Mittelmeers vorkommenden Mönchsrobbe ist u. a. aufgrund von Beunruhigungen durch Erholungssuchende, Freizeitkapitäne und Sporttaucher gefährdet. Die zunehmende touristische Erschließung von Höhlen bedeutet eine Gefahr für den Fortbestand in Höhlen lebender oder überwinternder Fledermäuse; die aufgrund von Störungen aus dem Winterschlaf erwachenden Tiere verbrauchen ihren lebenswichtigen Fettvorrat (Energievorrat) vorzeitig und haben dann oftmals nicht mehr genügend Kraft, den Winter zu überstehen.

Direkte Verfolgung, Jagd

Früher waren viele Säugetierarten einem großen Jagddruck ausgesetzt, einige davon wurden gänzlich vernichtet. Schon in prähistorischer Zeit verschwanden das Mammut, der Auerochse und das Wildpferd hauptsächlich durch die Nachstellungen der damaligen Jäger. Die europäischen Großraubtiere Braunbär, Luchs, Wolf und Vielfraß wurden in den vergangenen Jahrhunderten als Konkurrenten des Menschen im größten Teil ihres Verbreitungsgebietes ausgerottet. Ebenso erging es dem Fischotter und dem Biber in Europa, denen wegen ihres Felles bzw. ihrer vermeintlichen Schädlichkeit erbarmungslos nachgestellt wurde. In Schweden stand der heute wieder sehr zahlreich vertretene Elch zu Beginn des 18. Jahrhunderts kurz vor der Ausrottung. Vorwiegend dem jagdlichen Interesse ist es zu verdanken, daß unsere großen Huftiere Reh, Hirsch und Wildschwein nicht schon im Mittelalter ausgerottet wurden, sondern bis jetzt erhalten blieben.
Kaum eine Säugetierart ist heute in Europa durch die legale Jagd in ihrem Fortbestand bedroht. Im Denken der Menschen lebt die alte Einteilung der Tierwelt in »gut und böse« jedoch vielfach weiter. Während die großen Huftiere oft unter großem Aufwand gehegt und gepflegt werden, belegt man viele Raubtiere wie Marder, Iltis, Wiesel häufig noch mit dem diskriminierenden Sammelbegriff »Raubzeug« und trachtet, sie mit Gift und Fallen zu vernichten. Andere Wildarten wie Rot- und Damhirsch laufen wiederum Gefahr, ihren Wildtiercharakter zu verlieren. Häufig werden sie unter gatter- oder zooähnlichen Verhältnissen gehegt und gehalten. Aussetzungen

fremder Unterarten und Selektion nach Maßstäben des Menschen (z. B. Geweihbildung) verändern einheimische Tierbestände und verfälschen u. U. auch die auf erblichen Eigenschaften beruhenden Anpassungsmerkmale der ursprünglichen Form. Da heute in den meisten Gebieten Europas Großraubtiere fehlen, übernimmt die Jagd die wichtige Aufgabe, die großen Huftierarten in ökologisch vertretbaren Bestandsgrößen zu halten.

Verlust des Lebensraumes

Durch den Bau von Häusern und Gebäuden hat der Mensch einigen Säugetieren zu ihrer heutigen, weit nach Norden reichenden Verbreitung verholfen. So fanden beispielsweise die Wanderratte, die Hausratte, die Hausmaus und die beiden Hufeisennasen in den Behausungen der Menschen so gute Lebensbedingungen, daß sie sich nach Norden bis nach Nordskandinavien bzw. Irland ausbreiten konnten. Viele im Siedlungsbereich lebende Fledermäuse sind unter anderem durch die Modernisierung von Gebäuden in starkem Rückgang begriffen. Einige von ihnen, wie die Große und die Kleine Hufeisennase, sind inzwischen aus den erst vor wenigen Jahrhunderten neu besiedelten Gebieten in Mittel- und Nordwesteuropa fast vollständig verschwunden. Einigen wenigen Arten, die durch das Vordringen der Zivilisation in früheren Zeiten oder bis heute gefördert wurden, steht die große Mehrzahl der heimischen Säugetierarten gegenüber, die gerade durch die fortschreitende Bebauung der Landschaft in ihrem Weiterleben hochgradig gefährdet sind. Besonders stark durch bauliche Veränderung in ihrem Lebensraum betroffen sind Arten mit geringer Anpassungsfähigkeit (Spezialisten), da sie heute keine Ausweichmöglichkeiten mehr haben (Beispiel: Fischotter). Das immer dichter werdende Netz der Fernstraßen und Autobahnen wird nicht nur zur Todesfalle für viele kleinere Säugetiere, sondern schränkt auch die Lebensmöglichkeiten für Großtiere mit weitläufigen Revieren drastisch ein (Beispiel: Wolf, Vielfraß, Bär, Luchs). Die jahreszeitlichen Wanderungen der mitteleuropäischen, gebirgsbewohnenden Rothirsche von den Bergen in die Täler und Voralpengebiete sind wegen der Landschaftszersiedelung kaum mehr möglich. Die Tiere müssen heute auch die Wintermonate in den nahrungsarmen Bergwäldern verbringen und richten dann durch Rindenfraß und Verbiß besonders schwere Schäden an.

Schutz und Erhaltung gefährdeter Säugetierarten

Der Fortbestand vieler europäischer Säugetierarten (z. B. Bär, Vielfraß, Biber, Meeressäuger) hängt davon ab, ob es möglich sein wird, unter Berücksichtigung des natürlichen Vorkommens ein Netz von Schutzgebieten zu erhalten, in denen sie ungestört leben können: Diese »ökologischen Zellen« müssen groß genug sein, um eine Populationsstärke zu gewährleisten, die auf Dauer lebensfähig ist.

Bei einigen besonders gefährdeten Arten ist die Bereitstellung von Schutzgebieten noch nicht ausreichend, um ein Überleben der Restpopulationen zu

sichern; sie brauchen aktive Hilfe, um wieder in Gebieten heimisch zu werden, aus denen sie vor kürzerer oder längerer Zeit verdrängt worden sind. Als klassisches Beispiel für die Wiedereinbürgerung ausgerotteter Tierarten ist das Schutzprojekt »Alpensteinbock« anzusehen: Nachdem die Art zu Beginn des 19. Jahrhunderts bis auf einen kleinen Restbestand im heutigen Gran-Paradiso-Nationalpark ausgerottet war, begann man Anfang dieses Jahrhunderts, die wenigen Steinböcke durch planmäßige Gehegezuchten zu vermehren. Diese Tiere wurden dann in mehreren Gebieten der Alpenländer ausgesetzt. Trotz mancher Rückschläge (Gamsräude, Witterungseinflüsse) ist es gelungen, eine fast erloschene Wildtierform wieder einzubürgern. Ein ausgerottetes Raubtier in die mitteleuropäischen Wälder zurückzuführen, ist Aufgabe und Ziel des Luchs-Projektes. Seit einigen Jahren werden nach gründlichen Voruntersuchungen über Lebensweise und ökologische Funktion dieser Raubkatze und nach sorgfältiger Auswahl der in Frage kommenden Aussetzungsgebiete jeweils mehrere Tiere in die Freiheit entlassen. Der endgültige Erfolg dieser Aussetzungsaktionen, die in Österreich und der Schweiz stattgefunden haben, bleibt noch abzuwarten. Schließlich sei noch das Projekt »Otter« zu nennen, das die Grundlagenforschung am Fischotter zum Inhalt hat. Es ist zu hoffen, daß die Untersuchungen dazu beitragen, diesen in Mitteleuropa fast völlig verschwundenen Wassermarder vor dem Aussterben zu bewahren. Ein erster Erfolg – Nachwuchs im Zuchtgehege Bayerischer Wald – hat sich bereits eingestellt, so daß vielleicht schon in naher Zukunft mit Aussetzungsaktionen von Fischottern in geeigneten Lebensräumen begonnen werden kann.
Gerade in den letzten Jahren wurde eine Vielzahl von Studien an Biologie und Rückgangsursachen bedrohter europäischer Säugetierarten durchgeführt und publiziert. Ein Erfolg dieser Bemühungen, nämlich wirksame Schutzmaßnahmen, ist jedoch nur dann zu erwarten, wenn die gewonnenen Ergebnisse den zuständigen Planungsträgern vorliegen, um bei Eingriffen in die freie Landschaft die Erfordernisse des Säugetierschutzes mitberücksichtigen zu können. Eine bessere internationale Zusammenarbeit zum Austausch von Forschungsergebnissen und zur Koordinierung von Schutzmaßnahmen ist für den überregionalen Schutz bedrohter Säugetierarten ebenfalls dringend notwendig.
Auch die Arten, die hauptsächlich als Kulturfolger auf landwirtschaftlich genutzten Flächen leben, bedürfen unbedingt verbesserten Schutzes. Für sie ist die Erhaltung von Kleinstrukturen wie Hecken, Feldgehölzen, Feldrainen, Wildkräuterflächen sowie die deutlich verringerte Anwendung von Pflanzenschutzmitteln existenzentscheidend!
Schließlich bedürfen auch die Fledermäuse, die ihren Verbreitungsschwerpunkt bei uns außerhalb naturnaher Biotope haben, zusätzlicher Hilfe: In Dachstühlen, Kirchtürmen, Scheunen, in zugluftfreien, frostsicheren Kellern, in Gewölben und unterirdischen Gängen sollten Ein- und Ausflugöffnungen (ca. ½ m breit, 8 cm hoch) offenbleiben; giftige Holzschutzmittel sollten soweit wie möglich vermieden werden, zumindest aber sollten die Hangplätze der Fledermäuse frei bleiben oder mit unbehandelten Brettern umnagelt werden. Da die Tiere sehr empfindlich sind und bei ständiger

Beunruhigung ihre Hangplätze und sogar ihr Jungen aufgeben, sind in Fledermauskolonien Störungen unbedingt zu vermeiden, besonders während des Winterschlafs von Oktober bis April und in der Zeit der Jungenaufzucht. Schutz und Erhaltung sollten zunehmend auch den alten Haustierrassen zugedacht werden, insoweit es sich um an ihre Lebensräume angepaßte, weitgehend wild oder halbfrei lebende oder auch den wilden Stammformen nahestehende Formen handelt. Die Erhaltung alter Haustierrassen sollte auch vor dem Hintergrund gesehen werden, daß diese Rassen und ihre genetischen Eigenschaften im Hinblick auf die nur nach ökonomischen Gesichtspunkten gezüchteten, modernen Rassen schon jetzt und vor allem auch später, als »genetische Reserven« zur Verfügung stehen sollten. In vielen Gegenden erweisen sich alte Hausrassen als landschaftsschonender als moderne Hochleistungsrassen und sind diesen dann vorzuziehen, auch wenn sie wesentlich geringere Fleisch- oder Milcherträge bringen (Beispiel: kleine Rinderformen Griechenlands). Ganz besonders sollte die Erhaltung und Reinerhaltung der ursprünglichen Rassen gefördert werden, deren wilde Stammformen ausgestorben sind (Beispiel: Ursprüngliche Rinderrassen als Abkömmlinge des Ur).

Zur gesetzlichen Regelung des Säugetierschutzes
Nach dem Bundesnaturschutzgesetz (BNatSchG) sind alle wildlebenden Säugetierarten der Bundesrepublik völlig geschützt, d. h. Fang, Tötung, Handel, Erwerb sowie mutwillige Störung und Wegnahme ihrer Niststätten sind gesetzlich untersagt. Nur die dem Jagdgesetz unterliegenden Arten sowie 13 namentlich aufgeführte Arten sind von dieser Regelung ausgenommen. Eine internationale Vereinbarung, die seit 1975 auch in der Bundesrepublik Deutschland Gültigkeit hat, das Washingtoner Artenschutzübereinkommen, kontrolliert den Handel mit bedrohten Tier- und Pflanzenarten, um illegale Ausfuhren dieser Tiere und Pflanzen aus deren Herkunftsländern zu stoppen. In Anhang I und II dieses Abkommens werden die Arten genannt, für die der kommerzielle Handel mit »Tieren bzw. ohne weiteres erkennbaren Teilen des Tieres« sehr weitgehend unterbunden wird. Folgende europäische Wildsäugetiere fallen darunter: Braunbär, Eisbär, Fischotter, Wolf, Mönchsrobbe, Abruzzengemse sowie autochthone Bestände des Mufflon (Korsika, Sardinien). Diese gesetzlichen Regelungen können aber nur dann effektiv sein, wenn das Verständnis und die gemeinsame Verantwortung für den Artenschutz in der Bevölkerung gefördert werden. Eine verbesserte Ausbildung in Schulen und Universitäten sowie aufklärende und verstärkte Informationen über aktuelle Naturschutzprobleme in den Medien ist zu fordern.

Literatur

ALPERS, A.: Delphine. dtv, München 1966

ANDERSON, S.; KNOX JONES, J.: Recent Mammals of the world, vol. I – VIII. The Ronald Press Co., New York 1967

ANTONIUS, O.: Grundzüge der Stammesgeschichte der Haustiere. Gustav Fischer Verlag, Jena 1922

BANG, P.; DAHLSTRÖM, P.: Tierspuren. BLV Verlagsges., München 1973

BARABASCH-NIKIFOROW, I. I.: Die Desmane. Neue Brehm Bücherei 474, Wittenberg 1975

BAUER, K.: Die Säugetiere des Neusiedlersee-Gebietes. Bonner Zool. Beitr. **11**, 141–344, 1960

BIBIKOW, D. I.: Die Murmeltiere. Neue Brehm Bücherei 388, Wittenberg 1968

BLAB, J.; NOWAK, E.: Rote Liste der Säugetiere (Mammalia). In: Blab, J.; Nowak, E.; Trautmann, W. (Hrsg.): Rote Liste der gefährdeten Tiere und Pflanzen in der Bundesrepublik Deutschland. Kilda Verlag, Greven 1977

BLAB, J.: Grundlagen für ein Fledermaus-Hilfsprogramm. Themen der Zeit Nr. 5, Kilda Verlag, Greven 1980

BOBACK, A. W.: Das Wildkaninchen. Neue Brehm Bücherei 415, Wittenberg 1970

BÖHME, W.; REICHENSTEIN, H.: Zum Vorkommen und zur Verbreitung der Brandmaus am NW-Rand ihres europäischen Areals. Zool. Anz. **177,** 321–329, 1966

BOHLKEN, H.: Haustiere und zoologische Systematik. Zeitschr. für Tierzüchtung und Züchtungsbiologie **76,** 107–113, 1961

BRINK, F. H. VAN DEN: Die Säugetiere Europas. Paul Parey Verlag, Hamburg–Berlin 1972

BÜTZLER, W.: Rotwild. BLV Verlagsges., München 1972

BURROWS, R.; MATZEN, K.: Der Fuchs. BLV Verlagsges., München 1972

BURTON, M.: Guide to the mammals of Britain and Europe. Elsevier Phaidon 1976

CLARK, J. L.: The great arc of the wild sheep. University of Oklahoma Press 1964

CORBET, G. B.: The terrestrial mammals of western Europe. G. T. Foulis & Co LTD, London 1966

CORBET, G. B.: The mammals of the palaearctic region. British Museum Cornell University Press 1978

CORBET, G.; OVENDEN, D.: Pareys Buch der Säugetiere. Paul Parey Verlag, Hamburg–Berlin 1982

COUSTEAU, J.-Y.; DIOLE, P.: Wale. Knaur Verlag, München 1977

CURRY-LINDAHL, K.: Der Berglemming. Neue Brehm Bücherei 526, Wittenberg 1980

DJOSHKIN, W. W.; SAFONOW, W. G.: Die Biber der Alten und Neuen Welt. Neue Brehm Bücherei 437, Wittenberg 1972

ELLERMANN, J. R.: The families of living Rodents, vol. I and II. British Museum, London 1940, 1941

Ellermann, J. R.; Morrison-Scott, T. C. S.: Checklist of Palaearctic and Indian Mammals. British Museum (Natur. Hist.) 1–810, London 1951
Festetics, A. (Hrsg.): Der Luchs in Europa. Kilda Verlag, Greven 1980
Fengewisch, H.-J.: Großraubwild in Europas Revieren. BLV Verlagsgesellschaft, München 1968
Fox, M.: Vom Wolf zum Hund. BLV Verlagsgesellschaft, München 1975
Frahm, K.: Rinderrassen in den Ländern der Europäischen Gemeinschaft. Enke, Stuttgart 1982
Gauckler, A.; Kraus, M.: Kennzeichen und Verbreitung von Myotis brandti. Zeitschrift für Säugetierkunde **35,** 113–124, 1970
Görner, M.: Zum Vorkommen und zur Verbreitung der Brandmaus in der DDR. Acta Sc. Nat. Brno **10,** 57–64, 1976
Gondrexon, A.: Hunderassen der Welt. BLV Verlagsges., München 1981
Goodall, D. M.: Pferde der Welt. Erich Hoffmann Verlag, Heidenheim 1971
Grzimek, B. (Hrsg.): Grzimeks Tierleben. Säugetiere Bd. X–XIII. Kindler Verlag, München 1969
Haltenorth, T.: Rassehunde – Wildhunde. Winter Verlag, Heidelberg 1958
Haltenorth, T.: Säugetiere sowie Lurche und Kriechtiere. BLV Verlagsges., München 1978
Haltenorth, T.; Trense, W.: Das Großwild der Erde und seine Trophäen. BLV Verlagsges., München 1956
Heptner, W. G.; Nasimowitsch, A. A.: Der Elch. Neue Brehm Bücherei 386, Wittenberg 1974
Heptner, W. G.; Naumov, N. P. (Hrsg.): Die Säugetiere der Sowjetunion, Bd. I–III. Gustav Fischer Verlag, Jena ab 1966
Herre, W.; Röhrs, M.: Haustiere – zoologisch gesehen. Gustav Fischer Verlag, Stuttgart 1973
Herter, K.: Igel. Neue Brehm Bücherei 71, Wittenberg 1963
Hinze, G.: Der Biber. Akademie Verlag, Berlin 1950
Jewell, P. A.; Milner, C.; Boyd, J. M.: Island survivors: the ecology of the Soay sheep of St. Kilda. Athlone Press, London 1974
Kampmann, H.: Der Waschbär. Paul Parey Verlag, Hamburg–Berlin 1975
Kirk, G.: Säugetierschutz; Erhaltung, Bewahrung, Schutz. Gustav Fischer Verlag, Stuttgart 1968
Knaus, W.; Schröder, W.: Das Gamswild. Paul Parey Verlag, Hamburg–Berlin 1975
König, C.: Wildlebende Säugetiere Europas. Belser Verlag, Stuttgart 1969
Krott, P.: Der Vielfraß. Neue Brehm Bücherei 271, Wittenberg 1960
Krumbiegel, I.: Biologie der Säugetiere, 2 Bände. AGIS Verlag, Krefeld 1953 und 1955
Kurt, F.: Rehwild. BLV Verlagsges., München 1970
Lorenz, K.: So kam der Mensch auf den Hund. Borotha Schoeler, Wien 1950
Loxton, H.: Katzenrassen der Welt. BLV Verlagsges., München 1976
»Luchsgruppe« (Hrsg.): Der Luchs. Erhaltung und Wiedereinbürgerung in Europa. Symposiumsbericht, Wunsiedel 1978

MATJUSCHKIN, E. N.: Der Luchs. Neue Brehm Bücherei 571, Wittenberg 1978
MENZEL, R. UND R.: Pariahunde. Neue Brehm Bücherei 267, Wittenberg 1960
MOHR, E.: Die Robben der europäischen Gewässer. Schöps, Serie »Monographie der Wildsäugetiere«, Vol. 12. Frankfurt a. M. 1952
MOHR, E.: Die freilebenden Nagetiere Deutschlands und der Nachbarländer. Gustav Fischer Verlag, Jena 1954
MOHR, E.: Altweltliche Stachelschweine. Neue Brehm Bücherei 350, Wittenberg 1965
MORRIS, D.: The Mammals, a guide to the living species. Hodder & Stoughton, London 1965
MÜLLER-USING, D.: Das Murmeltier. BLV Verlagsgesellschaft, München 1972
NEAL, E.: Der Dachs. BLV Verlagsges., München 1975
NIETHAMMER, G.: Die Einbürgerung von Säugetieren und Vögeln in Europa. Paul Parey Verlag, Hamburg–Berlin 1963
NIETHAMMER, J.: Zur Taxonomie und Biologie der Kurzohrmaus. Bonner Zool. Beitr. **23,** 290–309, 1972
NIETHAMMER, J.: Die Verbreitung der Brandmaus in der Bundesrepublik Deutschland. Acta Sc. Nat. Brno **10**, 43–55, 1976
NIETHAMMER, J.: Arealveränderungen bei Arten der Spitzmausgattung Crocidura in der Bundesrepublik Deutschland. Säugetierkdl. Mittlg. **27,** 132–144, 1979
NIETHAMMER, J.: Säugetiere. UTB Ulmer, Stuttgart 1979
NIETHAMMER, J.; KRAPP, F. (Hrsg.): Handbuch der Säugetiere Europas, Band I und II. Akademische Verlagsgesellschaft, Wiesbaden 1978 und 1982
NOPP, H.: Eine Waldbirkenmaus aus Vorarlberg. Säugetierkdl. Mittlg. **21,** 73–74, 1973
NOWAK, E.: Die Säugetiere der Länder der Europäischen Gemeinschaft. Kilda Verlag, Greven 1981
OGNEW, S. I.: Säugetiere und ihre Welt. Akademie Verlag, Berlin 1959
ONDRIAS, J.: Die Säugetiere Griechenlands. Säugetierekdl. Mittlg. **13,** 109–127, 1965
PAWLININ, W.: Der Zobel. Neue Brehm Bücherei 363, Wittenberg 1966
PEDERSEN, A.: Der Moschusochse. Neue Brehm Bücherei 215, Wittenberg 1958
PEDERSEN, A.: Der Eisfuchs. Neue Brehm Bücherei 235, Wittenberg 1959
PEDERSEN, A.: Das Walroß. Neue Brehm Bücherei 306, Wittenberg 1962
PEDERSEN, A.: Die nordpolaren Robben. Neue Brehm Bücherei 485, Wittenberg 1974
PIECHOCKI, R.: Die Zwergmaus. Neue Brehm Bücherei 485, Wittenberg 1958
PIEPER, H.; WILDEN, W.: Die Verbreitung der Fledermäuse (Mammalia: Chiroptera) in Schleswig-Holstein und Hamburg 1945–1979. Faunist.-ökol. Mittlg. Suppl. Bd. 2, 3–31, 1980
RAESFELD, F. VON: Das Rehwild. Paul Parey Verlag, Hamburg–Berlin 1978

RAHM, U.: Die Säugetiere der Schweiz. Naturhistorisches Museum, Basel 1976
REICHHOLF, J.: Säugetiere. Mosaik Verlag, München 1982
REUTHER, C.; FESTETICS, A. (Hrsg.): Der Fischotter in Europa. Verbreitung, Bedrohung, Erhaltung. Oderhaus und Göttingen. Selbstverlag 1980
RIETSCHEL-KLUGE, R.: Säugetiere in Farben. Otto Maier Verlag, Ravensburg 1972
RÖBEN, P.: Zur Ausbreitung des Waschbären und des Marderhundes in der Bundesrepublik Deutschland. Säugetierkdl. Mittlg. **23,** 93–101, 1975
ROER, H.: Unterscheidung der Kleinen Bartfledermaus und der Großen Bartfledermaus nach äußeren Merkmalen. Myotis **9,** 3–5, 1971
SCHNEIDER, E.: Der Feldhase. BLV Verlagsges., München 1978
SENGLAUB, K.: Wildhunde. Neumann – Neudamm, Melsungen 1978
SIIVONEN, L.: Nordeuropas däggdjur. Norstedt und Söners Förlag, Stockholm 1976
SILVER, C.: Pferderassen der Welt. BLV Verlagsges., München 1981
SMITH, C. J.; WIJNGAARDEN, A. VAN: Threatened mammals in Europe. Supplementary Volume of »Handbuch der Säugetiere Europas«. Akademische Verlagsgesellschaft, Wiesbaden 1981
STANEK, V. J.: Bären, Füchse, Wölfe und andere Räuber. Römer Verlag, Frankfurt a. M. 1961
STEHLI, G.; BROHMER, P.: Welches Tier ist das? Säugetiere. Franckh'sche Verlagshandlung, Stuttgart 1970
STEIN, G. H. W.: Die Feldmaus. Neue Brehm Bücherei 225, Wittenberg 1958
STEINBACHER, G.: Zum Vorkommen des Marderhundes in der Bundesrepublik Deutschland. Säugetierkdl. Mittlg. **24,** 80, 1976
STORCH, G.; WINKING, H.: Zur Systematik der Pitymys multiplex-Pitymys liechtensteini-Gruppe. Zeitschrift f. Säugetierkd. **42,** 78–88, 1977
THENIUS, E.: Grundzüge der Verbreitungsgeschichte der Säugetiere. Gustav Fischer Verlag, Stuttgart 1972
THENIUS, E.; HOFER, H.: Stammesgeschichte der Säugetiere. Springer Verlag, Berlin 1960
TRUMLER, E.: Pipers Buch der Hunderassen. Piper Verlag, München 1978
TRUMLER, E.: Meine wilden Freunde. Wildhundarten der Welt. Piper Verlag, München 1981
TÜRCKE, F.; SCHMINCKE, S.: Das Muffelwild. Paul Parey Verlag, Hamburg–Berlin 1965
ULOTH, W.: Das Muffelwild. Neue Brehm Bücherei 491, Wittenberg 1979
WALKER, E. (Hrsg.): Mammals of the world, vol. 1 and 2. John Hopkins University Press, Baltimore 1975
ZEUNER, F.: Geschichte der Haustiere. BLV Verlagsges., München 1967
ZIMEN, E.: Der Wolf. Meyster Verlag, Wien–München 1978
ZIMMERMANN, K.: Säugetiere. In: Stresemann, E. (Hrsg.): Exkursionsfauna Wirbeltiere. Volk und Wissen Verlag, Berlin 1970
ZISWILER, V.: Bedrohte und ausgerottete Tiere. Springer-Verlag, Berlin–Heidelberg 1965

Register

Kursiv gesetzte Seitenzahlen verweisen auf Verbreitungskarten, fett gedruckte auf Abbildungen.

Deutsche Namen

Englische Namen

Französische Namen

Wissenschaftliche Namen